中国活性包装行业调研分析报告

Research and Analysis Report on China's Active Packaging Industry

（2023—2024年）

中国包装联合会科学技术专业委员会　编著

文化发展出版社
Cultural Development Press
·北京·

图书在版编目（CIP）数据

中国活性包装行业调研分析报告．2023—2024年／中国包装联合会科学技术专业委员会编著．－－北京：文化发展出版社，2024.12
　ISBN 978-7-5142-4212-6

Ⅰ．①中… Ⅱ．①中… Ⅲ．①保鲜包装－包装行业－研究报告－中国－2023-2024 Ⅳ．①F426.89

中国国家版本馆CIP数据核字(2024)第016316号

中国活性包装行业调研分析报告（2023—2024 年）

编　　著　中国包装联合会科学技术专业委员会

出 版 人：宋　娜	
责任编辑：杨　琪　李　毅	责任校对：侯　娜
责任印制：邓辉明	封面设计：盟诺文化

出版发行：文化发展出版社（北京市翠微路2号 邮编：100036）
发行电话：010-88275993　　010-88275710
网　　址：www.wenhuafazhan.com
经　　销：全国新华书店
印　　刷：无锡市证券印刷有限公司

开　　本：889mm×1194mm　1/16
字　　数：350千字
印　　张：19.25
版　　次：2024年12月第1版
印　　次：2024年12月第1次印刷

定　　价：398.00元
ＩＳＢＮ：978-7-5142-4212-6

◆ 如有印装质量问题，请与我社印制部联系　电话：010-88275720

编委会

主 编

张新昌　江南大学

王朝晖　北京市产品质量监督检验研究院

副主编

吴方平　干将新材料有限公司

丘晓琳　江南大学

王建萍　深圳市春旺新材料股份有限公司

张　琦　北京市产品质量监督检验研究院

王昌东　山东鲁银新材料科技有限公司

郭振梅　中国出口商品包装研究所

樊先荣　东莞市欣荣天丽科技实业有限公司

毛　兵　嘉兴星越包装材料有限公司

刘　俊　江苏欧凯包装科技有限公司

崔立帮　淮安市威特保鲜剂有限公司

钟　富　佛山市顺德区特普高实业有限公司

刘建刚　湖南西胜智能装备有限公司

刘生涛　北京鉴真保鲜科技有限公司

林武辉　浙江海顺新材料有限公司

周兆林　无锡市赛瑞金属粉末制造有限公司

编委会委员

王国秀	北京市产品质量监督检验研究院
周　晶	干将新材料有限公司
吴定国	扬州九美保鲜技术有限公司
何水洞	晋江拓普旺防霉材料有限公司
汪德伟	东莞市欣荣天丽科技实业有限公司
王　焰	成都包乐包科技有限公司
钱　军	上海樱琦干燥剂有限公司
周　芳	湘潭上尚保鲜科技有限公司
周　轩	无锡市赛瑞金属粉末制造有限公司
李　俊	浙江海顺新材料有限公司
李红刚	山东鲁银新材料科技有限公司
宋治福	嘉兴星越包装材料有限公司
刘皓祎	江苏欧凯包装科技有限公司
刘天航	中国出口商品包装研究所
高　新	淮安市威特保鲜剂有限公司
陈桂红	佛山市顺德区特普高实业有限公司
曹思来	湖南西胜智能装备有限公司
孙禹擎	北京鉴真保鲜科技有限公司
李　立	上海海洋大学
钟　宇	上海交通大学
李亚娜	武汉轻工大学
吕艳娜	大连工业大学
余　立	福建技术师范学院
黄舒婷、王尘静、陈锦华、朱喜成、张佳伟、熊佳怡	江南大学

序言 PREFACE

随着科技的不断进步与人们生活水平的不断提高，活性包装作为一种新的包装技术，正日益受到各行各业的关注和喜爱。《中国活性包装行业调研分析报告（2023—2024年）》汇聚业内数十名专家学者的智慧和力量，通过深入调研、严谨分析和科学研究，揭示了中国活性包装行业的发展现状、面临的挑战及未来的发展趋势。它不仅是对一个时期内我国活性包装行业的一份记录，更是对我国活性包装未来发展的一种预见。本书的出版发行，将对我国活性包装行业的健康、有序、快速发展产生重大的促进作用。

首先，本书的出版有助于提升社会各界对活性包装行业的认知度和关注度。活性包装作为包装行业的新兴分支，其独特的保鲜、延长货架期、提升产品附加值等功能，为食品、医药、化妆品等行业带来了革命性的变革。然而，由于技术门槛较高和市场认知度低等原因，活性包装在国内的发展仍处于初级阶段。本书的出版，将通过翔实的调研数据和生动的案例分析，帮助社会各界更加全面、深入地了解活性包装的原理、应用和前景，从而提高行业的社会认知度和关注度，为行业快速发展奠定良好的社会基础。

其次，本书对于活性包装行业的技术创新和市场应用具有重大的促进作用。书中不仅介绍了活性包装的定义、分类、技术原理等基础知识，还深入剖析了国内外活性包装的市场规模、竞争格局、技术发展趋势等。这些内容为活性包装企业、投资者、研究人员等提供了有益的参考和借鉴，有助于推动活性包装技术应用的创新和发展。同时，本书还通过实例分析，展示活性包装在不同行业中的应用效果、市场接受度及经济效益，进一步激发市场对于活性包装的需求和热情，推动活性包装产品的市场推广和应用普及。

再次，本书对于政府主管部门和行业管理部门制定相关政策和规划具有重要的参考价值。活性包装行业的发展离不开政策的支持和引导。本书通过调研和分析，揭示了活性包装行业的现状和问题，为政府主管部门提供了决策依据。同时，本书还展望了活性包装行业的未来发展趋势，为政府主管部门和行业管理部门制定长期规划和政策提供参考，而这将进一步推动活性包装行业的健康发展，促进行业的技术创新和市场拓展。

最后，本书的出版有助于推动活性包装行业的国际交流与合作。随着经济全球化的深入发展，国际交流与合作已经成为行业发展的重要途径。本书通过对比分析国内外活性包装行业的发展现状和技术水平，为行业内的国际合作提供了契机。同时，本书的出版也将吸引更多的国际专家和学者关注中国活性包装行业的发展，为行业的国际交流与合作搭建平台。

综上，《中国活性包装行业调研分析报告（2023—2024年）》的出版不仅是对活性包装行业发展的一次全面梳理和总结，更是对行业发展的一次有力推动。期待本书的出版能够引发社会各界对活性包装行业更多的关注和思考，推动活性包装在我国的快速发展。

中国包装联合会副会长兼执行秘书长

韩雪山

2024年7月

前言
PREFACE

活性包装材料与活性包装技术的应用已日益成为食品安全包装的一种趋势。随着人们对食品安全的越发重视及食品和相关行业的快速发展，活性包装在整个包装行业所占比重也越来越大。在充满激烈竞争的现代经济环境下，政府、行业、企业、研究机构和投资机构等在研究企业的发展战略、投资者的投资意愿、政府的扶持政策、金融机构的贷款政策等问题时，必须进行行业分析，才能更加明确地了解行业的发展状况，以及它所处的行业生命周期状态，进而通过相应的政策和指令，使参与活性包装行业的各方做出正确的决策。为此，在中国包装联合会指导下，中国包装联合会科学技术专业委员会组织业内外相关专家，共同参与调研、分析、讨论和编写了《中国活性包装行业调研分析报告（2023 — 2024 年）》。

本书旨在通过对活性包装行业的行业环境、市场现状、行业数据、厂商规模状况、上下游企业规模状况、行业竞争及行业发展方向等方面进行研究，对活性包装行业的发展作出科学预测，有利于国家行政和行业主管部门对活性包装行业的发展制定相关政策、法规，也有利于在全国范围内形成若干各具特色的活性包装材料、活性包装技术及活性包装解决方案供应企业，有利于对活性包装行业进行合理分工、合理布局；同时不断促进本行业内的企事业单位开发新产品、研究新技术，不断提高质量，在提高活性包装行业整体水平的同时为国家经济发展作出贡献。

中国包装联合会科学技术专业委员会

2024 年 5 月 28 日

目录

1 绪论 / 001

1.1 报告编制的背景及方法 / 002

1.2 报告编制的目的和意义 / 004

1.3 报告内容 / 005

2 活性包装行业发展概况 / 007

2.1 活性包装行业概述 / 008

2.1.1 活性包装 / 008

2.1.2 活性包装技术 / 008

2.1.3 活性包装的特点及其产品和应用 / 016

2.1.4 活性包装的分类 / 019

2.1.5 活性包装（技术）系统 / 030

2.1.6 活性包装技术领域的行业划分 / 030

2.1.7 活性包装的原辅材料 / 031

2.1.8 活性包装产品及其生产工艺 / 034

2.1.9 活性包装行业的可持续发展和环保技术 / 041

2.2 活性包装行业的发展历史 / 042

2.3 活性包装技术发展概况 /045
　　2.3.1 国内活性包装技术发展概况 /046
　　2.3.2 国外活性包装技术发展概况 /047

3 活性包装行业发展的影响因素 /049

3.1 活性包装相关政策法规 /050
　　3.1.1 国内相关政策法规 /050
　　3.1.2 相关政策法规对活性包装行业的影响 /065

3.2 活性包装行业管理模式 /066
　　3.2.1 国内活性包装行业管理模式 /066
　　3.2.2 国外活性包装相关行业管理模式 /069

3.3 活性包装行业的标准与质量控制 /071
　　3.3.1 活性包装相关标准 /071
　　3.3.2 活性包装及产品的质量与检测方法 /076
　　3.3.3 活性包装的质量控制体系 /077

4 活性包装行业供求概况 /079

4.1 活性包装行业供求概况 /080
　　4.1.1 活性包装行业业务模式情况 /080
　　4.1.2 活性包装行业企业资产主要存在形式 /080
　　4.1.3 经营成本、费用主要发生形式 /081
　　4.1.4 经营固定成本/可变成本结构 /081
　　4.1.5 活性包装行业利润来源 /081
　　4.1.6 活性包装行业进入/退出壁垒 /082
　　4.1.7 活性包装行业整体供给与发展趋势 /083

4.2　活性包装行业集中度与竞争态势　/ 083
　　4.2.1　活性包装行业厂商概况　/ 084
　　4.2.2　国内活性包装行业集中度与竞争态势　/ 091
　　4.2.3　国外活性包装行业集中度与竞争态势　/ 093

4.3　活性包装行业需求分析　/ 094
　　4.3.1　产品需求的变化周期及特点　/ 094
　　4.3.2　需求市场分析　/ 095

4.4　活性包装行业发展预测　/ 096
　　4.4.1　活性包装各应用行业发展现状　/ 096
　　4.4.2　活性包装行业发展规模　/ 102
　　4.4.3　活性包装行业技术发展趋势　/ 103

5　活性包装行业科技发展情况　/ 107

5.1　主要研究方向与研究论文　/ 108
　　5.1.1　本行业领域重要研究方向　/ 108
　　5.1.2　本行业领域主要研究论文情况　/ 109

5.2　相关研究机构、研发团队及成果概览　/ 143
　　5.2.1　主要研究机构及相关研究成果　/ 143
　　5.2.2　相关研究团队及成果　/ 161

5.3　活性包装相关专利技术　/ 164
　　5.3.1　活性包装行业专利概况　/ 164
　　5.3.2　活性包装行业专利技术分布情况　/ 165
　　5.3.3　现有专利涉及的主要应用技术领域　/ 168

5.4　活性包装行业科技发展小结　/ 184

6 活性包装产业链与相关行业分析 / 187

6.1 活性包装上游行业分析 / 188
 6.1.1 上游行业发展现状 / 188
 6.1.2 上游行业发展前景分析 / 201

6.2 活性包装下游行业分析 / 203
 6.2.1 下游行业发展现状 / 203
 6.2.2 下游行业发展前景分析 / 211

6.3 相关行业关系分析 / 213

7 活性包装行业厂商行为分析 / 215

7.1 活性包装行业的营销行为 / 216
 7.1.1 活性包装行业的市场营销 / 216
 7.1.2 行业价格价值规则 / 224
 7.1.3 典型企业的广告/促销方式 / 229

7.2 活性包装行业的生产行为 / 229

7.3 活性包装行业的扩张行为 / 231
 7.3.1 上游企业的扩张 / 232
 7.3.2 活性包装生产行业的扩张 / 235
 7.3.3 下游企业的扩张 / 235

8 活性包装行业发展战略与典型案例 / 245

8.1 行业发展瓶颈 / 246

8.2 行业主要发展方向 / 246

8.3 行业发展规模和质量 / 249

8.3.1 活性包装原辅材料行业情况 / 249
8.3.2 活性包装材料与产品生产企业 / 254
8.3.3 活性包装机械设备供应商 / 254
8.3.4 活性包装用户企业 / 255

8.4 行业发展的主要技术内容 / 260

8.5 行业发展典型案例 / 260

8.5.1 活性包装上游典型企业 / 260
8.5.2 活性包装产品典型企业 / 263
8.5.3 活性包装下游典型企业 / 265
8.5.4 活性包装设备典型企业 / 266

9 结语 / 269

9.1 行业概况与发展形势 / 270

9.1.1 我国活性包装行业发展特点及现状 / 270
9.1.2 我国活性包装行业的总体发展趋势 / 271

9.2 活性包装各专业领域的发展态势 / 272

9.2.1 针对不同防护对象的活性防护机理研究 / 272
9.2.2 针对活性包装材料及其应用技术的研究 / 273
9.2.3 针对不同产品的保鲜保质技术及其应用研究 / 273
9.2.4 抗菌包装材料及抗菌剂的研究 / 273
9.2.5 活性包装与智能包装技术的融合 / 274

9.3 行业主要问题 / 275

9.4 加快活性包装行业发展的对策与建议 / 276

9.4.1 加强顶层设计，完善产业政策 / 277

9.4.2 建立创新联盟，推动协同创新 /277
9.4.3 依托行业力量，实施品牌战略 /277
9.4.4 发挥市场作用，完善行业结构 /278
9.4.5 加强人才培养，建设专家团队 /278

附录一、我国活性包装行业大事记 /279

附录二、我国活性包装行业主要企事业单位概况 /282

附录三、我国活性包装行业基本数据 /282

参考文献 /283

1 绪论

1.1 报告编制的背景及方法

（1）背景

随着生活水平的提高和健康意识的增强，人们对食品安全和保鲜保质的需求日益增加。传统的食品包装方式在延长食品保质期、保持食品新鲜度和营养价值方面存在局限性。活性包装通过采用特殊的材料和技术，如去氧剂、抗菌剂、异味消除剂、水分和二氧化碳控制剂等，能够更有效地延长食品的货架期，提高其安全性和改善感官性，从而满足消费者对高品质食品的需求。除此之外，活性包装还被应用于日用品、电子产品等不同行业。目前，活性包装技术已成为发展最快的包装技术门类之一。

活性包装的发展历史已有30多年，特别是日本、美国、澳大利亚等国家已经在多个领域广泛使用，技术成熟。近年来，活性包装技术越来越受到商家及消费者的关注。根据Insight Ace Analytic发布的报告，2023—2031年，全球活性包装的年均复合增长率为10.04%，2022年的市场规模为252.2亿美元，2031年将超过588.1亿美元[1]。

在我国，活性包装是一个新兴行业。在活性包装领域，涉及氧气控制、水分控制、乙烯吸收/释放、二氧化碳控制、抗菌、抗氧化、护色和温度控制、智能检测与状态指示等不同的活性包装技术；涉及数千家相关企业，除了服务于烘焙、果蔬、肉制品、水产品、药品、坚果炒货、奶制品、粮谷类、宠物食品等食品药品行业，在家电、家具、服装、箱包、设备设施、军械包装等领域也有应用。

《中国包装年鉴2022》的数据显示，2022年我国包装行业规模以上企业9860家，全国包装行业规模以上企业累计完成营业收入12293亿元。2023年完成营业收入11539亿元，增速比去年同期增长-0.22%。其中，活性包装行业总产值约150亿元，我国已成为世界最大的活性包装单一市场国家。据不完全统计，从2010年至2022年间，我国活性包装市场从10万吨增长至200万吨，年复合增长率为28.30%。

纵观全国活性包装上中下游的发展形势，各省份、各地区的发展并不均衡。图1-1是2023年

---

[1] 资料来源：http://www.printingfield.com/newsinfo/6276951.html。

全国各大区活性包装及活性包装相关企业数量分布图（详细数据可查阅附表 3-1-1 — 表 3-1-5）。可以看出，产销两旺的地区依次是华东、华南和华北、华中地区。

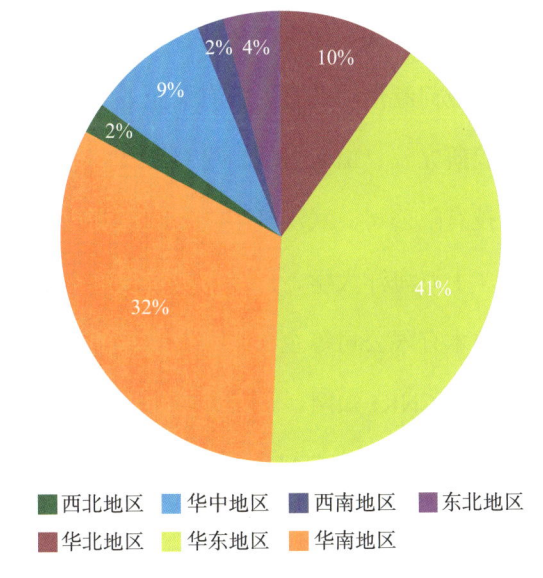

图 1-1 2023 年全国各大区活性包装及活性包装相关企业数量分布

鉴于活性包装行业在包装中的作用越来越大，其在整个包装行业所占比重也越来越大，在充满激烈竞争的当代经济环境下，研究机构、企事业单位、行业协会、政府机关、投资机构等，在研究企业的发展战略、投资者的投资意愿、政府的扶持政策、金融机构的贷款政策等问题时，必须进行行业分析，才能更加明确地了解行业的发展状况，以及它所处行业的生命周期状态，进而通过相应政策和指令，使参与活性包装行业的各方作出正确的决策。为此，在中国包装联合会指导下，中国包装联合会科学技术专业委员会（原科学技术委员会）组织业内外相关专家，共同参与、调研、分析、讨论和编写了《中国活性包装行业调研分析报告（2023 — 2024 年）》（以下简称《报告》）。

（2）编制方法

《报告》的编制采取了大纲讨论、企业调研、网络数据调研、专家分析并撰写初稿、会议讨论修改和会议讨论定稿的工作机制。2022 年 5 月 25 日，中国包装联合会下达《关于开展包装行业领域调研工作的通知》，委托科学技术专业委员会正式启动了这一调研项目。科技委秘书处起草了《活性包装行业调研分析报告大纲（初稿）》《活性包装的定义、分类以及行业划分（初稿）》和第一批调研资料与数据清单，并于 2022 年 6 月 25 日召开了"活性包装调研活动说明会"，会议吸引了包括活性包装领域的头部企业、用户企业、高校和研究机构的专家以及活性与智能包装工作平台部分成员在内

40多位专家参加。截至2022年10月底，调研工作组根据反馈的资料和数据完成了本轮稿件的草拟。

在编制过程中，工作组采取了多渠道收集的方法扩大数据来源，并运用专业分析手段进行数据处理。其中，数据来源主要包括国家统计局、国家市场监督管理总局、新浪财经之上市公司年报、方正证券行业分析及主营构成、企业问卷清单调查、各有关企业官网以及江南大学、干将新材料有限公司、北京市产品质量监督检验研究院、山东鲁银新材料科技有限公司、中国出口商品包装研究所、中北大学、江苏欧凯包装科技有限公司、武汉轻工大学、深圳市春旺新材料股份有限公司、东莞市欣荣天丽科技实业有限公司、上海海洋大学、淮安市威特保鲜剂有限公司、无锡市赛瑞金属粉末制造有限公司和扬州九美保鲜技术有限公司等企事业单位撰写的内容和反馈的数据，也包括江南大学图书馆馆藏数字图书资料（包括CNKI知网、万方数据知识服务平台、维普期刊资源整合服务平台、超星百万图书江南大学图书馆镜像站、CALIS西文期刊目次数据库等数十个数字图书库资源）。工作组将所有查询资料包括公司年报、官网数据和反馈信息等数据录入Excel表格，并将主要数据进行了统计分析。

针对行业发展中的预测性分析，工作组依据活性包装行业集中度、供给情况等进行了初步、粗略分析，对活性包装未来发展方向与重点、发展规模和创新性产品领域进行了初步预测评估。

1.2 报告编制的目的和意义

在当今经济全球化、产业信息化、知识国家化的社会背景下，各行业之间、国与国之间、地方与地方之间都充满竞争和挑战。知识不断更新，科学技术不断进步，生活水平不断提高，人们的工作生活节奏加快，消费观念发生较多变化，我国包装行业的新兴领域——活性包装行业也应有更新及更大的发展。这就需要对活性包装行业的整体状况进行调研、摸底和总结，对活性包装行业的市场现状进行分析，对活性包装行业的发展作出进一步预测和规划，以适应我国包装大国的地位和需求。

活性包装行业分析报告旨在通过对活性包装行业的行业环境、市场现状、行业数据、厂商规模状况、上下游企业规模状况、行业竞争及行业发展方向等方面进行统计，对活性包装行业的整体状况进行分析总结，对活性包装行业的市场现状进行分析，对活性包装行业的发展作出科学预测，既有利于国家行政和行业主管部门对活性包装行业的发展制定相关政策、法规，也有利于在全国范围内形成若干各具特色的活性包装材料、活性包装技术及活性包装解决方案供应商，对活性包装行业进行合理分工、合理布局，为加快发展我国的活性包装行业作出新的贡献。同时不断促进本行业内的企事业单位开发新产品、研究新技术，不断提高产品和服务质量，在提高活性包装行业整体水平的同时为国家经济发展作出贡献。

1.3 报告内容

为全面地反映活性包装行业的整体情况，《报告》共分十个部分：绪论、活性包装行业发展概况、活性包装行业发展的影响因素、活性包装行业供求概况、活性包装行业科技发展情况、活性包装产业链与相关行业分析、活性包装行业厂商行为分析、活性包装行业发展战略与典型案例及结语，《报告》后还附有三个附录。

绪论部分阐述了《报告》编制的背景、方法、目的和意义。

活性包装行业发展概况部分包括活性包装行业概述和活性包装行业的发展历史两个部分。活性包装行业概述部分介绍了活性包装行业与隶属行业名称，阐述了活性包装的概念和活性包装技术的内涵，详述了活性包装用材料、活性包装形式、活性包装设备及活性包装行业的可持续发展和绿色环保技术。活性包装行业的发展历史部分，则主要叙述活性包装行业的发展历史、活性包装技术发展概况以及活性包装上下游行业发展概况等。

活性包装行业发展的影响因素部分概述和分析了活性包装相关政策法规、活性包装行业管理模式和活性包装行业的标准与质量控制等影响因素。其中，活性包装相关政策法规部分介绍了国内相关政策法规及其对活性包装行业的影响；活性包装行业管理模式部分介绍了国内外活性包装行业的管理模式；活性包装行业的标准与质量控制部分概括介绍了活性包装相关标准、活性包装产品的质量与检测方法和活性包装的质量控制体系。

活性包装行业供求概况部分包括活性包装行业供求概况、活性包装行业集中度与竞争态势、活性包装行业需求分析和活性包装行业发展预测等内容。其中，活性包装行业供求概况部分阐述了活性包装行业的业务模式、企业资产主要存在形式、经营成本和费用主要发生形式、经营固定成本/

可变成本结构、行业利润来源、行业进入/退出壁垒、行业整体供给与发展趋势等；活性包装行业集中度与竞争态势部分主要叙述了该行业主要厂商概况、国内活性包装行业集中度与竞争态势、国外活性包装行业集中度与竞争态势等；活性包装行业需求分析部分进行了活性包装产品需求的变化周期特点及需求市场分析；活性包装行业发展预测部分介绍了活性包装各应用行业发展现状，分析了活性包装行业的发展规模及其技术发展趋势。

活性包装行业科技发展情况部分主要包括活性包装行业相关研究方向与研究论文，相关研究机构、研发团队及其成果概览和相关专利技术等。总结了活性包装行业领域的重要研究方向及主要研究论文概况，介绍了活性包装行业的相关研究机构、研发团队及其主要研究成果，概括分析了活性包装领域专利概况、专利技术分布情况以及现有专利涉及的主要应用技术领域等。

活性包装产业链与相关行业分析部分包括活性包装上游行业、下游行业及相关行业的分析。其中，活性包装上游行业分析部分详细介绍了硅胶、石灰石、分子筛、氧化铁粉、白炭黑、工业盐、光触媒、活性炭，以及纸塑、无纺布等上游行业各专业领域的发展现状及其发展前景；下游行业部分介绍了食品、药品及工业品日用品行业的发展现状及其发展前景；相关行业的关系分析描述了活性包装主要相关行业的相互关系及其协同发展现状等。

活性包装行业厂商行为分析部分包括活性包装行业的营销行为、生产行为和扩张行为等三个方面的分析。通过对行业典型营销模式介绍、营销创新分析、行业新产品创新速度、行业定价规则等分析活性包装行业的营销行为；通过活性包装行业典型生产模式的分析，解释了活性包装行业生产行为的目的和原则；通过活性包装行业上下游典型企业的扩张历程，分析了行业的扩张行为。

活性包装行业发展战略与典型案例部分概述了行业发展瓶颈，总结了行业主要发展方向、行业发展规模和质量及行业发展的主要技术内容，最后分别介绍了活性包装上游、活性包装产品、活性包装下游以及相关设备等领域重要厂商发展的典型案例。

结语部分，针对本行业本身、投资商和政府三方面的需求点，总结了行业概况与发展形势，分析了活性包装各专业领域的发展态势和行业存在的主要问题，并就加快活性包装行业的发展提出了对策与建议。

《报告》附有三个附录，包括我国活性包装行业大事记、我国活性包装行业主要企事业单位概况和我国活性包装行业基本数据。

2 活性包装行业发展概况

2.1 活性包装行业概述

行业名称：活性包装

隶属行业名称：包装行业

2.1.1 活性包装

活性包装（Active Packaging，AP 包装）是一种通过活性物质调节包装袋内气体环境，达到保鲜、抑菌、延长贮存期等目的的包装方式。具体来说，它可以除去过多的二氧化碳（CO_2）、乙烯及水汽，并及时补充氧气（O_2），从而维持适用于鲜切蔬菜、水果及其他易腐食品贮藏保鲜的适宜气体环境。这种包装方式有助于保证食品安全，使消费者避免误食变质食品。

活性包装从食品包装行业发展而来。狭义上讲，它是食品包装的一种。近年来，其概念、内涵和应用领域已开始向一般产品包装延伸。本书所涉及的是广义的活性包装，即：其所涉及的内装物不仅仅是食品，还包括其他各种产品。

2.1.2 活性包装技术

2.1.2.1 活性包装技术

活性包装技术就是活性包装的应用方式或技术方案，即利用气体去除或释放系统，在包装内创造一个小环境，以达到保鲜、抑菌、延长贮存期等特定目的的包装技术系统。这种技术不仅限于包装内的气体调节，还包括能够自动监测、传感、记录和溯源包装食品在运输和储藏期间所经历的内、外环境变化或包装物特性变化的智能包装系统。智能包装技术能够进一步提升食品安全性和消费者体验，满足市场对高品质食品的需求。

活性包装技术的核心在于其能够主动地对包装内部环境进行调控，以适应不同食品的特殊需求。例如，通过添加特定的气体吸收剂，可以去除包装内的有害气体，如乙烯（一种促进果实成熟的植物激素），从而延缓果实的成熟过程；同时，通过释放适量的氧气或二氧化碳，可以维持包装内的气体平衡，保持食品的新鲜度和口感。

此外，随着科技的发展，活性包装技术还在不断创新和完善。例如，一些新型的活性包装材料能够感知包装内的温度、湿度等参数，并根据需要自动调节包装环境；还有一些活性包装系统能够与物联网技术相结合，实现远程监控和智能管理。这些技术的应用将进一步推动食品包装行业的进步和发展。

简言之，活性包装技术就是将抗氧化剂、抗菌剂、异味（腐味）消除剂、水分和二氧化碳控制剂等活性材料与包装材料结合起来构成活性包装系统的一种新型包装技术方法。

2.1.2.2 典型活性包装技术

活性包装技术是一种包装行业的创新手段，可以保持或延长食品的保质期，确保其质量、安全性和完整性。在欧洲法规的定义中，活性包装技术涉及食品、包装材料与内部气体间的相互作用机制及其相应的控制技术。其典型技术有脱氧技术、抗微生物技术，以及对不良气味、水分、二氧化碳的控制技术。根据作用机理的不同，其主要可分为去除型和释放型两类。前者将活性物质置于包装系统中，吸收或吸附不利于产品保质的成分，如氧气、二氧化碳、乙烯、多余的水分、异味或其他有害成分；后者利用活性物质在包装内的缓慢逸散，改善包装内部环境，使其具有抗菌、防腐、保鲜等功能。

典型活性包装技术包括以下 6 种。

（1）脱氧技术

脱氧的方法有铁粉氧化（铁系）、有机酸盐氧化（有机系）、生物酶氧化（酶系）、光敏感性染料氧化等。目前，使用的大部分脱氧剂是基于铁粉氧化还原反应。这种铁系脱氧剂可做成袋状，放入包装内，使氧的浓度降到 0.01% 以下。理论上，1 g 铁粉能和 300 mL 的氧气反应，使用时可根据包装后残存的氧气量、包装膜的透氧性、贮存条件和货架期来选择合适的用量。除了铁系脱氧剂，有机系脱氧剂应用也很广泛。有机系脱氧剂对食品的 pH、水分活度、盐含量、温度和其他因素的变化都很敏感，在反应时还需要水的参与，可应用于高水分含量的生鲜食品。另外，也可将脱氧剂固定在聚丙烯或聚乙烯膜上。

光敏感性塑料脱氧剂脱氧技术是在透明包装袋的内顶部密封乙基纤维素膜小薄片（内部溶解有光敏染料和单线态氧受体），当包装膜接收到合适波长的光照时，激发的染料分子就会将环境中渗入包装膜的氧分子致敏成单线态氧，此单线态氧分子与受体分子反应而被消耗掉。此类脱氧剂可有效的抑制霉菌和好氧性细菌的生长，延长食品货架期。当包装内氧气浓度降到 0.1％以下时可抑制许多霉菌的生长。实践中也可将多种保鲜方案搭配使用，例如，采用气调包装方式（充氮或真空）除去包装内大部分的氧气，再使用较少数量的脱氧剂脱除包装内残余氧气的办法。

（2）乙烯脱除技术

乙烯是一种植物激素，对鲜果蔬具有不同的生理作用。它会加速果蔬的呼吸作用，促进其成熟和衰老；还会加速其软化和后熟，会减少果蔬的货架期。因此，为了延长果蔬的货架期，保持其感官质量，包装袋内的乙烯必须脱除。

常见的乙烯脱除技术有如下几种。

①大部分乙烯脱除是使用高锰酸钾把乙烯氧化成乙酸和乙醇。当高锰酸钾的颜色从紫红色变为褐色时，就失去了脱除乙烯的功效。由于高锰酸钾有明显的颜色，不能聚合入与食品直接接触的包装膜内，所以在实际应用中常把表面积较大的惰性吸水性载体（如矾土、硅胶、硅石、硅藻土、活性炭等）在浓度为 4％～6％的高锰酸钾溶液中浸泡后，装入能透过乙烯的袋中，制成乙烯脱除包放入果蔬包装内。

②活性炭也可将乙烯吸附，随后将其降解。一定量的活性炭可有效抑制乙烯的蓄积。

③也可将分散均匀的矿物质如沸石、黏土等聚合入包装膜内以脱除乙烯。这种聚合包装膜大多不透明，吸附乙烯的能力不强。但聚合后膜的通透性会改变，袋内乙烯和二氧化碳（CO_2）通过膜向外扩散的速度加快，二氧化碳（CO_2）向膜内进入的速度也大于纯聚乙烯膜。这种通透性的改变也能降低包装内乙烯的浓度，从而延长果蔬的货架期。这种乙烯脱除方法主要对外源乙烯较有效，若需控制内源乙烯，则常使用 1-甲基环丙烯。

对于呼吸跃变型和非呼吸跃变型的果蔬，乙烯去除的处理方案也有差异。

（3）抗微生物技术

异硫氰酸盐主要是从十字花科植物中提取的一种有效的抗微生物制剂，这种制剂既抑菌又杀菌。在包装领域，异硫氰酸盐的应用主要体现在其抗氧化、抗菌和防腐等方面。例如，异硫氰酸盐可以与包装材料中的某些成分反应，形成保护层，防止食品被氧化，从而延长食品的保质期。此外，异硫氰酸盐还具有抗菌作用，能够抑制一些有害微生物的生长，保证食品的安全性和卫生性。

二氧化氯是基质含氯的试剂暴露于湿气中释放出的抗微生物气体。有研究者探讨了能产生二氧化氯的反应系统。把亚氯酸钠加入塑料中，转化为易溶于水的强氧化剂二氧化氯。二氧化氯是一种低浓度（0.05～5 mg/kg）、高活性的广谱抗微生物制剂，反应的最终产物氯离子是无害的。二氧化氯在植物类食品中作为消毒剂（果蔬清洗剂、面粉漂白剂）已得到普遍接受，它也被作为水处理的环境保护剂。它在食品包装中的主要应用是放在新鲜产品下面的托盘里，控制微生物。它是极少不需直接接触食品和包装表面的抗微生物包装之一。二氧化氯作为食品包装材料的抗微生物制剂已得到美国食品药品监督管理局的认可。

生鲜果品中常用的抗微生物化学制剂是一些防腐剂，如有机酸及其盐、亚硫酸盐、亚硝酸盐、抗生素、乙醇等。抗微生物剂可以混合在蜡层中用于天然干酪，或混在湿蜡中涂在包装纸上，或者与可食用蛋白质混合涂层于半干食品表面。人们还尝试将杀菌剂（杀真菌剂）和抗生素添加到塑料中制成抗微生物包装膜。抑霉唑作为活性物质与塑料膜化学结合可延迟霉菌生长。添加抑霉唑的低密度聚乙烯（LDPE）薄膜曾用于包装胡椒和干酪，控制其微生物污染。人们也试图用其他化学物质、气体、酶和天然成分作为防腐剂或杀菌剂，如丙酸、过氧化物、臭氧、氯的氧化物、丁香酚、桂醛、溶菌酶、乳酸链球菌素和乙二胺四乙酸（EDTA）。

上述抗微生物制剂都可加入包装原料中。与过氧化氢、臭氧、氯的氧化物相比，这些天然制剂的可食性使其更适用于生鲜食品的抗微生物包装体系。

用于抗微生物包装的大多数物质只具有表面活性。由于大多生鲜食品都有不规则的表面，而目前被推荐用于抗微生物制剂的无毒化合物并不是广谱的，因此，可以将上述抗微生物制剂用作传统微生物控制方法的补充。

理想的抗微生物包装材料应有广谱活性、低浓度、低成本、无恶劣的感官影响，可与聚酯等软塑材料和表面接触剂等制成包装薄膜。食品包装材料中有发展潜力的抗微生物制剂，还包括有机酸、杆菌素、烯丙基芥子油、金属离子和气体释放剂等，它们已被用于干酪、新鲜果蔬和面包等的包装中。但其在冷冻产品储运环节的热稳定性和效能尚待进一步确定。

抗微生物包装大部分采用可食用膜形式，在应用中一般仅测定其抑制区的抗微生物活性，而不是测定其完整的食品包装体系。然而，在大多数情况下，聚合物挤出成型时会破坏制剂的抗微生物特性，薄膜表面的涂层会限制制剂的抗微生物效果，当制剂传递到包装内部时，内装食品往往也会稀释效能。这说明，抗微生物包装膜的效力是有限的。

此外，至今还没有出现任何可除去病原菌的商业化抗微生物包装材料。

（4）水分吸收技术

用于水分吸收的物质包括除（吸）湿剂和干燥剂。除湿剂用于湿度较高的场合，如盛装生鲜果蔬和水产品的包装容器、海运场合下的大型集装箱等；而干燥剂则适用于需要保持干燥的场合，比如盒装马铃薯片、袋装奶粉及大部分药品等。

对于易产生汁液流失的食品（如杨梅、冷鲜肉、水产品等），可在其包装中使用汁液吸收垫吸收流出的汁液，使包装保持最佳状态。流出的汁液经常是产品劣化的潜在根源，用于水果、生肉的纤维素垫虽然能够吸收汁液，但它也会成为更多水分的来源和微生物生长的媒介。一种直接加入托盘的羧甲基纤维素（CMC）聚合物吸收剂，可以与流出的汁液作用，形成不可逆凝胶，以达到控制食品包装内的水分含量的目的。使用结合了抗微生物制剂的凝胶垫，产品货架期也大大延长。冷冻海鲜在空运时，常使用较大的汁液吸收垫来吸收融化的冰水，这种吸收垫一般用吸水效果较好的聚合物如聚丙烯酸盐及淀粉的交联共聚物等制造。

包装内的水分过多，会使干脆食品（如土豆片、饼干等）变软，奶粉、速溶咖啡结块等。而对另一些食品，如果包装内散失的水分过多，则会使包装的食品失水干裂，并会加快食品中的脂肪氧化变质。为保证包装袋内适宜的相对湿度，应根据产品的特性，选用合适的包装膜或包装罐，搭配使用干燥剂或湿度控制包（垫）。干燥剂在膨化食品、冻干食品、各类糖果、调味料中均可使用，常用的干燥剂包括硅胶、分子筛、氧化钙和天然黏土等。使用干燥剂除了可降低水分活度、抑制霉菌、酵母和腐败菌的生长，还可保证干脆食品的感官品质。例如，在马铃薯片包装中放入干燥包和脱氧包，可抑制霉菌生长、降低油脂氧化，使其在环境温度20℃时的货架期从5d延长到15～17d。

（5）气调渗透膜技术

研究表明，不同新鲜果品对适宜的最佳贮存环境气体组成的要求不同。传统包装技术难以达到包装空间气体组成的最佳化，而活性包装将给食品贮藏保鲜带来革命性的变化。研究者对聚合物包装结构控制气体渗透问题进行了深入研究。前期的研究重点是包装材料在温度升高时可调气体渗透能力，允许外部气体进入新鲜蔬果，以减少厌氧呼吸。近来取得了更多的研究进展：使用覆有多孔薄膜并在基础包装结构上复合更大通孔率的材料，可获得适宜的氧气（O_2）渗透率 [428000 ml／（m^2·24h）] 和二氧化碳（CO_2）渗透率 [1600000 ml／（m^2·24h）]，以不同渗透率比例应用于不同呼吸率的新鲜果蔬（如花茎甘蓝、蘑菇、芦笋和草莓），取得了良好效果；使用多孔薄膜包装绿香蕉的研究进展表明，可明显延长其成熟后的货架期。

活性包装体系中 CO_2 有抑制食品表面细菌生长的作用，并能降低鲜活果蔬的呼吸速率，另外，大部分塑料薄膜的 CO_2 透过率都比 O_2 透过率高。因此，人为调节包装内部空间的 CO_2 浓度对某些食品的保鲜是非常重要的。可产生 CO_2 的系统很多，例如，将亚硫酸盐系脱氧剂与 $NaHCO_3$ 混合，不仅可以去除 O_2，而且可以产生 CO_2。鲜鱼、肉、草莓等鲜活食品及对霉菌敏感的加工食品在高 CO_2 气氛中储存是有利的。与此相反，像咖啡豆这类产品，由于糖和氨基化合物的分解，在熔烤后会产生大量 CO_2，奶酪这类产品在贮存时也会放出 CO_2。必须从这些产品的包装中除去 CO_2，以避免产品变质或胀破包装袋。

（6）风味释放／异味吸收技术

食品风味物质的散失会使其感官质量严重下降。为了防止风味物质快速散失，可在加工包装薄膜时添加风味物质或添香物质，通过这些物质的释放提高包装内食品的感官质量；也可在包装袋中放入使人感到愉悦的气味胶囊，当包装盒打开时，愉悦气味即可释放出来。应该注意的是，这些风味物质的释放有可能掩盖食品或包装膜本身的异味，不允许使用这种方法来掩盖劣质、变质产品或包装材料的不良气味，以次充好，欺骗消费者。

果汁等产品中的异味（如葡萄柚果汁中的苦味）可通过包装去除。葡萄柚果汁的苦味主要是由柚皮苷和柠檬苦素引起的，鲜柑橘及其果汁中含有这些物质。为除去这些物质，可在包装膜内层涂一层含有柚皮苷酶的活性乙酸纤维素膜，它在7℃环境下15d内即可使柚皮苷水解，同时吸收部分柠檬苦素，从而大大降低果汁的苦味。

活性包装的对象主要为各类食品，包括生鲜果蔬、鲜活农产品、肉制品、奶制品、休闲类、烘焙类、坚果炒货类、谷物类等产品，在药品、工业产品等其他领域内也有广泛的应用前景。

活性包装中的活性物质主要通过3种方式进行添加：①在包装内添加小袋或衬垫；②将活性物质添加到包装膜中；③直接将活性物质涂覆到包装上。在商业应用时，要对活性包装进行暴露和毒理学评估，根据不同的活性物质妥善选择包装材料和添加方式，以免因物理和化学迁移造成食品安全问题。

2.1.2.3 术语

包装（Package）：是指为在流通过程中保护产品，方便储运，促进销售，按一定的技术方法所用的容器、材料和辅助物等的总体名称。

气调包装技术（Modified/Controlled Atmosphere Package，MAP 或 CAP）：气调包装也称置换气体包装，是在真空包装及充氮包装的基础上发展改进所得到的一种保鲜包装，主要用于食品保鲜。采用具有气体阻隔性能的包装材料包装食品，根据客户实际需求将一定比例 $O_2+CO_2+N_2$，N_2+CO_2 或 O_2+CO_2 混合气体充入包装内，防止食品在物理、化学、生物等方面影响下发生品质下降或减缓其品质下降的速度，从而延长食品货架期，提升食品价值。

活性包装（Active Package，AP）：通过控制或调节产品包装内的环境条件，以延长内装物货架寿命、提高卫生安全性、改善产品特性，同时保证其品质的包装技术。

活性物质（Active Matter，AM）：是指一类在微观个体层次进行能量输入，产生运动或形变的非平衡物质体系。

抗菌包装（Antimicrobial Package）：通过在食品包装材料表面或内部添加抗菌剂、防腐剂，抑制细菌、霉菌的生长，以延长食品的货架期。

控释包装（Controlled release packaging）：将包装材料作为活性物质传递系统进行活性物质的控制释放，目的在于维持或改善包装内食品的品质。

缓冲包装（Cushion Package）：是指为了减缓商品受到冲击和震动，确保其外形和功能完好而设计的具有缓冲减震作用的包装。

真空包装（Vacuum Package）：也称减压包装，是将包装容器内的空气全部抽出密封，维持袋内高度减压和空气稀少的低氧状态，使微生物没有生存条件，以达到食品保鲜、无病腐发生的目的。应用真空包装时可根据物品种类选择包装材料，如塑料包装、铝箔包装、玻璃器皿、塑料复合材料包装等。

玻璃纸（Cellophane）：是一种以棉浆、木浆等天然纤维为原料，用胶黏法制成的薄膜状制品。它透明、无毒无味。因为空气、油、细菌和水都不易透过玻璃纸，使得其可作为食品包装使用。在普通玻璃纸的一面或两面涂上防潮涂层，再经干燥调湿后制成防潮玻璃纸。

无纺布（Non-woven Fabric）：又称不织布、针刺棉、针刺无纺布等，采用聚酯纤维（聚酯含量大于85%的纤维一般称为涤纶，PET）等材料生产，经过针刺工艺制作而成，可做出不同的厚度、手感、硬度等。无纺布具有防潮、透气、柔韧、轻薄、阻燃、无毒无味、价格低廉、可循环再利用等特点。在活性包装行业多用作产品内包装。

脱氧剂（Deoxidizer）：又名去氧剂、吸氧剂，是可吸收氧气、减缓食品氧化作用的外控型保鲜剂，是食品保鲜包装中正在采用的新产品。

干燥剂（Desiccant）：指能除去潮湿物质中水分的物质，常分为两类。一类是化学干燥剂，如生石灰、硫酸钙和氯化钙等，通过与水结合生成水合物进行干燥；另一类是物理干燥剂，如硅胶、分子筛、蒙脱石与活性氧化铝等，通过物理吸附水分进行干燥。

抗菌剂（Anti-bacterial agents）：指能够在一定时间内，使某些微生物（细菌、真菌、酵母菌、藻类及病毒等）的生长或繁殖保持在必要水平以下的化学物质。抗菌剂是具有抑菌和杀菌性能的物质或产品。

防雾剂（Antifogging agent）：是一种含有亲水基团的低分子量的分散剂，由确定分子量大小的分子组成，涂布在透明物体表面会形成一个涂层，涂层中的亲水基团能吸附空气中的水分子，在透明物体表面润湿、扩散形成水膜（而不是水珠），使透过物体的光线不会产生散射，避免结雾现象的产生。

生物传感器（Biosensor）：是一种对生物物质敏感并将其浓度转换为电信号进行检测的仪器。是由固定化的生物敏感材料做识别元件（包括酶、抗体、抗原、微生物、细胞、组织、核酸等生物活性物质）、适合的理化换能器（如氧电极、光敏管、场效应管、压电晶体等）及信号放大装置构成的分析工具或系统。

货架期（Shelf-life）：指在标签上标示的条件下，保持食品质量（品质）的期限。在此期限内，食品完全适于销售，并符合标签标示或产品标准中所规定的质量（品质）；超过此期限，在一定时间内食品仍然是可以食用的。

自动排产物料需求计划（MRP）：是一种制造管理系统，可帮助制造商处理物料需求，生产计划和库存控制。MRP也可互换地用于指代制造资源计划，其实际上是MRP Ⅱ。

QC工程图：工程图也是产品管控计划，是反映产品从进料到生产到出货的详细流程，各工序的检验标准，检验频率，使用的工具、设备，质量记录的表单，工序作业文件等。

2.1.3 活性包装的特点及其产品和应用

2.1.3.1 活性包装的特点

有别于传统的产品品质保证措施和包装防护方法，活性包装的宗旨是通过包装、产品和环境相互作用延长食品的货架期，改进食品的感官品质，提高食品的安全性，维持食品的品质。具体来说，是通过改变产品的包装内外环境达到延长货架期、改进感官品质、提高安全性的目的。其主要优点有以下几点。

①可以不用或少用食品添加剂来延长其货架寿命，大大提高食品安全性。

②可实现传统包装无法达到的包装防护功能，如自热、自冷等。

③可主动显示/指示产品包装的品质，保护消费者权益。

④可大幅降低包装材料和包装结构的设计制造难度，从而降低包装成本。

⑤可通过生物基活性物质的应用，提高产品包装的环境安全性和绿色品质。

⑥可通过活性包装材料的设计，实现产品品质与储藏条件的最佳匹配，实现相关参数的可控化。

2.1.3.2 常见活性包装产品及其应用

常见活性包装产品如图2-1所示。

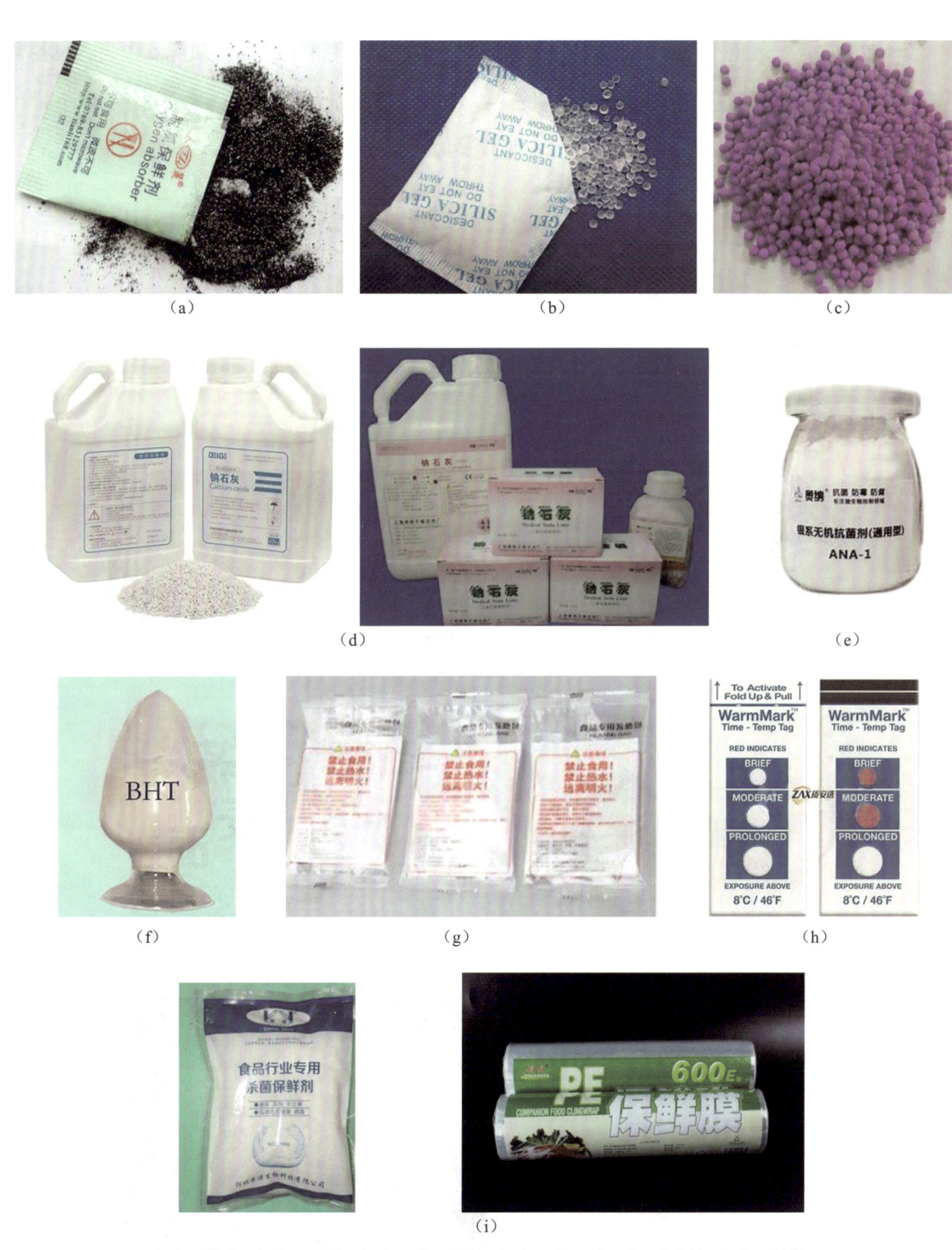

（a）脱氧剂；（b）干燥剂；（c）乙烯吸收剂；（d）二氧化碳吸收/释放剂；（e）抗菌剂；
（f）抗氧化剂；（g）自热包；（h）智能检测系统；（i）保鲜剂/保鲜膜

图2-1 常见活性包装产品

活性包装产品一般用于保鲜果蔬包装、气调肉类包装、抑菌海鲜包装、除氧糕点包装、粮谷类产品和其他产品包装以及基于活性材料的相关产品，如图2-2所示。

（a）果蔬包装；（b）肉类包装；（c）海鲜包装；（d）糕点包装；（e）（f）粮谷类产品包装；（g）其他产品包装；（h）相关产品

图2-2 活性包装产品的应用领域

2.1.4 活性包装的分类

活性包装中所用到的包装材料被称为活性包装材料，活性包装中所使用的相关技术方法被称为活性包装技术。活性包装技术是通过包装材料与包装内部的气体及食品之间的相互作用，来有效地延长商品的货架期或改善食品的安全性和感官性质，并保持食品的品质。活性包装作为一种新型的包装技术，大大促进了食品行业的发展，并展示了其良好的应用前景。活性包装可按活性包装材料的作用原理、功能及包装对象等来分类。

2.1.4.1 按活性包装的作用原理分类

（1）去除净化原理

去除净化原理指利用活性物质的吸收或吸附作用去除氧气、二氧化碳、乙烯、水蒸气、二氧化硫、硫化氢等气体，从而达到相应的抗氧化、祛除异味、延长食品保质期等功能。脱氧剂、乙烯吸收剂、干燥剂、活性炭包等都应用了活性包装的去除原理。例如，脱氧剂能够通过吸收氧气营造无氧环境，抑制好氧微生物的生长繁殖，防止营养流失，使食品能最大限度地保持最初的色、香、味。干燥剂能够吸附空气中的水蒸气，应用在食品保鲜中，能有效防止产品受潮发霉，应用在家居产品中，可以营造干爽舒适的生活环境。乙烯吸收剂可以通过吸收水果自身产生的乙烯气体，降低包装内的乙烯浓度，可以大幅延长水果的贮藏期。市面上种类繁多的活性炭包，利用活性炭的多孔结构可以吸附环境中的二氧化硫、甲醛、硫化氢等不良气体，达到祛除异味，改善空气质量的目的。

（2）主动释放原理

活性包装可以通过活性物质主动释放二氧化碳、氧气、防霉因子、抗菌组分等成分，以满足相应的包装需求。其中，应用最为广泛的是防霉片和抗菌剂。防霉片将防霉因子缓缓释放到环境中，对一定空间的霉菌具有高效抑制作用，同时因其缓释效果，可以持久作用于相对密闭的空间。抗菌剂利用银离子化合物的杀菌作用或者迷迭香、壳聚糖等天然有机物的抑菌作用，通过某一载体将上述抗菌组分缓缓释放到包装内，起到消灭细菌或者抑制细菌生长繁殖的作用。酒精保鲜卡，可以缓慢释放酒精蒸气，使得蛋糕、紫薯、麻团等食品保持松软口感，抑制淀粉老化，防止霉变。此外，可以释放氧气的活性包装材料也被广泛应用到鲜活植物、鱼类、海鲜的运输过程中。

（3）其他原理

其他原理包括气调原理、光敏原理、酶作用原理等。

①气调原理。

气调原理是在密闭的包装容器内部采用气调保鲜气体（一般是 2～4 种气体按食品特性配比混合），对包装容器内的空气进行置换，以改变容器内食品的气体环境，抑制细菌（微生物）的生长繁殖，减缓新鲜果蔬新陈代谢的速度，从而延长食品的保鲜期或货架期。

②光敏原理。

光敏原理指某些材料会在光的照射下发生各种物理机械性质变化。这种原理可以用在光敏指示器件或材料等技术领域，如时间—温度指示器（TTI）、防伪标签等。

③酶作用原理。

酶是一种高活性蛋白，可使食品风味发生变化。例如，泡菜贮存初期偏甜、后期则偏酸。

2.1.4.2 按活性包装材料的功能分类

（1）氧气控制系统

氧气控制系统旨在调节包装内环境氧气浓度，可分为氧气提供型和氧气清除型。一方面，鲜活产品生命的维持缺不了氧气，供氧原理一般指在包装中加入能自动产生供氧反应的材料。另一方面，大多数食品的腐败变质是由于氧气的存在引起的，氧气能使食物的成分氧化、霉变、促进微生物及害虫的滋生，因此控制食品包装内氧气的含量对于保证食品质量、延长货架期具有重要意义。

氧气清除可通过真空密封和气调包装实现。包装中的残余氧浓度通常保持在 0.5%～5% 之间，并且可能因外界氧气渗透等因素在储存期间进一步增加。使用氧气清除剂（脱氧剂）是主要的活性包装技术之一，通过施加氧气清除剂可以实现食品包装的残余氧气水平的快速降低，氧气浓度可降至 0.01% 以下，并可维持一定时间。

氧气清除系统可由独立小袋、衬垫或包含氧气清除剂的标签构成。目前常见的氧气清除剂按照原料可以分为无机氧清除剂和有机氧清除剂，铁粉、氧化亚铁细粉、亚硫酸盐等氧清除剂属于无机类，而抗坏血酸、葡萄糖氧化酶、儿茶酚等氧清除剂属于有机类。其中最常用的为基于铁的氧气清除剂，其具有原料来源广、加工成本低、氧气去除效果好、安全性高等优点，被广泛应用于各种类型的除氧包装中。

（2）水分控制系统

水分含量和水分活度是影响各类食品质量和安全的关键因素。一方面，许多干燥产品或生鲜产品在贮藏期间对湿度敏感，水分的增加使产品更容易发生微生物繁殖，导致产品的腐败，并可能导致质地和外观的改变，从而缩短保质期；另一方面，对于一些鲜活产品，例如，鲜鱼、肉类和果蔬，如果含水量过高而产生液体浸泡，会降低产品的吸引力，从而降低消费者的购买欲望。

包装中的水分控制策略一般可分为以下3种。

①水分平衡。即保持包装内原有水分，这一般直接通过使用高阻湿性包装材料维持包装内的水分。

②降低水分。即控制包装内环境湿度在一个合理水平，可采取的技术方法：通过去除顶部空间中的潮湿空气进行真空包装、通过用干燥的水分清除剂气体替换顶部空间中的潮湿空气、使用搭载吸湿性活性物质（活性水分清除剂）的多孔垫。其中，这种多孔垫应用于生鲜产品等高水分活性的食物，这种垫主要由多孔材料、聚合物（聚丙烯或聚乙烯）、发泡和穿孔聚苯乙烯片或纤维素与超吸收聚合物/矿物/盐（聚丙烯酸盐、羧甲基纤维素、淀粉共聚物、二氧化硅和硅酸盐）组合而成。

③水分消除。即彻底的防潮作用，适用于干燥类产品，利用干燥剂吸收包装内残余的水分，保持包装内部环境的干燥。干燥剂的实例是：硅胶、黏土、分子筛（合成结晶形式，例如来自沸石、钠、钾、钙铝硅酸盐）、吸湿盐（例如氯化钠、氯化镁、硫酸钙）和其他保湿剂化合物（如山梨糖醇）及氧化钙等。干燥剂的吸收能力取决于其水蒸气吸附等温线，干燥剂通常以小袋、微孔袋的形式放入包装中，或者集成在包装缓冲垫中。

（3）乙烯去除系统

乙烯是一种促生长的激素（植物生长调节剂），水果和蔬菜自身都能释放一定量的乙烯，而乙烯达到一定量时，会加速水果蔬菜的成熟与老化变质。乙烯还会加大叶绿素，特别是叶类蔬菜产品中的叶绿素降解速率，并且会使水果过度软化。因此，为了保证果蔬类产品的品质，应当避免乙烯的积累。

常见的乙烯去除方法包括：使用高透气率的包装材料包装果蔬，使其中的乙烯气体最大限度地逸出；使用乙烯去除剂去除过量的乙烯。

在活性包装中，乙烯去除的原理主要有两种：物理吸附和化学氧化（化学吸收）。这两种原理各自具有不同的特点，并在市场上存在多种典型产品。

①物理吸附原理。

即利用多孔性材料（如活性炭、沸石、分子筛等）的高比表面积和丰富的孔隙结构，将果蔬释放的乙烯气体分子吸附在材料表面或孔隙中，从而降低包装内的乙烯浓度。这种吸附过程往往是可逆的，当吸附材料达到饱和后，可以通过适当的方式（如加热、减压等）进行再生，以恢复其吸附能力。

典型产品包括活性炭基乙烯吸附剂、沸石基乙烯吸附剂和分子筛乙烯吸附剂等。

②化学氧化原理。

即利用强氧化剂（如高锰酸钾）与乙烯气体发生化学反应，将其氧化为二氧化碳和水等无害物质。某些文献中又称之为乙烯吸收剂。强氧化反应通常是不可逆的，但其能够有效地去除包装内的乙烯气体。化学氧化型乙烯吸收剂在使用时，通常需要将氧化剂与多孔介质混合，以提高其分散性和反应速率。

典型产品包括高锰酸钾基乙烯吸收剂，它通过将高锰酸钾与沸石、矾土等介质混合制成，具有氧化能力强、反应速度快等优点；复合型乙烯吸收剂，它是采用多种氧化剂和介质复合而成，以提高其综合性能。

（4）二氧化碳控制系统

二氧化碳可溶于食品的水相和脂肪相，形成碳酸，抑制微生物生长的同时也伴随食品的酸化，不同食品的保藏对于二氧化碳浓度的要求不同，所以此类活性包装系统往往包含能释放和吸收二氧化碳的两个体系。

①二氧化碳释放体系。肉类、奶类及耐受二氧化碳能力较强的水果等产品，在高浓度的二氧

化碳（体积分数为 10%～80%）环境中，其表面细菌的生长得到了抑制，产品的货架期得到了延长，因此在一些食品包装内部保持较高浓度的二氧化碳对保持其品质非常有利。此外，使用脱氧包装的产品有些容易发生包装塌陷，影响包装内装物的形态和包装表面的美观。因此，可以在包装中使用二氧化碳释放剂，如亚硫酸盐脱氧剂与碳酸氢钠混合体系，可以同时起到除氧和产生二氧化碳的作用。大米的保存也可采用二氧化碳充填的方式，采用这些方法时，需注意操作人员的人身安全。

②二氧化碳吸收体系。对于二氧化碳耐受度不高的果蔬产品，过量的二氧化碳累积会促使果蔬发生糖酵解，加速果蔬腐败；另外，焙烤后的咖啡豆，由于糖和氨基化合物的分解，会产生大量二氧化碳；红枣、奶酪在贮存时也会释放出二氧化碳。上述几种情况，就需要使用二氧化碳吸收剂，以避免产品变质或气体胀破包装袋。常用的二氧化碳吸收剂一般是碱性物质，例如可进行化学反应的 $Ca(OH)_2$、$NaOH$、KOH、CaO 等。

（5）抗菌系统

食物表面的微生物生长繁殖是影响食品货架期和安全性的主要因素之一。抗菌包装通过延长微生物停滞期，减缓其生长速度或者减少微生物成活数量来限制或阻止食物腐败菌或致病菌的生长，从而保证食品品质和延长食品的货架期。抗菌剂通常涂在包装材料上，合成于包装材料内，固定在包装材料表面或被改良成包装材料。所用的抗菌剂有无机抗菌剂（银或铜等金属离子）、有机化学抗菌剂（主要是有机酸及其盐、杀真菌剂、气体或挥发性物质）和天然生物抗菌剂（植物精油、细菌素、溶菌酶等）。

目前，根据抗菌包装体系中抗菌剂的应用形式不同，抗菌包装可分为以下 5 类：①将抗菌剂与基材共混，通过熔融混炼或溶剂流延工艺制成抗菌薄膜材料；②在已成型的包装材料上涂布一层抗菌剂；③通过离子或共价连接（接枝）将抗菌剂固定在聚合物包装材料上；④将含有挥发性抗菌剂的小包或固体片剂直接加入包装容器中；⑤直接使用一些本身就具有抗菌活性的聚合物包装材料。

（6）抗氧化系统

食品中蛋白质和脂质的氧化是产品品质降低、货架期缩短和安全性大打折扣的重要因素之一，随着人们生活水平的逐渐提高，对安全性更高和保质期更长食品的需求量大大增加。具有脱氧功能的活性包装称为抗氧化活性包装（抗氧化包装），可通过将抗氧化活性剂以衬垫、涂层或直接添加至基体中等方式延缓食品中蛋白质和脂质的氧化，进而改善食品品质，延长产品货架期。根据活性剂的作用方式可将抗氧化包装分为吸收型抗氧化包装和释放型抗氧化包装。

吸收型抗氧化包装即为氧气控制系统中所说的氧气清除技术，这里不做赘述。释放型抗氧化包装是将抗氧化剂包埋在包装基体中或固定在包装材料表面，抗氧化剂在基体中迁移并释放到食品或包装顶隙中，通过淬灭自由基和单线态氧、螯合金属离子或中断过氧化物的形成来防止食品氧化。根据抗氧化剂的亲和性可将其分为水溶性抗氧化剂（酚类化合物、抗氧化肽等）和脂溶性抗氧化剂（槲皮素、植物精油等）。

（7）温度控制系统

温度控制系统即自冷或自热型活性包装技术，它能够自主地改变包装内环境或包装内容物的温度。这种活性包装一般是利用光能、化学能及金属氧化原理，使食品在短时间内实现自动加热或自动冷却。

自加热包装的加热原理一般是依赖生石灰（氧化钙）与水的反应而产生大量的热，从而使食物加热烧熟。生石灰与水反应的化学方程式为 $CaO+H_2O=Ca(OH)_2$，这个反应不仅产生了大量的热，还生成了熟石灰。因此，其中的水起到了触发加热反应的关键作用，使得整个加热过程能够快速且有效地进行。此外，加热包中通常还含有其他成分，如铁粉、铝粉、活性炭等，这些成分与水反应也能释放热量，进一步加速加热过程。例如，铁粉和铝粉在高温下与空气中的氧气发生氧化反应，放出热量，使水短时间内沸腾，形成100℃至200℃的水蒸气，从而加热食物，使食材完全熟化。

例如，一种自加热包装是一种多层、无缝的容器，以注塑成型的方法制成，容器内层分成多个间隔，分别盛装生石灰和水。当使用者揭开容器上的箔，并按压容器底部时，容器内的水和生石灰便会相遇而产生化学反应，放出热能，进而令产品加热。

单独使用铁粉、活性炭、无机盐、水等也可以制成发热包，用于暖宝宝等产品。这些原料在生产时会被分别放置在特定的位置或层中，以确保在未使用前不会发生反应。当暖宝宝的外包装被撕开，内部的原料层就会暴露在空气中，此时铁粉、活性炭、无机盐和水等原料会混合在一起，并在氧气的作用下发生氧化反应（主要是铁粉与氧气的反应），其中的铁粉被氧化成三氧化二铁，同时释放出热量，并通过暖宝宝的外层材料（如无纺布）传导给人体，从而起到取暖的作用。

自冷却包装一般是基于热力学原理，特别是利用物质在不同温度下的物理性质变化（如密度变化）来实现冷却。一些自冷却包装通过内置冷凝器、蒸发格和干燥剂（如盐）等组件，在催化作用下产生蒸气及液体，这些蒸气及液体在包装内部循环，吸收并带走热量，从而降低包装内物品的温度。另一种方式则是利用外部冷却介质（如水或特殊冷却液）通过管道或容器壁传递给包装内的物体，实现冷却效果。

例如，一种自冷却包装，是在包装内放置1个冷凝器、1个蒸发格及1包以盐做成的干燥剂，冷却时由催化作用所产生的蒸气及液体会贮藏于包装底部。该技术可应用于普通容器，它能在几分钟内将容器内物品的温度降至17℃。一种自冷却型啤酒罐，采用水作为冷却介质，当水从容器外壁汽化后带走热量，使啤酒冷却，最后水被吸附剂吸附。

(8) 智能检测系统

活性包装技术所涉及的智能检测系统属于智能包装范畴，其具有一些智能型功能，如检测、感应、记录、追踪、反馈、货架期智能调控、警告等。智能检测系统主要有指示型智能包装与信息型智能包装。

指示型智能包装是采用温敏、湿敏、气敏或具有光电功能的材料，得到对环境因素具有"识别"和"判断"功能的包装。它能够改善或增加包装功能，以满足客户特定的包装要求。常见的指示型智能包装有食品新鲜度指示型、食品成熟度指示型、泄露指示型、氧浓度指示型、湿度指示型等。

信息型智能包装是一种通过现代科技手段来记录、呈现食品相关信息，以及在运输、销售过程中相关信息的新型包装技术。该技术主要涉及两方面：食品的生产信息以及食品本身的一些性能；食品在运输、储存、销售过程中，本身的变化、周围环境的变化及对食品产生的影响。随着社会的进步，针对信息型智能包装的研究越来越多，常见的信息型智能包装技术有条形码、结构三维码、射频电子标签（RFID）技术和时间温度指示器（TTI）等。

(9) 其他功能

目前，在欧洲市场上，一种新型活性包装系统大量应用在水果蔬菜包装中。该活性包装袋具有高氧自发性，可以根据各种水果和蔬菜的生理特性，来调节袋内（氧气）O_2、（二氧化碳气体）CO_2和（氮气）N_2的比例，如对于易腐烂的水果和蔬菜可以用体积分数为10%～20%的CO_2和体积分数为80%～90%的O_2。这种包装可以有效减少被包装物的氧化褐变，使酶的催化能力大大降低，防止果蔬因无氧呼吸所引起的发酵反应，从而保证果蔬的品质，同时具有延长果蔬的保质期，减少细菌的繁殖与生长，防止生鲜食品腐败等优点。

2.1.4.3 按活性包装的包装对象分类

（1）果蔬食品

水果和蔬菜被采摘后其生命活动将继续进行，其中呼吸和蒸发作用是果蔬采后品质和保鲜度降低的诱发因素。以果蔬类产品为包装对象的活性包装包括以下几种。

①以聚乙烯醇（PVA）为基材，制备得到含α-生育酚的PVA涂布液，将其涂布于聚乙烯（PE）薄膜上制备得到含α-生育酚的PE/PVA复合薄膜，并应用于鲜切苹果包装。

② PE/纳米Ag_2O保鲜袋，用于鲜切苹果的保鲜。

③将PE膜涂布纳米TiO_2用于柠檬保鲜。

④将含Ce^{4+}-ZnO的PVA纳米溶胶涂布于经甲基丙烯酸甲酯表面接枝改性和聚乙烯亚胺溶液底涂的PE薄膜上（涂布层干厚8μm），制成抗菌保鲜薄膜，用于樱桃的保鲜。

⑤将绿茶提取物溶于木薯淀粉/脱色仙草叶胶涂膜液中制成抗菌涂膜包装，并用于保鲜莴苣心，冷藏48小时后莴苣心依旧显示出明显的抗革兰氏阳性菌活性。

（2）肉制品

通过活性包装能有效抑制包装内的肉制品微生物滋生、保持鲜肉制品的色泽。肉制品常见的活性包装技术主要有以下几种。

①用阿魏酸和胶原蛋白制成抗菌薄膜，并用其包装腊肠。

②使用乳清蛋白作为基膜，添加肉桂和迷迭香混合精油（1%～5%）作为抗氧化剂，将其用于包装意大利腊肠。

③使用乳酸增强剂结合气调包装来保证肉色的稳定性。

④添加绿茶提取物的壳聚糖薄膜能够提高薄膜的抗氧化和抑菌性能，有效抑制冷藏过程中猪肉肠的脂肪氧化和微生物生长，从而保证香肠感官品质和肉色的稳定性。

⑤以明胶为成膜基材并向其中加入柠檬酸，然后将此共混胶液涂布在纸上制成抗菌纸膜用以包装牛肉。

⑥将丁香精油、羧甲基纤维素和聚乙烯醇溶液流延成膜，用于鸡肉包装。

⑦以绿茶提取物、乌龙茶提取物和红茶提取物作为抗氧化活性成分加入蛋白基膜中制备抗氧化膜，将其用于包装新鲜猪肉。

⑧使用脱氧剂对袋装火腿肠保鲜。

（3）海鲜等水产品

海鲜等水产品营养价值丰富且味道鲜美，深受消费者喜爱，但其在运输和贮藏过程中极易发生腐败变质，对水产品品质、食用安全和经济效益产生巨大影响。研究表明，水产品腐败主要是由内源酶、微生物、脂质氧化和温度、湿度等环境因素综合作用引起的。目前，壳聚糖涂膜、植物提取物涂膜等活性包装已在水产品保鲜中取得了一定的成效，其主要通过抑制内源酶活性、调控微生物生长和延缓脂质氧化等机制实现水产品的保鲜。其他的保鲜手段还有以下几种。

①使用生物可降解材料聚乳酸（PLA）和聚羟基丁酸酯（PHB）作为食品包装的基材，在其中添加茴香精油（FEN）后制成生物基活性包装，应用在牡蛎的保鲜包装上。

②迷迭香活性包装用于冷藏期间虾仁的脂质氧化抑制。

③活性PLA/PHA包装薄膜应用于河豚鱼片冷藏保鲜。

④含有生物活性元素的PLA-PHB薄膜，添加有肉桂醛的乙烯-乙烯醇共聚物（EVOH）活性薄膜，用于三文鱼切片冷藏保鲜包装。

（4）焙烤糕点类食品

面包、蛋糕都是淀粉类制品，由小麦粉加工制作而成，口感蓬松软绵、香甜。但面包、蛋糕等烘焙糕点保质期短，且在销售期间易受到霉菌的污染，造成品质下降与食物浪费。在海绵蛋糕和切片面包中采用肉桂醛活性食品包装，能抑制青霉菌、黑霉菌的生长繁殖，可分别将货架期从几天延长至10～27 d。

与传统气调包装工艺相比，使用氧气去除剂和脱氧剂是一种高效控制活性包装中剩余氧含量的方法。例如，利用静电纺丝技术，可以将铁粉、亚硫酸盐、抗坏血酸、葡萄糖氧化酶、钯催化剂等氧气清除剂加入聚合物基质中，电纺出适用于食品活性包装的纳米纤维膜。

（5）坚果炒货类食品

坚果炒货类食品是以果蔬籽、果仁、坚果等为主要原料，添加或不添加辅料，经炒制、烘烤、油炸或其他加工工艺制成的食品。各式各样的坚果大体可分为两类：一类是富含脂肪、蛋白质和维生素等营养成分的，如花生、葵花籽等；另一类是富含淀粉等成分的，如板栗等。这些产品极易因水分、氧气等因素而导致品质、风味下降。

采用吸氧剂结合低透氧率的包装材料可以有效延长坚果炒货的货架期，保持其储藏期间的良好品质。

（6）奶制品

我国目前奶制品的消费量逐年提高。其中，奶酪营养价值丰富，富含蛋白质，是一种发酵而成的牛奶制品。但奶酪保质期短，低温储存下浪费率高。使用肉桂醛食品包装膜能够有效延长奶酪保质期，保证奶酪的良好口感，防止奶酪酸败变质。

采用内部有金属脱氧剂（铁）的包装材料，在气态水活化后可以用于奶酪的保鲜与贮存。

含有天然添加剂（蜂胶提取物、花青素）的淀粉/PVA薄膜可用于牛奶包装。

（7）粮谷类产品

脂质的氧化是谷物产品货架期缩短的重要原因，它不仅使谷物制品产生不良气味，同时也降低了谷物制品食用的安全性。氧气是影响脂质的氧化速率的重要因素之一，因此，对谷物而言，除去储藏体系中残余氧气对于延长谷物货架期至关重要。

吸氧剂（Oxygen Absorber，OA）对生杏仁储存有较好保鲜效果。

采用含有纳米银、纳米二氧化钛等物质的活性包装材料能够抑制霉菌的生长，能有效地保持大米的色泽和风味。

使用吸氧剂结合乙醇缓释剂的活性包装方式包装荞麦半干面。

采用乙醇缓释剂和吸氧剂包装可将小麦面包货架期延长至 30 d。

（8）药品

尽管活性材料更多地被应用在需要保质、保鲜的食品领域，但是也有部分材料应用在药品的活性包装上。如微纤化纤维素作为活性包装中的基体，用于包裹药物可以控制其有效成分的释放速率。

纳米传感技术材料已经被较多应用在医疗、食品和军事领域，这些材料对环境的变化有判别功能，是能为用户提供实时数据变化的指示性材料，比如氧气、温度、湿度和微生物等含量，这一点在药品储存中特别重要。

各类高分子温敏凝胶性材料也常被用于医疗领域，此类材料通过较长时间的化学反应，会显出颜色的变化，可以此判断药品是否过期；有的可以在治疗过程中控制药物释放，同时以更经济和更有效的方式跟踪药品生产包装后的状态，识别、评判和显示包装微空间的温度、湿度、压力、密封速率、程度和时间，延长药物的贮藏时间，确保患者使用药品的绝对安全。

（9）一般（其他）产品活性包装

一般（其他）产品活性包装指干燥剂、脱氧剂等产品用于非食品行业甚至非包装行业的情形。例如，杜邦的 Tyvek® 1025D、Tyvek® 1056D 型干燥剂等，常用于电子设备和元器件的包装。

电子元器件通常具有较高的价值，并且对湿度、静电和颗粒物非常敏感。电子元器件暴露在潮湿、有静电或颗粒物的环境中，可能会造成不可逆转的损坏和巨大的经济损失。为了确保储存和运输环节的湿度符合要求，干燥剂起着至关重要的作用。此外，该活性包装还需要满足严格的标准，以避免对电子元器件产生潜在的风险。如满足 RoHS 指令关于有害物质含量、MIL-STD-3010B 有关耐穿刺性、MIL-D-3464E 有关掉屑、静电等的法规要求。

（10）基于活性材料活性功能的其他产品

基于活性材料活性功能的其他产品包括暖宝宝和保温片、空气清新产品、异味吸收盒等。

2.1.4.4 按其他方式分

根据产品的形态、加工工艺及应用方式，活性包装还可以有其他分类方式。此处从略。

2.1.5 活性包装（技术）系统

与活性包装的定义类似，活性包装系统又称活性保鲜系统，它通常是指利用活性包装的技术原理，达到某种目的而采用的一定技术手段。目前，生产中常用的活性包装系统有以下几种。

①氧气控制系统；②二氧化碳控制系统；③乙烯吸收系统；④水分控制系统；⑤抗菌系统；⑥温度控制系统；⑦智能检测系统。

2.1.6 活性包装技术领域的行业划分

从本质上讲，活性包装是一般包装（或称传统包装）的一个子集。为叙述方便，报告中"活性包装"即指活性包装行业，非必要不再特别指出。

以活性包装产品及应用技术为中心，可以将活性包装行业从源头（原辅材料）到产品、技术及用户，以及支持行业等提出如下的行业（企业）划分。

（1）**原辅材料生产企业**。用于加工制造活性包装产品的各类原辅材料。

（2）**活性包装材料及产品生产企业**。用于加工制造活性包装材料和各种活性包装产品。

（3）**用户企业**。活性包装的主要应用领域是食品药品用户企业，其次是生鲜农产品产销用户企业，再次是其他相关应用领域（工业、物流、家居等）。

（4）**活性包装装备及其生产企业**。活性包装行业主要装备是指用于加工制造活性包装材料和产品的设备。主要机械设备包括混料机、颗粒粉末灌装机、扎孔机、分切机、喷码机、投包机、真空封口机、高速收卷机、叠袋机、开封箱机等。

（5）**科研教育机构**。包括活性包装科研、检测、标准化机构及相关高等学校等。

2.1.7 活性包装的原辅材料

活性包装原辅材料包括两大类：原材料——活性原材料和活性包装原材料；辅助材料——胶带、胶黏剂、油墨、标签等。这里主要介绍活性原材料。

2.1.7.1 活性原材料

活性原材料主要包括氧化钙、硅胶、氯化钙、分子筛、还原铁粉、抗坏血酸钠和活性炭等。

（1）氧化钙

氧化钙是石灰干燥剂的主要原料，氧化钙作为干燥剂的原理是氧化钙吸水反应变成氢氧化钙。由于通过化学反应来吸收空气中的水分，而且其吸水具有不可逆性，因此，不论外界环境湿度高低，干燥剂都能保持大于自重35%的吸湿能力，也更适合低温储存，具有较好的干燥吸湿作用。氧化钙相比其他硅胶干燥剂等干燥产品，其使用成本低，原材料更容易获得，节省包装成本。石灰干燥剂是最古老的干燥剂品类，已经被长期广泛地使用于各行各业。

（2）硅胶

硅胶是干燥剂的主要原料，硅胶是一种无色或微黄色的透明或半透明的二氧化硅结晶体。硅胶属非晶态物质，形状透明不规则的球体，是一种很难起化学反应的结晶体，从这种结晶体的内部看，存在极细的毛孔网状结构，这些毛细孔能够吸收水分，并通过其物理吸引力将水分保留住，即使将干燥剂全部浸入水中，它也不会软化或液化。因此，硅胶干燥剂具有无毒、无味、无腐蚀、无污染的特性，故可以与任何物品直接接触，是美国FDA认可的药用材料。其应用范围非常广泛，如航空部件、计算机器件、电子产品、皮革制品、食品等行业。硅胶干燥剂虽无毒，但不可食用。

（3）氯化钙

氯化钙是干燥剂的主要原料，氯化钙有粉末、球形颗粒、多孔固体颗粒等加工形态。具有吸附水分和去除异味的作用。该吸附过程生成了结晶水。颗粒状的无水氯化钙常作为干燥剂填充干燥管，用氯化钙干燥过的巨藻（或称海草灰）可用于纯碱的生产。一些家用除湿器会使用氯化钙吸收空气中的水分。氯化钙还可作为气体和有机液体的干燥剂或脱水剂。由于氯化钙是中性的，因此它可以干燥酸性或碱性的气体和有机液体，可以在实验室制取少量气体如氮气、氧气、氢气、氯化氢、二氧化硫、二氧化碳、二氧化氮等时干燥这些制出的气体。

氯化钙、氯化镁类卤盐是蛋白质凝固剂的主要原料，它可以使食品结构稳定、形态固化、降低或消除食品的流动性且使组织结构不变形、增加固形物。卤盐可作为豆腐凝固剂，特点是做出的豆腐嫩滑有弹性，而且豆香味很浓。此外卤盐在食盐、矿泉水、面包、水产保鲜、瓜果蔬菜等行业的生产加工过程中都得到了广泛的应用。在食品加工过程中，也能作为固化剂、膨松剂、蛋白凝固剂、除水剂、助酵剂、组织改进剂等使用。还可以作为营养强化剂、呈味剂（与硫酸镁、食盐、磷酸氢钙、硫酸钙等合用）、小麦粉处理剂、面团质量改进剂、氧化剂、鱼肉罐头改质剂、麦芽糖化处理剂等。

（4）分子筛

分子筛（人工合成的沸石）是干燥剂的主要原料，分子筛对物质的吸附来源于物理吸附（也称范德华吸附，是由吸附质和吸附剂分子间作用力即范德华力所引起），其晶体孔穴内部有很强的极性和库仑场，对极性分子（如水）和不饱和分子表现出强烈的吸附能力。吸附不发生化学变化，只要将浓聚在表面的分子赶跑，分子筛就又具有吸附能力，这就是吸附过程的逆过程，叫作解析或再生。由于分子筛孔径均匀，只有分子动力学直径小于分子筛孔径的分子才能很容易进入晶穴内部而被吸附，所以分子筛对于气体和液体分子就犹如筛子一样，根据分子的大小决定是否被吸附。

（5）还原铁粉

还原铁粉是脱氧剂的主要原料，还原铁粉可以与空气中的水分和氧气反应生成三氧化二铁，起到降低氧浓度、保鲜食品的作用。还原铁粉是在氢气流或一氧化碳气流中，在四氧化三铁高热条件下还原生产的，其主要成分是结构疏松的单质铁。由于还原铁粉本身是粉末，微结构非常疏松，其表面积很大。常用作化工和实验室的还原剂。冬季常见的暖宝宝、暖贴，就是利用了还原铁粉氧化反应过程中会释放热量的特性，其结构为两层包装袋，外层为不透气包装，内层为一装满还原铁粉的透气小包，使用时只需打开外层包装，使空气进入，还原铁粉即可立即与氧气反应产生热，可使温度保持在45℃左右且长达4小时之久。

（6）维生素C（抗坏血酸钠）

维生素C是抗氧化剂和稳定剂的主要原料，维生素C具有很强的还原性，很容易被氧化成脱氢维生素C，但其反应是可逆的，其分子结构中具有烯二醇结构，具有内酯环，且有2个手性碳原子。因此，维生素C不仅性质活泼，且具有旋光性。维生素C是一种存在于食物中的维生素，也是一种抗氧化剂和防腐剂的酸度调节剂。维生素C可作为营养补充品，能够保护身体免于氧化剂的威胁，可以预防和治疗坏血病。但由于其具有一定的不稳定性，常用的是其钠盐形态。

（7）活性炭

活性炭是吸味剂的主要原料。活性炭是微晶碳的不规则排列结构，在交叉连接之间有细孔，其活化时会产生炭组织缺陷，因此它是一种多孔炭，堆积密度低，比表面积大。活性炭无臭、无味、无砂性、不溶于任何溶剂，对各种气体有选择性的吸附能力，对有机色素和含氮碱有高容量吸附能力。活性炭的作用主要是用于吸附有害气体、滤去不溶性杂质、吸附一些可溶性杂质。活性炭组成成分主要是利用木炭、各种果壳和优质煤等作为原料，通过物理和化学方法对原料进行破碎、过筛、催化剂活化、漂洗、烘干和筛选等一系列工序加工制造而成。第一次世界大战期间，活性炭的作用是用于制造防毒面具，20世纪20年代末被用于自来水厂除臭，到20世纪60年代末开始大量作为固体吸附剂用在许多领域。

竹炭是活性炭的一种。竹炭细密多孔，比表面积大，若周围环境湿度大时，可吸收水分；若周围环境干燥，则可释放水分。由于炭质本身有着数量极多的孔隙，这种炭质气孔能有效地吸附空气中一部分浮游物质，对硫化物、氢化物、甲醇、苯、酚等有害化学物质起到吸附、分解异味和消臭作用。在农业上，竹炭是一种土壤微生物和有机营养成分的载体，含有生物成长所需的一部分矿物质，可保持良好的营养平衡。在材料工业中，竹炭可制成一部分新型复合材料，如超微粉竹炭布、竹炭陶瓷多孔体、粉末成型复合材料，还可以制成可降解塑料的填充剂、饲料添加剂等。用竹炭制成的人造板，可有效地减少建筑残材的污染物，保护空间环境。在净化空气方面，利用毛竹各部位烧制的竹炭，制作成调湿炭、工艺美术品，如竹根炭、竹筒炭、炭酒杯、炭花篮等。在日常生活中，可根据竹炭的特性制作生活用品、床上用品，以及冰箱除味保鲜、衣柜防霉除湿的专用炭包。

除上述外，还有加工制备活性包装的各类酸、碱类原材料等。

2.1.7.2 活性包装原材料

活性包装原材料主要有无纺布，塑料薄膜，包括聚偏二氯乙烯涂布尼龙（K尼龙）、聚偏二氯乙烯涂布聚丙烯（KOP）、聚乙烯（PE）、聚丙烯（PP）、聚酯（PET）、乙烯-乙烯醇共聚物（EVOH）等，纸塑复合材料等。

（1）无纺布

无纺布又称不织布、针刺棉、针刺无纺布等，具有防潮、透气、柔韧、轻薄、阻燃、无毒无味、价格低廉、可循环再利用等特点。可用于多个领域，比如隔声、隔热、服装、医用、包装等。

无纺布生产用纤维主要是聚丙烯纤维（即丙纶，PP）、聚酯纤维（即涤纶，PET）。此外，还有锦纶（PA）、黏胶纤维（人造纤维）、聚丙烯腈纤维（腈纶，PAN）、聚乙烯纤维（即乙纶，PE）、聚氯乙烯纤维（即氯纶，PVC）等。

（2）塑料薄膜

塑料薄膜包括聚酯/聚乙烯（PET/PE）、聚酯/聚丙烯（PET/PP）、尼克纸/聚乙烯（NK/PE）、尼克纸/透湿聚乙烯（NK/TQPE）、杜邦纸（Tyvek）等 [NK、TQPE 分别是嘉兴星越包装材料有限公司开发的一种平纹无纺布材料，称其为"尼克（NK）纸"，和一种透气性 PE 膜，称为 TQPE]。

（3）纸塑复合材料

纸塑复合材料包括复合纸、淋膜纸、网纹纸、无纺纸等。

2.1.8 活性包装产品及其生产工艺

活性包装作为一种新型的包装技术，大大促进了食品行业的发展，并展示了其良好的应用前景。在食品中应用的活性包装产品大体可分为两类：去除净化类和主动释放类（如表 2-1 所示）。

表 2-1 食品行业常用活性包装产品的类型及应用

活性包装类型	食物种类	潜在效益
去除净化系统（吸收、吸附剂）		
氧气清除剂	熟肉制品	防止变色
	奶酪烘焙食物	防止霉菌生长
	蔬果汁	保留维生素C含量，防止褐变
	种子、坚果和油；含脂肪的速溶粉、油炸小吃；肉干	预防酸败
湿气清除剂	蘑菇、西红柿、草莓、玉米、谷物、种子、鲜鱼和肉	通过保持水分含量延长保质期，减少包装中的水分凝结，对外观产生积极影响，减少褐变色变
乙烯吸附剂	成熟的水果和蔬菜	减少成熟和衰老，从而提高质量和延长保质期
主动释放系统（发射剂）		
抗氧化酶释放剂	新鲜鱼和肉；含脂肪的速溶食品粉末；种子、坚果和油；油炸产品	提高氧化稳定性
二氧化碳除氧剂	新鲜鱼和肉	延长微生物保质期，减少气调包装的顶空容积
抗菌包装系统	新鲜的加工肉类、新鲜的烟熏鱼、新鲜海鲜、乳制品、新鲜的加工水果和蔬菜、谷物、谷类和面包制品、即食食品	抑制或延缓细菌生长，延长保质期

2.1.8.1 常用去除净化类活性包装产品及其生产工艺

（1）干燥剂

干燥剂又称湿气清除剂。按原理一般分为两类：①化学干燥剂，通过与水结合生成水合物进行干燥，如硫酸钙、氯化钙、硫酸镁等；②物理干燥剂，通过物理吸附水进行干燥，如硅胶、活性氧化铝、矿物干燥剂、蒙脱石干燥剂等。如图2-3所示为一种集装箱用的氯化钙干燥剂；如图2-4所示是食品包装中常用的硅胶干燥剂。硅胶干燥剂的原料为硅酸钠（泡花碱、水玻璃）、硫酸，其生产工艺如图2-5所示。

图 2-3　集装箱用氯化钙干燥剂　　　　图 2-4　硅胶干燥剂

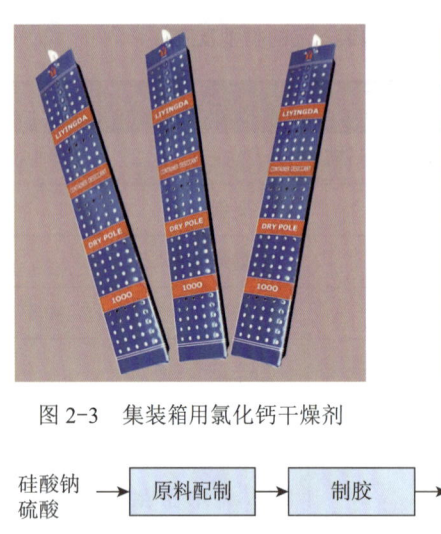

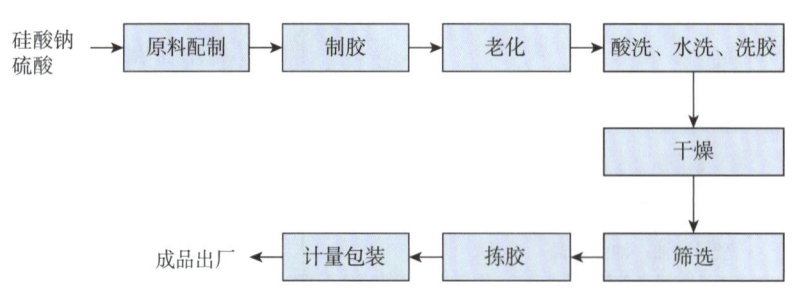

图 2-5　硅胶干燥剂的生产工艺

①原料配制。把固体状的硅酸钠高温熔化、过滤，配制出一定浓度的液体，接着将硫酸配制成一定浓度（20%）的液体。

②制胶（凝胶造粒）。将事先调制好的泡花碱液和硫酸液在特定条件下反应，制成溶凝胶溶液，达到适当浓度后将会形成凝胶颗粒。颗粒的外形和大小根据用户的需求和生产能力决定，用酸碱比例、浓度、温度及凝胶造粒时间等工艺参数进行控制。

③老化。凝胶颗粒需经过一定的时间和温度，达到一定 pH 值才能老化，使得凝胶骨架坚固。

④酸洗、水洗、洗胶。将粒状凝胶所形成的 Na_2SO_4 洗去，将阴阳离子控制在工艺要求范围内。

⑤干燥。将制好、洗好的凝胶放入烘房中，将凝胶含水量烘干至要求范围内。

⑥筛选。用选球机将烘干后制得的硅胶颗粒按照一定的粒度筛选出来，并同时将破碎的硅胶清除。

⑦拣胶。将硅胶中的异色球、杂质挑拣出来。

⑧计量包装。使用复合纸按规定的尺寸和分量进行包装。

⑨成品出厂。

（2）脱氧剂

脱氧剂又称去氧剂、抑氧剂、氧气清除剂或氧气去除剂。氧的清除机制主要是化学原理，最常见的是基于铁的氧气清除剂，其他还有光敏染料及使用酶或细菌孢子的生物学方法或通过酵母起作用的生物化学制剂等。脱氧剂产品及其结构如图 2-6 所示。其典型生产工艺如图 2-7 所示。

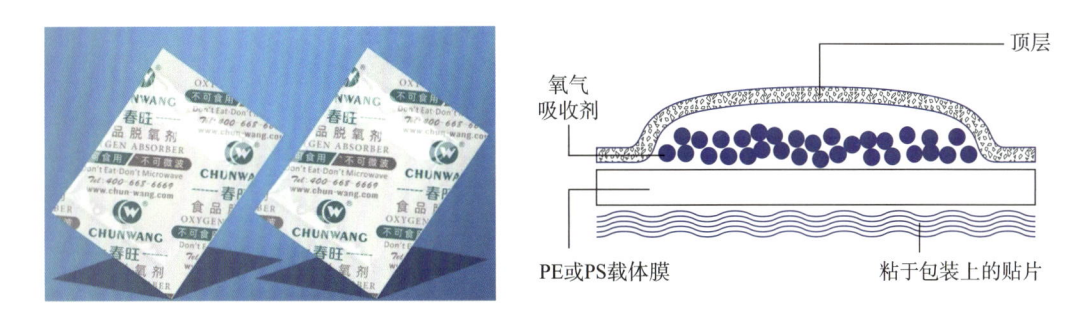

图 2-6　脱氧剂产品及其结构

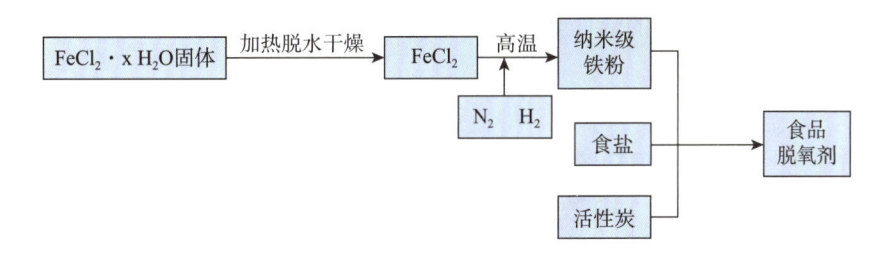

图 2-7　一种脱氧剂的生产工艺

（3）乙烯捕捉剂

乙烯捕捉剂又称乙烯清除剂、乙烯吸收剂等。用于去除乙烯单体的矿物质载体有沸石、方石英及部分种类的碳酸盐等。其产品形态和加工工艺与前述产品类似。

（4）活性炭包

活性炭包（图2-8）是一种优良的活性吸附材料，它可以吸附各种气体，如甲醛、汽车尾气、苯、氨等，常用于包装、家庭、生活环境等的异味去除。

图 2-8　活性炭包

一种基于椰壳、果壳和木屑的活性炭及其活性炭包的加工制造方法如图2-9所示。炭包的包装多为一层或多层无纺布。

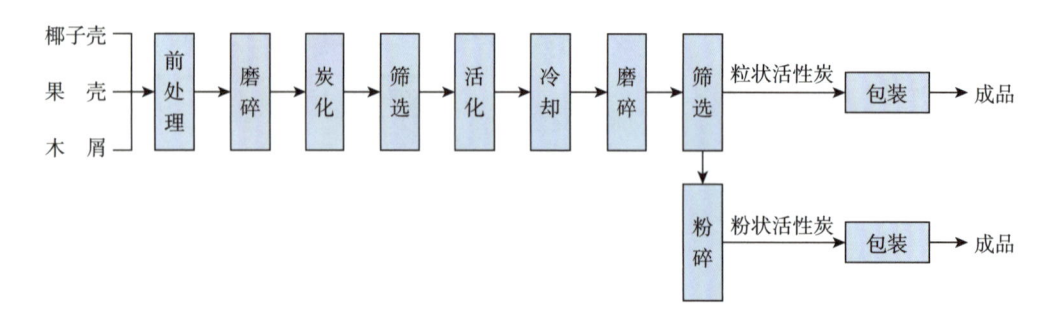

图 2-9　活性炭及活性炭包的生产工艺

2.1.8.2　常用主动释放类活性包装产品及其生产工艺

（1）抗菌剂

抗菌剂，是指用来防治各类病原微生物引起植物病害的一类药剂。其对病原微生物有杀死作用或抑制生长作用，但又不妨碍植物正常生长。杀菌剂可根据作用方式、原料来源及化学组成进行分类。国际上，通常是作为防治各类病原微生物的药剂的总称。常用的抗菌剂包括无机抗菌剂（以纳米银抗菌剂为代表，如图2-10所示）、光催化抗菌剂和有机抗菌剂等，典型的有机抗菌剂如碳酸钙粉体抗菌剂，其原料为氢氧化钙、硝酸银和氯化钠等，其生产工艺如图2-11所示。

图 2-10　纳米银抗菌剂

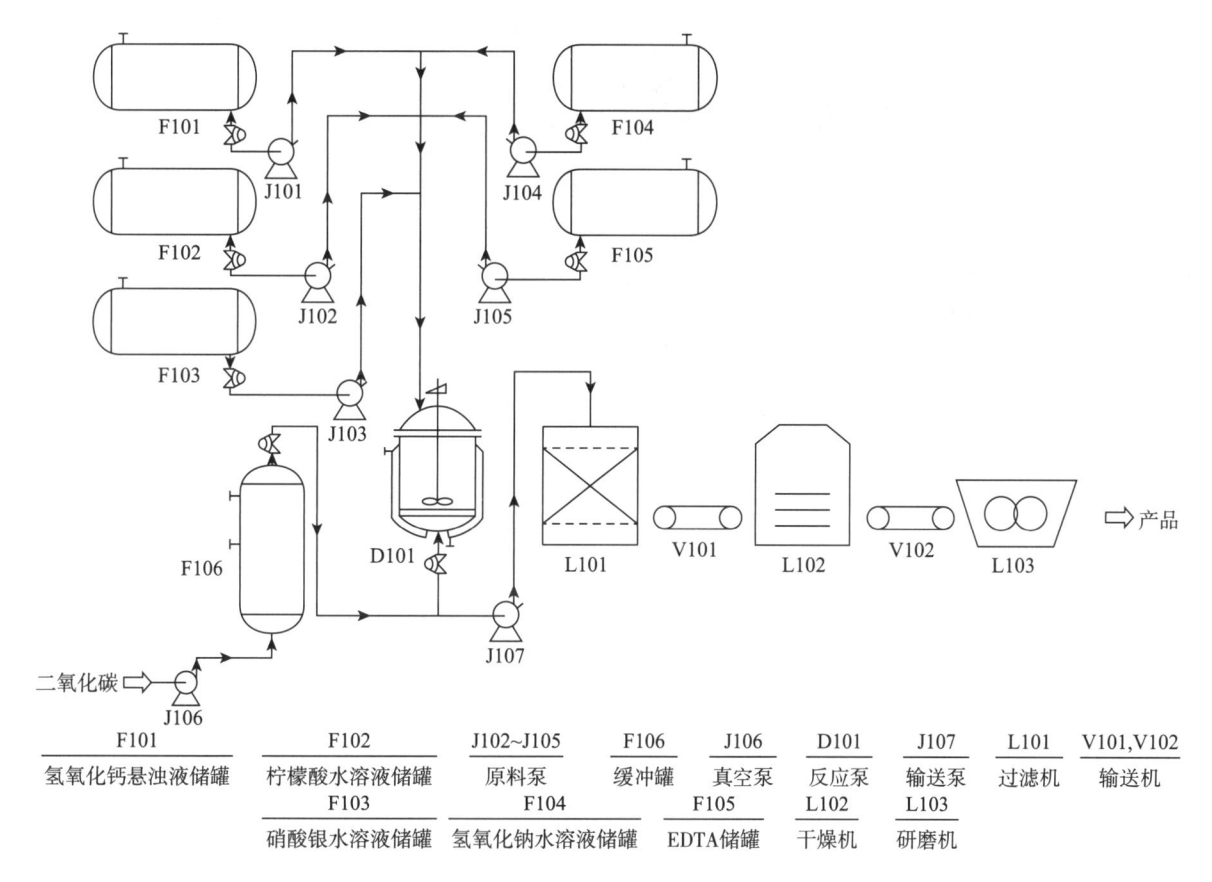

F101	F102	J102~J105	F106	J106	D101	J107	L101	V101,V102
氢氧化钙悬浊液储罐	柠檬酸水溶液储罐	原料泵	缓冲罐	真空泵	反应泵	输送泵	过滤机	输送机
F103	F104			F105	L102	L103		
硝酸银水溶液储罐	氢氧化钠水溶液储罐			EDTA储罐	干燥机	研磨机		

图 2-11　碳酸钙粉体抗菌剂的生产工艺

①首先将 F101 中的氢氧化钙悬浮液泵入反应器 D101 中，调整温度至 20℃，再用水将悬浮液浓度调至 10%。

②再加入 F102 中的柠檬酸水溶液，混合后再通入二氧化碳进行碳化，二氧化碳以 1kg 氢氧化钙按 80L/min 速度通入，当碳化率达到 93% 时即停止碳化。

③然后加入 F103 中的硝酸银水溶液和 F104 中的氢氧化钠水溶液使其反应，至氯化银悬浮物全部析出。

④经充分混合，再加入 F105 中的 EDTA，再用二氧化碳进行碳化，二氧化碳以 1kg 氢氧化钙按 20L/min 速度通入，碳化后悬浊液的 pH=8.2 即为终点。

⑤最后得到的碳酸钙和氯化银凝聚粒子经 L101 压滤机压滤分离脱水，再通过 L102 干燥、L103 研磨即得到抗菌性碳酸钙粉体。

制得的抗菌剂可以用于制备抗菌薄膜或抗菌软塑包装袋。如图 2-12 所示。

图 2-12　抗菌膜与抗菌包装袋

（2）抗氧化剂

抗氧化剂的原理主要包括捕捉自由基和减少氧化反应速率两个方面。

捕捉自由基：抗氧化剂能够捕捉自由基，自由基是一种非常活跃的分子，它们会攻击细胞膜、蛋白质和 DNA，导致细胞损伤甚至死亡。抗氧化剂通过给予自由基一个电子，使其稳定下来，从而阻止了自由基对细胞的进一步损害。这一过程涉及抗氧化剂与自由基发生反应，中和其活性，防止其继续氧化反应，减少氧化损伤。

减少氧化反应速率：抗氧化剂还可以减少氧化反应的速率，这是因为氧化反应需要一定的能量来进行。抗氧化剂通过降低氧化反应的速率，从而减少有害产物的生成，保护细胞免受氧化损伤。这一作用机制涉及抗氧化剂抑制氧化酶的活性，阻断氧化反应的发生，以及提供电子给氧化物，防止氧化剂继续氧化其他分子。如图 2-13 所示为一种食品用抗氧化剂的外观。

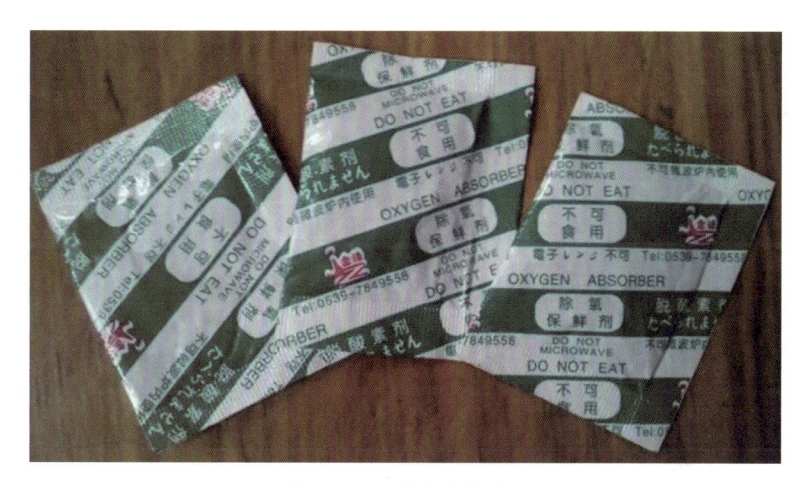

图 2-13　食品用抗氧化剂

(3) 二氧化碳释放剂

二氧化碳释放剂与上述主动释放类活性包装产品的成品加工工艺相似。此处从略。

2.1.9　活性包装行业的可持续发展和环保技术

活性包装行业的可持续发展和环保技术主要体现在以下几方面。

(1) 活性材料方面

活性材料方面，如采用各种生物活性物质来吸收多种不利于产品保质的成分，如氧气、二氧化碳、乙烯、多余的水分、异味或其他有害成分；利用活性物质在包装内的缓慢逸散，改善包装内部的环境，使其具有抗菌、防腐、保鲜等功能。生物活性物质，也称之为生理活性物质，即具有生物活性的化合物，是指对生命现象具有影响的微量或少量的物质，包括多糖、萜类、甾醇类、生物碱、肽类、核酸、蛋白质、氨基酸、苷类、油脂、蜡、树脂类、植物色素、矿物质元素、酶和维生素等。生物活性物质是以各种动、植物为原料提取的活性物质，一般为多种成分的混合物，在分离纯化的基础上，应采用现代科学方法和实验手段对其组分结构、功效及作用机制等进行深入研究。多为绿色安全类材料，具有一定的可持续发展性。

（2）活性技术方案方面

活性技术方案方面采用可循环复用、可回收的功能部件如部分干燥剂、除氧剂、乙烯吸收剂等将使用完的吸收剂经过再处理后二次使用，既节省能源，又减少污染。物理吸附型干燥剂如硅胶干燥剂、蒙脱石干燥剂等，其原料内部具有比较发达的吸附直径，根据这种吸附直径来吸附空气中的水汽并紧紧锁在其中，这种干燥剂具备吸潮和放湿的特性，故能够重复使用。将物理吸附型干燥剂放入烘箱，设置 80℃～120℃高温烘干，能较大水平地除去干燥剂内部的水分。

（3）活性包装制品方面

活性包装制品方面如气调包装、充气包装在完成一次运输，拆开后可以进行回收再利用。有阀门的充气袋可以进行二次充气，只需要用普通的气球充气筒就能充气，非常方便。气调包装用的气体或混合气体，通常为氮气和二氧化碳，代替包装中的自然环境空气，形成对食品的保护。以延长其货架期，当把易变质食品运输到更遥远的市场上架销售时，例如肉馅加工、水果和蔬菜在仓库里的储存或在集装箱里的运输完成后，可以再次充入气体进行使用。实现包装制品的绿色可循环使用。

2.2 活性包装行业的发展历史

活性包装的发展历史可以追溯到 20 世纪 70 年代，那时，"活性包装"的概念首先在日本提出。1977 年，日本三菱公司推出了以铁粉为基质的吸氧剂，除具有吸氧功能外，还具有多种复合功能，如吸收氧产生二氧化碳、既吸收氧又吸收二氧化碳、既吸收氧又释放酒精，等等。国内《商业科技》杂志 1991 年第 1 期登载了李国选译自外刊的一篇文章。该文较为系统地介绍了活性包装的概念及其研究内容。文章指出，所谓的"活性包装"不外乎两个系统，即去除系统和释放系统。实际上，这两个系统也都是根据植物性食品收获后、动物屠宰后新鲜组织仍在进行着活性代谢过程而设计的。采用这两种系统（或去除系统或释放系统）可以去掉包装内新鲜食品因组织代谢而产生的氧、一氧化碳、乙烯等代谢产物，从而达到贮藏保鲜之目的。文章还总结说，"活性包装"技术所涉及的研究内容包括：①直接控制包装内氧含量的氧清除系统；②氧和二氧化碳清除系统；③乙烯去除剂；④乙醇释放剂。这也是最早见诸国内科技期刊的报道"活性包装"相关概念的文章。

1991年第5期《今日科技》登载了浙江省技术物理应用研究所丁连忠"食品的'活性包装'技术"一文，文中进一步总结介绍了活性包装技术的具体内容，包括除氧、除二氧化碳、化学防腐、释放乙醇、除乙烯、干燥除湿、温控及MA保鲜技术等，全面地介绍了活性包装技术及其应用，但文中所列示例几乎全是日本的相关技术。

2002年11月，在比利时布鲁塞尔召开了由世界各国主要塑料助剂和包装材料生产厂商的专家和管理人员参加的特别国际会议，会上进行了多种有关活性包装的研讨活动。紧接着，欧洲委员会在《与食品接触的塑料材料及制品（EU）10/2011》（*Plastic Food Contact Materials and Articles*）及其修订版法规中，允许部分抗菌剂用于塑料食品包装材料。自此，活性包装开始在国际上快速发展起来。

国内活性包装研究领域的研究起步相对比较晚。1995年1月，《渝州大学学报》登载渝州大学生物系冯有胜等《活性铁保鲜剂对米花糖保鲜效果的研究》一文，是国内迄今最早的研究论文之一。作者以米花糖为材料，采用自制活性铁保鲜剂处理，用铝箔复合袋包装，研究了四个月储藏期米花糖的感观指标和理化卫生指标变化情况。并得出了活性铁处理米花糖的保鲜效果十分明显的结论。

进入21世纪以后，我国学者在控制二氧化碳含量、去除氧气、控制水分和湿度、脱除乙烯、抗菌、可食性包装材料研究等方面都有进展，尤其是近十年来，我国学者的研究成果也越来越多地登载在国际学术期刊上。如唐川在期刊 *Science and Technology of Food Industry* 发表了《超临界溶液浸渍法及其在食品活性包装材料中的应用研究进展》一文；殷诚等在期刊 *Food Research and Development* 发表了《可食涂膜在鲜切果蔬包装上的研究进展》一文。

我国活性包装行业的发展是随着国家科技进步、经济发展而逐步发展起来的。

1987年8月，我国活性包装原材料龙头企业之一，作为山东鲁银新材料科技有限公司（山东鲁银）前身的山东莱芜粉末冶金厂投工建设，2000年7月经公司制改革成为莱钢集团有限公司的子公司，2003年11月资产置换到鲁银投资集团股份有限公司，2020年8月由"莱芜钢铁集团粉末冶金有限公司"更名为"山东鲁银新材料科技有限公司"。

1998年，安丘市维立净化材料科技开发有限公司创建。

2002年，南通欧凯包装科技有限公司注册成立，干燥剂投入生产；2003年脱氧剂投入生产；

2005 年工厂质量体系审核通过；2006 年酒精保鲜剂投入生产；2009 年河南分厂开业；2012 年海安新工厂开业；2014 年包装机、投包机投入生产；2016 年铁系脱氧剂投入生产；2021 年公司内控项目投入生产，胶状酒精保鲜剂投入生产。

2012 年 6 月，杭州干将实业有限公司注册成立。该公司主营干燥剂、脱氧剂、除臭除味剂等产品。公司拥有干将功能性材料产品研发中心、高新技术研究开发中心。开发和引入了高速包装设备、智能分拣流水线、堆垛机器人、AGV 搬运、智能立体仓库等自动化组件，并用 ERP、MES、WMS 等软件系统数智化贯通。

2013 年，嘉兴星越包装材料有限公司成立；

2019 年，嘉兴星越包装材料新工厂投产。

2019 年 9 月，北京鉴真保鲜科技有限公司成立；2020 年获中关村国际前沿科技创新大赛农业科技领域 TOP10；获中国经济年度峰会 2020 中国企业社会责任奖；获中国经济年度峰会 2020 中国（农业）十大先锋品牌；（第四届）博鳌企业论坛中国包装行业影响力品牌；获（第四届）博鳌企业论坛中国农产品保鲜产业最具投资价值企业；获中国科技创新企业 TOP100；2021 年荣膺"全国匠心品牌（产品）"；中国科学家论坛 2020 — 2021 高品质发展科技创新先进单位；中国科学家论坛 2020 — 2021 科技创新优秀发明成果；第六届清华校友三创大赛人居环境与乡村振兴全球总决赛天使组十强。

2021 年 7 月 1 日，由杭州干将实业有限公司（干将新材料有限公司领衔编制的行业标准《BB/T 0049 — 2021 包装用干燥剂》正式实施。

2023 年 5 月，由干将新材料有限公司领衔编制的国家标准《GB/T 41896 — 2022 食品用脱氧剂质量要求》正式实施。

2023 年 5 月，由北京市产品质量监督检验研究院领衔编制的国家标准《GB/T 41897 — 2022 食品用干燥剂质量要求》正式实施。

2023 年 9 月，由嘉兴跃辉包装科技有限公司牵头编制的团体标准《T/ZZB 3166 — 2023 食品用脱氧剂包装膜》正式实施。

2023 年 11 月，北京市检验检测认证中心所属北京市产品质量监督检验研究院申请筹建的国家食品相关产品及绿色包装质量检验检测中心（北京）顺利通过市场监管总局组织的现场验收。

据调研数据，截至 2023 年底，全国活性包装行业约有原材料生产企业 158 家，活性包装生产企业 183 家，相关设备及配套厂家近 80 家。典型用户企业涵盖食品、果蔬、医药、机电等行业。

2.3 活性包装技术发展概况

近几年国内外市场对活性包装的需求不断增加，食品是活性包装最大的应用市场。随着人们生活水平的提高，产品物流供应链的延长，以及消费者对食品品质和安全的日益重视，对包装提出了更高的要求，这为活性包装的应用提供了广阔的市场空间。

一些活性包装技术在日本、北美、欧洲、澳大利亚已使用多年，尤以日本使用活性包装技术最多。气体清除包装的增长速度引人注目，这主要得益于气体清除剂应用的快速增长，以及除氧剂在食品、饮料和医药包装中的广泛应用。生物药品市场是活性包装的未来发展方向，成本高、成分复杂的生物药品对包装的要求很高，这将推动活性包装在生物药品市场的应用。此外，由于药品物流链的增长以及湿度敏感性药品种类的增加，潮气控制包装的需求也将进一步增长。

目前，活性包装不仅朝着多元化发展，也向着更环保、更健康的方向迈进。应用中尽量避免活性物质直接接触食品，防止二者之间深层次的相互影响；尽量使用天然活性物质，更安全健康；另外，趋向使用可生物降解的包装材料，虽然生产成本较高，但其更具有生态环保意义。并且，如何降低成本，如何规模化、标准化生产也是未来活性包装技术的发展方向之一。

从当前的行业发展和研究趋势来看，活性包装不再是一种独立的包装体系，它往往与真空包装、气调包装、智能包装等包装技术结合起来，或者直接改变包装材料的属性，利用多种包装方式结合产生的协同作用获得更好的包装效果。这种协同作用减少了活性物质的使用，促进了食品安全。同时，由于天然活性物质的不断开发和应用，活性包装正向一个更加符合生态学意义的、可持续的方向发展。值得注意的是，在实际的应用过程中，活性物质的选择、剂量以及添加方式需要进行严谨的毒理学研究，防止因物质迁移而导致的食品质量安全问题。在未来活性包装的发展中，安全必然是一个重要的攻坚点。将这些科研成果完全应用到实际生产中还有很长的路要走，需要结合医学、营养、材料等多个学科进行交叉研究，最终建立一个科学、绿色、安全的完整体系。

由于活性包装本身的技术先进性和包装食品后所产生的高附加值，世界上许多食品科研机构和食品企业正不惜财力、物力研制开发更多的活性包装技术，并使之更快商业化，造福人类。正如美国明尼苏达州大学的 Theodore Labuza 博士宣称的："在不久的将来．活性包装的变化将不是一般性进展而是革命性的巨变。"活性包装作为智能型包装的一种，被看成包装工业的革命性变化和新世纪的希望。

2.3.1 国内活性包装技术发展概况

活性包装技术是为了有效延长食品的保质期限和保持食品品质新鲜的一种包装技术，自其面世以来就一直在不断革新。从开始单一保证食品的货架寿命，后期对食品的质量和营养价值的保护程度不断提高，到现在大部分产品的活性包装能锁住新鲜，拆开就像刚做好的食物一样。我国作为消费大国，消费者对于食品新鲜和便捷的要求也随着科技的发展而提高，近年来，我国的活性包装有了质的进步并且仍在高速发展。

21世纪初期，活性包装技术刚开始起步，大部分方便食品公司都会采用除氧活性包装系统，用脱氧剂吸收包装内的氧气，减少因细菌生长繁殖而产生的变质、营养流失。但这种方法只能维持一段时间的保鲜，在水果蔬菜等需要维持一定水分的食品中，脱氧剂完全使用后就会失效，所以企业又把目光投向了能够产生或吸收二氧化碳的活性包装系统，用二氧化碳抑制食物表面细菌的生长，并降低鲜活果蔬的呼吸速率，此方法用来保护肉类和水果非常有效。可是二氧化碳在应用过程中容易形成胀包的问题，影响消费者的购买欲望。为了解决这些问题，国外率先将"保鲜锁囊"的产品应用于铝箔袋和听装饮料，已经取得了世界范围内的认可，我国也采用相同类型的活性包装来提高除氧效果。

后来，人们在运输过程中发现某些水果例如苹果和香蕉会释放乙烯，这种物质加快周围果蔬的成熟和衰老，所以又在这类包装中放入乙烯清除剂来消除此影响。此外，有些包装会产生冷凝水和湿气，容易使内装物失去水分变得干硬，放入干燥剂也不能够阻挡内装物中水分的渗出，于是又研发出吸水薄膜从根源上阻隔失水。

多年来，我国的活性包装技术基本上是随着问题的出现而不断改进，在解决新问题时自然而然产生新型包装技术，近些年则更多地考虑了生态环境的影响，像"限塑令"和"光盘行动"一样，政府对食品的活性包装也作出了相应的要求。当前的环保要求和政策导向对包装行业的绿色发展提出更高的要求，绿色包装越来越受到人们的重视，环保理念日益深入人心，绿色包装将成为未来包装行业发展的重要方向。

到2023年，我国主要生鲜冷链的可降解绿色包装提高了20%以上，采用生物基活性包装材料、可生物降解抗菌活性包装膜、纳米纤维包装等新型包装材料，在保持顾客享受最新鲜食物的同时，去除不必要的多余包装，降低环境压力。

前瞻研究院《中国包装行业市场前瞻与投资战略规划分析报告》指出，预计到2025年，国家政策层面将会更加注重绿色活性包装，可降解的绿色包装材料应用比例将进一步提高，我国的活性包装将会迎来大面积绿色环保的局面，在保持食品新鲜的同时也会进一步改善包装的合理性。

2.3.2　国外活性包装技术发展概况

国外活性包装技术的热点同样集中于吸湿剂、气体清除剂、二氧化碳排放物、抗氧化剂和抗菌剂释放和容纳系统。

例如，在包装材料中添加抗菌添加剂可以最大限度地降低食品腐败和微生物污染的风险。一些添加剂已成功地加入包装材料中，包括有机酸及其盐、细菌素、酶、螯合剂和一系列植物提取物。由于担心合成添加剂的健康危害，研究人员已将各种天然植物提取物作为活性成分应用于生物聚合物。此外，来自水果和蔬菜的活性成分为活性包装系统增加了新的选项，作为减少食品浪费的解决方案。研究者利用这些废物来制备活性膜并研究其特性，例如，在木薯淀粉膜中添加蓝莓渣。蓝莓渣中的芳香化合物改善了遮光性能，使薄膜具有抵御紫外线的能力。同时，可在水中浸泡24小时以上，薄膜结构十分稳定。为此，研究者说明了该薄膜用于包装水性食品的可行性。在另一项研究中，从加工废料中提取的蓝莓汁纤维和乙醇提取物被用于用明胶胶囊废料制备活性膜。研究发现，含有纤维的薄膜拉伸强度降低，透湿性增加，对紫外线的遮光性增强，有效降低了葵花油的脂质氧化。这两种薄膜在28天内都显示出其透光率和抗氧化活性稳定性会显著降低。

活性包装系统应用的主要障碍是活性材料保持其原始特性的能力。

新生产工艺的发明及具有更高稳定性和改进物理化学性能的新活性材料的引入将是进一步研究的主题。消费者对安全抗菌材料的需求推动了天然抗菌剂和生物聚合物的研究趋势。尽管如此，出于对食品质量、消费者接受度、生产规模扩大的关注，以及技术问题、经济问题等的不良影响，出现了一些商业化的抗菌包装系统。

一般来说，由于分子量低，活性物质的释放速度很快，会导致活性包装的效能在食品保质期内快速丧失。控制释放包装（CRP）技术的发展将有助于延长活性包装中活性成分的作用时间，并提高释放率的再现性和可预测性。

研究人员若只关注包装系统的活性特性，而不研究它们在真实食品材料存在的行为，这会导致活性包装系统商业化的失败。在商业化阶段，存在技术和经济的制约。因此，需要进行多学科研究，以低成本的方式开发这些新型包装技术，使其具有更大的规模化和商业化能力。

确定每种食品活性化合物的最佳浓度，并获取真实食品系统的释放动力学数据，了解所面临的安全问题和监管方面的挑战。例如，活性化合物和其他包装添加剂进入食品的允许迁移量限制，以及它们的毒性，是活性包装系统中的主要研究空白，应在未来加以解决。纳米技术作为一种新兴的方法可以广泛应用于活性包装系统以克服挑战。最重要的问题之一是活性物质的迁移，这仍然是进一步开发活性包装的主要制约因素。纳米材料和经封装的超细纤维能够缓慢而稳定地释放生物活性分子，在未来的研究和应用中具有良好的潜力。

3 活性包装行业发展的影响因素

3.1 活性包装相关政策法规

3.1.1 国内相关政策法规

活性包装作为包装行业，特别是食品包装行业的一个分支，为国家产业政策所支持，该产业将受到整体包装行业的影响。活性包装技术是在现代材料和生物科学技术成果的影响下，于近代发展起来的一种新型包装技术，其通过控制或调节产品包装内的环境条件，以延长内装物货架寿命、提高卫生安全性、改善产品特性，同时保证产品品质。目前，在西方国家和发达国家，该技术已经普遍地应用于新鲜食品和加工食品领域。凭其出众的效果，活性包装现已成为包装界研究的重点，在食品、果蔬等领域有着越来越重要的地位。

我国包装行业经历了高速发展的阶段，已经有了相当大的生产规模，形成了较为成熟的产业链。作为国家产业政策所支持的行业，它不仅包含了包装产品的生产、设计、印刷、运输、销售、储存，还包括包装原辅材料供应、包装机械及包装设备制造等多个生产领域，其产品参与到第一至第三产业货物流通的每一个环节。随着快递物流的出现，包装行业亦越来越成为国民经济的重要产业，中共中央、国务院等有关部门多次出台鼓励发展和规范包装行业的政策，体现出中国政府对包装行业的高度重视。而作为食品包装的重要分支，活性包装及其产品也随着食品包装一起受到国家法律法规的严格管控。近年来，国家层面颁布、实施的活性包装行业相关管理、支持和推进政策如表3-1所示；活性包装行业相关法律法规如表3-2所示。

表 3-1 行业相关政策

序号	名称	效力级别	发布时间	施行时间	相关内容
1	关于修改《海运出口危险货物包装容器使用鉴定结果单》的通知	部门规范性文件	1993年	现行有效	对使用的《海运出口危险货物包装容器性能检验结果单》和《海运出口危险货物包装容器使用鉴定结果单》进行了修改，新增加了《海运出口危险货物集装袋性能检验结果单》等
2	《定量包装商品计量监督管理办法》	部门规范性文件	2023年	现行有效	新的《定量包装商品计量监督管理办法》已于2023年3月9日市场监管总局第5次局务会议修订通过，自2023年6月1日起施行。2005年5月30日原国家质量监督检验检疫总局令第75号公布的《定量包装商品计量监督管理办法》同时废止

(续表)

序号	名称	效力级别	发布时间	施行时间	相关内容
3	关于发布《铁路零担货物运输包装管理办法》的通知	部门规范性文件	1995年	现行有效	为了保证铁路货物运输安全，维护托运人、收货人和承运人利益，强化运输包装的科学管理，逐步实现货物运输包装的标准化、系列化、通用化，提高社会经济效益
4	关于出口乙烯产品退税问题的通知	部门规范性文件	1995年	失效	废止依据：国税发〔2006〕62号《关于发布已失效或废止的税收规范性文件目录的通知》
5	关于《空运出口危险货物包装检验证单有关要求》的通知	部门规范性文件	1995年	现行有效	《空运出口危险货物包装容器性能检验结果单》有效期根据不同类型包装容器分别暂定为：玻璃、陶瓷制包装容器有效期为两年；金属、木、纸制包装容器有效期为一年；塑料包装容器有效期为半年。《空运出口危险货物包装容器使用鉴定结果单》有效期暂定为三个月
6	关于发布《空运进出口危险货物包装检验管理办法（试行）》的通知	部门规范性文件	1995年	现行有效	生产和使用单位应正确选择和使用包装容器，建立健全包装容器的验收、灌装、称重和使用检验制度
7	关于《开展定量包装商品计量执法检查》的通知	部门规范性文件	1996年	失效	定于1996年3月15日（消费者权益日）起在全国范围内开展一次定量包装商品计量专项执法检查。开展此次检查的情况统计表及检查的总结材料于1996年4月15日之前上报
8	关于印发《定量包装商品生产企业计量保证能力评价规范》及《定量包装商品计量保证能力合格标志图形使用规定》的通知	部门规范性文件	2001年	现行有效	维护社会主义市场经济秩序，规范定量包装商品生产企业的计量行为，提高企业的计量保证能力和定量包装商品的计量信誉，保护消费者利益
9	《关于进一步加强直接接触药品的包装材料和容器监督管理的通知》	部门规范性文件	2004年	现行有效	生产和使用药包材应当符合国家标准，暂未制定国家标准的药包材，应当符合国家食品包装的标准
10	《关于商品包装物广告监管有关问题的通知》	部门规范性文件	2005年	失效	商品包装中，除该类商品国家标准要求必须标注的事项以外的文字、图形、画面等，符合商业广告特征的，可以适用《中华人民共和国广告法》规定进行规范和监管
11	《关于包装行业高新技术研发资金有关问题的通知》	部门规范性文件	2005年	失效	资金应重点扶持符合国家宏观政策、环境保护和循环经济政策的项目，包括：包装减量化和节能化项目、包装废弃物处理和利用项目

(续表)

序号	名称	效力级别	发布时间	施行时间	相关内容
12	《关于开展全国鲜活农产品流通"绿色通道"示范通道建设工作的通知》	部门规范性文件	2005年	现行有效	为推进全国鲜活农产品流通绿色通道建设工作，加快全国"五纵二横绿色通道"网络建设的进程，经7部门共同研究，决定将"五纵二横绿色通道"网络中的第四纵"哈尔滨—海口线"作为部级示范通道组织实施，以此带动和促进全国"绿色通道"建设
13	关于印发《全国高效率鲜活农产品流通"绿色通道"建设实施方案》的通知	部门规范性文件	2005年	现行有效	在全国建立高效率的鲜活农产品流通"绿色通道"，支持鲜活农产品运销，为农民增收创造条件
14	《关于定量包装商品净含量标注问题的通知》	部门规范性文件	2007年	现行有效	同一包装内含有多件同种或者不同种定量包装商品的，其净含量的标注方式应当遵守第七条规定
15	《关于进一步加强鲜活农产品运输和销售工作的通知》	国务院规范性文件	2008年	现行有效	为进一步加强鲜活农产品（包括蔬菜、水果、活畜活禽，下同）的运输和销售，保障春节市场供应，保持价格基本稳定，经国务院同意，决定从2008年1月26日至2月5日，采取临时性应对措施
16	《关于进一步规范月饼包装节约资源保护环境的通知》	党内法规制度	2008年	现行有效	月饼生产和流通企业要严格执行国家相关标准和规定，自觉履行社会责任，不生产、不采购、不销售过度包装月饼，不搭售其他商品，杜绝过度包装月饼进入流通环节。要充分发挥行业协会的作用，引导生产和销售企业严格自律，规范包装，开展废弃包装物的回收利用
17	《关于在商务领域开展适度包装、节约资源专项工作的通知》	国务院规范性文件	2008年	现行有效	积极引导商品生产与流通企业在适度包装、科学定价、合理营销等方面通力合作，充分发挥流通环节对生产环节的引导作用，形成遏制过度包装的良好基础，杜绝过度包装商品进入流通环节
18	关于印发《包装行业高新技术研发资金管理办法》的通知	部门规范性文件	2008年	现行有效	规范包装行业高新技术研发资金管理，支持包装行业积极开发新产品和采用新技术，促进循环经济和绿色包装产业发展

(续表)

序号	名称	效力级别	发布时间	施行时间	相关内容
19	《关于治理商品过度包装工作的通知》	国务院规范性文件	2009年	现行有效	在满足保护、保质、标识、装饰等基本功能的前提下，按照减量化、再利用、资源化的原则，从包装层数、包装用材、包装有效容积、包装成本比重、包装物的回收利用等方面，对商品包装进行规范，引导企业在包装设计和生产环节中减少资源消耗，降低废弃物产生，方便包装物回收再利用
20	《关于做好2010年治理商品过度包装工作的通知》	部门工作文件	2010年	现行有效	自本通知下发之日起至2010年10月10日，在端午、五一、中秋、国庆等重要节假日期间集中组织对省会城市的粽子、红酒、月饼、茶叶、杂粮、化妆品等高档礼品易集中出现过度包装的生产及销售领域，开展一次计量专项监督检查，对违反国家有关限制商品过度包装规定的行为要依法予以处理并责令限期整改
21	《关于进一步完善鲜活农产品运输绿色通道政策的紧急通知》	部门规范性文件	2010年	现行有效	从2010年12月1日起，全国所有收费公路（含收费的独立桥梁、隧道）全部纳入鲜活农产品运输"绿色通道"网络范围，对整车合法装载运输鲜活农产品车辆免收车辆通行费。新纳入鲜活农产品运输"绿色通道"网络的公路收费站点，要按规定开辟"绿色通道"专用道口，设置"绿色通道"专用标识标志，引导鲜活农产品运输车辆优先快速通过
22	《关于加强鲜活农产品流通体系建设的意见》	国务院规范性文件	2011年	现行有效	以加强产销衔接为重点，加强鲜活农产品流通基础设施建设，创新鲜活农产品流通模式，提高流通组织化程度，完善流通链条和市场布局，进一步减少流通环节，降低流通成本，建立完善高效、畅通、安全、有序的鲜活农产品流通体系，保障鲜活农产品市场供应和价格稳定
23	《关于加强胶囊剂药品及相关产品质量管理工作的通知》	部门规范性文件	2012年	现行有效	胶囊剂药品、保健食品生产企业必须从具有药用胶囊批准文号的企业采购产品。企业应当对购进的每批药用胶囊按《中国药典》（2010年版）标准进行全项检验，合格后方可入库、使用

(续表)

序号	名称	效力级别	发布时间	施行时间	相关内容
24	《关于加快推进鲜活农产品流通创新的指导意见》	部门工作文件	2012年	现行有效	着力增强鲜活农产品流通企业开展创新的内在动力，突出企业农产品流通创新主体作用，坚持以市场为导向，充分发挥市场在配置资源中的基础性作用与政府在规划、政策、标准和监督等方面的引导作用，充分激发创新活力
25	关于贯彻落实《国务院办公厅关于加强鲜活农产品流通体系建设的意见》的通知	国务院规范性文件	2012年	现行有效	支持专业合作社增添田头冷库、冷链物流、快速检验检测、包装分级等设施设备，提高合作社标准化生产和规范化管理水平。要大力推进农业产业化经营
26	《关于进一步加强对超过保质期食品监管工作的通知》	部门规范性文件	2014年	失效	废止依据：市场监管总局关于废止部分行政规范性文件的公告（国家市场监督管理总局公告2023年第5号）
27	《关于预包装食品标签标识有关问题的复函》	部门规范性文件	2013年	现行有效	预包装食品（不包括进口预包装食品）应标示产品所执行的标准代号。企业在产品包装上使用绿色食品标志，即表明企业承诺该产品符合绿色食品标准。企业可以在包装上标示产品执行的绿色食品标准，也可以标示其生产中执行的其他标准
28	关于贯彻落实《上海市商品包装物减量若干规定》的通知	省级地方性法规	2023年	现行有效	将产品包装情况纳入保健食品、化妆品生产经营单位和餐饮服务单位日常监督检查的内容，并定期将检查情况向市局报送。发现涉嫌过度包装的食品、化妆品，及时将相关产品信息告知同级质量技术监督部门
29	《企业绿色采购指南（试行）》	部门规范性文件	2015年	现行有效	鼓励企业完善采购流程，主动参与供应商的产品研发、制造过程，引导供应商通过减少各种原辅和包装材料用量、用更环保的材料替代、避免或者减少环境污染；鼓励企业要求供应商供应产品或原材料符合绿色包装的要求，不使用含有有毒、有害物质作为包装材料，使用可循环使用、可降解或者可以无害化处理的包装物，避免过度包装；采购商和供应商可以通过抵制商品过度包装，引导消费者参与绿色消费，减少一次性用品及塑料购物袋使用的方式带动全社会绿色消费

（续表）

序号	名称	效力级别	发布时间	施行时间	相关内容
30	《关于加快我国包装产业转型发展的指导意见》	部门规范性文件	2016年	现行有效	将包装定位为服务型制造业；围绕绿色包装、安全包装、智能包装、标准包装，构建产业技术创新体系；确保产业保持中高速增长的同时提升集聚发展能力和品牌培育能力；加大研发投入，提升关键技术的自主突破能力和国际竞争力；提高产业的信息化、自动化和智能化水平。摆脱包装产业的高消耗与高能耗，建立和形成绿色生产体系；引领军民融合包装技术核心能力聚集，提升多样化军事任务的防护包装保障水平；优化产业标准体系，以包装标准化带动物流供应链的标准化，提升标准管理水平和国际对标率
31	《关于加快发展冷链物流保障食品安全促进消费升级的意见》	国务院规范性文件	2017年	现行有效	部署推动冷链物流行业健康发展，保障生鲜农产品和食品消费安全
32	《关于在辽宁区域内实施定量包装商品生产企业C标志承诺备案制度的通知》	地方规范性文件	2017年	现行有效	将现行的"企业自愿申请—政府核查发证—市场监督"的管理模式改革为"企业自我声明—政府后续监管—市场监督"的管理模式，强化企业主体责任，强化政府后续监管，强化市场投诉监督，促进定量包装商品生产企业的诚信计量建设，更好地维护消费者权益和服务当地经济社会发展
33	《关于全面实施定量包装商品生产企业计量保证能力自我声明制度的通知》	部门工作文件	2018年	现行有效	实施定量包装商品生产企业计量保证能力自我声明制度，是转变政府职能、激发市场活力、改革商品定量计量监管工作的重要举措，是通过市场竞争机制实现企业守信自律、推进诚信计量体系建设的重要途径，是发挥企业主体作用、落实企业主体责任、维护消费者权益的重要抓手
34	《关于开展2018年定量包装商品净含量计量监督随机抽查的通知》	地方工作文件	2018年	阶段性文件	抽查时间分集中抽查和日常抽查两个部分，其中各设区市局集中抽查时间为2018年6月至9月；省计量院对省内生产企业集中抽查时间为2018年9月至10月
35	《关于推进电子商务与快递物流协同发展的意见》	国务院规范性文件	2018年	现行有效	制定实施电子商务绿色包装、减量包装标准推广应用绿色包装技术和材料，开展绿色包装试点示范，培育绿色发展典型企业，加强政策支持和宣传推广

(续表)

序号	名称	效力级别	发布时间	施行时间	相关内容
36	《产业发展与转移指导目录（2018年本）》	部门工作文件	2018年	现行有效	辽宁、吉林、黑龙江等省份将新型塑料包装材料、生物可降解塑料、功能性膜材料等产业纳入优先承接发展的产业
37	《关于开展重点工业产品质量安全专项整治的通知》	部门工作文件	2019年	现行有效	针对食品用纸包装，重点关注回收料使用、过程控制、标签标识、总迁移量和单体特定迁移量等环节和项目
38	《关于制定绿色包装管理法的建议》	部门工作文件	2019年	现行有效	将重点结合绿色产品体系建设实际，根据快递包装产品绿色标准制修订情况，积极研究对标准成熟、评价技术可行的产品实施绿色产品认证，推动快递包装产品绿色认证有效实施
39	《关于深化改革加强食品安全工作的意见》	党内法规制度	2019年	现行有效	到2035年，基本实现食品安全领域国家治理体系和治理能力现代化。食品安全标准水平进入世界前列，产地环境污染得到有效治理，生产经营者责任意识、诚信意识和食品质量安全管理水平显著提高，经济利益驱动型食品安全违法犯罪明显减少
40	《关于加快建立绿色生产和消费法规政策体系的意见》	部门规范性文件	2020年	现行有效	《意见》明确到2025年，绿色生产和消费相关的法规、标准、政策进一步健全，激励约束到位的制度框架基本建立，绿色生产和消费方式在重点领域、重点行业、重点环节全面推行，我国绿色发展水平实现总体提升
41	《关于加快推进快递包装绿色转型意见的通知》	国务院规范性文件	2020年	现行有效	强化快递包装绿色治理，加强电商和快递规范管理，增加绿色产品供给，培育循环包装新型模式，加快建立与绿色理念相适应的法律、标准和政策体系，推进快递包装"绿色革命"
42	《关于进一步降低物流成本实施意见》	国务院规范性文件	2020年	现行有效	为进一步降低物流成本、提升物流效率，加快恢复生产生活秩序，《意见》提出六个方面的政策措施
43	《关于加强快递绿色包装标准化工作的指导意见》	部门规范性文件	2020年	现行有效	升级快递绿色包装标准体系，充分发挥标准对快递业绿色发展的支撑和引领作用，提高快递包装资源利用效率，降低包装耗用量，减少环境污染

（续表）

序号	名称	效力级别	发布时间	施行时间	相关内容
44	《关于加快农产品仓储保鲜冷链设施建设的实施意见》	部门规范性文件	2020年	现行有效	加大对新型农业经营主体农产品仓储保鲜冷链设施建设的支持，是现代农业重大牵引性工程和促进产业消费"双升级"的重要内容，是顺应农业产业发展新趋势、适应城乡居民消费需求、促进小农户和现代农业发展有机衔接的重大举措，对确保脱贫攻坚战圆满收官、农村同步全面建成小康社会和加快乡村振兴战略实施具有重要意义
45	《关于开展肉制品质量安全提升行动的指导意见》	部门规范性文件	2021年	现行有效	严格落实食品安全法律法规和"四个最严"要求，把肉制品作为食品安全监管重点，着力加强质量安全监管，肉制品质量安全总体水平不断提升，但还存在肉制品标准体系不健全、企业的产业链和供应链不完整、研发创新和产品品质有待进一步提升等问题。为进一步提升肉制品质量安全水平，促进肉制品产业高质量发展，满足人民日益增长的美好生活需要
46	《塑料加工业"十四五"发展规划指导意见》	指导性文件	2021年	现行有效	坚持"功能化、轻量化、精密化、生态化、智能化"技术进步方向；大力开发适用于不同行业、具备不同功能的薄膜等塑料制品；加快塑料加工业绿色生态化改造升级；以智能制造为主攻方向推动技术变革和优化升级
47	《关于全面推进农产品产地冷藏保鲜设施建设的通知》	部门规范性文件	2021年	现行有效	加强农产品产地冷藏保鲜设施建设，是加快形成"双循环"新发展格局下的有效举措，是现代农业重大牵引性工程和促进产业消费"双升级"的重要内容，对提高重要农副产品供给保障能力、巩固拓展脱贫攻坚成果同乡村振兴有效衔接、提升乡村产业链供应链现代化水平具有重要意义
48	《五部门关于推动轻工业高质量发展的指导意见》	部门工作文件	2022年	现行有效	推动塑料制品、家用电器、造纸、电池、日用玻璃等行业废弃产品循环利用。在制革、制鞋、油墨、家具等行业，加大低（无）挥发性有机物（VOCs）含量原辅材料的源头替代力度，推广低挥发性无铅有机溶剂工艺和装备，加快产品中有毒有害化学物质含量限值标准制修订

(续表)

序号	名称	效力级别	发布时间	施行时间	相关内容
49	《关于贯彻实施有关限制商品过度包装国家标准的通知》	地方工作文件	2022年	现行有效	修改单内容包括：一是减少包装层数；二是压缩包装空隙；三是降低包装成本；四是严格混装要求
50	《关于延长固体饮料企业剩余包装材料使用时间的通知》	部门工作文件	2022年	阶段性文件	固体饮料生产企业现有产品包装材料在2022年6月1日前未使用完毕的，可以延期使用至2022年12月31日
51	《关于进一步加强商品过度包装治理的通知》	国务院规范性文件	2022年	现行有效	对进一步加强商品过度包装治理作出部署，要求强化监管执法，健全标准体系，完善保障措施，坚决遏制商品过度包装现象，为促进生产生活方式绿色转型、加强生态文明建设提供有力支撑
52	《网络销售特殊食品安全合规指南》	部门规范性文件	2023年	现行有效	规范网络食品交易第三方平台和入网食品经营者销售特殊食品行为，增强其合规意识，落实食品安全主体责任，保障网络销售特殊食品安全
53	《关于发挥网络餐饮平台引领带动作用 有效防范外卖食品浪费的指导意见》	部门规范性文件	2023年	现行有效	明确加强平台内商户合规指引，鼓励平台建立商户反浪费档案，引导商户设置小份餐品专区，使用绿色包装，并通过首页显著位置展示、流量扶持等方式加强对商户正向引导
54	《关于培育传统优势食品产区和地方特色食品产业的指导意见》	指导性文件	2023年	现行有效	明确了传统优势食品产区和地方特色食品产业的发展目标。部署了优质原料保障、产业集群建设、技术装备提升、质量安全保障、特色品牌培育、转变发展方式以及业态模式创新7个方面20项工作任务
55	《中共中央、国务院关于全面推进美丽中国建设的意见》	党内法规制度	2024年	现行有效	建立绿色制造体系和服务体系。开展资源综合利用提质增效行动。加快构建废弃物循环利用体系，促进废旧风机叶片、光伏组件、动力电池、快递包装等废弃物循环利用。推进原材料节约和资源循环利用，大力发展再制造产业

表 3-2　行业相关法律法规

序号	名称	效力级别	施行时间	时效性	相关内容
1	关于签发《海运出口危险货物包装检验证单有关问题》的说明	部门规范性文件	1992 年	现行有效	海运出口危险货物包装性能检验证书及海运出口危险货物柔性中型散装容器性能检验证书，均用现行商检证书空白格式套印、制证、签发，加盖 CCIB 钢印后对外提供。其他对内出具的各类危险货物包装容器性能检验结果单各局可按样本自行印制
2	《定量包装商品计量监督规定》	部门规范性文件	1996 年	失效	《定量包装商品计量监督管理办法》2005 年 5 月 16 日经国家质量监督检验检疫总局局务会议审议通过，自 2006 年 1 月 1 日起施行。原国家技术监督局发布的《定量包装商品计量监督规定》（国家技术监督局令第 43 号）同时废止
3	《印刷品承印管理规定》	部门规范性文件	2003 年	失效	规范了印刷业经营者的印刷经营行为，健全承接印刷品管理制度，促进印刷业健康发展
4	《直接接触药品的包装材料和容器管理办法》	部门规范性文件	2004 年	失效	废止依据：《国家市场监督管理总局关于废止和修改部分规章的决定》（国家市场监督管理总局令第 38 号）2021 年 3 月 25 日已经国家市场监督管理总局第 5 次局务会议审议通过，现予公布，自 2021 年 6 月 1 日起施行
5	《商品条码管理办法（2005）》	部门规范性文件	2005 年	现行有效	规范商品条码管理，保证商品条码质量，加快商品条码在电子商务和商品流通等领域的应用，促进我国电子商务、商品流通信息化的发展
6	《中华人民共和国工业产品生产许可证管理条例（2023 年修订）》	行政法规	2023 年	现行有效	对生产重要工业产品的企业实行生产许可证制度，明确了企业申请、审查以及相应的法律责任
7	《定量包装商品计量监督管理办法（2023 年修订）》	部门规范性文件	2023 年	现行有效	为保护消费者和生产者、销售者的合法权益，规范定量包装商品的计量监督管理
8	《中华人民共和国反垄断法（2022 年修正）》	法律	2022 年	现行有效	预防和制止垄断行为，保护市场公平竞争，提高经济运行效率，维护消费者利益和社会公共利益，促进社会主义市场经济健康发展规定的垄断行为包括：（一）经营者达成垄断协议；（二）经营者滥用市场支配地位；（三）具有或者可能具有排除、限制竞争效果的经营者集中

（续表）

序号	名称	效力级别	施行时间	时效性	相关内容
9	《包装行业高新技术研发资金管理办法》	部门规范性文件	2008年	现行有效	规范包装行业高新技术研发资金管理，支持包装行业积极开发新产品和采用新技术，促进循环经济和绿色包装产业发展
10	《食品相关产品新品种行政许可管理规定》	部门规范性文件	2011年	现行有效	依据《中华人民共和国食品安全法》及其实施条例的规定，规范食品相关产品新品种（用于食品包装材料、容器、洗涤剂、消毒剂和用于食品生产经营的工具、设备的新材料、新原料或新添加剂）的安全性评估和许可工作
11	《中华人民共和国清洁生产促进法》（2012年修正）	法律	2012年	现行有效	产品和包装物的设计，应当考虑其在生命周期中对人类健康和环境的影响，优先选择无毒、无害、易于降解或者便于回收利用的方案；企业应当对产品进行合理包装，减少包装材料的过度使用和包装性废物的产生；企业应当对生产和服务过程中的资源消耗以及废物的产生情况进行监测，并根据需要对生产和服务实施清洁生产审核
12	《进出口预包装食品标签检验监督管理规定》	部门规范性文件	2012年	现行有效	出口预包装食品标签应符合进口国（地区）相关法律法规、标准或者合同要求，进口国（地区）无要求的，应符合我国相关法律法规及食品安全国家标准的要求
13	《上海市商品包装物减量若干规定（2023年修正）》	省级地方性法规	2023年	现行有效	商品包装应当合理，在满足正常功能需求的前提下，其材质、结构、成本应当与内装商品的特性、规格和成本相适应，减少包装废弃物的产生
14	《关于发布新材料、新工艺技术和新杀菌原理判定依据的通告》	部门工作文件	2013年	现行有效	为做好利用新材料、新工艺技术和新杀菌原理生产消毒剂和消毒器械的卫生许可工作，制定了判定依据
15	《中华人民共和国环境保护法（2014年修订）》	法律	2014年	现行有效	企业应当优先使用清洁能源，采用资源利用率高、污染物排放量少的工艺、设备以及废弃物综合利用技术和污染物无害化处理技术，减少污染物的产生
16	《中国制造2025》	国务院规范性文件	2015年	现行有效	加快制造业绿色改造升级，全面推进钢铁、有色、化工、建材、轻工、印染等传统制造业绿色改造，大力研发推广绿色工艺技术装备，实现绿色生产；加快推动新一代信息技术与制造技术融合发展，把智能制造作为工业化和信息化深度融合的主攻方向

(续表)

序号	名称	效力级别	施行时间	时效性	相关内容
17	《印刷业经营者资格条件暂行规定（2017年修订）》	部门规范性文件	2017年	现行有效	进一步规范了印刷业经营者的设立和审批，促进印刷业经营者提高经营素质和技术水平
18	《中华人民共和国标准化法》	法律	2017年	现行有效	对标准的制定、实施及法律责任进行了说明以加强标准化工作，提升产品和服务质量，促进科学技术进步，保障人身健康和生命财产安全，维护国家安全、生态环境安全，提高经济社会发展水平
19	《关于发布食品生产经营企业建立食品安全追溯体系的若干规定的公告》	部门规范性文件	2017年	现行有效	要求食品生产经营企业要建立食品安全追溯体系，客观、有效、真实地记录和保存食品质量安全信息，实现食品质量安全顺向可追踪、逆向可溯源、风险可管控，发生质量安全问题时产品可召回、原因可查清、责任可追究，切实落实质量安全主体责任，保障食品质量安全
20	《中华人民共和国产品质量法（2018年修正）》	法律	2018年	现行有效	加强对产品质量的监督管理，提高产品质量水平，明确产品质量责任，保护消费者的合法权益，维护社会经济秩序
21	《中华人民共和国循环经济促进法（2018年修正）》	法律	2018年	现行有效	从事工艺、设备、产品及包装物设计，应当按照减少资源消耗和废物产生的要求，优先选择采用易回收、易拆解、易降解、无毒无害或者低毒低害的材料和设计方案，并应当符合有关国家标准的强制性要求。设计产品包装物应当执行产品包装标准，防止过度包装造成资源浪费和环境污染
22	《绿色包装评价方法与准则》	部门工作文件	2019年	现行有效	针对绿色包装产品低碳、节能、环保、安全的要求规定了绿色包装评价准则、评价方法、评价报告内容和格式，并定义了"绿色包装"的内涵
23	《中华人民共和国食品安全法实施条例（2019年修订）》	行政法规	2019年	现行有效	明确各级政府应当履行食品安全法规定的职责；加强食品安全监督管理能力建设，为食品安全监督管理工作提供保障；建立健全食品安全监督管理部门的协调配合机制，整合完善食品安全信息网络，实现食品安全信息共享和食品检验等技术资源的共享
24	《印刷业管理条例（2020年修订）》	法规	2020年	现行有效	加强和规范了印刷业的管理，维护印刷业经营者的合法权益和社会公共利益

(续表)

序号	名称	效力级别	施行时间	时效性	相关内容
25	《中华人民共和国固体废弃物污染环境防治法（2020年修订）》	法律	2020年	现行有效	规定了包括包装废弃物在内的固体废弃物（包括工业固体废物、生活垃圾、危险废物、建筑垃圾、农业固体废物等）
26	《中华人民共和国安全生产法（2021年修订）》	法律	2021年	现行有效	加强安全生产工作，防止和减少生产安全事故，保障人民群众生命和财产安全，促进经济社会持续健康发展
27	《中华人民共和国食品安全法（2021年修订）》	法律	2021年	现行有效	从制度上解决现实生活中存在的食品安全问题，更好地保证食品安全而制定的，确立了以食品安全风险监测和评估为基础的科学管理制度，明确食品安全风险评估结果作为制定、修订食品安全标准和对食品安全实施监督管理的科学依据
28	《限制商品过度包装要求食品和化妆品》	地方规范性文件	2021年	现行有效	规定了包装空隙率、包装层数和包装成本要求，以及相应的计算、检测和判定方法；同时规定，标准实施后，市面同步禁止销售不符合该标准的产品
29	《食品安全风险监测管理规定》	部门规范性文件	2021年	现行有效	食品安全风险监测是系统持续收集食源性疾病、食品污染以及食品中有害因素的监测数据及相关信息，并综合分析、及时报告和通报的活动。其目的是为食品安全风险评估、食品安全标准制定修订、食品安全风险预警和交流、监督管理等提供科学支持
30	《中华人民共和国进出口食品安全管理办法（2021）》	部门规章	2022年	现行有效	进口食品应当符合中国法律法规和食品安全国家标准，中国缔结或者参加的国际条约、协定有特殊要求的，还应当符合国际条约、协定的要求。进口尚无食品安全国家标准的食品，应当符合国务院卫生行政部门公布的暂予适用的相关标准要求
31	《中华人民共和国反食品浪费法》	法律	2021年	现行有效	食品生产经营者要全面落实反食品浪费措施。食品生产经营者要落实食品安全管理制度，严格执行生产工艺，做好生产过程关键点控制，改善食品储存、运输、加工条件，防止食品变质，降低储存、运输中的损耗。提高食品加工利用率，加强自查，避免过度加工和过量使用原材料

（续表）

序号	名称	效力级别	施行时间	时效性	相关内容
32	《中国包装工业发展规划（2021—2025年）》	部门工作文件	2022年	现行有效	通过实施"可持续包装战略"，实现安全可控能力显著增强、产业整体结构持续优化、自主创新能力大幅提升、先进制造模式广泛使用、绿色发展体系加速构建、全球竞争优势有效形成，包装产业整体迈入全球产业链价值链中高端，我国跻身世界包装强国阵列，为全面建设社会主义现代化国家持续提供新动能
33	《企业落实食品安全主体责任监督管理规定》	部门规章	2022年	现行有效	为了督促企业落实食品安全主体责任，强化企业主要负责人食品安全责任，规范食品安全管理人员行为。食品生产经营企业主要负责人以及食品安全总监、食品安全员等食品安全管理人员，依法落实食品安全责任的行为及其监督管理
34	《食品生产经营监督检查管理办法》	部门规章	2022年	现行有效	为了加强和规范对食品生产经营活动的监督检查，督促食品生产经营者落实主体责任，保障食品安全。食品生产经营者应当对其生产经营食品的安全负责，积极配合市场监督管理部门实施监督检查
35	《"十四五"生物经济发展规划》	部门工作文件	2021年	现行有效	重点围绕生物基材料、新型发酵产品、生物质能等方向，构建生物质循环利用技术体系，推动生物资源严格保护、高效开发、永续利用，加快规模化生产与应用，打造具有自主知识产权的工业菌种与蛋白元件库，推动生物工艺在化工、医药、轻纺、食品等行业推广应用，构建生物质能生产和消费体系，推动环境污染生物修复和废弃物资源化利用，确保生态安全和能源安全
36	《食品生产经营监督检查管理办法》	部门规章	2022年	现行有效	为了加强和规范对食品生产经营活动的监督检查，督促食品生产经营者落实主体责任，保障食品安全。食品生产经营者应当对其生产经营食品的安全负责，积极配合市场监督管理部门实施监督检查
37	《限制商品过度包装要求 生鲜食用农产品》	强制性国家标准	2023年	现行有效	明确了蔬菜（含食用菌）、水果、畜禽肉、水产品和蛋等五大类生鲜食用农产品是否过度包装的技术指标和判定方法

(续表)

序号	名称	效力级别	施行时间	时效性	相关内容
38	《食品安全标准管理办法》	部门规章	2023年	现行有效	规范食品安全标准管理工作。适用于食品安全国家标准的制定、修改、公布等相关管理工作及食品安全地方标准备案工作
39	《食品相关产品质量安全监督管理暂行办法》	部门规章	2023年	现行有效	为了加强食品相关产品质量安全监督管理，保障公众身体健康和生命安全。食品相关产品质量安全工作实行预防为主、风险管理、全程控制、社会共治，建立科学、严格的监督管理制度
40	《食品经营许可和备案管理办法》	部门规章	2023年	现行有效	结合行业发展、食品安全风险状况等，进一步明晰办理食品经营许可的范围和无须取得食品经营许可的具体情形，将实践中容易导致责任落空且有迫切监管需要的连锁总部、餐饮服务管理等纳入经营许可范围，并从风险管控角度，增加并细化了单位食堂承包经营者、食品展销会举办者等的食品安全主体责任
41	《定量包装商品计量监督管理办法（2023年修订）》	部门规章	2023年	现行有效	减少企业生产经营活动中包装浪费，现针对净含量小于1g的商品
42	《绿色外卖管理规范》	推荐性国家标准	2023年	现行有效	针对外卖餐品制作、外卖餐品供应和绿色外卖管理优化三个环节，对餐品原材料采购，餐品加工、烹饪与餐厅运营，餐品包装与材料使用，外卖配送、垃圾处理，绿色外卖展示，绿色宣传、绿色质量管理等主要内容提出相关要求
43	《食品经营许可审查通则》	部门工作文件	2024年	现行有效	落实《中华人民共和国食品安全法》及其实施条例等法律法规要求，适应食品经营安全的新形势，解决食品经营安全领域的新问题，主要在严格重点领域许可审查要求、优化食品经营许可要求、新增新兴业态许可审查要求、强化主体责任落实四方面进行了修订
44	《食品中可能添加的非食用物质名录工作规范》	部门规范性文件	2024年	现行有效	依据《中华人民共和国食品安全法实施条例》和《食品中可能添加的非食用物质名录管理规定》制定，规范添加或者可能添加到食品中的非食品用化学物质和其他可能危害人体健康的物质名录工作

3.1.2 相关政策法规对活性包装行业的影响

3.1.2.1 促使企业注重产品安全

随着《中华人民共和国循环经济促进法》《中华人民共和国食品安全法》及《食品接触材料及制品用添加剂使用卫生标准》等一系列新法规与新标准的出台，食品包装行业正在发生翻天覆地的变革。塑料袋快餐盒、密胺餐具、保鲜膜、纸杯等食品包装产品的质量已有了明显的提高。通过逐步加强对食品包装、食品包装用原辅材料、添加剂及相关设备实施的监管力度，以确保包装的健康安全。

活性包装普遍用于食品及相关行业。以食品为例，食品安全不只是食物本身的安全。因为食品安全的危害除了来自食品本身和食品链全过程，还来自食品包装容器及材料。在与食品接触的过程中，食品包装容器及材料中的有毒有害物质（如铅、镉、铬等重金属，甲醛、苯、多氯联苯等）会迁移并渗入食品中，造成食品污染。世界各国，尤其是发达国家，对食品包装不断制定高标准，不断提高食品包装容器及材料安全指标，这就加大了发展中国家食品出口的难度。现在，食品包装容器及材料的安全问题已严重制约了我国食品的出口，对于企业来说唯有高度重视和积极应对方能更好地生存与发展。

3.1.2.2 促进行业可持续发展

标准、法规极大地促进各地各级政府将"循环发展，节能减排"的决策意识统一到区域经济发展的全局中来，包装行业也不例外。就目前而言，部分包装生产企业为了配合商家吸引消费者，往往只注重包装的美观与独特，而忽略了其是否利于回收、是否便于拆解等因素，甚至有些包装还会危害消费者的健康。因此，作为包装生产企业应该积极响应国家相关政策。

综合来说，包装企业要实现可持续发展应朝以下7个方向努力。

安全化——实现食品和食品包装均获得生产许可；

透明化——开发和生产无色透明或半透明的包装制品便于废弃物回收利用；

减量化——包装用材料尽量做到轻薄；

资源化——对现有较高价值的包装制品进行回收利用；

无害化——对包装废弃物的妥善处理；

产业化——企业自身或者委托他人对其产品进行回收利用，纳入循环经济的链条；

国际化——通过学习其他国家先进的包装研究成果，减少因出口问题引发的贸易摩擦。

包装材料今后发展的主流趋势是功能化、环保化、简便化。保鲜功能将成为食品包装技术开发的重点，无毒包装材料更趋安全。

3.1.2.3 促进产业调整

我国是世界包装制造和消费大国，活性包装在包装产业总产值中的比例正逐年增加，活性包装在食品、药品等领域日益发挥着不可替代的作用。但在新的形势下，活性包装生产企业应积极应对产业政策的调整，研究产业结构变革的新动向，大力发展鼓励类项目；对属于限制类的项目，不投资，不建设。对属于限制类的现有生产能力，生产企业应抓紧时间采取措施改造升级；对淘汰类项目，坚决不投资。对国家明令淘汰的生产工艺技术、装备和产品，一律不进口、转移、生产、销售、使用和采用。总之，活性包装生产企业在产业结构调整中要找对方向，谋求更大的发展。

3.2 活性包装行业管理模式

3.2.1 国内活性包装行业管理模式

虽说活性包装是包装行业的一个子集，但由于活性包装脱胎于食品包装行业，其行业管理模式有许多自身的特点。

3.2.1.1 包装行业协会管理

行业协会对推进所属行业发展的重要作用不言而喻，而国家积极推进的"小政府、大社会"改革，也要求行业协会日趋完善和成熟，有能力承接政府转移的各项职能。

近十多年来，全国各地进行的行业协会管理体制改革，产生了三种不同的模式：即所谓"北京模式""鞍山模式""广东模式"。

"北京模式",即"枢纽型"社会组织,是对同类别、同性质、同领域社会组织(社团)进行联系、服务和管理的联合型组织(社工委),由市社会建设工作领导小组认定,社工委具有相应的行政权力和资源,既可以促进相关法规的出台和落实,也可以比较好地协调各方利益,促进行业协会发展。它的不利之处在于,增加了行业协会的交易成本,而且社工委与民政部门职能衔接需要时间和实践,同时,这种模式也需要一定的行政成本。

"鞍山模式"是建立"联席会议制度",民政部门承担联席会议的日常工作,负责行业协会的设立、变更、注销登记以及年检和监督检查等,工经联(工业经济联合会)成为行业协会主管部门,负责业务指导和日常监督管理等工作。其弊端在于,工经联实际职能和资源有限,难以有效促进行业协会发展,而且工经联作为社团也有自己的主管单位,"协会指导协会"也违背了"社会团体主体地位一律平等"的原则。

"广东模式"则是取消业务主管单位,废除双重管理体制,统一由民政部门行使行业协会的等级和管理职能,是真正意义上的"一元管理体制"。这种模式促使行业协会建立起独立自主的管理机制。但其弊端是,往往政府职能转移没能做到"费随事转",个别部门不再担任业务指导单位后,对行业协会"不闻不问",既不管理也不支持。

中国包装联合会是经国务院批准成立的、国资委直管的国家级行业协会之一,其前身中国包装技术协会成立于1980年,2004年9月2日更名为"中国包装联合会"。目前,联合会下设20个专业委员会,在全国各省、自治区、直辖市、计划单列市和中心城市均设有地方包装组织,拥有近6000个各级会员。

在中国包装联合会20个专业委员会中,没有一家与活性包装行业直接相关。间接有关的包括科学技术专业委员会、塑料包装专业委员会等。

3.2.1.2 国家包装行业规划重点

如图3-1所示,从"十一五"规划到"十四五"规划,包装行业持续向绿色、节能、环保、智能方向推进。中国包装联合会2024年2月12日发布的《中国包装工业发展规划(2021—2025年)》提出,要调结构与促转型相结合、重制造与强服务相结合、提质量与保安全相结合,以产业基础高级化、产业链现代化建设为总抓手。通过实施"可持续包装战略",明确推进绿色转型进程的重点任务,实现安全可控能力显著增强、产业整体结构持续优化、自主创新能力大幅提升、先进制造模式广泛应用、绿色发展体系加速构建、全球竞争优势有效形成，包装产业整体迈入全球产业链价值链中高端，我国跻身世界包装强国阵列，为全面建设社会主义现代化国家持续提供新动能。其重点是突出绿色低碳循环转型在产业深度转型和可持续发展中的引领性作用，加快构建覆盖包装全生命周期的绿色发展体系，助力实现"双碳"目标。

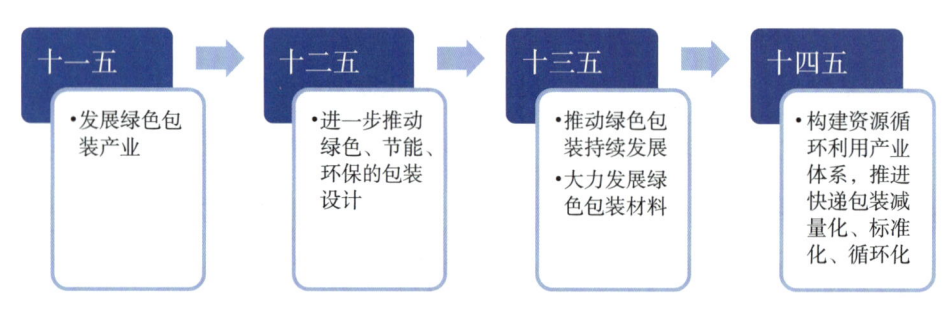

图 3-1 国家相关规划的沿革

我国活性包装行业起步较晚，在管理上可以借鉴欧美等国的经验，并结合我国国情制定出适合我国活性包装行业发展的规划。

3.2.1.3 活性包装行业管理特点

（1）食品包装相关产品管理

活性包装脱胎于食品包装，而在我国，食品包装具有相对严格的管理制度。我国负责进行食品包装的相关产品（包括用于食品包装材料、容器、洗涤剂、消毒剂和用于食品生产经营的工具、设备的新材料、新原料或新添加剂等）行政许可工作的部门为国家卫生健康委员会。

原国家卫生部 2011 年 3 月 24 日印发《食品相关产品新品种行政许可管理规定》，规范食品相关产品新品种的安全性评估和许可工作。食品相关产品新品种，是指用于食品包装材料、容器、洗涤剂、消毒剂和用于食品生产经营的工具、设备的新材料、新原料或新添加剂。活性包装相关原材料和产品均在该规定的管理范围内。

《食品相关产品新品种行政许可管理规定》规定了申请食品包装材料新品种，包括申请、受理、审评、征求意见和公布等几个步骤。

（2）活性包装行业生产管理模式

一般行业的生产管理模式包括 7 种。

①传统大批量生产模式；②精益生产模式；③计算机集成制造；④敏捷制造；⑤柔性生产模式；⑥自适应生产模式；⑦环境友好生产模式。

活性包装行业涉及的产业类别有四个大类（包括原辅材料生产企业、活性包装材料及产品生产企业、用户企业和活性包装装备生产企业），每一类别又有众多细分产业，因此，上述生产管理模式几乎都会用到。从调研结果看，在活性包装材料与产品生产企业中，常用的生产管理模式一般有如下几种。

传统大批量生产模式：主要关注生产效率和成本控制，采用批量生产和大规模生产的方式。在生产过程中，通常以生产线为基础，通过流水线作业和分工来提高生产效率。

精益生产模式：一种以减少浪费和提高效率为核心的生产管理模式。在生产过程中，强调通过优化生产流程、消除浪费、提高质量和响应能力来实现高效生产。

柔性生产模式：主要关注生产的灵活性和适应性。在这种模式下，通过采用灵活的设备、流程和组织结构，能够快速适应市场需求的变化和生产要求的变化。

自适应生产模式：一种以自动化和智能化技术为基础的生产管理模式。一般是通过运用先进的技术和系统，实现生产过程的自动化、智能化和自适应性。

环境友好生产模式：在当今环保大潮下，活性包装行业也都逐渐开始关注环境问题。这种模式通过优化资源利用、减少能源消耗和废弃物排放，实现对环境的最小化影响。

3.2.2 国外活性包装相关行业管理模式

（1）美国

美国食品药品监督管理局（US FDA）下属的食品安全和应用营养中心（CFSAN）负责管理新型食品包装材料的审批。它是将食品包装材料和食品添加剂放在一起管理，称为间接食品添加剂。对间接食品添加剂新品种的管理分为食品添加剂申报系统（FAP）、食品接触物通报（FCN）、法规临界点（TOR）和一般认为是安全的（GRAS）物质。

（2）欧盟

欧洲食品标准局（EFSA）负责审查材料和评估物质，最后由欧盟委员会作出是否批准的决定。欧盟管理程序中有一个不同于其他国家的特殊步骤，欧洲食品标准局需根据其下属的食品包装材料、酶、香料和加工助剂（CEF）工作组的评估结果在接到有效申请的 6 个月内公布对申请物质的评估意见，评估意见包括物质基本性质、质量规格标准、申请物质的使用条件或限制条件、推荐的分析方法是否合适等。欧盟委员会根据此意见作出是否批准的决定。

欧盟建立了统一的食品包装材料法规体系，其目的是既要保护消费者的健康，又要消除不必要的贸易技术壁垒。欧盟食品包装材料的管理包括框架法规、特殊法规和单独法规 3 种。框架法规规定了对食品包装材料管理的一般原则，特殊法规规定了框架法规中列举的每一类物质的特殊要求，单独法规是针对单独的某一种物质所做的特殊规定。欧盟 2004 年颁布新的法规 1935/2004/EC，法规一般要求规定，食品包装材料必须安全，迁移到食品中的量不得危害人体健康，不得改变食品成分、导致食品的品质恶化，影响食品的味道。特别提出了活性包装材料和智能包装材料的概念。活性包装材料或活性包装物是指包装材料可以吸收食品中的成分，或释放某些成分到环境中，达到延长货架期或改善保存条件的作用。活性包装材料或活性包装物可以导致食品感官特性和组成发生变化，其变化应符合欧盟相关法规规定。智能包装材料或智能包装物可以监控被包装食品的环境状况。法规要求应充分标识与食品接触的活性和智能材料及制品。在 1935/2004/EC 法规的附录中列举了 17 类材料及制品：分别为活性和智能材料及制品、黏合剂、陶瓷、软木、橡胶、玻璃、离子交换树脂、金属和合金、纸和纸板、塑料、印刷油墨、再生纤维素、硅树脂、纺织品、清漆、蜡、木制材料等。该法规要求应该对这 17 类材料、制品及复合物，对生产中使用的回收材料和制品制定专门管理要求。这些要求通常包括包装材料允许使用物质名单、质量规格标准、暴露量资料、迁移量资料、检验和分析方法等。如果欧盟尚未制定统一的专门管理要求，则允许各成员国自行制定本国的管理规定。

（3）日本

日本对食品容器、包装材料（包括活性包装材料及产品）与食品添加剂采取分开管理的模式。日本《食品卫生法》规定，禁止生产、销售、使用可能含有有害人体健康物质的食品容器、包装材料。日本厚生劳动省颁布的标准分为 3 类。①一般标准。规定了所有食品容器和包装材料中重金属，特别是铅的含量要求。例如，规定马口铁中的铅含量不得超过5%，其他金属容器不得超过10%。该类标准还规定，包装材料使用合成色素必须经过厚生劳动省的批准。②类别标准。建立了金属罐、玻璃、陶瓷、橡胶等类物质的类别标准；此外还制定了13类聚合物的标准，包括聚氯乙烯（PVC）、聚乙烯（PE）、聚丙烯（PP）、聚苯乙烯（PS）、聚偏二氯乙烯（PVDC）、聚酯（PET）、聚甲基丙烯酸甲酯（亚克力，PMMA）、聚碳酸酯（PC）、聚乙烯醇（PVOH）等。③对于具有特定用途的材料制定专门用途的标准，如巴氏杀菌牛奶采用的包装、街头食品用包装等。日本对食品包装材料的管理除遵照上述食品卫生法的要求外，更多的是通过相关行业协会的自我管理。例如，日本卫生烯烃与苯乙烯塑料协会（JHOSPA）制定了适合生产食品包装材料的各类物质的规格要求；日本卫生PVC协会（JHPA）制定了适合生产食品包装材料物质的肯定列表；日本印刷油墨行业协会则制定了不适合印刷食品包装材料物质的否定列表。行业协会组织制定的推荐性标准被业内广泛采纳，已经成为整个食品包装行业生产销售链的合格评定依据。

（4）韩国

韩国的食品包装材料管理和评价均由韩国食品药品管理厅承担。根据韩国《食品卫生法》，食品药品管理厅负责制定食品包装材料、容器的标准、法规等各项管理规定。韩国食品法典第六部分则集中规定了食品容器、包装材料的各项标准，其中包括各类禁止在加工中使用的物质（包括2004年发布的禁止使用DEHA增塑剂的规定）、各类具体物质的标准要求、相应的检验方法等。对于需要修订或更新的内容，政府应通过颁布公告的形式定时增补法典标准。

3.3 活性包装行业的标准与质量控制

3.3.1 活性包装相关标准

活性包装行业作为传统包装行业特别是食品包装行业的一个分支，其相关标准的发展历程也紧紧围绕着整个食品包装行业。食品包装行业在我国已经有较长的发展历史，已经形成较为成熟的产业链和标准体系。但由于我国活性包装产业布局的顶层设计不足，产业发展缺乏国家或行业层面的政策引领，没有立足于地区发展条件和优势进行合理定位和差异化分工，存在较为严重的产业趋同现象。此外，国家和政府制定的行业政策支持有限，保障力度不足，相关政策及保障机制难以适应活性包装行业发展的要求。受制于此，面向广泛应用领域的活性产品与材料的相关标准与政策法规普遍缺乏独立性，已影响到产业的健康发展。本报告仅从活性包装相关领域，包括材料、产品、产品质量控制等方面，对已有的相关标准进行梳理。

国内目前常用塑料包装材料的基本性能及检测方法标准、食品包装材料及制品及活性包装相关技术标准如表 3-3、表 3-4 和表 3-5 所示。

表 3-3 常用塑料包装材料的基本性能及检测方法标准

序号	性能	标准号	标准名称	发布年份	时效性
1	基础性能	GB/T 1033.1—2008	塑料 非泡沫塑料密度的测定 第1部分：浸渍法、液体比重瓶法和滴定法	2008 年	现行有效
2		GB/T 2918—2018	塑料 试样状态调节和试验的标准环境	2018 年	现行有效
3		GB/T 6672—2001	塑料 薄膜和薄片厚度测定 机械测量法	2001 年	现行有效
4		GB/T 6673—2001	塑料 薄膜和薄片长度和宽度的测定	2001 年	现行有效
5	摩擦系数	GB/T 10006—2021	塑料 薄膜和薄片 摩擦系数的测定	2021 年	现行有效
6	阻隔性	GB/T 1037—2021	塑料 薄膜与薄片水蒸气透过性能测定 杯式增重与减重法	2021 年	现行有效
7		GB/T 1038.1—2022	塑料制品 薄膜和薄片 气体透过性试验方法 第1部分：差压法	2022 年	现行有效
8		GB/T 1038.2—2022	塑料制品 薄膜和薄片 气体透过性试验方法 第2部分：等压法	2022 年	现行有效
9		GB/T 19789—2021	包装材料 塑料薄膜和薄片氧气透过性试验 库仑计检测法	2021 年	现行有效
10		GB/T 21529—2008	塑料薄膜和薄片水蒸气透过率的测定 电解传感器法	2008 年	现行有效
11	力学性能	GB/T 1040.1—2018	塑料 拉伸性能的测定 第1部分：总则	2018 年	现行有效
12		GB/T 1040.3—2006	塑料 拉伸性能的测定 第3部分：薄膜和薄片的试验条件	2006 年	现行有效
13		GB/T 37841—2019	塑料薄膜和薄片耐穿刺性测试方法	2019 年	现行有效
14		QB/T 1130—1991	塑料直角撕裂性能试验方法	1991 年	现行有效

（续表）

序号	性能	标准号	标准名称	发布年份	时效性
15	热性能	GB/T 12027—2004	塑料薄膜和薄片加热尺寸变化率试验方法	2004年	现行有效
16		QB/T 2358—1998	塑料薄膜包装袋热合强度试验方法	1998年	现行有效
17		GB/T 7141—2008	塑料热老化试验方法	2008年	现行有效

表3-4 食品包装材料及制品的相关标准

序号	标准类别	标准号	标准名称	发布年份	时效性
1	国家标准	GB/T 19741—2005	液体食品包装用塑料复合膜、袋	2005年	现行有效
2	国家标准	GB/T 18706—2008	液体食品保鲜包装用纸基复合材料	2008年	现行有效
3	国家标准	GB/T 24334—2009	聚偏二氯乙烯（PVDC）自黏性食品包装膜	2009年	现行有效
4	国家标准	GB/T 24696—2009	食品包装用羊皮纸	2009年	现行有效
5	行业标准	QB/T 1014—2010	食品包装纸	2010年	现行有效
6	国家标准	GB/T 28118—2011	食品包装用塑料与铝箔复合膜、袋	2011年	现行有效
7	行业标准	SN/T 3390—2012	食品用塑料、铝箔复合自立袋检验规程	2012年	现行有效
8	行业标准	QB/T 4594—2013	玻璃容器 食品罐头瓶	2013年	现行有效
9	国家标准	GB 4806.1—2016	食品安全国家标准 食品接触材料及制品通用安全要求	2016年	现行有效
10	国家标准	GB 4806.3—2016	食品安全国家标准 搪瓷制品	2016年	现行有效
11	国家标准	GB 4806.4—2016	食品安全国家标准 陶瓷制品	2016年	现行有效
12	国家标准	GB 4806.5—2016	食品安全国家标准 玻璃制品	2016年	现行有效
13	国家标准	GB 4806.10—2016	食品安全国家标准 食品接触用涂料及涂层	2016年	现行有效
14	国家标准	GB/T 14251—2017	罐头食品金属容器通用技术要求	2017年	现行有效
15	行业标准	QB/T 2142—2017	玻璃容器 含气饮料瓶	2017年	现行有效
16	行业标准	BB/T 0052—2017	液态奶共挤包装膜、袋	2017年	现行有效
17	行业标准	BB/T 0079—2018	热带水果包装通用技术要求	2018年	现行有效
18	国家标准	GB/T 18454—2019	液体食品无菌包装用复合袋	2019年	现行有效
19	国家标准	GB 23350—2021	限制商品过度包装要求食品和化妆品	2021年	现行有效
20	国家标准	GB 29921—2021	食品安全国家标准预包装食品中致病菌限量	2021年	现行有效
21	国家标准	GB/T 10457—2021	食品用塑料自粘保鲜膜质量通则	2021年	现行有效
22	国家标准	GB/T 40266—2021	食品包装用氧化物阻隔透明塑料复合膜、袋质量通则	2021年	现行有效
23	国家标准	GB/T 41220—2021	食品包装用复合塑料盖膜	2021年	现行有效
24	国家标准	GB/T 41169—2021	食品包装用纸铝塑复合膜、袋	2021年	现行有效

(续表)

序号	标准类别	标准号	标准名称	发布年份	时效性
25	行业标准	BB/T 0083—2021	食品包装容器用聚乙烯发泡垫片	2021年	现行有效
26	行业标准	BB/T 0084—2021	蒸煮食品常温储存包装用纸基复合材料	2021年	现行有效
27	国家标准	GB 4806.8—2022	食品安全国家标准 食品接触用纸和纸板材料及制品	2022年	现行有效
28	国家标准	GB/T 41378—2022	液态食品包装用聚乙烯吹塑容器	2022年	现行有效
29	国家标准	GB 4806.12—2022	食品安全国家标准 食品接触用竹木材料及制品	2022年	现行有效
30	国家标准	GB/T 41896—2022	食品用脱氧剂质量要求	2022年	现行有效
31	国家标准	GB/T 41897—2022	食品用干燥剂质量要求	2022年	现行有效
32	国家标准	GB 4806.7—2023	食品安全国家标准 食品接触用塑料材料及制品	2023年	现行有效
33	国家标准	GB 4806.9—2023	食品安全国家标准 食品接触用金属材料及制品	2023年	现行有效
34	国家标准	GB 4806.11—2023	食品安全国家标准 食品接触用橡胶材料及制品	2023年	现行有效
35	国家标准	GB 4806.13—2023	食品安全国家标准 食品接触用复合材料及制品	2023年	现行有效
36	国家标准	GB 4806.14—2023	食品安全国家标准 食品接触材料及制品用油墨	2023年	现行有效
37	国家标准	GB 16798—2023	食品机械安全要求	2023年	现行有效
38	国家标准	GB 43284—2023	限制商品过度包装要求 生鲜食用农产品	2023年	现行有效
39	国家标准	GB/T 43198—2023	食品包装用聚乙烯吹塑容器	2023年	现行有效
40	国家标准	GB 4806.15—2024	食品安全国家标准 食品接触材料及制品用黏合剂	2024年	现行有效

表 3-5 活性包装相关技术标准

序号	方法类别	标准类别	标准号	标准名称	发布年份	时效性
1	食品包装	国家标准	GB 7718—2011	食品安全国家标准 预包装食品标签通则	2011年	现行有效
2		国家标准	GB 31603—2015	食品安全国家标准 食品接触材料及制品生产通用卫生规范	2015年	现行有效
3		国家标准	GB 4806.1—2016	食品安全国家标准 食品接触材料及制品通用安全要求	2016年	现行有效
4		国家标准	GB 4806.10—2016	食品安全国家标准 食品接触用涂料及涂层	2016年	现行有效
5		国家标准	GB 5009.156—2016	食品安全国家标准 食品接触材料及制品迁移试验预处理方法通则	2016年	现行有效
6		国家标准	GB 31604.5—2016	食品安全国家标准 食品接触材料及制品树脂中提取物的测定	2016年	现行有效

（续表）

序号	方法类别	标准类别	标准号	标准名称	发布年份	时效性
7		国家标准	GB 31604.9—2016	食品安全国家标准 食品接触材料及制品 食品模拟物中重金属的测定	2016年	现行有效
8		国家标准	GB 31604.10—2016	食品安全国家标准 食品接触材料及制品 2,2-二（4-羟基苯基）丙烷（双酚A）迁移量的测定	2016年	现行有效
9		国家标准	GB 31604.23—2016	食品安全国家标准 食品接触材料及制品 复合食品接触材料中二氨基甲苯的测定	2016年	现行有效
10		国家标准	GB 31604.24—2016	食品安全国家标准 食品接触材料及制品 镉迁移量的测定	2016年	现行有效
11		国家标准	GB 31604.30—2016	食品安全国家标准 食品接触材料及制品 邻苯二甲酸酯的测定和迁移量的测定	2016年	现行有效
12		国家标准	GB 31604.34—2016	食品安全国家标准 食品接触材料及制品 铅的测定和迁移量的测定	2016年	现行有效
13		国家标准	GB 31604.38—2016	食品安全国家标准 食品接触材料及制品 砷的测定和迁移量的测定	2016年	现行有效
14	食品包装	国家标准	GB 31604.48—2016	食品安全国家标准 食品接触材料及制品 甲醛迁移量的测定	2016年	现行有效
15		国家标准	GB 4806.8—2022	食品安全国家标准 食品接触用纸和纸板材料及制品	2022年	现行有效
16		国家标准	GB 4806.7—2023	食品安全国家标准 食品接触用塑料材料及制品	2023年	现行有效
17		国家标准	GB 4806.9—2023	食品安全国家标准 食品接触用金属材料及制品	2023年	现行有效
18		国家标准	GB 4806.11—2023	食品安全国家标准 食品接触用橡胶材料及制品	2023年	现行有效
19		国家标准	GB 31604.1—2023	食品安全国家标准 食品接触材料及制品 迁移试验通则	2023年	现行有效
20		国家标准	GB 31604.47—2023	食品安全国家标准 食品接触材料及制品 纸、纸板及纸制品中荧光性物质的测定	2023年	现行有效
21		国家标准	GB 31604.49—2023	食品安全国家标准 食品接触材料及制品 多元素的测定和多元素迁移量的测定	2023年	现行有效
22		国家标准	GB 2760—2024	食品安全国家标准 食品添加剂使用标准	2024年	现行有效

(续表)

序号	方法类别	标准类别	标准号	标准名称	发布年份	时效性
23	保鲜包装	国家标准	GB/T 18706—2008	液体食品保鲜包装用纸基复合材料	2008年	现行有效
24		国家标准	GB/T 32094—2015	塑料保鲜盒	2015年	现行有效
25		地方标准	DB65/T 2941—2009	无公害食品 阿魏菇保鲜包装技术规程	2009年	现行有效
26		地方标准	DB32/T 1465—2009	甜玉米保鲜包装技术规程	2009年	现行有效
27		地方标准	DB44/T 926—2011	食品用聚乙烯（PE）保鲜袋	2011年	现行有效
28		地方标准	DB3205/T 251—2017	草莓气调包调保鲜包装工程技术规程	2017年	现行有效
29	防潮包装	国家标准	GB/T 5048—2017	防潮包装	2017年	现行有效
30	抗菌包装	国家标准	GB/T 23763—2009	光催化抗菌材料及制品 抗菌性能的评价	2009年	现行有效
31		行业标准	QB/T 5482—2020	化学消毒剂与杀菌剂 基本消毒活性 试验方法和要求	2020年	现行有效
32		团体标准	T/SHBX012—2021	抗菌塑料（复合）软包装	2021年	现行有效
33		团体标准	T/CPPIA 17—2022	抗菌日用塑料制品	2022年	现行有效
34		国家标准	GB/T 41896—2022	食品用脱氧剂质量要求	2022年	现行有效
35		行业标准	SB/T 10514—2008	食品用脱氧剂	2008年	现行有效
36		团体标准	T/CGCC 18—2018	食品用脱氧剂	2018年	现行有效
37	二氧化碳控制包装	国家标准	GB 1886.228—2016	食品添加剂 液体二氧化碳	2016年	现行有效
38	干燥包装	国家标准	GB/T 41897—2022	食品用干燥剂质量要求	2022年	现行有效
39		行业标准	HJ/T 204—2005	环境标志产品技术要求 包装用纤维干燥剂	2005年	现行有效
40		行业标准	YBB00122005—2015	固体药用纸袋装硅胶干燥剂	2015年	现行有效
41		行业标准	BB/T 0049—2021	包装用干燥剂	2021年	现行有效

3.3.2 活性包装及产品的质量与检测方法

近年来，国内已建立了较为齐全的食品包装相关质量标准体系，其中，有关活性包装性能与质量检测的标准体系也已初步构建。目前，国内活性包装相关的质量标准及检测方法标准如表3-6所示。

表3-6 国内活性包装相关的质量标准及检测方法标准

序号	方法类别	标准类别	标准号	标准名称	发布年代	时效性
1	乙烯检测方法	国家标准	GB 23200.16—2016	食品安全国家标准 水果和蔬菜中乙烯利残留量的测定 气相色谱法	2016年	现行有效
2		国家标准	GB 23200.82—2016	食品安全国家标准 肉及肉制品中乙烯利残留量的检测方法	2016年	现行有效
3		行业标准	SN/T 4522—2016	出口番茄制品中乙烯利残留量的测定 液相色谱-质谱/质谱法	2016年	现行有效
4		国家标准	GB/T 1405—2022	果蔬贮藏过程中乙烯释放速率的测定 气相色谱法	2022年	现行有效
5	氧气检测	国家标准	GB/T 31354—2014	包装件和容器氧气透过性测试方法 库仑计检测法	2014年	现行有效
6		国家标准	GB/T 19789—2021	包装材料 塑料薄膜和薄片氧气透过性试验 库仑计检测法	2021年	现行有效
7		国家标准	GB/T 1038.1—2022	塑料制品 薄膜和薄片 气体透过性试验方法 第1部分：差压法	2022年	现行有效
8		国家标准	GB/T 1038.2—2022	塑料制品 薄膜和薄片 气体透过性试验方法 第2部分：等压法	2022年	现行有效
9		行标标准	HG/T 3860—2006	稀释剂、防潮剂挥发性测定法	2006年	现行有效
10	抗菌检测	国家标准	GB/T 21866—2008	抗菌涂料（漆膜）抗菌性测定法和抗菌效果	2008年	现行有效
11		国家标准	GB/T 31402—2023	塑料和其他无孔材料表面抗菌活性的测定	2023年	现行有效
12		行标标准	SN/T 4946—2017	食品接触材料检测方法 纸、再生纤维素材料 纸和纸板抗菌物质判定 抑菌圈定性分析测试法	2017年	现行有效
13	二氧化碳检测	国家标准	GB/T 8984—2008	气体中一氧化碳、二氧化碳和碳氢化合物的测定 气相色谱法	2008年	现行有效
14	材料性能	行业标准	SN/T 2196—2008	食品接触材料检验规程 活性及智能材料类	2008年	现行有效

3.3.3 活性包装的质量控制体系

活性包装的质量控制体系包括食品质量安全体系（Safe Quality Food，SQF）、食品安全体系认证（Food Safety System Certification，FSSC 22000）、ISO 90001质量保证体系、企业产品内控标准（Brand Reputation through Compliance，BRCGS）、英国零售商协会认证（British Retail Consortium

Certification，BRC)、QC 工程图等。

　　SQF 是全球食品行业，安全与质量体系的最高标准，是澳大利亚农业委员会为食品链相关企业制定的食品安全与质量保证体系标准。SQF 是世界上将危害分析与关键控制点（Hazard Analysis and Critical Control Point，HACCP）和 ISO 9001 这两套体系完全融合的标准，同时也最大限度地减少了企业在质量安全体系上的双重认证成本。该标准具有很强的综合性和可操作性。

　　食品安全体系认证（FSSC 22000）是为食品制造商创建，FSSC 22000 是专门为食品产业链中的组织制定的食品安全体系认证。结合了良好操作规范（GMP）、HACCP 及其他管理体系要求。FSSC 22000 为食品企业提供了一套全球认可的标准，证明其已建立全面的管理体系，并充分满足顾客及行业法规在食品安全方面的要求。此标准在设计之初就考虑到涵盖食品供应链的所有过程，无论是直接还是间接和最终产品相关。它为食品供应链上的企业提供了统一的食品安全管理方法，并易于被处于食品供应链不同环节的组织接受、实施及审核。

　　BRCGS 是全球食品安全标准，是产品和过程认证标准，以遵守行业最佳实践而闻名。

　　BRC 认证是国际公认的食品安全和质量标志。该认证是通过认可的认证机构（CB）对标准要求进行第三方审核来实现的。BRC 对认证机构的技术性能和客户服务效率进行评级。英国和美国的 Food Chain ID 认证都是获得 BRC 认证高度认可的认证机构。

4 活性包装行业供求概况

4.1 活性包装行业供求概况

4.1.1 活性包装行业业务模式情况

活性包装行业的核心业务主要是活性包装产品的销售和服务。其业务环节包括需求分析与定制、研发与生产、销售与服务、供应链与物流以及持续改进与创新等。

本行业的主要利润来源主要包括线上及传统模式的技术产品营销、使用权转让、技术咨询、产品流动差价等。

进入本行业的主要壁垒包括成熟企业垄断壁垒、大型客户供应商资格认证壁垒、资金壁垒、技术壁垒、政策壁垒等。

退出本行业的主要壁垒包括资金回收壁垒、企业转型壁垒。

4.1.2 活性包装行业企业资产主要存在形式

活性包装行业企业资产的存在方式主要包括固定资产、人力资源、流动资产、技术产权。

固定资产指的是企业生产经营中长期使用或者为某种目的而长期持有的资产，如活性包装生产厂家的建筑物、生产设备、运输工具，食品企业的活性包装生产线等。

人力资源指的是在一定时期内组织中的人所拥有的能够为企业所用，且对价值创造起贡献作用的教育、能力、技能、经验、体力等的总称。活性包装行业企业内部除行政、财务、销售等人员之外，区别于其他行业而且能作为公司人力资源一大比重的还包括活性包装材料生产的研发人员、活性包装流水线的技术人员等。

流动资产指现金，以及可以合理地预期将在一年或者超过一年的营业周期内变现、出售或者耗用的资产，主要包括货币资金、短期投资、包装材料供应商生产好的材料库存及机械企业里待销售的活性包装生产设备等。

技术产权指活性包装企业内部的科技成果和相关的知识产权和以科技成果投资、风险投资等形成的产权。

4.1.3 经营成本、费用主要发生形式

活性包装行业的经营成本主要是生产成本,也称为制作成本,主要包括直接材料、直接工资、管理成本、制造费用。

直接材料包括企业生产经营过程中实际消耗的直接用于产品的生产,构成产品实体的原材料、辅助材料、备品备件、外购半成品、燃料、动力、包装物及其他直接材料。包装材料供应商需要包装材料生产原材料成本,包装机械供应商需要机械零件成本,而包材包机采购商需要支付采购成本。

直接工资包括企业直接从事产品生产人员的工资、奖金、津贴和补贴。

管理成本是指维持整个企业的行政运作,以及为生产起指导作用的技术人员的工资、奖金、津贴和补贴。

制造费用,无论是包材供应商、包装机械供应商的产品生产过程,还是包材包机采购商的食品加工、灌装过程,都需要支付制造费用。可以根据自身需要,对成本构成项目进行适当调整。

4.1.4 经营固定成本/可变成本结构

在企业的成本中有固定成本和可变成本两部分。

固定成本是指在一定的范围内不随产品产量或商品流转量变动的成本。大部分是间接成本,如包材的折旧和包装机械的维护费、企业办公费等。

可变成本,如直接工资、直接材料、制造费用都是典型的变动成本,在一定期间内它们的发生总额随着业务量的增减而成正比例变动。

由于包装行业单个产品的利润不高,需要巨大的业务量来维持企业的盈利,而且在活性包装行业包材成本和制造费用相对其他形式的包装更高,因此可变成本部分远大于固定成本。

4.1.5 活性包装行业利润来源

活性包装供应商的利润来源包括线上,以及传统模式的技术产品营销、使用权转让、技术咨询、产品流动差价等。

线上及传统模式的技术产品营销是主要的利润来源，企业通过原材料的采购、加工，生产出符合采购商要求的技术产品，从中获取利润。

使用权转让也可以称为租赁模式，即与客户建立长期合作关系，把生产线的一部分租给客户使用，使其可以自主投入活性包材的生产，可以降低客户投资，和客户共同承担风险。

某些活性包装企业还享有行业的技术、管理等方面的咨询服务，并给企业带来种种利益，能提升企业的管理水平，技术创新，为企业的健康发展起到很好的助推作用。

产品流动差价是指某些活性包装机械采购商需要定时采购某些机械配件，包装机械供应商就可以提供相应机型的机械配件，尽管供应商的配件来源也是采购，但凭着行业上下游对接紧密，附带服务完善的条件，供应商往往能获得产品流动差价的利润。

4.1.6 活性包装行业进入/退出壁垒

（1）行业进入壁垒

成熟企业垄断壁垒。尽管活性包装行业是集中度不高、垄断程度较低的产业，但新企业的进入不仅需要一定量的投资和较高的起始规模，而且由于市场规模和成熟企业的壁垒，新企业将难以站稳脚跟。新企业要建立区域性或全国性的推销网和服务网并非一朝一夕，与原有企业相比并无优势。

资金壁垒。因食品、药品等下游行业的特殊性，对生产设备要求特别高，而且资本需求量大，筹措困难。

大型客户供应商资格认证壁垒。建立良好的声誉及赢得下游客户的信赖需要时间，客户不愿意采用新的活性包装产品供应商。

政策壁垒。"活性包装"尽管是包装的一个子集，但由于其脱胎于食品包装行业，且产品大部分用于食品、药品行业，如 3.2.1.3 所示的《食品相关产品新品种行政许可管理规定》应是该行业的一个进入壁垒。上述规定所述的食品相关产品新品种，是指用于食品包装材料、容器、洗涤剂、消毒剂和用于食品生产经营的工具、设备的新材料、新原料或新添加剂，具体包括：①尚未列入食品安全国家标准或者国家卫生健康委员会公告允许使用的食品包装材料、容器及其添加剂；②扩大使用范围或者使用量的食品包装材料、容器及其添加剂；③尚未列入食品用消毒剂、洗涤剂原料名单的新原料；④食品生产经营用工具、设备中直接接触食品的新材料、新添加剂。因此，新上相关项目，必须满足上述规定的相关要求。在国际市场上，也会存在相关的政策壁垒，制定商品的准入政策，如环保标准等，以达到限制外来商品，保护本国工业和品牌目的。

（2）行业退出壁垒

资金回收壁垒。由于活性包装行业的特殊设备相对少一些，沉没成本不算高。

企业转型壁垒。由于活性包装行业的特殊性，一般会有固定的上下游企业供求对接，退出该行业之后意味着放弃原有的客户资源，转型之后需要重新开始积累客户。

4.1.7 活性包装行业整体供给与发展趋势

随着国内部分原材料企业和食品药品优势企业的崛起，能够提供性价比较高且符合企业实际需求的原材料和客户，将逐步释放活性包装的市场需求，带动活性包装的发展。

国际市场的潜在需求是我国活性包装未来可能快速增长的因素之一。以印度、中东、非洲等为代表的一些国家和地区食品、药品的消费量很大；以欧洲、日本为代表的一些国家的活性包装材料的生产制造成本居高不下。因此，我国企业生产的活性包装产品在性价比上较国外厂商具有明显的优势，更加符合国际需求。

就活性包装几大技术领域的发展来看，新技术新产品的研发难度相对较大。活性包装领域的行业竞争相当激烈，为了满足消费者对产品的要求，生产企业普遍采取差异化的竞争策略，推出多品种、多规格、多样式的活性包装产品，推出就近服务的营销模式，加大了该技术与产品的推广力度，进而加大了对活性包装产品的市场需求。

活性包装行业的整体供给情况会随着行业集中度的提高、优势企业的崛起而慢慢饱和，但在保持行业需求量同时也随着下游食品、饮料、药品等行业的发展而不断创造行业需求空间，包括国际市场的潜在需求也在慢慢增加。尽管行业逐渐饱和，但在近几年内不会出现供大于求的情况。

4.2 活性包装行业集中度与竞争态势

按活性包装上中下游产品（活性包装原材料、活性包装及配套行业等）进行划分，活性包装行业整体情况如下。

4.2.1 活性包装行业厂商概况

4.2.1.1 活性包装原材料行业

调研结果表明，截至 2023 年底，国内活性包装上游原材料主要生产企业 158 家。其中，最为集中的是华东地区（87 家），集中度其次是华南地区（80 家）、华中地区（33 家），其他地区均少于 20 家。值得注意的是，在山东省就有活性包装上游原材料生产企业 30 家（见附表 3-1），是活性包装原料原材料生产企业最多的省份。

根据 2022—2023 年度我国活性包装及相关行业综合实力排名，国内活性包装上游原材料主要生产企业中，规模较大的前五家企业如下。

（1）山东鲁银新材料科技有限公司

山东鲁银新材料科技有限公司共有职工 600 余人，年产值 10.93 亿元。主营还原铁粉、雾化铁粉及合金特种铁粉三大系列两百余个牌号金属粉末产品的生产和销售。

（2）洛阳建龙微纳新材料股份有限公司

洛阳建龙微纳新材料股份有限公司共有员工 600 余人，年产值 8.53 亿元。主营吸附类材料的生产与销售；催化类材料的生产与销售；工业氯化钠的销售；化工产品（化学危险品除外）的零售；等等。

（3）中触媒新材料股份有限公司

中触媒新材料股份有限公司共有员工 500 余人，年产值 6.8 亿元。主营分子筛、化工催化剂、新型催化材料、化工产品等。

（4）嘉兴星越包装材料有限公司

嘉兴星越包装材料有限公司现有员工 350 人左右，年产值 6.7 亿元。主营活性产品包装（干燥剂包装、脱氧剂包装），广泛用于食品、电子、布料、集装箱运输等领域。

（5）永安市丰源化工有限公司

永安市丰源化工有限公司共有员工 350 人左右。主营白炭黑、泡花碱制造、销售；化工产品（危险品除外）、建筑材料、五金交电等。

4.2.1.2　活性包装行业

截至 2023 年底，国内活性包装材料与产品主要企业共 183 家。其中，企业最为集中的是华南地区（69 家），其次是华东地区（67 家），其他依次是华中地区（19 家）、东北地区（12 家）、华北地区（11 家），西南和西北地区均在 4 家以下。活性包装生产企业上市的有 1 家（根据调研信息）。

根据 2022—2023 年度我国活性包装及相关行业综合实力排名，活性包装行业销售额（总体规模）前五的企业如下。

（1）干将新材料有限公司

干将新材料有限公司（杭州干将实业有限公司）共有员工 350 多人，年产值 2 亿元。主营干燥剂、脱氧剂、除臭除味剂、防潮剂的分装；食品添加剂、复配食品添加剂制造；销售干燥剂、脱氧剂、除臭除味剂、防潮剂、纸制品阻隔带、食品添加剂、复配食品添加剂、日用百货、机械设备、电子产品等。

（2）深圳市春旺新材料股份有限公司

深圳市春旺新材料股份有限公司是上市公司，共有员工 300 多人，年产值约 1.9 亿元。主营研发、销售干燥剂、脱氧剂、芳香剂、清洁剂、保鲜剂、包装材料、除臭剂、室内除醛、除味空气净化产品、空气净化机、加湿机和防潮箱等。

（3）东莞市欣荣天丽科技实业有限公司

东莞市欣荣天丽科技实业有限公司，共有员工 300 多人，年产值约 1.1 亿元。主营食品添加剂、脱氧保鲜剂、外控型食品保鲜剂、干燥剂等。

（4）江苏欧凯包装科技有限公司

江苏欧凯包装科技有限公司共有员工300多人。主营干燥剂、脱氧剂、保鲜剂、防霉剂、除味剂、食品机械、包装机械、食品用保鲜剂等。

（5）淮安市威特保鲜剂有限公司

淮安市威特保鲜剂有限公司共有员工180多人。集团（含彩印、电商等）年产值约4亿元，其中，活性包装产品约1亿元。主营食品添加剂、保鲜剂、包装材料及制品、专用化学产品等。

4.2.1.3 活性包装代表性下游行业

活性包装下游行业范围很广，主要包括果蔬、肉制品、鲜活动物与水产品、药品、坚果、烘焙食品、粮谷产品等食药行业，以及工业产品（电子、机械产品）和日用品等。在调研的104家典型下游用户企业中，果蔬保鲜生产企业占11.5%，肉类/海鲜/水产品保鲜生产企业占11.5%，糕点生产企业占10.57%，粮谷干果生产企业占14.4%，电子与日用品生产企业占30.76%，典型食药企业占21.25%。这说明，非食药类用户企业占比并不低。

根据2022—2023年度我国活性包装及相关行业综合实力排名，活性包装代表性下游行业销售额前五的企业如下。

（1）浙江大华技术股份有限公司

浙江大华技术股份有限公司，是全球领先的以视频为核心的智慧物联解决方案提供商和运营服务商，以技术创新为基础，聚焦城市与企业两大核心业务，不断构建AIoT和物联数智平台能力，围绕客户需求，全面推动城市与企业的数智化升级，为城市、企业、家庭提供一站式智慧物联服务与解决方案。

2023年，大华公司实现营业总收入322.18亿元，同比增长5.41%；归母净利润73.62亿元，同比增长216.73%；扣非净利润29.62亿元，同比增长87.39%；经营活动产生的现金流量净额为45.99亿元，同比增长336.49%。2023年，公司全新升级"云联万物，数智未来"（Dahua Think#2.0）战略，从智能

（intelligence）升级到融合智能（integrated intelligence），持续聚焦城市和企业两大核心业务，坚定人工智能物联网（AIoT）、物联数智平台两大技术战略，全面激活以视频为核心的数据要素价值，赋能城市高效治理体系构建与企业数字化转型升级。

2023 年，公司研发投入 39.67 亿元，同比增长 2.17%，占营业收入的 12.31%。除了对传统的视频技术保持投入，公司持续加强对多维感知、AI 大模型、数据智能、智能计算、云计算、软件平台、网络通信、网络安全、创新业务等技术领域的研究、开发和产品化。2023 年，发布了星汉大模型，通过融合图像、点云、文本、语音等多模态数据，大幅提升了视觉解析能力；公司新成立未来通信研究院，围绕网络连接技术、数据交换技术和前沿网络技术三个方面，打造"3+N"融合连接能力体系，支撑物联网向视联网升级，以实现更可靠、更高效、更智能的数据处理和决策。在创新业务领域，公司持续探索新兴业务，包括机器视觉与移动机器人、智慧生活、热成像、汽车电子、智慧安检、智慧消防、存储介质等创新业务，同时建立了先进技术研究院、大数据研究院、中央研究院、网络安全研究院和智慧城市研究院。

（2）洽洽食品股份有限公司

洽洽食品股份有限公司成立于 2001 年 8 月 9 日，主要生产坚果炒货类休闲食品。洽洽系列产品有洽洽红袋香瓜子、洽洽蓝袋风味瓜子、洽洽小黄袋每日坚果、洽洽小蓝袋益生菌每日坚果等。公司始终坚持"质造美味坚果，分享快乐时刻"，营销网络健全，产品不仅畅销全国各省市，更远销至东南亚、欧美等近 50 个国家和地区。

公司凭借优质的产品、快捷的服务、精准的市场定位和科学的管理已成为坚果炒货行业的龙头企业。"洽洽"品牌深得广大消费者认可，在市场上树立了良好的声誉，已经成为国内坚果炒货领域的第一品牌。2002 年，"洽洽"商标被认定为"中国驰名商标"，2006 — 2008 年，洽洽品牌连续位居中国食品工业协会坚果炒货专业委员会评选的"全国坚果炒货食品十大著名品牌"之首。公司作为坚果炒货行业的领军企业，综合实力强，规模优势明显，是行业内第一家销售规模超过 10 亿元的大型企业。公司 2007 — 2009 年度各年销售收入均居全行业首位，综合市场占有率排名居行业第一位。公司先后荣获了"中国农产品加工企业 50 强""中国食品工业百强企业""中国食品工业质量效益先进企业奖"等荣誉称号。公司引领着国内坚果炒货行业的技术发展与工艺创新，参与制定了国内多个炒货行业标准。

洽洽食品 2023 年的营业收入为 68.06 亿元，相比前一年下降了 1.13%。在净利润方面，归属于上市公司股东的净利润为 8.05 亿元，同比下降了 17.5%。业绩报告反映了洽洽食品在 2023 年面临的挑战，尤其是在营业收入和净利润方面出现了双降的情况。公司解释了业绩下降的原因，包括第一季度和第四季度受到春节跨期因素的影响，以及葵花籽原料采购成本上升的影响。

（3）三只松鼠股份有限公司

三只松鼠股份有限公司由"松鼠老爹"章燎原创立于 2012 年，总部位于安徽芜湖，并于南京成立研发与创新中心。三只松鼠股份有限公司主要经营坚果和休闲零食，截至 2019 年，公司已发展成为年销售额破百亿元的上市公司（当年营业收入 101.73 亿元），同时加速向数字化供应链平台企业转型。依托品牌、产品、物流及服务优势，三只松鼠先后被新华社和《人民日报》誉为新时代的"改革名片""下一个国货领头羊"，上市当天获誉"国民零食第一股"。2019 年的"双十一"，公司以 10.49 亿元销售额刷新中国食品行业交易纪录，被《华尔街日报》《路透社》《彭博社》等外媒称为"美国公司遭遇的强劲对手""中国品牌崛起的典范"。2021 年，三只松鼠获"CCTV·匠心坚果领先品牌"称号。

但自 2021 年起，三只松鼠就面临着营业收入连续下降的挑战。2023 年财报显示，其线下分销营业收入为 16.41 亿元，未能完成此前设定的 50 亿元年度销售目标，2023 年全年营业收入下滑到 71.15 亿元。此外，近三年来，三只松鼠的经销商数量也在逐渐减少，2023 年全年三只松鼠经销商数量净减少 105 家，截至年末累计为 1062 家。据称，这是由于其更加注重与优质经销商的合作，以打造更多有效的销售终端，推动日销售的持续提升。

（4）仁和药业股份有限公司

江西仁和药业有限公司位于江西省樟树市仁和路 36 号，成立于 2000 年 5 月，是仁和药业股份有限公司所属骨干企业。公司建立了遍布全国 30 个省、自治区、直辖市的营销网络。先进的市场营销和营销管理模式、大规模的广告支持、周到的售后服务、快速有力的物流保障，构成了仁和商业争天时、取地利、倡人和的经营特色。公司自成立以来，取得了销售收入连年翻番增长的佳绩。公司于 2004 年 6 月获得国家 GSP 认证证书，并多次获得政府授予的优秀民营企业、重合同守信用 AAA 企业、消费者诚信单位、纳税大户、一级纳税诚信企业等荣誉称号。

仁和药业 2023 年营业收入约为 50.32 亿元，与上一年相比下降了 2.35%。归属于上市公司股东的净利润约为 5.67 亿元，较前一年下降了 1.25%。从业务构成来看，仁和药业的主营业务包括生产、销售中西药、原料药及健康相关产品，涉及多种剂型药品及健康相关产品的生产和销售。

（5）亚宝药业集团股份有限公司

亚宝药业集团股份有限公司是一家有着 40 多年历史的集团公司，2002 年在上海证券交易所 A 股上市。公司集药品和大健康产品的研发、生产、销售、物流及中药材种植于一体。作为高新技术企业，亚宝药业是工信部认定的"中国医药工业百强企业"，创新力居 20 强之列。公司建有 9 大生产基地、4 大研究基地和 4 大中药材种植基地。其中，6 条原料药生产线、2 条制剂生产线和 1 条塑料瓶生产线通过了美国、德国、日本等发达国家的认证。近年来，公司以创新药为龙头，以临床需求为导向，引进高端人才，构建起一支国际化的研发队伍，并建有国家认定企业技术中心、博士后科研工作站、院士工作站、透皮给药系统山西省重点实验室。拥有发明专利、外观设计专利、商标证书等知识产权近 700 项。亚宝药业积极承担社会责任，先后开展了"精准扶贫""丁桂天使基金""光彩行动"等公益项目，获"国家扶贫龙头企业""中国最具社会责任感企业"等荣誉称号。

亚宝药业集团股份有限公司 2023 年营业收入约为 29.1 亿元，同比增长 7.05%；归属于上市公司股东的净利润约为 2 亿元，较去年同期增长了 90.71%。

2023 年，亚宝药业坚持"儿科第一"战略，集中优势资源，聚焦核心品种，加大市场开拓及推广力度，主营业务收入实现了稳定增长，从而带动公司经营业绩实现了较大增长。这些举措有效地提升了公司的盈利能力和市场竞争力。从财务数据来看，亚宝药业 2023 年的毛利率、净利率、加权平均净资产收益率等关键指标均有所提升，显示出公司在经营管理方面的效率提升。此外，公司的自由现金流和经营活动现金流净额也实现了增长，进一步证明了公司的财务健康状况和运营能力的提升。

4.2.1.4 活性包装相关技术设备生产行业

常用活性包装相关技术设备包括设备生产企业、智能检测类生产企业和保鲜技术方案供应商企业，调研可知，该类企业有 50 多家。其中设备类企业占 60%，智能检测类企业占 21.8%，保鲜技术方案企业占 18.2%。从大区看，占前三位的分别是华南占 43.6%，华东占 30.9%，华北占

12.7%。另有数家外企。

活性包装相关技术设备生产行业排名前五且规模较大的企业如下。

（1）日本托派克（topack）公司

日本 topack 公司注册资金 4500 万日元，年产值 42.3 亿日元（2022 年数据）。是一家主要生产食品、药品、化学品等包装机械的专业制造商。

（2）上海松川远亿机械设备有限公司

上海松川远亿机械设备有限公司共有员工 400 人左右。主要是设计、生产包装机械、食品机械，销售公司自产产品，并提供相关售后服务等。

（3）浙江名瑞智能包装科技有限公司

浙江名瑞智能包装科技有限公司共有员工 400 余人。主营全自动给袋式包装机、全自动给袋式真空包装机、颗粒包装机、液体包装机、粉末粉剂包装机、料包包装机、充氮气真空包装机等给袋式包装机械设备等。

（4）天津市三桥包装机械有限责任公司

天津市三桥包装机械有限责任公司共有员工 250 余人。主营各种包装专用机械及配件制造、货物进出口及技术进出口业务等。

（5）广东宏川环宇科技有限公司

广东宏川环宇科技有限公司注册资金 2000 万元，共有员工 50 余人。主要从事研发、制造、销售：机械设备、机电设备、包装专用设备、电子工业专用设备、制药设备、搪瓷制品、工业机器人；食品生产；食品销售。销售：节能环保设备、五金工具、塑料制品、工艺品（象牙和犀角及其制品除外）、纸制品、包装材料、陶瓷制品、建筑材料、不锈钢材料、金属材料、金属制品、五金制品、节能环保材料及制品、电池、纺织品、服装、鞋帽、袜、服装辅料、电子元器件、电子计算机配件、汽车零部件、摩托车零部件、润滑油、化工原料等。

活性包装相关设备生产企业普遍规模较小。除了上述几家，其他也多为小微企业，员工人数均小于50人。

4.2.2 国内活性包装行业集中度与竞争态势

（1）行业集中度

国内活性包装行业的企业集中度相对较低，迄今尚未形成明显的行业寡头。这主要因为活性包装技术门槛相对较高，行业细分度较小，而国内相关企业在研发能力、技术创新等方面存在较大差异，使得行业内企业规模大小不一，市场份额分散。

虽然国内活性包装企业众多，但只有个别新三板上市企业。但一些在活性包装领域具有技术优势和市场份额的企业逐渐崭露头角，成为行业的领军企业。这些企业通常具备较强的研发能力、先进的生产设备和严格的质量控制体系，能够提供高质量、多样化的活性包装产品。

（2）行业主要竞争态势

国内活性包装行业的竞争主要体现在技术创新、产品差异化、成本控制和品牌建设等方面。

①技术创新：企业通过加大研发投入，提升技术创新能力，开发具有自主知识产权的活性包装技术和产品，以技术领先优势赢得市场份额。

②产品差异化：企业根据市场需求和消费者偏好，开发具有不同功能、不同规格、不同材质的活性包装产品，以满足不同客户的需求。

③成本控制：企业通过优化生产流程、降低生产成本、提高生产效率等措施，降低产品价格，提高市场竞争力。

④品牌建设：企业注重品牌建设，提升品牌形象和知名度，以品牌效应带动产品销售和市场份额的提升。

如下，对业内4家知名中小企业进行分析，可管窥活性包装行业的竞争特点。

（1）深圳市春旺新材料股份有限公司

主营产品：生产与销售干燥剂、脱氧剂、芳香剂、清洁剂、保鲜剂、包装材料、除臭剂、室内除醛、除味空气净化产品、空气净化机、加湿机和防潮箱；普通货运；第二类医疗器械批发零售；

口罩生产。

企业规模：207 人。

盈利模式：客户模式、区域领先模式、渠道压缩式。

竞争优势：可定制化，针对使用场景进行定量定向。如吸湿，吸氧、二氧化碳、乙烯，进行空气净化等。在材料方面，有庞大的客户群体，主营产品的需求量较大，原料流通速度较快，成本控制较有优势。在生产方面，大部分采用多列机或高速生产设备，生产效率较高，部分包材自印刷自供。

（2）淮安市威特保鲜剂有限公司

主营产品：食品添加剂生产；货物进出口；食品添加剂销售；工程和技术研究的试验发展；机械设备销售；包装材料及制品销售；专用化学产品销售。

企业规模：185 人。

盈利模式：客户模式、渠道压缩式、提供解决方案模式。

竞争优势：针对客户不同的需求，有不同的脱氧剂配方；双重功效脱氧剂的研发速度快且稳定；在铁系脱氧剂上与恒压脱氧剂这两类上进行，并研发双效或者多效脱氧剂；企业内部采用 ISO9001 与 BRC 质量体系管理企业；已采用日本精度高速度快的设备进行生产，成品品质稳定；运输成本低于国外企业，产品性能更贴合客户需求。

（3）扬州九美保鲜技术有限公司

主营产品：脱氧剂、保鲜剂、干燥剂、气体吸附剂的生产技术研发、制造、销售；包装材料及制品销售；机械设备及配件制造、销售；自营和代理的各类商品及技术的进出口业务。

企业规模：100 人。

盈利模式：客户模式、渠道压缩式。

竞争优势：产品质量稳定、生产工艺成熟；产品技术已非常成熟，和国外技术没有明显差异，部分技术国际领先。公司产品已销往世界多个国家，产品得到了客户的认可。公司主要以国内市场为主，近几年一直在加大力度拓展海外市场。

(4) 湘潭上尚保鲜科技有限公司

主营产品：保鲜技术的研究服务，干燥剂、脱氧剂、除味剂、防潮剂的分装和销售。

企业规模：85人。

盈利模式：客户模式、提供解决方案模式。

竞争优势：完成智能流水线作业，最大化提升产能，分摊成本，让利顾客；能满足当地特产客户产品开发需求；目前主要客户为槟榔企业等，对于其他市场有很大的开发空间。

4.2.3 国外活性包装行业集中度与竞争态势

(1) 行业集中度

国外活性包装行业的企业集中度相对较高，市场主要由几家大型跨国企业占据主导地位。这些企业通过技术创新、品牌建设和全球化布局，形成了较高的市场壁垒，使得新进入者难以在短时间内取得显著的市场份额。同时，行业内的中小型企业也在特定的细分市场领域保持着一定的竞争力。

国外主要活性包装企业的主要厂商如表4-1所示。其中，日本三菱瓦斯化学株式会社发展历史最悠久，目前全球规模最大，其品项较细化、较齐全；美国玛里索普技术公司，为全美规模最大，全球排第二；日本多连喜株式会社的重点市场在中国台湾、东南亚等地，近年来在中国内地扩张也很快，全球排名第三。这些企业在全球范围内拥有广泛的销售网络和生产基地，能够为客户提供定制化的活性包装解决方案。此外，一些地区性的活性包装企业也在特定市场领域拥有较强的竞争力。

(2) 行业主要竞争态势

国外活性包装行业的竞争模式主要包括以下4方面。

①技术创新：企业通过持续的技术创新，推出新型活性包装材料、活性包装产品和解决方案，以满足不同客户的需求。

②品牌建设：企业注重品牌建设，提升品牌知名度和美誉度，以吸引更多的客户和合作伙伴。

③全球化布局：企业通过全球化布局，拓展国际市场，降低生产成本，提高市场竞争力。

④定制化服务：企业根据客户的特定需求提供定制化的活性包装解决方案，提高客户满意度。

表 4-1　国外主要活性包装企业一览表

序号	国别	企业名称
1	日本	三菱瓦斯化学株式会社（Mitsubishi Gas Chemical）
2	美国	玛里索普技术公司（Multisorb technologies）
3	日本	多连喜株式会社（THE DORENCY COMPANY）
4	美国	阿姆科化工（Amoco Chemicals）
5	美国	德西嘉有限公司（Dessicare）
6	美国	格雷斯公司（W.R. Grace and Co.）
7	美国	低温密封空气公司（Cryovac Sealed Air Co.）
8	日本	东河产业
9	日本	东邦印刷有限公司（Toppan Printing）
10	日本	东亚合成化学股份有限公司（Toagosei Chem）
11	日本	日本纯碱有限公司（Nippon Soda）
12	日本	菲耐特有限公司（Finetec）
13	日本	东洋纸浆公司（Toyo Pulp）
14	日本	东洋精工凯撒株式会社（Toyo Seikan Kaisha）
15	瑞士	汽巴特种化学品（Ciba Specialty chemicals）
16	英国	CMB 技术（CMB Technologies）
17	澳大利亚	索斯考普包装（CSIRO/Southcorp Packaging）
18	法国	标准工业（Standa Industrie）
19	芬兰	比卡有限公司（Bioka Ltd.）

4.3　活性包装行业需求分析

4.3.1　产品需求的变化周期及特点

依据所在行业的特性而异，由于食品相关客户占比高，呈现出每年 3～5 月相对淡季（顾客备货较多，消化年前库存；茶叶季节的订单量开始上升）、5～10 月平稳（药品、电子、烘焙企业全年使用）、10～12 月销售量增加明显（主要受坚果炒货等原果上市，双十一、双十二购物狂欢节、年货节等促销活动，传统节日春节期间购买力增加等影响）的需求态势。

市场上的烘焙产品，受中秋节影响，月饼单品客户订单集中在每年的 5～9 月，这一时段用量较大，其他时段则生产绿豆糕、蛋糕等短保食品，执行的是月饼国标；电商及炒货行业，则集中在下半年销量爆发。

炒货类食品，一般上半年保鲜剂需求偏淡，下半年需求旺盛；烘焙类及果蔬类产品，对保鲜剂的需求常年旺盛；而杂粮类产品，对保鲜剂的需求则是常年稳定。

4.3.2 需求市场分析

（1）需求市场的标准、各市场特点

活性包装市场大小与用户市场息息相关。细分市场包括脱氧剂客户、干燥剂客户、活性包装系统设计或相关技术咨询客户、活性包材原料客户和活性包装技术服务的客户等。以脱氧剂、干燥剂产品为例。

①需求脱氧剂的客户一般是食品、药品生产企业或饮料企业，这些企业拥有大量需要活性包装的产品，一般具有自己的包装生产线，只需要向活性包材供应商采购相应的活性包材即可进行包装，企业规模一般较大，对脱氧剂产品的需求量大且稳定。

②需求干燥剂的客户一般是食品、药品、日用品及机电产品生产企业。通常，这类企业也拥有较大规模的包装产品生产线，需要在自己产品的包装线上加入活性包装，它们也只需要向活性包材供应商采购相应的活性包材即可在线进行包装，这类企业规模一般也比较大，需求量大而稳定。

（2）市场的大概规模、变化趋势

活性包装产品的市场受下游行业的影响很大。食品用活性包装产品（包括食品用干燥剂、脱氧剂等产品）的应用比较广泛，如广泛用于肉制品、面点类、糖果类、调味品、海鲜食品、蔬菜水果、茶叶及其他等下游行业的干燥和保鲜；同时，干燥剂还能够在贮存和运输中控制环境对商品带来的影响，因此，干燥剂的应用范围更加广泛些。因此，预测活性包装产品行业的发展将持续受到肉制品、面点类、糖果类、调味品、海鲜食品、蔬菜水果、茶叶，以及工业品、日用品等其他行业的需求而推动。

从国际市场看，据美国俄勒冈州波特兰 PRNewswire-Allied Market Research 2023 年 2 月 22 日指出，2022 年全球脱氧剂行业收入共计 29.54 亿美元，预计到 2031 年将达到 47 亿美元，其中，2022 至 2031 年的复合年增长率为 5.5%。另据分析，我国脱氧剂市场发展速率将高于国际平均速率 2 个百分点左右。

从 2023 年国内市场看，我国干燥剂市场总体规模（含食品级干燥剂和工业用干燥剂）可达 15 万吨，产值可达 28.5 亿元。其中，产量占比依次是华东地区（30.85%）、华南地区（26.35%）、华北地区（16.4%）、华中地区（8.96%），西北地区、西南地区总和约 17.45%。结合宏观经济形势及行业发展趋势，预计干燥剂市场规模年均增速为 11%。

整体来看，我国活性包装市场需求的年均增长率约为 7.1%，其中：

①气体清除包装市场的增长速度尤其引人注目，特别是氧气清除剂应用市场的快速增长，除氧剂在食品、饮料和医药包装中的广泛应用；

②水分吸收包装的市场增长相对较慢，主要是因为这类产品的市场已经比较成熟；

③其他类型的活性包装在相对较低的起点上保持两位数的增长速度，比如抗菌包装等，能够显著提升产品质量并延长货架期，具有发展空间。

4.4 活性包装行业发展预测

4.4.1 活性包装各应用行业发展现状

我国人口众多，幅员辽阔，物产丰富，地跨北温带和亚热带。随着人民生活水平的不断提高，群众消费观念在不断更新，旅游业日益兴旺，中外合资与合作进一步加强，经济日益活跃。所有这些，都为我国活性包装行业提供了广阔的发展空间。

活性包装发展的重点是开发更多的应用行业，尤其是维持和加大在果蔬、肉制品、鲜活动物与水产品、药品、坚果、烘焙糕点、乳制品、粮谷产品等八个行业的应用，对应的活性包装发展重点分别如下。

（1）果蔬行业

随着国民生活水平的不断提高，对果蔬的消费将持续攀升，现代人越来越注重生活品质和饮食的健康，对健康的产品需求越来越大，因此对果蔬的品质也更加关注，优质果蔬供不应求，果蔬市场一片大好。

生鲜果蔬行业有多种业态，老、中、新业态模式并存。生鲜果蔬行业属于全产业链企业，产业链条长，环节多。包括上游的种植、采摘、包装，中游的冷藏、运输和下游的批发、零售。产业链条的长和环节的多必然会耗费时间，显得"慢"。与此同时，生鲜果蔬行业又是"鲜"产业，讲究新鲜，以鲜为王，这要求果蔬的生产运输要尽量快。这里，慢与快构成了一对矛盾，果蔬保鲜则是解决这一矛盾的关键措施之一。

国家统计局数据显示，2022年，我国水果产量为31296.24万吨，同比增长4.42%；水果产量排名前五的省区依次为广西、山东、河南、陕西、广东，其在全国水果产量中所占比重分别为10.79%、9.81%、8.06%、7.1%、6.43%。2022年，我国水果进出口贸易总量为1208.18万吨、进出口贸易总额为204.83亿美元，其中，进口量为771.55万吨、进口金额为145.44亿美元，出口量为436.63万吨、出口金额为59.39亿美元。

2022年，全国蔬菜种植面积达到3.36亿亩，全国蔬菜产量达7.91亿吨，蔬菜种植分布格局为：中南地区占32%，华东地区占31%，西南地区占16%，华北地区占10%，西北地区占7%，东北地区占4%。在国际贸易方面，2022年全国蔬菜进出口贸易顺差162.6亿美元，是全国农产品进出口贸易中顺差最大的产业。

数据显示，2023年我国果蔬生产整体供给总量充足，但结构性矛盾突出：一方面，呈现总量充足、温饱型农产品已经实现供需平衡甚至供过于求的局面；另一方面，又面临需求升级、高端消费市场空间扩大但有效供给跟不上的挑战，亟须解决果蔬产业不平衡不充分的发展问题。

（2）肉制品行业

2022年，我国肉制品市场产量约占全球总产量的1/3。肉制品产品种类繁多，目前，我国肉制品消费结构中仍以高温肉制品为主，低温肉制品仅占三成。肉制品是我国食品结构的重要组成部分，我国是世界肉类消费大国，也是生产大国。数据显示，我国肉制品市场规模由2017年的16892.36亿元增长至2023年的20886.57亿元，复合年均增长率为3.3%，呈现出价位明显的上涨趋势。

当下，受到我国食品发展政策的影响，重视重工业而轻视轻工业，对肉制品工业发展逐渐加强重视。并且，目前肉制品消费在我国的整体肉类消费中占比较少，未来在我国肉制品企业向好发展和消费者需求增多的双重驱动力影响下，我国肉制品产业的市场规模还将继续增长。

（3）鲜活动物及水产品行业

水产品是海洋和淡水渔业生产的水产动植物产品及其加工产品的总称。水产品的种类多样，其按保存条件可分为鲜活水产品、冰冻水产品、干制品；按出产可分为海水产品和淡水产品。按生物种类形态可分为鱼类、虾类、蟹类、贝类、藻类等。随着我国经济的快速发展，人民生活水平不断提升，水产品在人们的膳食结构中的比重不断增加，促进了我国水产品需求量的持续增长，进而推动了我国水产品总产量的不断提升。资料显示，2023 年我国水产品产量达到了 7100 万吨，其中养殖产量为 5812 万吨，同比增长 4.4%；捕捞产量为 1288 万吨，同比下降 1.0%。

水产养殖业取得巨大成就的同时，也面临养殖水域周边污染、养殖布局不合理、近海养殖网箱密度过大等问题。对此，加快推进水产养殖业绿色发展，促进产业转型升级，是未来水产养殖行业的主要趋势之一。而随着互联网时代的到来，以及人工智能在各行业的迅速普及，未来依靠仪器设备实现水产品养殖自动化管理和控制，减少水产养殖的风险和降低水产养殖的成本。因此，未来水产养殖行业还将持续稳定发展。

（4）医药行业

我国人口众多，医药行业又是国民经济的一个重要组成部分，不管是城镇地区，还是乡村，医药行业都存在着巨大的发展空间，而随着医疗市场的不断发展和完善，医药行业也在逐步适应经济发展，为人民健康和经济发展作出贡献。在人口老龄化和居民健康意识提高的总体背景下，相关药品市场需求将会持续增长。据报道，在今后十年内，我国将会是世界上老龄化发展速度最快的国家之一，这将对医药行业的发展起到巨大的推动作用。

根据国家统计局数据，2023 年规模以上医药工业增加值约 1.3 万亿元，按照不变价格计算同比下降 5.2%；规模以上医药工业企业实现营业收入 29552.5 亿元，同比下降 4%；实现利润 4127.2 亿元，同比下降 16.2%；三项指标增速多年来首次均为负增长，且分别比全国工业整体增速降低了

9.8、5.1 和 13.9 个百分点。各指标全年走势呈"W 形",一季度下行,二季度降幅收窄,三季度再度触底,四季度有所回升。

各子行业走势出现分化。中药饮片、中成药两个子行业营业收入、利润保持正增长,尤其中药饮片的营业收入、利润增速达到两位数。药用辅料及包装材料、制药专用设备两个子行业营业收入为正增长,但利润负增长。化学原料药、化学制剂、生物制品、卫生材料及医药用品、医疗仪器设备及器械等 5 个子行业营业收入、利润均为负增长(详见表 4-2)[1]。

表 4-2　2023 年我国医药工业各子行业营业收入、利润情况

序号	子行业	营业收入增速 / %	利润增速 / %
1	化学原料药	-5.9	-13.2
2	化学制剂	-0.5	-3.4
3	中药饮片	14.6	22.9
4	中成药	6.5	6.4
5	生物制品	-15.6	-43.3
6	卫生材料及医药用品	-25.8	-51.5
7	药用辅料及包装材料	1.3	-9.0
8	医疗仪器设备及器械	-5.8	-21.3
9	制药专用设备	3.2	-18.0
	合计	-4.0	-16.2

(5)坚果行业

当前市场上的坚果企业大多聚集在华中地区、华东地区,其中包括三只松鼠、良品铺子、洽洽、百草味、沃隆等行业巨头。然而,这些老牌坚果企业的市场集中度却都不高。整个坚果行业的主要格局可分为:以三只松鼠为代表的互联网坚果企业、以良品铺子为代表的线下门店巨头、以洽洽为代表的传统坚果品牌和以沃隆为代表的行业新秀。

随着消费人群的多元化,消费者对坚果产品也是越来越"挑剔"。伴随着消费升级的影响,消费者的健康管理意识逐渐提升,更多的人开始追求品质和健康,对于坚果乃至休闲零食行业来说,健康化趋势也愈加明显,新鲜品质 + 健康配方开始成为消费者关注的重点。

1　资料来源:医药云端工作室. 全景分析:2023 年我国医药工业运行情况。

根据鲸参谋电商数据分析平台的相关数据显示，2023年全国坚果炒货市场的销量为1.9亿多吨，销售额为71亿多元。同时，坚果炒货市场的品牌数、店铺数及商品数也较多，分别约5400个、2.6万个、17万个。而由于相关品牌数较多，市场上整体的品牌集中度并不高，市场中热销TOP10品牌的市场占有率不足55%。从销售数据来看，三只松鼠、百草味、良品铺子仍是坚果炒货市场中的三巨头，2023年天猫平台上三品牌的年度销售额分别约11亿元、7亿元和5.2亿元，品牌的市场占比分别约16%、10%和7%。此外，洽洽、老街口、沃隆等品牌也较为热销，这些品牌在市场中的占比均在4%~5%之间。

（6）烘焙糕点行业

烘焙糕点行业是与人们日常饮食、休闲等生活方式密切相关的重要产业，烘焙食品既可以作为主食消费，也能作为休闲食品和节日食品。

随着技术的不断革新、工艺流程的不断完善，烘焙食品以其品种丰富、口味大众、携带方便等诸多特点而受到越来越多消费者的喜爱。随着经济发展和国民收入的增加，烘焙行业总体销售收入呈现稳步增长的趋势。据智研咨询产业研究《2024—2030年中国行业市场调查研究及发展前景规划报告》显示，目前，中国烘焙企业主要呈现出四个梯队。第一梯队是以好利来、达利园、桃李面包、元祖蛋糕和稻香村等大品牌企业为主；第二梯队则是以面包新语、米旗、安德鲁森、罗莎、味多美、皇冠蛋糕等区域性龙头公司为代表的中等规模品牌；第三梯队公司主要集中在千万元级别的优质小品牌企业；第四梯队主要以小型门店为主，分散在全国各地区的零散市场中，单店营业收入在几万到几百万元不等。

随着居民可支配收入的不断增长，烘焙食品逐渐成为居民日常生活的常备消费品。消费者对烘焙食品的数量和品质的需求不断增长，也促使烘焙食品品种和口味的不断改进和创新，市场容量不断扩大。调研表明，尽管目前行业整体增速逐渐放缓，但相比食品饮料行业其他子行业，烘焙行业增速仍相对较高，领先食品饮料行业内大部分子行业。

iiMedia Research（艾媒咨询）数据显示，2022年中国烘焙食品行业市场规模达2853亿元，同比增长9.7%；2023年市场规模达3069.9亿元。近年来，在烘焙食品需求升级的驱动下，产品呈现多元化发展趋势，品牌还需提升产品外观、制作材料、产品包装等方面，开展创新性营销活动，从多方面满足消费者的需求。2023年我国烘焙食品行业竞争逐年加剧，品牌更新迭代速度较快，行业内遭遇洗牌，整体来看，2023年全国面包烘焙总门店数的增长率只有1%，注册吊销比呈波动下滑趋势。

（7）乳制品行业

乳制品是指使用牛乳或羊乳及其加工制品为主要原料，加入或不加入适量的维生素、矿物质和其他辅料，使用法律法规及标准规定所要求的条件，经加工制成的各种食品，也叫奶油制品。乳制品主要分为液态奶和干乳制品。其中，液态奶包含饮用奶和酸奶；干乳制品中包含了奶粉、炼乳和奶酪等。

根据生产工艺不同，乳制品可分为纯鲜奶及乳饮料、酸奶、奶粉、奶酪、黄油等，从消费结构来看，纯鲜奶及乳饮料消费金额占比最高，达42.56%，其次是奶粉，占比为30.72%，酸奶占比第三，为24.05%。液态奶仍是我国乳制品市场的主力产品。

乳制品产业链涉及多个行业和企业，上游主要参与者有奶牛养殖企业现代牧业、乳山、圣牧、赛科星、优然牧业等；中游乳制品生产重点企业主要有伊利、安慕希、飞鹤等乳制品品牌；下游的重点流通渠道则包括沃尔玛、永辉等大型商超，全家、美宜佳等便利店及淘宝、京东等线上平台。

国家统计局数据显示，2023年，全国牛奶产量4197万吨，同比增长6.7%，这是我国原料奶产量连续第4个年头增幅超过6%（2022年6.8%、2021年7.1%、2020年7.5%）。全国规模以上乳制品企业654家，主营业务销售总额4621亿元，同比增长2.57%，高于食品制造业平均2.55%的增速，在食品制造业7大行业中处于第2位；利润总额394亿元，同比增长12.21%。

液态奶市场向"高端化"发展。随着人民生活水平的提高和消费升级，国民消费需求也从"温饱型"向"品质型"过渡，"品质消费"成为新时期下中国民众追求的"热点"，乳制品市场持续向高端化发展。

乳制品消费场景逐渐"多元化"。传统的乳制品消费场景主要是早餐及礼品馈赠等，随着人们消费习惯的转变，产品功能不断丰富，乳制品的消费场景多元化趋势开始显现。人们对于健康的追求已成为一种潮流，运动、减脂、代餐人群越来越注重蛋白质的摄入，能量牛奶、代餐奶昔等乳制品能够在控制热量的情况下，增加蛋白质的摄入，已成为健身减脂人群的重要选择。

（8）粮谷产品行业

谷物涵盖的范围较广，包括大米、小麦、小米、大豆等，主要是植物种子和果实。是许多亚洲人民的传统主食。由于我国农业供给侧的改革和优化，谷物种植面积的减少，2016—2018年间我国谷物产量逐年小幅递减，而随着改革的深化及国家政府的各类补贴政策的支持所带来的谷物种植面积的回升，2019年以来我国谷物产量止跌回升。据2024年1月31日《粮油市场报》报载，2023年全国粮食总产量69541万吨（13908亿斤），比2022年增加888万吨（178亿斤），增长1.3%。粮食产量再创新高，连续9年保持在1.3万亿斤以上。

随着科学技术的进步，谷物种植正从"自然式"向"设施式"发展，从田间进入"工厂"，从农户的小型精致经营走向企业化的大型精密规模经营。我国始终把农业放在发展国民经济的首位，谷物种植行业属国家提供优厚扶持政策的产业。国家统计局发布的《2023年国民经济和社会发展统计公报》显示，2023年全年我国国内生产总值达126.0582万亿元，比上年增长5.2%。连续多年的高速增长，人们的生活水平显著提高。在可预见的未来，我国经济仍将保持适度增速，各类农产品作为生活基本消费品，其需求将随人口增长和人均消费水平的提高保持良好的增长态势。

4.4.2　活性包装行业发展规模

随着食品科技的发展和消费者对高质量食品的要求，活性包装及其在延长食品货架寿命上的显著效能成为目前食品包装发展的主要方向之一，一些活性包装技术在日本、北美、欧洲、澳大利亚等国家和地区已使用多年，尤以日本使用活性包装技术最多，由于活性包装本身的技术先进性和包装食品后所产生出的高附加值，世界上许多食品科研机构和食品企业正不惜财力、物力研制开发更多的活性包装技术，并使之更快商业化，造福人类。正如美国明尼苏达州大学的 Theodore Labuza 博士宣称的那样："在不久的将来，活性包装的变化将不是一般性进展而是革命性的巨变。"活性包装作为智能型包装的一种，被看成包装工业的革命性变化和新世纪的希望，有着十分广阔的应用前景。数据显示[1]，全球活性包装市场规模在2022年达到2752.81亿元人民币，预计至2028年将达到4374.9亿元，复合年增长率为8.07%。

在使用活性包装技术时要看它能否满足所用包装食品的需要，例如，活性包装技术中广泛应用的脱氧包装和抗菌包装，其所使用的去氧剂和从生物材料中提取的无毒无害抗菌物质具有良好的应用前景。但是，提取的天然抗菌物质要求直接固定在膜内侧，而且无须迁移到食品表面就能起作

1　数据来源：https://www.sohu.com/a/738449477_121807612。

用，去氧系统必须得到证实和经济可行方可应用。在实际应用过程中，最好是将几种活性包装技术连用，从而达到最佳效果。然而，一种活性包装技术最终能否应用于食品包装，还要看它是否符合有关法规。

生物药品市场也是活性包装的未来发展方向。成本高、成分复杂的生物药品对包装的要求很高，这将推动活性包装在生物药品市场的应用。此外，由于药品物流链的增长及湿度敏感性药品种类的增加，潮气控制包装的需求也将进一步增长。

未来几年，智能活性包装将加快发展。主要推动力是电子式指示器的大量应用，时间—温度指示包装等智能包装将得到广泛使用。此外，新型智能包装的问世也将促进智能包装的需求增长。新型智能包装不但可帮助企业实现产品差异化（如变色标签）、包装产品的可追溯性及各种交互功能，而且在价格上也更具有竞争力。

在当今人们越来越重视产品品质与安全的形势下，活性包装系统将有更加广阔的发展与应用前景。作为一种新兴的包装技术，除食品包装外，活性包装还将越来越多地应用于医药、个人保健品、化妆品、电子产品、精密仪器及农业等多个领域。如控制包装内环境、延长产品保质期、提高产品安全性和稳定性等。随着科技的不断发展，活性包装技术将在更多领域得到应用和推广。可以预测，在不久的将来，活性包装系统将会拥有其他包装不可替代的重要地位。

4.4.3　活性包装行业技术发展趋势

活性包装属于现代高新技术的包装手段，真正用于生产实践仅有几十年的历史。随着科技的飞速发展及相关应用技术的不断提高，活性包装在食品及药品包装中的应用日益广泛。

食品安全性第一与营养功能兼顾性原则逐步为消费者所认同，为活性包装技术及装备市场化应用开拓了广阔的空间，以致业内公认活性包装是未来食品包装业的发展方向。同时活性包装业的发展也面临着前所未有的机遇和挑战。

根据活性包装业近几十年的发展历史，活性包装技术发展无不伴随着现代高新技术的进步而发展，活性包装技术日益呈现出以下 5 个显著发展趋势。

（1）向高新技术集成性和高可靠要求的发展方向

活性包装技术是一项对食品及药品的安全性实现综合技术保障的系统工程，集光机电一体化技术、现代化学、物理学、微生物学、自动控制、计算机通信等多项高新技术为一体。为满足产品的安全性要求，系统本身的每一个子系统无不包含着新技术、新材料、新工艺的成果。为了满足高可靠性的要求，每一个子系统从设计到制造，从运行实验到运行监控，以及信息反馈与补偿修正都要融入现代质量的理念，达到设备固有可靠性与运行可靠性相统一。

（2）向多个产业的应用领域发展

随着现代微生物学和应用灭菌技术的发展，人类对杀灭包括细菌芽孢在内的全部病原微生物和非病原微生物有了更新的认识和控制手段。商业活性作为评价食品安全性的技术指标为相关行业和市场认同。

活性的概念和要求是医学发展产物，随着现代微生物学和应用灭菌技术的发展，人类对杀灭包括细菌芽孢在内的全部病原微生物和非病原微生物有了更新的认识和控制手段。商业活性作为评价食品安全性的技术指标为相关行业和市场认同。活性包装技术进入食品工业首先以乳制品为切入点，以 TETRA PAK 公司为代表率先解决了牛乳这种高营养和高时效性食品的活性包装技术，打破了牛乳生产与销售的时间与空间的限制，无疑是一项革命性的突破。近几十年来，伴随着新型包装材料和灭菌新工艺的不断涌现，以及生物技术产品的市场消费的推动，活性包装从药品到乳品向啤酒、果汁、软饮料行业的热敏性食品领域扩展延伸，最具代表性的是啤酒、果汁、茶饮料的活性包装。欧美发达国家的先进活性包装设备已逐步进入国内市场，而国内厂商为了构建和引领更新的市场消费理念和销售热点，不惜重金引进设备，也说明了这一点。

（3）向以技术创新优化性价比的方向发展

虽然活性包装有很多优点，但其设备昂贵令许多企业望而却步。活性包装设备本身的高技术含量和其具有的特点，决定了其高投入的特点。引进国外的一条生产线，少则上千万元，加上可观的运行费用，使不少企业望而却步。显然国内装备企业要推动活性包装行业的健康发展，为市场提供价格适中、性价比优良的设备以推动消费市场，需要优化性价比来降低投入。那么要达到这一目的的唯一出路，就是走技术创新的道路。技术创新应采取集成性与突破性相融合的技术策略。所谓集成性，就是对国内外现已发展成熟的相关技术成果进行集成整合，以降低研发成本，简化人机界面。突破性则是对关键工艺和器件进行重点研究和突破。目前，国内致力于包装发展的厂商在乳品、啤酒和果汁行业的灌装等设备的研发上已取得了长足的进步，为市场提供优良性价比的活性包装设备已为期不远了。

（4）向绿色包装的方向发展

绿色包装又称环境友好包装，一般指包装设计既能保证商品的性能完好，又符合环境保护和资源再生的要求。绿色包装符合可持续发展战略，因此正逐步成为包装设计的主流方向。绿色包装是从产品的整个生命周期来考虑包装对环境的影响。根据不同的产品选择适当的包装材料、容器、形式和方法，以满足产品包装的基本要求。绿色包装的准则是：包装的体积和质量应限制在最低水平，包装实行减量化，在保证盛装保护运输储藏和销售的功能的前提下，包装首先考虑的因素是尽量减少材料使用的总量；在技术条件许可与产品有关规定一致的情况下，应选择可重复使用的包装；将使用过的包装材料经过一定的处理重新利用；若不能重复使用，包装材料应可回收利用，把废弃的包装制品进行回收，经过一定的方式处理，使废弃物转化为新的物质或能源；若不能回收利用，则包装废弃物应可生物降解，即废弃的包装材料在特定的条件下，化学结构和物理机械性能下降或分解成二氧化碳和水。

传统的包装材料如塑料，虽然具有质量轻便、力学性能好等优点，但它们不能有效保持包装产品的新鲜程度，导致食品在储存过程中氧化变质。并且，塑料包装材料在使用后都被丢弃在环境中，需要上百年以上时间才能够完全分解，这将对自然环境产生极大损害。

生物基包装材料则是以纤维素、蛋白质、淀粉、甲壳素等天然可再生的食品级资源为原料，通过共混改性、接枝聚合、稳态成型等技术工艺制备的一类新型包装材料。这类包装材料具有可生物降解、安全环保、使用方便等优点，因而应用越来越受到业界重视。按照生产工艺，生物基包装材料可分为下列3种。

一是可以直接从可再生资源移除/提取出来的高分子聚合物，如一些多糖类物质（如纤维素、壳聚糖、淀粉等）、蛋白质（如酪蛋白、玉米醇溶蛋白和小麦面筋蛋白等）及其他高分子聚合物。

二是从转基因型微生物体或细菌体获得的高分子聚合物。很多微生物具有把有机物作为碳源进行合成生物降解脂肪族聚酯的能力，可通过生物发酵的方法进行聚酯生物可降解塑料的合成。常用的有机物如聚羟基脂肪酸酯（PHA）、聚-β-羟基烷酸、普鲁兰多糖和热凝胶等；常见的聚合物类型如PHA，PHA族的主要作用就是在微生物中作为碳储存和能量物质。

三是用可再生的生物来源的单体进行化学合成，可以获得一些高分子聚合物，如乳酸、聚乙烯醇、聚乙醇酸等，其中最典型的例子就是聚乳酸（PLA）。乳酸单体本身是以碳水化合物为原料通过发酵获得的。PLA引起大家广泛重视的另一个原因是它的可降解性，PLA聚合物链在接触到水分子的情况下，可以水解断裂成小分子，被自然界的微生物缓慢代谢。

（5）行业发展将趋向于专业化、规模化

目前，活性包装行业大多数企业为注重生产的中小型企业，仅具备生产能力，研发创新能力较弱。行业内企业能给客户提供传统的防潮及保鲜产品，但大部分无法参与下游制造业供应链系统的产品研发、设计、物流等各个环节；无法为下游提供全方位的防潮、保鲜解决方案。因此，活性包装行业的一大发展方向是提升行业企业的研发能力，提高专业化程度，为下游客户提供全方位解决方案，实现全面服务的高附加值。行业准入门槛虽然不低，但由于发展很快，进入企业众多，具有小规模分散生产的特点。然而，随着技术和设备的不断升级，大部分小企业将面临淘汰，行业集中度将逐步提升。届时，行业将会出现一批规模化企业。

针对定制化需求迫切、行业程度较高、有创新产品的领域不断收集信息和深耕，针对客户关注的质量、稳定性、成本因素等，优化产品设计、制程管控，一物一方案。而针对需求相似度高，市场体量大的传统领域，则发挥智能工厂流水线作业、物资需求计划（MRP）自动排产的优势，合并精简产品品项，使规格标准化，高效提升设备稼动率，最大化提升产能，分摊成本，让利顾客。

中国包装行业总体水平与发达国家相比比较落后，但这种差距也显示出中国包装行业发展的潜力。随着我国经济的迅速发展，活性包装技术也将会不断改进，我国包装企业应不失时机地研究开发和应用活性包装产品，使活性包装成为我国包装企业发展的一个新的亮点。

5 活性包装行业科技发展情况

5.1 主要研究方向与研究论文

5.1.1 本行业领域重要研究方向

以"活性包装"为主题在万方数据库进行期刊论文、学术论文和会议论文型文献检索，文献检索结果7730篇，从2013—2022年的发文量来看，趋势为先增多后缓慢减少，每年的发文量有很多，2013年发文量最少，有385篇，占比4.98%；2017年发文量最多，占比6.52%。以"活性包装 and 现状"为主题或主题"活性包装 and 综述"或主题"活性包装 and 研究进展"或主题"活性包装 and 分类"或主题"活性包装 and 应用"进行文献检索，共检索到文献470篇。除去议论性、一般介绍性的相关文献，从近十年国内外相关研究文献分析看，活性包装行业的主要研究方向包括以下12个（如图5-1所示）：

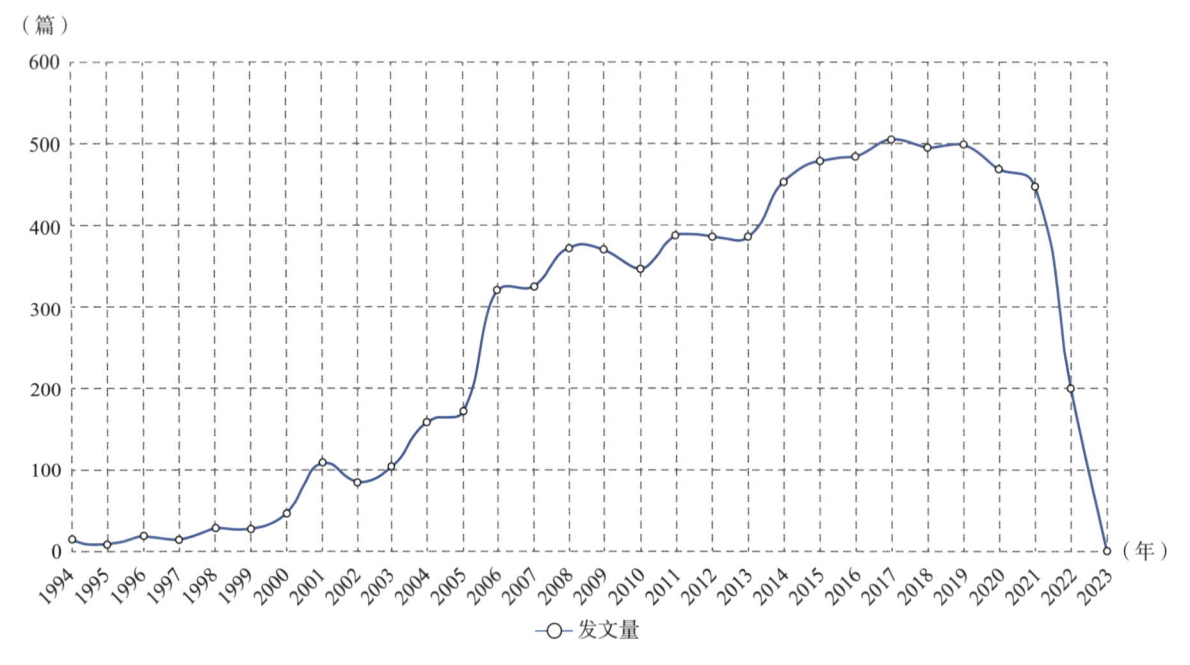

图5-1 "活性包装"万方数据文献库年份发文量变化趋势

①活性包装材料研究方向；②活性包装原材料；③活性包装技术机理及应用研究；④水分控制技术；⑤抗菌包装技术方向；⑥抗氧化技术方向；⑦绿色与降解活性包装技术；⑧二氧化碳控制包装；⑨智能化包装技术方向；⑩乙烯清除技术方向；⑪活性成分缓释技术方向；⑫温控活性包装。

5.1.2 本行业领域主要研究论文情况

本行业领域研究论文基本情况如图 5-2 所示。可以看出，近些年来，我国活性包装行业中，有关活性包装的论文共 5000 篇，其中活性包装材料方向占比 19%；活性包装原材料占比 18%；活性包装技术与机理占比 12%；水分控制技术、抗菌包装技术分别占比 11%；抗氧化技术占比 8%；绿色与降解活性包装技术占比 7%；二氧化碳控制活性包装与智能活性包装技术各占比 4%；乙烯清除技术占比 3%；活性成分缓释技术占比 2%；温控活性包装占比 1%。

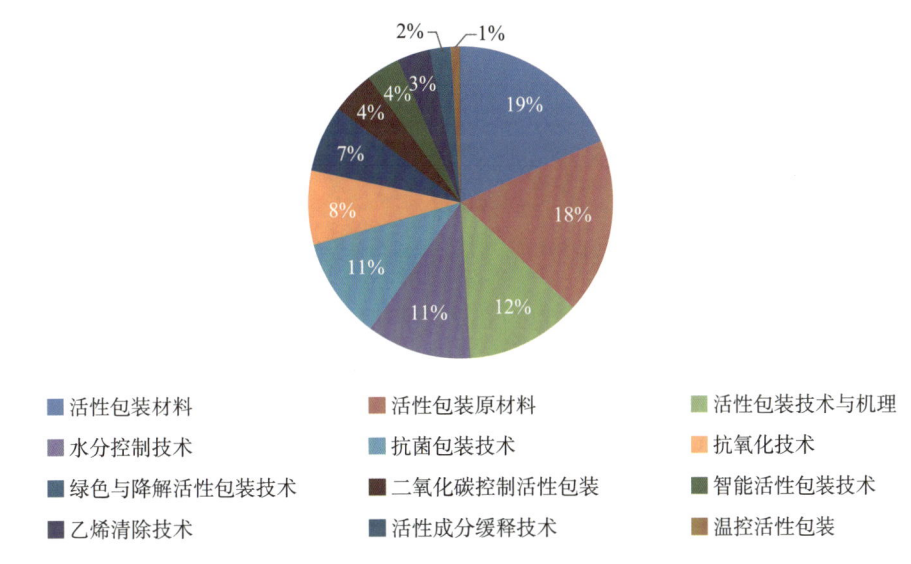

图 5-2　活性包装研究论文基本情况

以下按发文频次进行分析和主要研究内容的综述。

5.1.2.1 活性包装材料研究方向

以"活性包装 and 材料"为主题或主题"活性包装 and 膜"或主题"活性包装 and 性能"或主题"活性包装 and 制备"或主题"活性包装 and 工艺"在万方数据库进行期刊论文、学术论文和会议论文型文献检索，检索到文献 933 篇，从 2013—2022 年的发文量来看，发文量趋势呈"W"形，2013 年发文量最少，有 34 篇，占比 3.64%；2021 年发文量最多，有 85 篇，占比 9.11%。除去议论性、一般介绍性相关文献，从近十年国内外相关研究文献分析看，相关研究主要集中在软包装材料、品质、保鲜、壳聚糖、贮藏、复合膜等方面。"活性包装材料"万方文献库年份发文量变化趋势如图 5-3 所示。

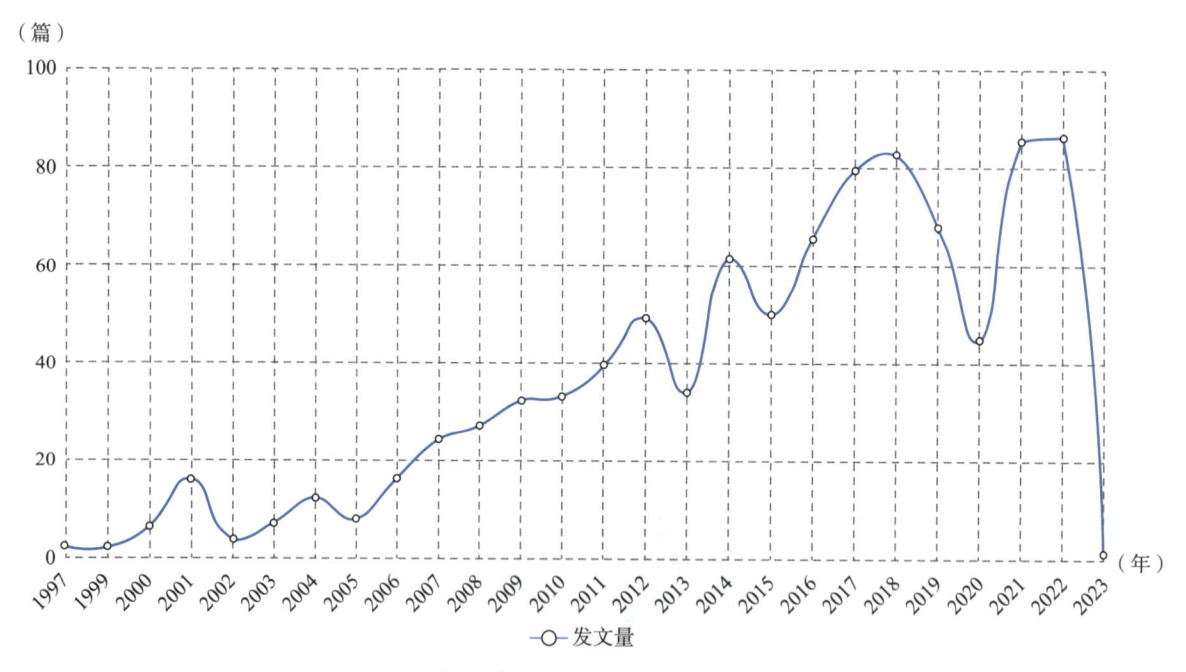

图 5-3 "活性包装材料"万方文献库年份发文量变化趋势

Lin 等人将天然杀菌剂纳他霉素（N）包封在玉米醇溶蛋白/羧甲基壳聚糖核壳纳米颗粒（Z/CMCS NP）中，以改善其水分分散性和光稳定性，用于果实采后保鲜。纳他霉素在紫外线下的降解减少，在纯状态下半衰期（t1/2）为 47.2 分钟，在 N-Z/CMCS NP 中半衰期为 147.5 分钟。稳定的 N-Z/CMCS NP 在冷冻干燥后保持了再分散性。在体外和体内测试了 N-Z/CMCS NP 对灰霉病的抑菌性能。体外结果表明，施用 N-Z/CMCS NPs 完全抑制了孢子的萌发，10mg/L 的 N-Z/CMCS NPs 抑制了 64.4% 的菌丝生长。体内结果表明，NPs 不仅减少了接种草莓的腐烂和霉变发生，贮藏 3 天后腐烂指数最低为 30.3%，而且抑制了采后草莓灰霉病的发生，贮藏 8 天后腐烂率最低为 31.1%。这项研究将有助于开发采后水果行业的胶体输送系统。

深思远等人通过比较丁香精油－乙烯－乙烯醇共聚物（EVOH）与聚乙烯（PE）两种材料包装南美白对虾干，并分别贮藏在 4℃和 25℃条件下，以水分含量、水分活度、色差值、pH、过氧化值（POV）、硫代巴比妥酸（TBA）值、挥发性盐基氮（TVB-N）值与菌落总数为评价指标，研究丁香精油-EVOH 活性包装材料对南美白对虾干贮藏品质的影响。结果表明，水分含量与水分活度有所上升；pH 变化较小，丁香精油-EVOH 组 pH 较低；色差值中 L* 值总体下降，a* 值与 b* 值变化较小，不同包装材料相差不大；POV 呈先上升后下降的趋势，TBA 值、TVB-N 值与菌落总数总体呈显著上升趋势；丁香精油-EVOH 能有效控制氧化与微生物，维持虾干的品质，低温不能有效控制 POV 的上升。综上所述，对于虾干来说，丁香精油 -EVOH 活性包装材料是一种合适的包装材料，配合低温贮藏效果更好。

闵甜甜针对果蔬的蒸腾作用和相对封闭的包装环境使得果蔬在流通过程中温度升高、湿度增加，从而激活病原菌的活性，侵染果蔬，导致大量的果蔬腐烂和变质的问题，构建了一种具有防结雾和抗菌双重功能的活性包装涂层：利用 2，3- 环氧丙基三甲基氯化铵对天然壳聚糖改性，制备了具有优良吸湿性和抗菌性的水溶性季铵盐壳聚糖（HACC）。将 HACC 溶液与亲水性的成膜剂聚乙烯醇（PVA）溶液混合，采用流延法制备了 HACC/PVA 复合涂层。制备的 HACC/PVA 涂层可以有效防止因果蔬蒸腾作用引起的结雾现象，且能够减轻草莓果实的腐烂。该涂层兼具良好的透明性、防雾抗菌性及生物相容性等优势。

孙磊以改性铁粉（MFe）、高比表面积纳米活性炭（ANC）、沸石（Zeo）和海藻酸钠（SA）制备脱氧复方膜并探究其脱氧性能。实验结果表明，随着改性铁粉、纳米活性炭、沸石和海藻酸钠达最适组成时，最佳脱氧复方膜的脱氧效率达到最佳；在经过 100 小时脱氧反应后，锥形瓶中的残余氧气浓度从 21.2% 降低到 0.5%。传统市售改性铁粉 / 氯化钙 / 沸石脱氧复方在经过 100 小时脱氧反应后，锥形瓶中的残余氧气浓度仅从 21.2% 降低到约 4%。测试置入 $MFe_{20/0.8}ANC_5Zeo_2$ 最佳脱氧复方膜 PE，PA1010 和 $PA1010_{75}PVA^{03}25$ 充空气或氮气包装中模型食品的 POV（peroxide value）数值。100 小时后，未加入脱氧复方膜的 PE，PA1010 和 $PA1010_{75}PVA^{03}25$ 包装系统内淀粉模型食品明显被氧化。其中，PE 为包装袋的系统中，油脂氧化现象最明显，50 小时模型食品的 POV 值已高达约 23.91。相比，放置 $MFe_{20/0.8}ANC_5Zeo_2$ 脱氧复方膜的 PE，PA1010 和 $PA1010_{75}PVA^{03}25$ 包装系统中模型食品的 POV 数值明显低于对应未加脱氧复方的包装系统，且随时间增加至约 70 小时后模型食品的 POV 数值基本保持不变，分别保持在 6.2.5 和 1.5。此外，随着时间的增加，活性包装系统中模型食品的 POV 值随着 PE，PA1010，$PA1010_{75}PVA^{03}25$ 阻隔氧气性能的提高而明显降低。

针对酱卤肉制品保鲜技术研究相对落后，产品在生产运输及销售过程中易受环境影响大，微生物超标，品质劣变的现象，刁欣悦以 4℃下储藏的卤凤爪为研究对象，探究了干冰气调、大蒜水提物 - 羧甲基壳聚糖涂膜及气调联合涂膜保鲜对卤凤爪储藏过程中品质的影响。首先，探究了干冰气调的使用方法及其对卤凤爪储藏品质的影响。发现简单封口包装（DI0 组，使用封口夹封口，包装袋规格是 20cm×30cm，容积约 2.5L）和密封的干冰气调包装（D 组，包装袋规格是 20cm×30cm，容积约 2.5L，加入干冰 4g）均可以有效抑制卤凤爪中菌落总数的生长，延长产品货架期，但是对大肠菌群和乳酸菌这两类兼性厌氧菌的抑制效果较差。当 DI0 组中卤凤爪的重量：干冰的重量（w∶w）=1∶5 时，产品货架期可以延长 1d。其次，探究了大蒜水提物－羧甲基壳聚糖涂膜对卤凤爪储藏过程中品质变化的影响，发现普通水提法获得的大蒜水提物具有最好的抑菌效果，其主要挥发性成分为二烯丙基二硫化合物（44.01%）；此水提物与 0.5%（w/v）的超声羧甲基壳聚糖溶液混合制备成浓度为 10%（w/v）的大蒜水提物涂膜溶液展示出对大肠杆菌和金黄色葡萄球菌强烈的抑制作用，使散装产品的货架期延长至 5d。

肖乃玉以胶原蛋白为成膜基材，通过添加阿魏酸，并辅以甘油以及海藻酸钠等物料，利用胶原蛋白分子结构特点及其他添加物质的性能构效关系，流延制备出阿魏酸－胶原蛋白抗菌膜。通过牛津杯法测得所得膜对革兰氏阴性菌（大肠杆菌）和革兰氏阳性菌（葡萄球菌）的抑菌圈直径为 17～22mm，表现出很强的抑菌能力。将该膜应用于腊肠保鲜中，通过定期对细菌总数、TVB-N 值、pH 值进行测定，并以腊肠的感官评分为基础，进行肉制品的鲜度分析，探索出阿魏酸－胶原蛋白抗菌膜对肉制品的货架期的影响规律，并与空白组和胶原蛋白膜对照，结果发现，在腊肠上涂覆阿魏酸－胶原蛋白抗菌膜，可有效地隔绝微生物的侵入途径，延缓了食品成分的化学变化，将腊肠的货架期延长 8.5d。

李璐通过添加蒙脱土（MMT）、纳米 TiO_2 对聚乙烯醇膜进行耐水改性，制备 PVA／MMT／TiO_2 复合膜。以天然茶多酚作为抗氧化活性添加剂对 PVA／MMT／TiO_2 复合膜改性，并运用于食用菌干制品的包装贮藏。结果表明，茶多酚改性聚乙烯醇复合膜在干香菇贮藏过程中可有效延缓干香菇的褐变，维持干香菇的色泽和复水比；5％茶多酚改性聚乙烯醇薄膜包装处理的干香菇在贮藏末期总糖含量和粗多糖含量分别比对照组高 26.04％和 14.90％，有效延缓干香菇贮藏期间总糖、香菇粗多糖和氨基酸的降解，维持干香菇较好的营养品质。

杨志坤针对新鲜蓝莓常因微生物污染、水分流失问题导致其鲜食的货架期短且现有蓝莓保鲜技术（辐照、气调、高压静电场等）都具有一定的保鲜效果，但是成本高、耗能大等问题，将功能性物质加入可食性涂膜基质中制备可食性复合涂膜。研究发现，将楝油纳米乳（NNE）添加至以壳聚糖（CS），阿拉伯胶（GA）按 0∶1、1∶0、1∶1、1∶2、1∶4 不同比例混合的涂膜液中制备成五种复合涂膜液。所有复合涂膜液都具有一定的抗氧化活性和抑菌活性。而以 CS/GA 按 1∶2 比例混合制备的复合涂膜具有最优的体系稳定性、抗氧化活性（54.8%）、抗菌能力和 NNE 保留率（62.4%）。这些结果表明以 CS/GA 按 1∶2 比例混合制备的涂膜具有优异的理化性质和包裹性，可作为理想的复合涂膜材料。将不同浓度（0%、1%、2%、4%）的NNE添加至以GA/CS按1∶2比例混合的涂膜液中来制备可食性纳米乳复合涂膜液，应用于保鲜低温贮藏蓝莓。与未涂膜组相比，所有涂膜处理都有效提高了果实的贮藏品质，而添加了2%NNE的GA/CS复合涂膜显著抑制了微生物的生长和酶活性的提高，维持了果实花色苷（102.2 mg/100g）和多酚含量（280.8 mg/100g）和降低果实褐变指数和腐败率（5.6%）。综合分析表明含有2%NNE的GA/CS复合涂膜的保鲜效果最佳。

高翔将离子交联壳聚糖/结冷胶复合膜作为包装袋和托盘覆盖膜，应用于新鲜猪肉的保鲜实验，结果表明：复合膜作为包装袋的包装方法能有效地抑制鲜猪肉贮藏过程中挥发性盐基氮含量的升高及微生物菌落总数的增加，但在控制失水率与感官品质方面效果不理想；复合膜作为托盘覆膜的包装方法在控制失水率方面效果明显，在抑制挥发性盐基氮和微生物菌落总数方面有一定的作用，但效果不突出。

张盼选取壳聚糖与普鲁兰多糖为成膜基材，ε-聚赖氨酸为抑菌剂，制备了可食性复合抗菌膜并对其应用进行了研究。结果表明：ε-聚赖氨酸对金黄色葡萄球菌、大肠杆菌、沙门氏菌和枯草芽孢杆菌的最小抑菌浓度分别为1、4、2、0.5 mg/ml，因此确定ε-聚赖氨酸在抗菌膜中的添加量为4mg/ml。壳聚糖与普鲁兰多糖的最佳配比为15∶15g/L，此时可食性复合抗菌膜外观平滑无褶皱，透明度高。可食性复合抗菌膜具有优良的机械性能，抗拉强度为（82.26±11.89）MPa，断裂伸长率为（5.59±11.89）%，厚度为（37.00±5.00）μm，透明度为（1.45±0.23）。接着将上述可食性复合抗菌膜分别应用于虾仁和鲜牛肉样品的保鲜，通过检测贮藏过程中TVBN、pH值、色泽等理化指标和微生物数量的变化，探究可食性复合抗菌膜的保鲜效果。贮藏虾仁结果显示，可食性复合抗菌膜能够有效地抑制微生物的生长，显著地降低TVBN和pH值等理化指标，延缓其腐败速度，改善其外观品质。冷鲜牛肉的贮藏结果显示，可食性复合抗菌膜处理组的牛肉的红色指数（a*/b*）较空白对照组显著提高，外观质地色泽得到了明显改善。可食性复合抗菌膜减缓了牛肉TVBN和pH值的上升，即减缓了蛋白质的分解速度，而且对牛肉中的大肠杆菌O157∶H7，单增李斯特菌和沙门氏菌均有显著抑制作用。

张晋婷以柑橘皮粉末为基质，将具有高聚合度、高结晶度及高纯度的细菌纤维素（BC）作为增强剂添加到柑橘皮基质中，利用细菌纤维素独特的三维网状结构提高复合薄膜的机械性能，制备出一种具有生物活性的包装材料，使柑橘皮残渣得到了很好的回收利用。最后在复合材料中添加山梨酸，赋予该复合包装材料抗菌的性能。将不同浓度的山梨酸添加至柑橘皮/细菌纤维素复合膜，对细菌及酵母菌进行抗菌能力测定，结果显示：20%的山梨酸对大肠杆菌、绿脓杆菌、金黄葡萄球菌、枯草芽孢杆菌和酵母菌的抑制率分别为85.53%、78.53%、77.66%、69.90%和94.21%。表明山梨酸改性后的复合膜对革兰氏阴性菌的抑制能力强于革兰氏阳性菌，对酵母菌的抑制能力更优，且复合膜的抗菌性能随山梨酸添加量的增加而增强。尽管目前山梨酸/柑橘皮/细菌纤维素活性复合材料的抗菌性能还低于许多抗生素，但其在食品包装和医用敷料方面仍具有一定的应用价值。

张一博针对果蔬采后由于其旺盛的组织代谢活动、微生物活动及水分流失，容易出现霉变、腐烂等变质现象，致使其保质期缩短。将天然绿色抗菌剂和催化剂等物质，加入高分子溶液中，采用静电纺丝技术混纺后得到功能化的纳米纤维膜，将其应用在果蔬的活性包装领域可以更好地保证食品的质量和安全。在该研究中，一方面将TiO_2纳米粒子作为催化剂共混纺入聚丙烯腈（PAN）纳米纤维中，制备出一种复合纳米纤维薄膜，用于降解果蔬储存的环境中存在的乙烯；另一方面将百里香酚作为抗菌剂封入聚乳酸-羟基乙酸共聚物（PLGA）纤维中作为抗菌包装材料应用于食品保鲜领域。结果表明，含有5wt%TiO_2的纳米纤维膜上的TiO_2纳米颗粒形貌较好，分散较为均匀。在光催化反应器中测试含有5wt%TiO_2的纳米纤维膜的光催化活性，结果证实其具有较高的降解乙烯的光催化活性。通过香蕉果实成熟试验进一步证实了所制备的纳米纤维膜的实用性。TiO_2纳米纤维成功延缓了香蕉在贮藏过程中的颜色变化和软化。

5.1.2.2　活性包装原材料方向

依次以活性包装主要原材料——白炭黑、分子筛、光触媒、硅胶、生石灰、氧化钙、二氧化硅、氯化钙、还原铁粉、活性炭和竹炭等在万方数据库中进行检索。以"白炭黑"为主题与主题"包装"在万方数据库进行期刊论文、学术论文和会议论文型文献检索，检索到文献37篇；以"分子筛"为主题与主题"包装"在万方数据库进行期刊论文、学术论文和会议论文型文献检索，检索到文献105篇；以"光触媒"为主题与主题"包装"在万方数据库进行期刊论文、学术论文和会议论文型文献检索，检索到文献16篇；以"硅胶"为主题与主题"包装"在万方数据库进行期刊论文、学术论文和会议论文型文献检索，检索到文献259篇；以"生石灰"为主题与主题"包装"在万方数据库进行期刊论文、学术论文和会议论文型文献检索，检索到文献52篇；以"氧化钙"为主题与主题"包装"在万方数据库进行期刊论文、学术论文和会议论文型文献检索，检索到文献 41 篇；以"二氧化硅"为主题与主题"包装"在万方数据库进行期刊论文、学术论文和会议论文型文献检索，检索到文献 242 篇；以"氯化钙"为主题与主题"包装"在万方数据库进行期刊论文、学术论文和会议论文型文献检索，检索到文献 189 篇；以"还原铁粉"为主题与主题"包装"在万方数据库进行期刊论文、学术论文和会议论文型文献检索，检索到文献 9 篇；以"活性炭"为主题与主题"包装"在万方数据库进行期刊论文、学术论文和会议论文型文献检索，检索到文献 215 篇；以"竹炭"为主题与主题"包装"在万方数据库进行期刊论文、学术论文和会议论文型文献检索，检索到文献 19 篇。总的来看，针对硅胶、二氧化硅、活性炭、氯化钙及分子筛研究的论文较多，其他原材料的研究比较少。各种常用活性包装原材料万方文献库年份发文量变化趋势如图 5-4、图 5-5、图 5-6 及图 5-7 所示。

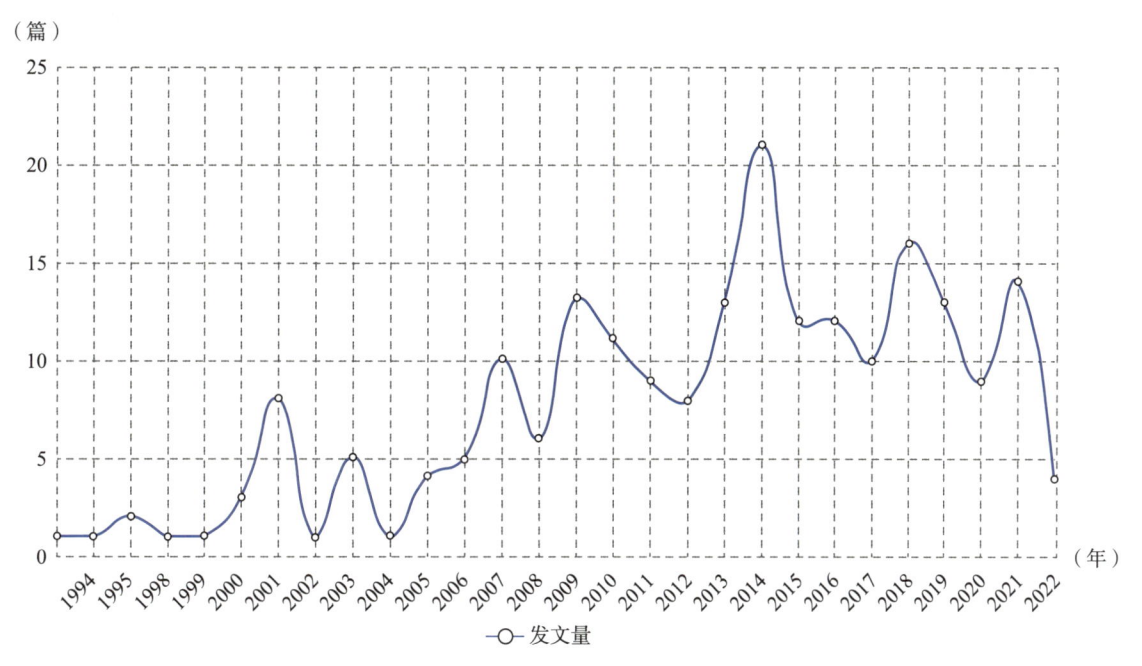

图 5-4 "活性炭"原材料万方文献库年份发文量变化趋势

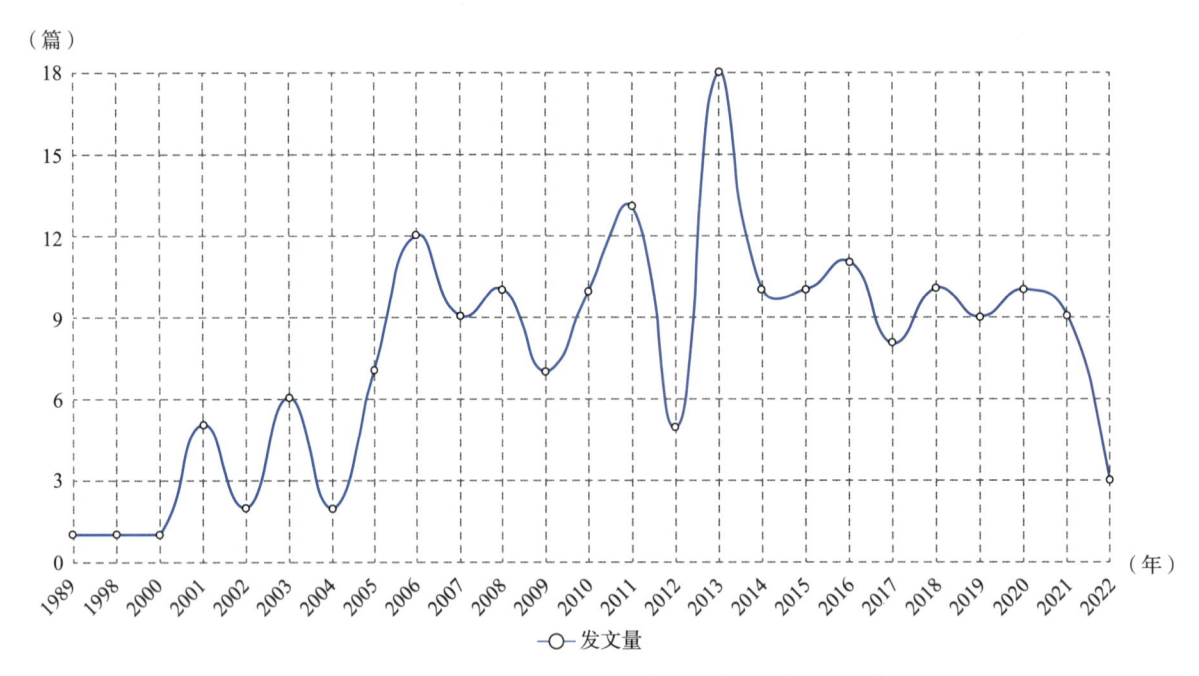

图 5-5　"氯化钙"原材料万方文献库年份发文量变化趋势

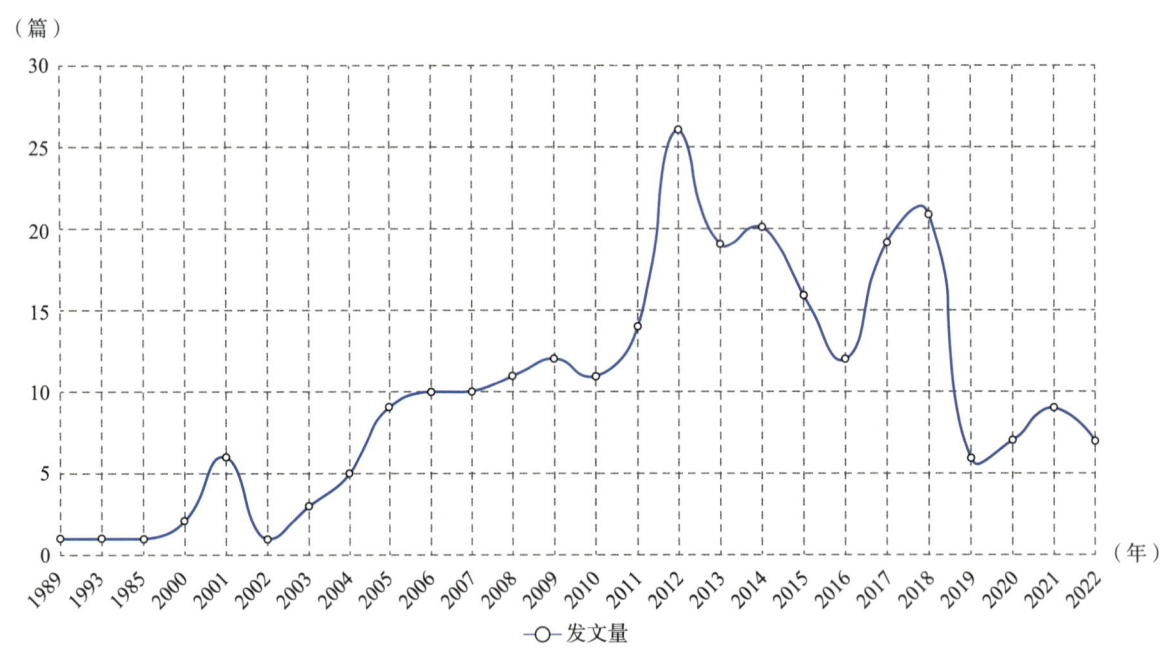

图 5-6　"硅胶"原材料万方文献库年份发文量变化趋势

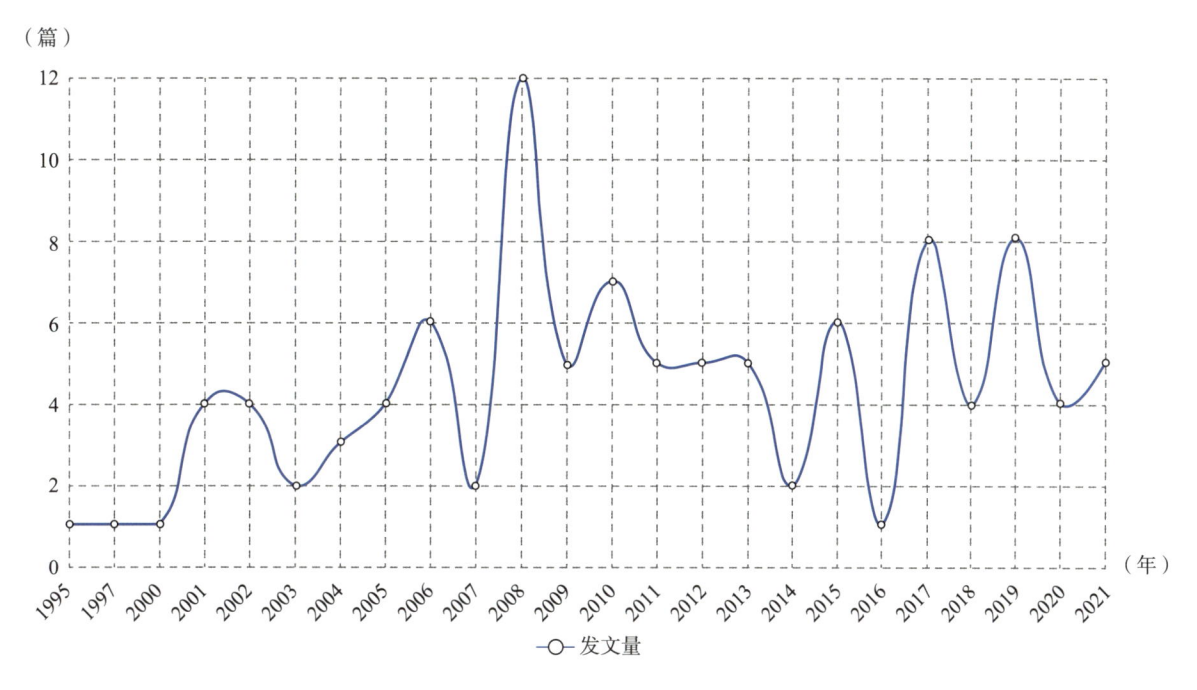

图 5-7 "分子筛"原材料万方文献库年份发文量变化趋势

郭玉花等以聚乙烯（PE）/乙烯-乙酸乙烯共聚物（EVA）为基体树脂，分别添加 2.5%、5%、7.5%、10% 分子筛，吹制 PE / EVA / 分子筛复合气调包装膜，并对新鲜采摘菠菜进行常温保鲜包装研究。测定了保鲜膜的拉伸强度、断裂伸长率和撕裂强度。对菠菜包装的保鲜效果进行感官评价，研究随着分子筛含量的增加，菠菜失重率、可溶性固形物和呼吸强度的变化。结果表明：室温下添加 EVA 和分子筛可增大保鲜膜的气体透过性，有效抑制菠菜的呼吸作用。当分子筛含量为 7.5% 时，薄膜的保鲜性能最好。气调保鲜包装的平衡气体浓度 O_2 含量为 8.7%～9.3%、CO_2 含量为 7.2%～7.7%。PE / EVA / 分子筛复合保鲜膜比纯 PE 膜更适于菠菜的保鲜。

针对常温条件下鲜黄花菜耐贮性较差，用普通薄膜袋包装，第 2 天全部开花，第 4 天开始腐烂的问题，龚吉军研究了小袋包装气调（MAP）和 6-苄基腺嘌呤（6-BA）对黄花菜采后生理的影响。采用正交实验法研究了黄花菜的最佳气调贮藏温度、成熟度和处理方法。贮藏期间对黄花菜的失重率、好花率、V_C 含量、总糖含量和呼吸强度进行了测定。结果表明，成熟度为 4 级的黄花菜在 2℃ 的贮温下，用还原铁粉作吸氧剂、6-BA 作保鲜剂处理，保鲜效果好，28 天仍有商品价值。

党金贵等通过调节包装内的湿度，以达到果蔬生长的适宜湿度环境，从而延缓新鲜果蔬的霉变及腐烂速率，延长其保质期，并降低产品损失率。将高吸水性树脂 PVA 与纳米分子筛均匀混合，配制成具有保湿功能的涂布溶胶，采用涂布法将该溶胶与包装基体材料 PE 相复合，得到一种具有防霉保鲜功能的新型食品包装薄膜，并以番茄为对象进行保鲜实验。结果表明，分子筛涂层能有效提高薄膜的阻湿性能，透湿量降低25%左右，阻气性能明显提高，透气系数大幅度降低，对番茄具有较好的保鲜效果。

董桂君等将茭白经质量分数为1.0%的$CaCl_2$溶液浸泡45分钟后分别用聚乙烯、聚乙烯防雾袋和低密度聚乙烯（LDPE）3种包装材料进行包装，置于（0±1）℃、相对湿度80%～85%的冷库中贮藏，分析各组在冷藏过程中的品质、活性氧及相关酶的变化情况。结果表明，$CaCl_2$与不同包装的结合处理均能有效抑制茭白的呼吸强度，减缓果实硬度和白度值的降低，维持果实可溶性固形物和可溶性蛋白的含量，抑制相对电导率和丙二醛含量的升高，从而更好地维持果实细胞膜的完整性，并且通过提高活性氧代谢相关酶（超氧化物歧化酶、过氧化氢酶和抗坏血酸过氧化物酶）的活性，抑制H_2O_2和超氧阴离子自由基（O_2^-）的积累。其中，$CaCl_2$处理结合LDPE包装的保鲜效果最优，能够最大限度维持采后茭白较高的品质和防御酶活性，有效地延缓茭白的采后衰老。

张海红等为了有效延长蛋糕的保质期，利用脱氧剂的脱氧原理以感官评价和菌落总数为评价指标，以铁粉、硅藻土、活性炭、氯化钠为因素（脱氧剂）。并以其不同用量为水平，采用多因素正交实验的方法进行了脱氧包装在蛋糕保鲜中的应用研究。结果表明：该脱氧剂的较优配方是铁粉6.09、硅藻土1.29、活性炭1.69、氯化钠1.69，以该配方的脱氧剂进行脱氧包装的蛋糕比普通包装的蛋糕的保质期可延长9d。

生鲜净菜的货架期可因使用亚硫酸盐而获得延长，但由于近年有亚硫酸盐导致食用者发生过敏性哮喘等报道，美国食品药物管理局已禁止亚硫酸盐用于生鲜蔬果保鲜。对此，何建军等人用0.03%的强力安杀菌剂对切分生鲜净菜莲藕进行杀菌，接着用0.5%柠檬酸＋0.5%氯化钙＋0.4%维生素C＋0.5%焦磷酸钠组成的保鲜保色剂进行处理，最后采用真空包装，并放在不同的环境中进行贮藏。结果发现，在0℃～5℃温度下贮藏，货架期可达60～90d；在5℃～15℃温度下贮藏，货架期可达30～45d，具有较好的保鲜效果。

5.1.2.3 活性包装技术机理及应用研究

以"活性包装 and 技术"为主题或主题"活性包装 and 机理"或主题"活性包装 and 应用"在万方数据库进行期刊论文、学术论文和会议论文型文献检索，检索到文献611篇，从2013—2022年的发文量来看，发文量先增多后减少后又再次快速增多，2013年发文量最少，有24篇，占比

3.90%；2018 年发文量最多，有 61 篇，占比 9.92%。除去议论性、一般介绍性相关文献，从近十年国内外相关研究文献分析看，相关研究主要集中在活性包装、食品包装、抗氧化、壳聚糖、保鲜等方面。"活性包装技术机理及应用"万方文献库年份发文量变化趋势如图 5-8 所示。

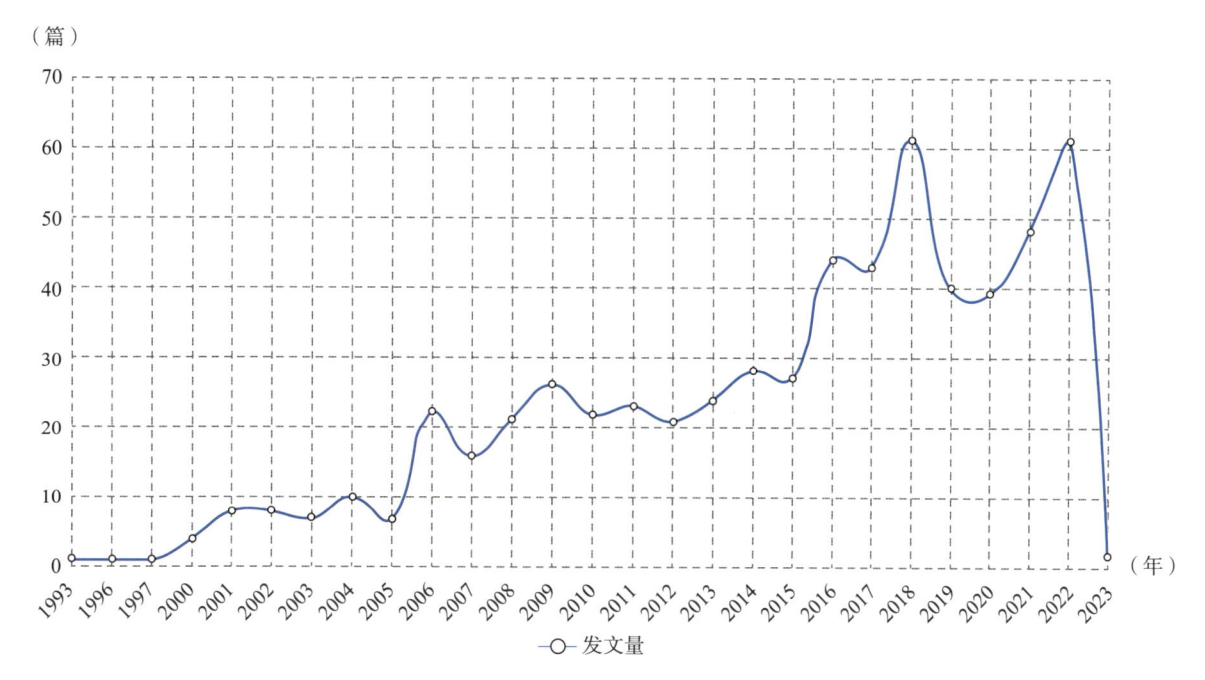

图 5-8　"活性包装技术机理及应用"万方文献库年份发文量变化趋势

韩强针对新疆核桃鲜果极易褐变和腐烂，销售和贮藏存在瓶颈的问题。以新疆主产核桃品种"温 185"薄皮核桃为研究对象，探究不同质量浓度（40mg/L 和 80mg/L）二氧化氯处理结合不同包装方法（铝箔热封和铝箔真空包装）对新疆核桃仁保藏的效果，分析生理生化指标和脂肪抗氧化相关酶活的调控过程。结果表明：真空包装结合低浓度二氧化氯的处理方法可抑制鲜核桃仁的腐烂发生和呼吸强度，延缓褐变，有效保持贮藏期核桃仁的质量。通过营养物质的变化分析，蛋白质和糖分分解消耗显著降低，同时延缓酸价和过氧化值上升，显著降低核桃的主要有益成分——不饱和脂肪酸的氧化分解作用。其脂肪氧化相关的酶活〔（超氧化物歧化酶，SOD 酶）和（过氧化氢酶，CAT 酶）〕峰值被推迟 10d，有效降低了脂肪氧化酶（LOX）的活性，从而抑制了自由基、过氧化物等有害物质的产生，以此阐述鲜核桃仁品质保持的酶活调控途径。

周玲以市售 PE 保鲜袋为对照，研究了一种新型 PE/Ag_2O 纳米包装袋对苹果切块总体感官质量、颜色、失重率和可溶性固形物溶出特性等的影响，并基于所负载纳米银的稳定性，对该 PE/Ag_2O 袋的使用安全性进行了评价。结果表明，PE/Ag_2O 纳米包装袋能更好地保持苹果切块的品质,具有优良的保鲜特性,而且将其用于食品保鲜是安全的。与 PE 保鲜袋相比,PE/Ag$_2$O 纳米包装袋更能延缓果实的颜色变化,降低失重率,抑制果实的呼吸强度,抑制微生物生长,从而提高苹果切块的保鲜品质。

禾谷镰孢菌（Fusarium graminearum）是一种易侵染小麦、大麦和玉米等作物的丝状真菌,它会极大降低谷物的营养价值且严重危害公众健康。邵佳佳通过研究一种来源于天然产物的活性物质多球壳菌素（ISP-1）对禾谷镰孢菌及其 DON 毒素生物合成的抑制活性和作用机理,并制备了一种负载多球壳菌素的纳米纤维膜,探究其在食品抗菌包装中的应用潜力。发现多球壳菌素通过改变细胞膜的通透性或完整性而影响其结构和功能,从而抑制禾谷镰孢菌的正常生长。多球壳菌素在 16μgml^{-1} 和 32μg·ml^{-1} 的亚抑制浓度下对 DON 毒素合成的抑制率分别为 76.40% 和 84.33%,对真菌生物量的抑制率分别为 22.74% 和 45.46%,说明多球壳菌素在亚抑制浓度下能够抑制 DON 毒素的生物合成。最终选择多球壳菌素添加量为 3% 的纳米纤维膜进行结构表征和性能测定。结果显示,PHBV/3%ISP-1 纳米纤维膜的水接触角为（113.8±5.40）°,说明材料呈疏水性。SEM 显示纤维间随机连接,表面光滑无串珠,平均直径为（740±132）nm；机械性能测试结果发现纳米纤维膜的断裂强度为（5.49±0.39）MPa,展现出良好的机械性能。以易腐水果草莓进行保藏实验,结果显示 PHBV/3%ISP-1 纳米纤维膜能有效维持草莓质量、硬度和有机酸含量等品质指标,延缓草莓腐败变质,表明 PHBV/ISP-1 纳米纤维膜应用于抗真菌活性包装具有良好的可行性。

陈晨伟研究含 α-生育酚的聚乙烯/聚乙烯醇（PE/PVA）活性包装膜对鲜切苹果品质的影响。通过溶液-涂布法制备得到含不同浓度 α-生育酚的 PE/PVA 薄膜,测定分析贮藏期间含不同浓度 α-生育酚的 PE/PVA 薄膜对鲜切苹果的色泽、质量损失率、硬度、维生素 C 含量、可滴定酸含量以及多酚氧化酶（PPO）活性的变化。结果含 α-生育酚的 PE/PVA 薄膜可以使鲜切苹果的褐变减缓,失重率增加,硬度、维生素 C 含量和可滴定酸含量下降,抑制了其 PPO 活性,随着包装膜中 α-生育酚含量的增加,对鲜切苹果品质的保护效果越好。结论表明,该活性包装膜可以减缓鲜切苹果的品质变化,证明向包装薄膜中添加抗菌剂、抗氧化剂等来延长食品货架期是有效的。

张新为延长梅杏在气调储藏环境下的贮藏时间,以梅杏为试材,配置浓度为 0.5%、0.75%、1.0%、1.5% 的壳聚糖溶液,加入 200mg/L 纳他霉素,配置成复合溶液,浸泡果实 1min 后进行冷藏,研究壳聚糖+纳他霉素复合处理对梅杏采后贮藏品质的影响。结果表明,1.0% 复合处理能够较好地降低梅杏的呼吸强度和失重率,抑制细胞膜透性量增加,保持较高的硬度、可溶性固形物、可滴定酸、Vc含量，减少梅杏腐烂发生，从而延长贮藏期，为梅杏贮藏提供了技术参考。

孙新玉针对单纯生物高分子基可食性包装膜的生物活性较差问题，研究将活性物质加入可食性包装膜中，制备具有缓释性能的可食性活性包装膜。首先，将天然抗氧化剂姜黄素与倍他环糊精结合制备姜黄素/倍他环糊精（CUR/βCD）乳液，其次，将乳液与成膜基质材料鲢鱼皮胶原蛋白复合制备具有缓释性能的胶原蛋白活性复合膜，最后，利用涂膜法研究了胶原蛋白活性涂层对草鱼肉片的保鲜。结果显示，CUR/βCD的最佳比例为1/4，CUR/βCD乳液显著提高了姜黄素的水溶性。利用CUR/βCD乳液与鲢鱼鱼皮胶原蛋白制备了具有抗氧化和缓释性能的可食性涂层，用涂膜保鲜的方法研究了在4℃贮藏条件下该涂层对草鱼肉片的保鲜效果并分析了其保鲜机理，测定了鱼肉样品的质量损失、pH、挥发性盐基总氮（TVB-N）、过氧化值（PV）、酸败（TBA）、蛋白质降解、游离氨基酸及微生物等指标。结果表明，胶原蛋白基活性涂层能够降低草鱼肉片的质量损失、明显抑制鱼肉的脂质氧化和蛋白质的降解，较好地维持鱼肉的品质，达到了延长其货架期的目的。

5.1.2.4　水分控制活性包装技术

以"活性包装 and 水分"为主题或主题"活性包装 and 水"或主题"活性包装 and 干燥"或主题"活性包装 and 保湿"在万方数据库进行期刊论文、学术论文和会议论文型文献检索，检索到文献551篇，从2013—2022年的发文量来看，2013年发文量最少，有22篇，占比3.99%；2018年发文量最多，有51篇，占比9.26%。除去议论性、一般介绍性相关文献，从近十年国内外相关研究文献分析看，相关研究主要集中在壳聚糖、品质、贮藏、保鲜、抗氧化活性等方面。"水分控制技术"万方文献库年份发文量变化趋势如图5-9所示。

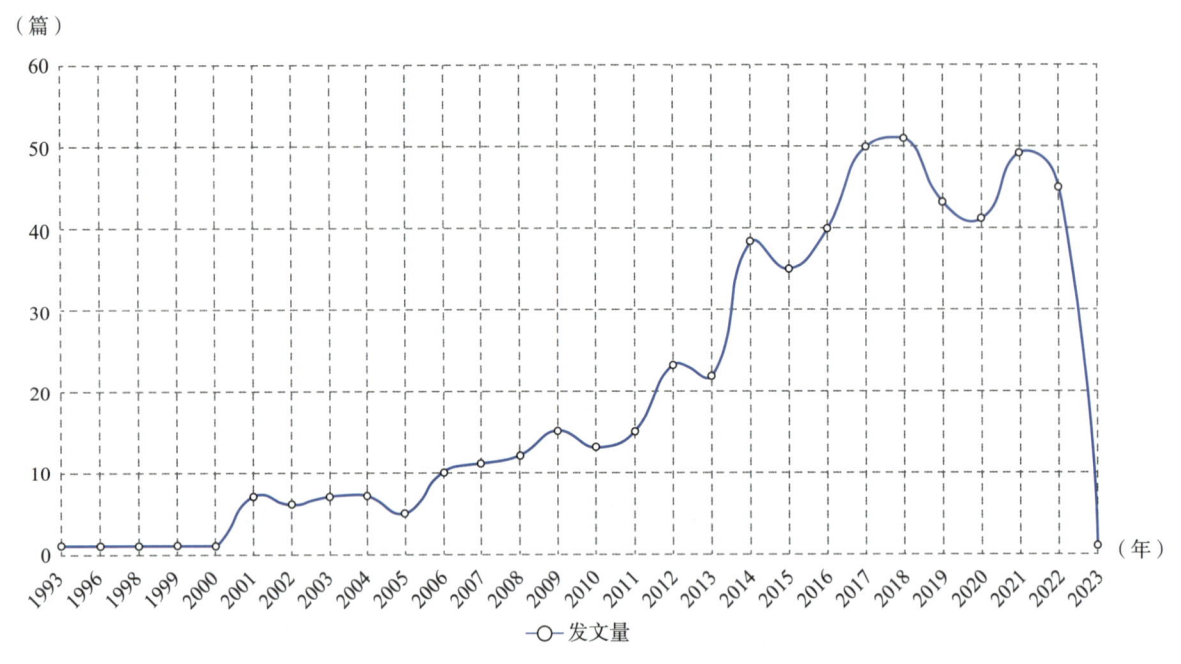

图 5-9 "水分控制技术"万方文献库年份发文量变化趋势

陈霞针对传统蛋白基可食性膜内外两侧无法选择性阻隔和吸附水蒸气分子及活性成分控释难等问题，采用具有功能互补特性的玉米醇溶蛋白（Zein）和明胶（Gelatin）为成膜基质，构建多层膜体系（Z-ZG-G）和复合膜体系（ZG），开发了兼具单向阻湿性和长效控释功能的新型活性包装材料。基于 Zein 的阻水特性和明胶的亲水特性，以 Zein 为外层，Zein/Gelatin 作为中间过渡层和明胶为内层的顺序，采用逐层流延的方法制备 Z-ZG-G 多层膜。当中间层 ZG 比例为 1∶2 时，多层膜呈现出具有不同特征的三层结构，各层之间结合紧密但界面分隔清晰。该膜具有良好的透明度和机械性能，以及一定的抗紫外线作用。研究结果表明，水蒸气从 Zein 侧向明胶侧进行渗透得到的 WVP 值显著低于从明胶侧进行渗透的，表明多层膜两侧可对水蒸气进行选择性阻隔，进而实现单向阻湿的功能。

5.1.2.5　抗菌包装技术方向

以"活性包装 and 抗菌"为主题在万方数据库进行期刊论文、学术论文和会议论文型文献检索，检索到文献 530 篇，从 2013—2022 年的发文量来看，发文量呈现逐渐增长的趋势，2013 年发文量最少，仅有 18 篇，占比 3.40%；2020 年发文量最多，有 63 篇，占比 11.89%。除去议论性、一般介绍性相关文献，从近十年国内外相关研究文献分析看，相关研究主要集中在抗菌、抗菌活性、抗菌包装、食品包装、壳聚糖、果蔬保鲜等方面。"抗菌包装技术"万方文献库年份发文量变化趋势图如图5-10所示。

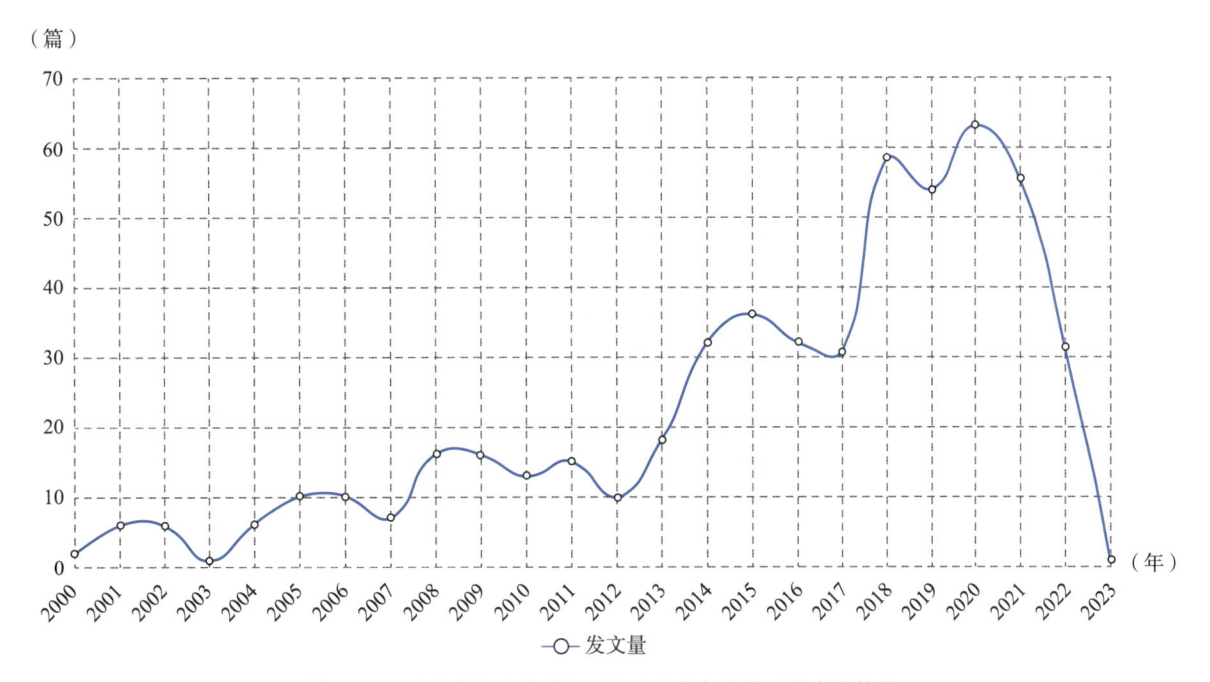

图5-10 "抗菌包装技术"万方文献库年份发文量变化趋势

典型观点如下。

J. Han等选择反式肉桂醛、山梨酸、麝香草酚、香芹酚、迷迭香油等抗菌物质作为涂布剂涂布于低密度聚乙烯/聚酰胺包装薄膜上，实验证明，该膜在1～3Gv的辐照处理过程之后依然可以有抵抗细菌的活性，且薄膜具有较高的隔湿性，并保持良好的透氧性。

张莹莹针对水产品在贮藏、运输、销售等每一个环节都极易受到微生物的污染，发生腐败变质，致使其货架期缩短的问题，通过静电纺丝技术将天然绿色抗菌剂负载在纳米纤维材料中，同轴电纺制备得到功能化核-壳型纤维膜和单轴电纺制备出聚乙烯醇负载抗菌剂的纤维，作为新型食品活性包装，并将其应用于海鲈鱼保鲜中。将纤维膜在4℃冷藏条件下对日本鲈鱼（Lateolabrax japonicus）保鲜的应用。与对照组相比，聚六亚甲基盐酸胍（PHMB）负载的聚乙烯醇（PVA）纤维膜有效降低了总活菌数，抑制了假单胞菌和硫化氢（H_2S）生成，并延缓了碱性化合物的产生。结果表明，PVA/PHMB纤维膜对维持鲈鱼品质和延长保质期有良好效果。

杨春香等以聚乳酸（PLA）、丁二酸丁二醇酯-己二酸丁二醇酯共聚物（PBSA）为基材，4%香芹酚+4%百里香酚为活性成分，通过双螺杆挤出机共混造粒、流延机制备薄膜，考察薄膜中活性成分的模拟释放过程及在（4±1）℃冷藏条件下对三文鱼包装保鲜的效果。结果，香芹酚和百里香酚的添加提升了改性 PLA 薄膜的抗菌性能；薄膜中香芹酚和百里香酚在 95% 乙醇模拟液中的释放量最大，并且两者在不同模拟液中的扩散系数基本和模拟液中的实际释放情况相吻合；其应用于新鲜三文鱼冷藏保鲜时，改性 PLA 活性包装薄膜包装三文鱼的菌落总数（TVC）、挥发性盐基总氮值（tTVBN）均显著低于空白组（P < 0.05）。结论是，在（4±1）℃冷藏条件下，PLA/PBSA 活性包装薄膜可有效延缓三文鱼的腐败变质，保鲜效果更明显，可延长三文鱼货架期 3～4d。

丁雪运用单因素和正交试验优化以粗酶液、羟丙基甲基纤维素（HPMC）、海藻酸丙二醇酯（PGA）为成膜基质的复合膜制备工艺，以甘油为增塑剂，$CaCl_2$ 交联改性后测定膜的物理性能及抑菌性能。正交试验结果为：甘油添加量为干物质重 0.1 倍，PGA 溶液（2%w/v）及 HPMC 溶液（2%w/v）添加量均为 120g，粗酶液添加量为 3mL；在此条件下对大肠杆菌抑菌圈直径为 24.75mm，抗拉伸强度为 8.87MPa，水蒸气透过量为 35.2g/（m_2•d）。研究在 4 ℃环境下对冷鲜肉保藏品质的影响，结果表明：实验组能够抑制冷鲜肉表面微生物生长，减缓蛋白质分解和脂肪氧化。抗菌膜氧气透过率为 44.117ml/（m_2•d）高于阴性对照组 [36.306ml/（m_2•d）]，更有利于保持肉制品较好的色泽。

王海丽以乙烯 - 乙烯醇共聚物（EVOH）为基材，以纳米蒙脱土（MMT）为改性剂，以香叶醇（Ger）、α- 松油醇（α-Ter）为活性抑菌剂进行探索研究。研究表明，添加了 MMT 后，不但增强了薄膜材料的机械性能，且使其柔韧性也有所增强；降低了水蒸气透过率的同时增强了其氧气阻隔性。以黑鱼鱼肉为保鲜研究对象，并以挥发性盐基氮（TVB-N）含量、菌落总数（TVC）、pH 值、硫代巴比妥酸（TBA）值、汁液流失率作为鲜度指标对制备出的改性 EVOH 保鲜包装薄膜的保鲜效果进行评价。经过对鱼肉样品的各个保鲜指标的测试及分析，反映出改性 EVOH 保鲜膜具有较明显的保鲜效果。若以 TVC 指标（107 CFU/g）为可食用的标准并结合相关其他鲜度指标，则改性后的各个 EVOH 包装薄膜可有效延长鱼肉保质期 4～5d。纳米活性 EVOH 包装薄膜的保鲜效果要优于活性抑菌 EVOH 包装薄膜，且同时添加了 Ter 与 Ger 的活性包装薄膜其保鲜效果最佳。

覃平采用不同浓度的纳他霉素悬浊液对常见的具有代表性的焙烤食品：月饼、蛋糕、切片面包和湿生面条进行表面处理，对其表面的霉菌菌落数、细菌菌落总数进行分析检测，并研究了纳他霉素与其他食品防腐剂抑菌防腐效果的比较。研究表明，纳他霉素能有效抑制焙烤食品中霉菌的生长繁殖，但对细菌没有抑制作用。纳他霉素抑制霉菌的效果明显优于山梨酸钾、丙酸钙、脱氢乙酸钠等常用防腐剂。在相同的实验情况下，纳他霉素延长焙烤食品保质期的时间明显优于丙酸钙，在延长相同保质期的情况下，纳他霉素的用量只有山梨酸钾和脱氢乙酸钠用量的1%～4%。纳他霉素应用于焙烤食品表面防腐，其处理液的最佳浓度为300～400mg/kg（或mg/L水或75%乙醇溶液）。模拟了复合防腐剂在月饼等焙烤食品中的实际生产应用。结论是，在生产应用中，纳他霉素和山梨酸钾的复配使用，能很好地抑制月饼等焙烤食品中细菌真菌的生长，可使月饼、蛋糕、面包和生湿面条保质期，在28℃恒温贮藏条件下，分别达到60d、10d、15d、15d以上。而且纳他霉素和山梨酸钾的残留均远低于国家规定的标准。

汪慧通过脱脂奶粉、纳他霉素和羧甲基纤维素钠三者利用pH驱动形成纳他霉素乳液，研究形成高包封率乳液的条件，并研究包埋技术对纳他霉素的溶解性、抗菌性和光敏性的影响，最后，将纳他霉素乳液和抗菌膜分别应用于烘焙食品和甘薯的保鲜中。结果表明，纳他霉素可有效抑制面包和蛋糕表面霉菌的生长繁殖。在烘焙食品的保鲜中，纳他霉素乳液抑制霉菌生长繁殖的效果明显优于双乙酸钠。在相同的实验条件下，纳他霉素乳液延长烘焙食品保质期的时间长于悬浊液和双乙酸钠。当纳他霉素乳液被作为防腐保鲜剂应用于烘焙食品中时，考虑经济和安全两方面因素，处理液的最佳浓度为300mg/kg，则乳液的最终浓度为6mg/kg。在甘薯储藏保鲜方面，经120d贮藏期后，空白组处理组与纳他霉素悬浊液处理组的甘薯已出现明显的霉斑，而纳他霉素乳液和膜液处理组的甘薯表面没有明显的菌斑出现，这表明在实验期内，用纳他霉素膜液处理甘薯具有较好的保鲜作用，可有效地延长甘薯采摘后的贮藏时间。在储藏期中甘薯的水分含量、可溶性蛋白、总淀粉、维生素C（Vc）、黄酮苷等营养指标均呈现出下降的趋势。随着甘薯保藏时间的延长，淀粉含量呈现大体下降趋势而且在60～120d之间下降率最大。与此同时，甘薯中可溶性糖含量却呈现先小幅度的上升后下降的趋势而且在储藏60d时含量达到最大值。出现此现象的原因应该是，在储藏前期，甘薯中的淀粉持续不断地分解为小分子的糖类使得可溶性糖含量增加，而在贮藏后期淀粉的分解减缓则使得可溶性糖含量呈现降低趋势。储藏期间，甘薯中黄酮类物质含量先增加且在30d时达到最大值，随后含量随着储藏时间的延长而降低。贮藏期间，纳他霉素膜液处理组的甘薯品质最佳，可以有效延长甘薯的贮藏时间。

李亚娜等人通过熔融共混法制备得到氧化锌（ZnO）含量为0.5%纳米ZnO/高密度聚乙烯（HDPE）复合膜，对其进行表征和性能测试，并考察其对奶酪的保鲜性。结果表明，复合膜中的纳米 ZnO 粒子分散较均匀，相比于普通 HDPE 膜，纳米复合膜的力学性能和阻隔性能都得到一定程度的提高。该膜对奶酪包装后进行感官分值、pH 值和微生物生长状况的测试发现，与纯 HDPE 膜所包装的奶酪相比，纳米 ZnO/HDPE 复合膜所包装奶酪的感官分值由 66.0 提高到 73.0；pH 值约为 6.167，更接近标准样；奶酪溶液铺平板并培养 48h 后的菌落数（32×103CFU/ml）少于 HDPE 膜（82×103CFU/ml），这表明纳米 ZnO/HDPE 复合膜对奶酪上的微生物生长有很强的抑制作用，具有一定的抗菌保鲜性。

吴正国以木质素为还原剂，合成了亲水性的木质素-AgNPs。并以木质素-AgNPs、月桂精油（LEO）为芯材，磷脂、胆固醇为壁材，采用薄膜水化法制备了具有良好包覆效率的 Lip-LEO-AgNPs 复合脂质体，然后与壳聚糖溶液混合，涂抹于聚乙烯（PE）膜上，制备用于猪肉保鲜的复合涂抹膜。结果表明：虽然仅有 11.79% 的纳米银从复合膜中释放出，但是所制备的复合涂膜对金黄色葡萄球菌、大肠杆菌具有良好的抗菌活性，且该复合脂质体具有良好的抗氧化活性。猪肉的感官评定、pH 和挥发性盐基氮评估表明该涂膜可有效延长猪肉的贮藏期（4℃，延长 6d），且安全无毒。

5.1.2.6 抗氧化技术方向

以"活性包装 and 抗氧"为主题在万方数据库进行期刊论文、学术论文和会议论文型文献检索，检索到文献 384 篇，从 2013—2022 年的发文量来看，发文量呈现阶段式增长的趋势，2013 年发文量最少，仅有 14 篇，占比 2.11%；2020 年发文量最多，有 82 篇，占比 12.35%。除去议论性、一般介绍性相关文献，从近十年国内外相关研究文献分析看，相关研究主要集中在抗氧化、抗氧化活性、活性包装、品质、壳聚糖、复合膜等方面。"抗氧化技术"万方文献库年份发文量变化趋势如图 5-11 所示。

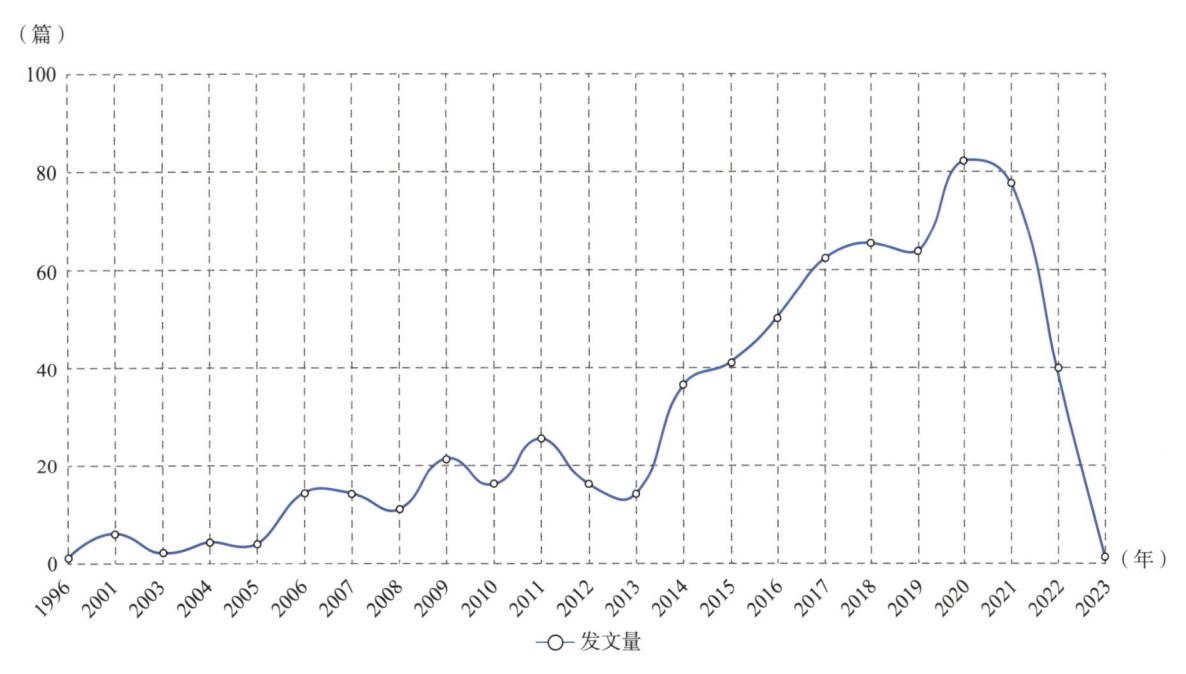

图 5-11 "抗氧化技术"万方文献库年份发文量变化趋势

许耀之等研究了将可降解材料聚乳酸（PLA）/聚丁二酸丁二醇酯-聚己二酸丁二醇酯共聚物（PBSA）薄膜添加有机纳米蒙脱土（MMT）和精油后的抗氧化性和保鲜性能。方法是采用挤出共混改性和挤出流延法加工制备出 PLA/PBSA/MMT/精油纳米复合薄膜，对其力学性能、透湿性、透气性、抗氧化性等进行探讨，并研究对樱桃的保鲜作用。结果添加了 DK4 型号 MMT 的 PLA/PBSA 薄膜的抗拉强度得到提高，薄膜的水蒸气透过率、透气率得到降低，但是对樱桃保鲜的各项指标与对照组无明显差异。在此基础上添加丁香精油后，力学性能得到提升，抗氧化作用明显，并且对改善樱桃的保鲜效果显著增加。结论是添加了 DK4 型 MMT 和丁香精油的 PLA/PBSA 薄膜有着较好的改性效果，并且有良好的保鲜效果。

吴富奇利用流延法，以聚乙烯醇（PVA）和木薯淀粉为主要原料，添加甘油和乙酸，制备出 PVA/木薯淀粉复合膜。结构表征和性能测试结果表明，PVA 与木薯淀粉相容性良好，PVA 与淀粉配比对复合膜性能产生重要影响。少量木薯淀粉可以促进复合膜中 PVA 大分子有序排列，使结晶度增大，提高拉伸强度和断裂伸长率。当 PVA 与木薯淀粉配比为 70∶30 时，复合膜综合性能最佳，拉伸强度和断裂伸长率达到最高值，分别为 55.65MPa 和 337.10%，透光率和吸水率分别为 86.90% 和 109.52%。选用月桂酰精氨酸乙酯盐酸盐（LAE）作抗菌剂加入配比为 70∶30 的 PVA/木薯淀粉复合膜中，制备出具有较强抗菌性能的 PVA/木薯淀粉/LAE 复合活性包装膜。LAE 通过改变微生物细胞膜电位和通透性致其死亡。体外抗菌结果显示，LAE添加量仅为1%时，活性食品包装膜就对大肠杆菌和金黄色葡萄球菌具有很好的抑制作用，随着LAE添加量增多，活性膜抗菌能力随之增强。LAE可促进长链高分子聚合物的相对滑动，当添加量为10%时，复合膜断裂伸长率高达586.08%。另外，随着LAE含量增加，活性包装膜对紫外线和可见光的阻隔性能也得到提升，能防止食品因光照而降解氧化。

白艺朋等为了延长荞麦半干面的常温货架期，以聚偏二氯乙烯（PVDC）和聚乙烯（PE）为包装材料，采用不同活性包装方式（脱氧包装和脱氧结合酒精缓释包装）对其进行包装处理。考察脱氧剂、酒精缓释剂和不同包装材料对荞麦半干面货架期和储藏期间品质的影响。测定荞麦半干面在储藏期间菌落总数、酸度值、pH值、质构特性、感官品质和包装袋内顶空氧气含量、顶空酒精浓度的变化。结果表明：储藏期间菌落总数整体呈现上升趋势，脱氧结合酒精缓释包装协同抑制微生物生长。储藏9天后，脱氧结合酒精缓释包装的面条菌落总数均未超过106 cfu /g，同时显著抑制了理化品质的劣变（$P < 0.05$）；脱氧剂的吸氧量越大，24h内除氧速率越快，抑菌效果越显著；相同活性包装方式下，与PE包装材料相比，PVDC包装材料能增强其延长荞麦半干面常温货架期的作用效果。与其他包装方式相比，脱氧（200mL）结合酒精缓释PVDC包装将荞麦半干面货架期延长至16d，并且维持了面条储藏期间的品质。

卢莉璟以高密度聚乙烯（HDPE）为外层，低密度聚乙烯（LDPE）为活性层基材，以槲皮素为抗氧化剂，经硅烷偶联剂改性的硅藻土为无机填料，加入EVA以增加LDPE与抗氧化剂和无机填料间的相容性，采用共挤流延法制备HDPE/LDPE基多层抗氧化复合膜。结果表明，随着复合膜内层EVA添加量或EVA中VA含量增加，槲皮素从复合膜中的释放速率逐渐加快，通过改变这两个因素可在较大范围内调节槲皮素的释放速率，但同时槲皮素释放量均较低；在复合膜内层添加改性硅藻土后，槲皮素的释放量显著增大，释放速率也随之增大；而硅藻土添加量变化对槲皮素释放速率和释放程度影响不显著。

张子墨等以聚乳酸（PLA）为基材，曲酸为抗氧化剂制备活性包装膜，研究了不同浓度曲酸对复合膜物理性能、力学性能及抗氧化活性等的影响，为开发新型食品活性包装材料提供依据。结果表明，加入曲酸后，薄膜的抗氧化性能显著提高。曲酸的加入也提高了复合膜的厚度，增加了膜的颜色，但不透明度降低。薄膜的断裂伸长率随曲酸浓度的增加而增加，红外光谱显示4%曲酸导致聚乳酸膜出现了新的C＝C双键特征峰，显著加强聚乳酸膜分子链的相互作用，能够观察到苯环骨架的伸缩振动，新形成的 C＝C 等化学键也导致薄膜有着较高的抗拉强度，表面产生了明显的波纹。综合来看，添加 4% 的曲酸能提高膜的抗氧化性能和力学性能，能获得理想的复合膜。

Mexis 等以过氧化值、己醛、颜色、脂肪酸组成和挥发性气体成分为评价生杏仁储藏品质的指标，研究吸氧剂等方式对生杏仁储藏保鲜效果的影响，结果表明，使用吸氧剂的包装方式可以延长生杏仁保质期至 12 个月。Jensen 等研究了吸氧剂包装对核桃储藏品质的影响，吸氧剂结合低透氧率的包装材料可以有效延长核桃的货架期，保持储藏期间核桃的良好品质。果蔬保鲜包装内水蒸气过高，易于微生物的生长和繁殖，湿度过低则会造成果蔬的脱水，Mahajan 等以山梨糖醇、斑脱土和氯化钙为材料制成的新型干燥剂可维持果蔬包装内适当的湿度。

Shin 等运用铁基除氧包装材料封装肉制品，在 25℃ 条件下存放 9 个月，肉制品因发生氧化而引起的味道变化明显小于被动式包装材料封装的肉制品，显著延长了肉制品的保质期。此外，Mu 等人在微乳液体系中通过液相还原法制备的铁纳米颗粒，其除氧速率是常规铁基除氧剂的 9 倍之多，在烤葵花籽和核桃仁上的成功应用证明了其抑制脂类食品中脂质氧化的能力。

Jiang 等制备了一种新型活性包装膜，其中包含三叶木通、果皮提取物（APE）和蒙脱土（MMT）制成壳聚糖（CH）膜。与纯 CH 膜相比，CH/APE 膜显示出显著更高的拉伸强度、断裂伸长率、抗紫外线和抗菌活性。MMT 的加入显著增加了接触角、DPPH 值、透氧性、热稳定性和 ΔE 值。APE 的加入显著提高了机械稳定性（TS 和 EB）、接触角、DPPH 值和抗菌活性，同时降低了 CH 膜的结晶度。MMT 和 APE 同时增强的 CH 膜显示出最高的接触角和 DPPH 值及最低的透氧性。SEM 和 AFM 分析表明，MMT 和 APE 均匀分布在 CH 基体中，尽管 MMT 诱导了更紧密和粗糙的结构。最佳薄膜配方为 0.15%MMT、0.15%APE 和 1.50%CH，实际 S 值为 0.66。试验表明，涂层处理对冷藏具有协同效应，尤其是在延缓果实开裂和成熟方面。研究结果有助于枳壳的开发利用，延长枳壳果实的货架期。

Claudia Contini 等通过在聚对苯二甲酸乙二醇酯（PET）托盘上涂覆由羧酸和黄烷酮混合物组成的柑橘提取物，制备抗氧化活性包装。研究了包装在降低熟火鸡肉中的脂质氧化以及对肉的 pH 值、颜色特性和感官参数的影响。结果表明，含有柑橘提取物的抗氧化活性包装可以有效减少熟火鸡肉在储存过程中的脂质氧化，并保持其感官特征，特别是嫩度和整体可接受性。嫩度的增加可能是由于储存在活性包装中的肉的脂质氧化减少以及导致肌肉结构改变的 pH 值降低。柠檬酸是柑橘提取物成分中抗氧化活性的主要驱动因素。

徐凤娟等研究不同浓度迷迭香活性包装对虾仁冷藏过程中脂质氧化与质构的影响。将不同浓度的迷迭香加入包装材料来保藏虾仁，研究冷藏过程中虾仁过氧化值、硫代巴比妥酸值、巯基、Ca^{2+}-ATPase 活性和质构特性的变化。结果迷迭香活性包装对冷藏期间虾仁的脂质氧化有一定的抑制作用，而且和迷迭香的浓度呈正相关。在虾仁冷藏的 12 天内，迷迭香添加量为 0.75mg/cm² 实验组的过氧化值（POV）相对于空白对照组降低 47%，硫代巴比妥酸（BARST）相对于空白对照组降低 31%。质构数据表明，迷迭香活性包装能延缓虾仁硬度、弹性、咀嚼性的改变。结论是，迷迭香活性包装能有效抑制冷藏虾仁的品质变化，并能延缓质构劣变，是一种有潜力的虾仁包装技术。

钱奕含针对威化饼干易氧化，致使其货架期过短的问题，以米威化饼干为研究对象，制备柠檬精油微胶囊及其活性包装膜，试验测定评估其中精油的释放速率、活性包装膜对米威化饼干的抗氧化保质效果。结果表明，微胶囊、乙醇、成膜液添加量对壳聚糖膜精油释放量、力学性能及光学性能影响显著，响应面优化得最佳配方为：乙醇 4.29wt%；微胶囊 1.02wt%；成膜液 29.8g。壳聚糖膜与基膜最佳复合工艺为电晕与涂胶相结合，用复合膜包装的米威化饼干在 40℃加速试验下的预测货架期比对照组延长 18.2%。

Byung，Joon，Ahn 等从含有 1%、3%、5%、10% 和 20% 没食子酸（GA）和氯化钾（PC）的非金属基氧清除系统（OSS）中制备并表征了活性氧清除低密度聚乙烯（LDPE）膜。比较了除氧 LDPE 膜与纯 LDPE 膜的表面形态、机械性能、渗透性和光学性能。表面形态、阻气性和热性能表明 OSS 很好地结合到 LDPE 膜结构中。膜的表面粗糙度随着氧清除材料的量而增加。显影膜的氧和水蒸气透过率也随着氧清除材料的量而增加，尽管其伸长率降低。分析了不同温度下制备的膜的氧清除能力。瓶顶部空间中的初始氧含量（%）为 20.90%，在 4℃时降至 16.6%，在 23℃时为 14.6%，在 50℃时降至 12.7%。用 20% 有机氧清除材料浸渍的膜在 23℃时显示出 0.709mL/cm² 的有效氧清除能力。

5.1.2.7 绿色与降解活性包装技术

以"活性包装 and 绿色"为主题或主题"活性包装 and 可降解"或主题"活性包装 and 生物质"或主题"活性包装 and 回收"在万方数据库进行期刊论文、学术论文和会议论文型文献检索，检索到文献 348 篇，从 2013—2022 年的发文量来看，发文量呈现波浪形增长的趋势，增长幅度较大，2013 年发文量最少，有 13 篇，占比 3.74%；2018 年发文量最多，有 33 篇，占比 9.48%。除去议论性、一般介绍性相关文献，从近十年国内外相关研究文献分析看，相关研究主要集中在壳聚糖、保鲜、活性包装、贮藏、食品包装等方面。"绿色与降解活性包装技术"万方文献库年份发文量变化趋势如图 5-12 所示。

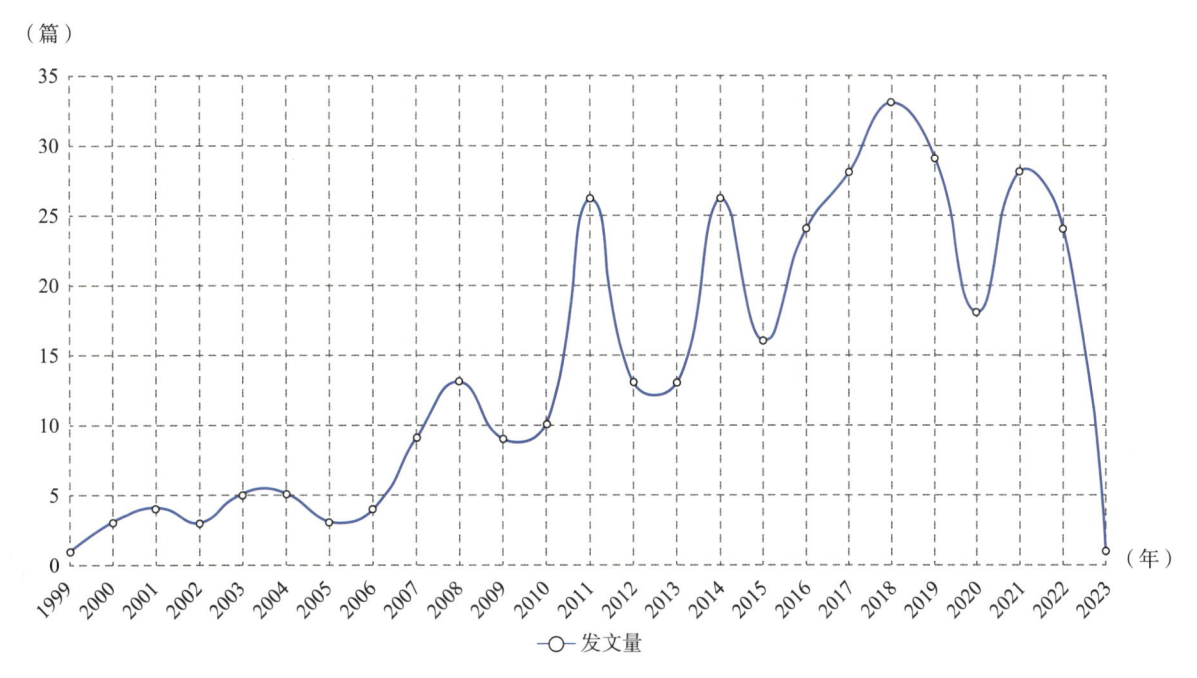

图 5-12 "绿色与降解活性包装技术"万方文献库年份发文量变化趋势

陈中标等以百里香油和柠檬精油为原料，研究不同精油及精油含量对聚乳酸／聚对苯二甲酸-己二酸丁二醇酯（PLA/PBAT）共混膜的影响。结果表明：百里香油和柠檬精油的加入显著改善PLA/PBAT 薄膜的抗紫外性能，柠檬精油的含量为 10%，PLA/PBAT/ 柠檬精油的紫外线透光率为67%。加入精油后，PLA/PBAT 薄膜的拉伸强度略有降低，而断裂伸长率升高。柠檬精油复合薄膜比百里香油复合薄膜具有更好的抗菌性能。PLA/PBAT/ 柠檬精油（10%）复合薄膜使大肠杆菌的生长从 6.5lg（CFU/ml）降至 4.4lg（CFU/ml）。PLA/PBAT/ 柠檬精油（10%）复合薄膜对大肠杆菌生物膜生长的抑制率达到 77.6%。精油的加入对 PLA/PBAT 的热稳定性影响不大。因此，柠檬精油复合薄膜具有良好的紫外线阻隔性、抗菌性、生物膜抑制性和热稳定性能，是一种具有潜力的活性包装材料。

周文艺等人以龙眼核精油为活性成分的壳聚糖为基膜材料制备具有抗菌抗氧化性能的绿色环保可降解的复合膜并利用鸡蛋进行保鲜效果研究。用 4 种不同有机溶剂提取龙眼核精油，并通过单因素实验测定 4 种不同龙眼核精油其抗氧化性及抑菌性能，选取最优龙眼核精油与壳聚糖配制对鸡蛋进行涂膜，研究其对鸡蛋的保鲜效果，并运用流延法制备活性包装膜及测定包装膜的性能。4 种提取剂中，乙醇所提取的龙眼核精油对自由基清除效果最佳且有明显抑菌效果。鸡蛋在贮藏第 0d、7d、14d、21d、28d 各指标的检测结果表明，壳聚糖涂膜和龙眼核精油涂膜对鸡蛋均具有保鲜效果，通过对空白组的比较，综合检测指标结果表明，龙眼核精油对鸡蛋的保鲜效果最好。龙眼核精油-壳聚糖复配制得的活性包装膜在抑菌方面效果优于壳聚糖膜并且力学性能优良。龙眼核精油与壳聚糖复配制得的活性包装膜有良好的抗氧化及抑菌性能，并且对鸡蛋的保鲜效果有增强作用。

Yasmim Montero 等人通过线延伸法制备负载有肉桂精油（EO）的纤维素纳米纤维（CNF）的聚对苯二甲酸-己二酸丁二醇酯（PBAT）活性膜。研究了 NC-EO-PBAT 之间可能的相互作用，结果证实了 EO 的存在，其与 PBAT 基质物理相互作用，改变了聚合物分子构象。所有薄膜都显示出高的热稳定性，足以应用于食品工业。含有改性 CNF 的膜显示出 Fickian 控制的扩散，并且在较低的填料含量下验证了较高的精油释放。改性的 CNF 由于有疏水性油和良好的填料分散性而降低了水蒸气渗透性，这影响了膜作为草莓包装的性能。含有 0.5% 重量改性 CNF 的薄膜包装的水果在储存 15 天后具有较低的重量损失、较好的保鲜性和无真菌侵袭。结果表明，开发的薄膜改善了草莓的品质，并具有抗沙门氏菌和单核细胞增生李斯特氏菌的抗菌性能，为食品包装提供了替代合成材料的潜在选择。

沈春华等人采用流延成膜工艺，分别添加质量分数为 5% 的茶树精油和尤加利精油，制备聚乳酸/聚羟基脂肪酸酯（PLA/PHA）可降解活性抗菌薄膜。以蓝莓为研究对象，在（4±1）℃贮藏条件下，分别采用 PLA/PHA 保鲜膜包装、茶树精油/PLA/PHA 保鲜膜包装、尤加利精油/PLA/PHA 保鲜膜包装处理。通过测定 3 种薄膜的基本性能，袋内氧气和二氧化碳体积分数，蓝莓的烂果率、失重、硬度、可溶性固形物含量、总酚、花色苷和 Vc 含量等指标，探讨不同活性抗菌薄膜对蓝莓低温贮藏品质的影响。结果表明：含有精油的活性抗菌薄膜能有效降低蓝莓果实的烂果率、失重率，延缓果实花色苷和 Vc 含量的降低，一定程度上保持了果实的硬度。其中，尤加利精油/PLA/PHA 保鲜膜包装对维持蓝莓果实新鲜度，降低果实水分蒸发，维持总酚含量效果最佳。

谢斌等人为了研制一种综合性能更好的环境友好型活性包装材料，以聚乙烯醇和壳聚糖为基材，以表没食子儿茶素没食子酸酯（EGCG）为改性剂，制备了含不同质量分数 EGCG 的 PVA/CS/EGCG 复合薄膜。利用紫外-可见分光光度计对复合薄膜紫外光屏蔽性进行表征分析；并对复合薄膜的厚度、色差、光透性、力学性能、抗氧化特性和抗菌活性进行测定。实验结果表明：EGCG 的掺入降低了复合薄膜的亮度，使薄膜具有出色的紫外线阻隔性能；提高了复合薄膜的拉伸强度且保持了较高的断裂伸长率；DPPH 自由基清除活性随着 EGCG 添加量的增加而明显提升，说明复合薄膜的抗氧化性显著增强；复合薄膜的抗菌性能得到显著提升，EGCG 质量分数为 5% 的复合薄膜的抑菌率达到 92.58%。

Tainara de Moraes Crizel 等人开发和表征可生物降解和抗氧化包装，使用明胶胶囊生产过程中产生的废弃物和蓝莓汁加工废弃物中获得的成分。从蓝莓废料中获得的纤维和乙醇提取物以不同重量用于基于明胶胶囊废料的薄膜配方：纤维浓度为 0.05g/mL、0.10g/mL 和 0.15g/mL 的 FF 系列；FE 系列，30mL、40mL 和 50mL 提取物；和对照制剂。分析了薄膜的形态、机械、阻隔、光学、热和抗氧化（AA）性能。结果表明，纤维的添加促进了拉伸强度从 2.51（对照配方）降低到 1.51MPa（0.15g 纤维 /mL），水蒸气渗透性增加近一倍。然而，纤维的加入也显著增加了 AA 膜在 500nm 处的 UV 光阻挡（+0.16%），相当于提升了（+67.36%）的阻挡效率，并且有效地减少了葵花油的脂质氧化。与对照制剂相比，添加了提取物的薄膜没有表现出机械或阻隔性能的变化，并且有效地阻隔了紫外线。此外，样品薄膜在 28 天内表现出非常稳定的抗氧化能力。

5.1.2.8 二氧化碳控制活性包装

以"活性包装 and 二氧化碳"为主题或主题"活性包装 and CO_2"在万方数据库进行期刊论文、学术论文和会议论文型文献检索，检索到文献 223 篇，从 2013—2022 年的发文量来看，2013 年发文量最少，有 18 篇，占比 4.31%；2016 年发文量最多，有 40 篇，占比 9.64%。除去议论性、一般介绍性相关文献，从近十年国内外相关研究文献分析看，相关研究主要集中在气调包装、品质、保鲜、制备工艺、贮藏、聚乳酸材料等方面。"二氧化碳控制活性包装"万方文献库年份发文量变化趋势如图 5-13 所示。

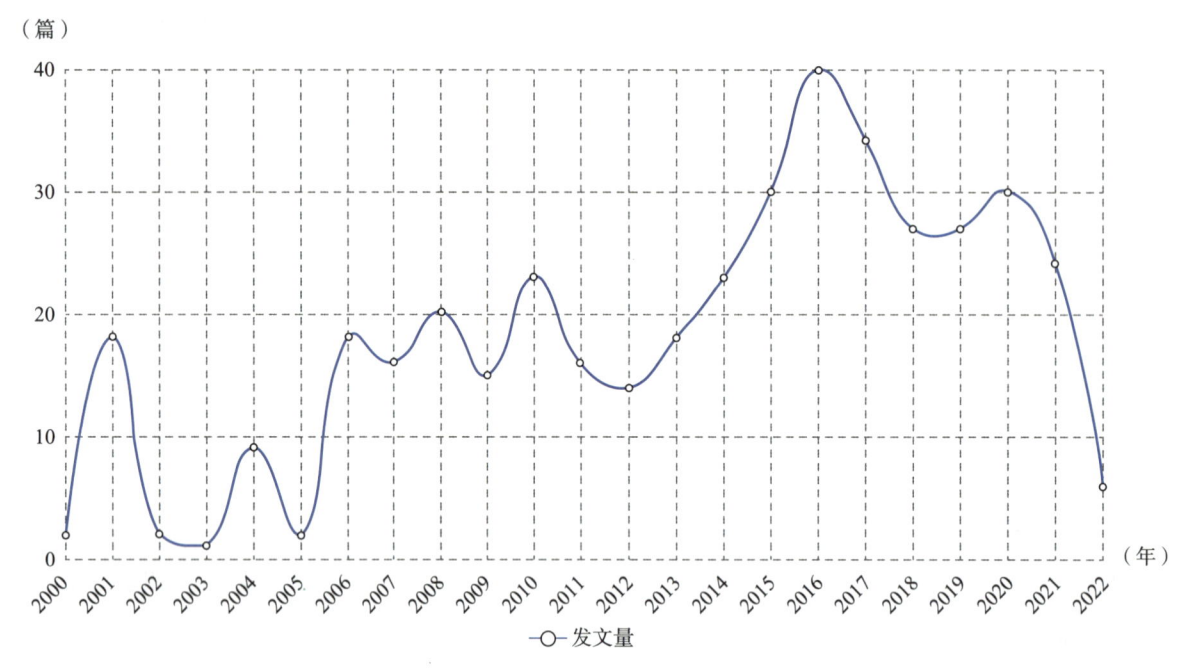

图 5-13 "二氧化碳控制活性包装"万方文献库年份发文量变化趋势

蔡艳萍等研究 CO_2 冷海水处理结合气调包装对南美白对虾的保鲜效果。新鲜南美白对虾经饱和 CO_2 冷海水处理，采用不同气调包装（QT1，100% CO_2；QT2，40% CO_2+60% N_2；QT3，85% CO_2+5% O_2+10% N_2；QT4，40% CO_2+30% O^2+30% N_2）后于4℃冷藏，以普通空气包装（CK1）和真空包装（CK2）为对照，比较了贮藏过程中菌落总数、pH、挥发性盐基氮、多酚氧化酶活性、质构等指标的变化。结果表明，随贮藏时间的延长，菌落总数、pH、挥发性盐基氮均呈上升趋势，且显示较好的正相关性，多酚氧化酶活性明显下降，剪切力逐渐下降。QT1、QT2 和 QT3 均可抑制贮藏期间菌落总数增加，减缓 TVB-N 上升速度，同时 QT2 和 QT3 可明显抑制多酚氧化酶活性，显示出良好的防褐变效果，在 CO_2 冷海水预处理的基础上进一步延长 2～3 d 的货架期。

法国研发出一种新型的 CO_2 释放袋，被命名为气调包装袋（Verifrais），目前被广泛应用在肉制品包装中。这种包装是一个自发的气调包装系统，在托盘上放一个有小孔的袋，并在托盘下方穿孔，在小袋中含有抗坏血酸盐和 $NaHCO_3$，将 CO_2 产生剂与 O_2 去除剂合在一起。当肉分泌出大量液体时，增大了 O_2 的吸收空间，产生大量 CO_2，保持整个包装完好。

Aday 等制备了含 EMCO 二氧化碳吸附剂的活性包装，并对草莓进行了保鲜包装，当吸附剂中过碳酸钠∶碳酸钠∶氯化钠∶膨润土的质量比为 5∶2∶1.4∶1.6 时，可延缓草莓的糖代谢作用，延长其保质期至 1 个月。

5.1.2.9 智能化活性包装技术方向

以"智能 and 活性包装"为主题或主题"新鲜度 and 指示"在万方数据库进行期刊论文、学术论文和会议论文型文献检索，检索到文献 180 篇，从 2013—2022 年的发文量来看，发文量呈现波浪形增长的趋势，增长幅度较大，2016 年发文量最少，有 5 篇，占比 2.78%；2020 年发文量最多，有 31 篇，占比 17.22%。除去议论性、一般介绍性相关文献，从近十年国内外相关研究文献分析看，相关研究主要集中在新鲜度、智能包装、指示剂、新鲜度检测、花青素、指示标签等方面。"智能化活性包装技术"万方文献库年份发文量变化趋势如图 5-14 所示。

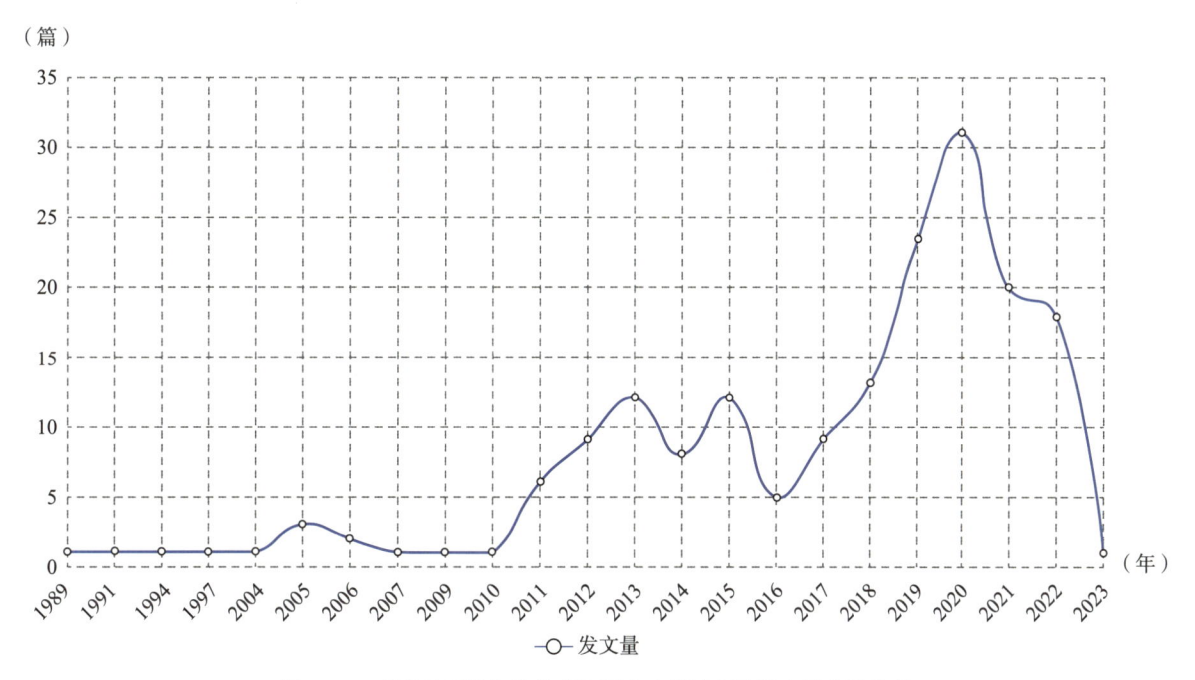

图 5-14 "智能活性包装技术"万方文献库年份发文量变化趋势

Scheelite Technologies 公司开发了一种基于抗毒素响应的商用生物传感器，通过抗毒素在包装材料上的积累所产生的信号，利用无线网络对传感器进行实时监控，以实现对包装食品中沙门氏菌和大肠杆菌的检测。利用纳米金属离子聚合物结合黄嘌呤氧化酶构建的生物传感器可用于检测鱼肉中的黄嘌呤含量。

卢立新等开发了一种基于力触发形式释放香味的包装瓶盖，包括外瓶盖、内瓶盖、安装圈、内啮合齿轮圈、中心齿轮、行星齿轮、转子和防盗环，防盗环套设在瓶口处，内瓶盖旋拧在瓶口螺纹上，安装圈为圆柱形且一端开设柱形槽，安装圈的另一端固定在内瓶盖的外端面，柱形槽的槽壁上沿周向设有多个储纳槽，储纳槽中设有香味爆珠，柱形槽内部槽底面中心处垂直固定定位柱，柱形槽内部槽底面开设弧形槽，转子布置在柱形槽中，转子中开设通孔，定位柱自由安插在通孔中，转子的一侧设有凸块且凸块安插在弧形槽中，转子的另一侧固定齿轮轴，行星齿轮套设在齿轮轴上，内啮合齿轮圈同轴心固定在安装圈上，行星齿轮同时和内啮合齿轮圈、中心齿轮啮合，外瓶盖可转动式套设在内瓶盖、安装圈、内啮合齿轮圈的外部，外瓶盖的内部底面设有固定块，固定块安插在中心齿轮中心处的安插孔中，外瓶盖和防盗环通过连接桥连接，转动外瓶盖时，可以通过固定块带动中心齿轮一同转动，进而带动行星齿轮和转子转动、凸块在弧形槽中转动、转子的四周边缘扫过储纳槽中的香味爆珠使得香味爆珠爆破，外瓶盖上开设可供香味散发出去的通气口。设有多个储纳槽，储纳槽中储放香味爆珠，可以根据需要，制定不同香味的爆珠，以满足用户需要。通过旋转碾压的方式在打开瓶盖的同时释放香味，利用嗅觉优势创造感官新体验让包装反映内在价值和特质，增强消费者对品牌的认知度和信赖感。

5.1.2.10 乙烯清除技术方向

以"活性包装 and 乙烯"为主题在万方数据库进行期刊论文、学术论文和会议论文型文献检索，检索到文献172篇，从2013—2022年的发文量来看，发文量呈现快速增长、减少、增长的趋势，2013年和2020年发文量最少，仅有3篇，占比1.74%；2016年和2017年发文量最多，有20篇，占比11.63%。除去议论性、一般介绍性相关文献，从近十年国内外相关研究文献分析看，相关研究主要集中在品质、贮藏、乙烯吸收剂、抗氧化活性、褐变、保鲜等方面。"乙烯清除技术"万方文献库年份发文量变化趋势如图5-15所示。

姜艳茹等人针对新鲜草莓易腐烂，贮藏保鲜较为困难等问题，采用硅铝分子筛对低密度聚乙烯进行改性制备了具有高透气性的改性LDPE包装膜。以LDPE膜包装的草莓和裸放草莓为实验对照组在5±1℃的低温和加乙烯吸附药包的条件下，分别研究了LDPE和改性LDPE包装膜对草莓储存期的影响。实验中分别测定了草莓果肉中可溶性固形物含量、维生素C含量及草莓的失重率、硬度、烂果率等指标。实验结果表明，对照组中裸放和用LDPE膜包装的草莓储藏期分别为3d和7d，而分子筛改性LDPE膜加乙烯吸附剂包装能够将草莓的贮藏期延长至11d，草莓的好果率、硬度和可溶性固形物含量等均明显高于对照组。该分子筛改性LDPE膜加乙烯吸附剂的综合包装方案能够有效延长草莓的低温贮藏保鲜时间。

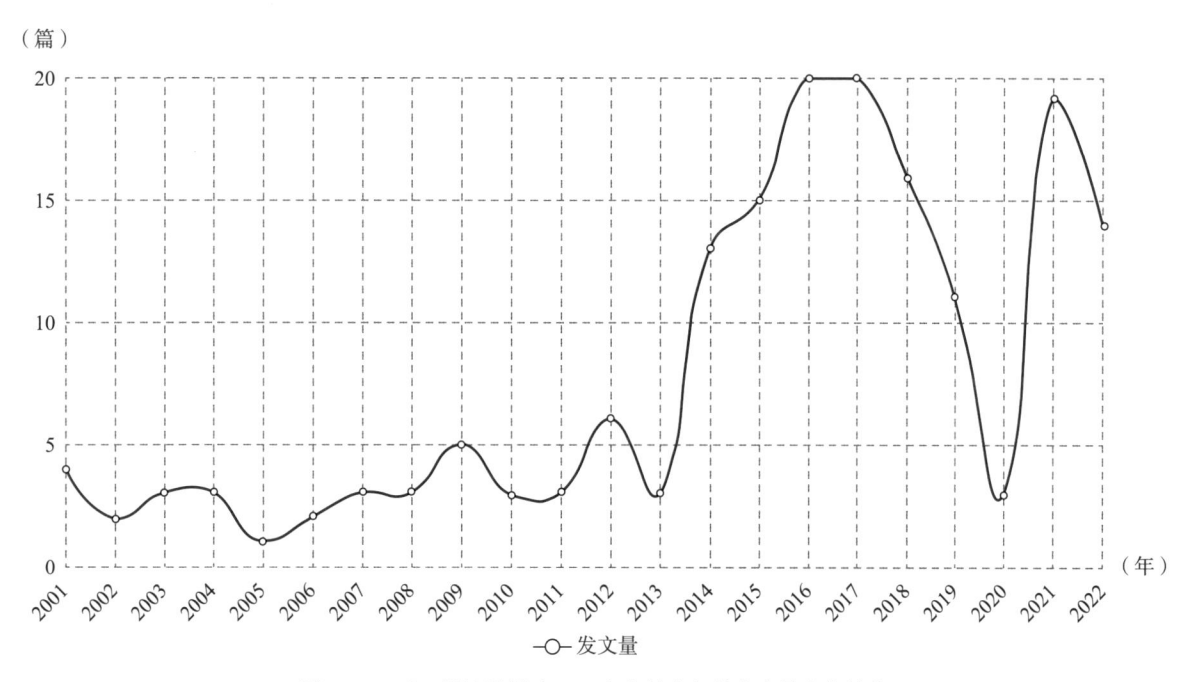

图 5-15 "乙烯清除技术"万方文献库年份发文量变化趋势

王雅君利用可生物降解型 PLA 作为静电纺纳米纤维膜的基质，且所制备的纤维膜具有高孔隙率，实现了对乙烯的有效吸附，使得纤维膜兼具功能性和环保性；采用低温等离子技术对纤维膜表面进行改性，可以在几乎不对纤维膜表面造成物理损耗和不改变膜化学组成及分子结构的前提下在纤维膜的表面引入羧基基团，为银离子的修饰提供附着位点；将银离子负载在多孔纳米纤维膜表面，利用乙烯和银离子的络合反应，提高了多孔纳米纤维膜对乙烯的吸附效率。

黄秀玲等利用蒙特卡洛法模拟分析基体 PE 的结构变化对其吸附乙烯的影响，从微观角度展现新型活性包装材料 PE/ 分子筛膜对乙烯的吸收过程，揭示微观吸收机理。通过 Materials Studio 软件分别构建不同聚合度和分子链数目的 PE/ 分子筛高分子模型，采用蒙特卡洛法模拟 PE/ 分子筛体系对乙烯的吸附过程，并绘制吸附等温线来分析吸附效果。PE/ 分子筛体系对乙烯的吸附量随聚合度的增加而减小，随分子链数目的增加而增加；达到吸附平衡后，吸附量在一定范围内存在明显的波动。基体结构对活性包装材料 PE/ 分子筛膜的吸收效果有较大的影响。在相同条件下，以低聚合度和多分子链数目结构形成的 PE/ 分子筛包装体系更有利于对乙烯的吸附，且该吸附平衡是一个吸附与脱吸同时发生的动态平衡。

Tas 等人将黏土纳米颗粒填充入高岭土纳米管中作为乙烯的吸附剂，然后将高岭土纳米管与聚乙烯复合，制备高分子活性食品包装膜，结果表明，包装膜可以减缓香蕉的成熟过程，并能保持番茄的硬度。但是，乙烯吸附剂只是将乙烯吸附到另一个相中，而没有化学破坏，且被吸附的乙烯可能脱附并逃逸到果蔬储存的环境中，从而达不到较好的消除效果。氧化降解乙烯是一个连续且不可逆的过程。其中，高锰酸钾是使用最广泛的乙烯氧化剂之一，高锰酸钾在常温下将乙烯氧化分解为二氧化碳和水，而高锰酸钾自身被还原为二氧化锰，同时释放氢氧化钾。但是，使用高锰酸钾作为氧化剂，需要对其自身的还原产物做进一步的妥善处理，此外，高锰酸钾作为一种强氧化剂，在使用过程中会存在一定的危险性。随着先进氧化技术的发展和人们环保意识的增强，光催化技术是一种很有前途的从储存空气中去除乙烯的生态技术，且光催化氧化是一种对环境较为友好的技术，特别是基于 TiO_2 的光催化。

C. Erdinc Tas 等人开发了一种新型聚合活性食品包装膜，该膜包含作为活性剂的哈洛石纳米管（HNT）。作为中空管状黏土纳米颗粒的 HNT 被用作纳米填料，吸收天然产生的乙烯气体，这导致水果和蔬菜软化和老化；同时限制导致变质的气体分子在聚合物基质内的迁移。HNT/聚乙烯（HNT/PE）纳米复合膜显示出比纯 PE 膜更大的乙烯清除能力和更低的氧气和水蒸气透过率。纳米复合膜被证明可以减缓香蕉的成熟过程，并由于其清除乙烯的特性而保持番茄的硬度。此外，由于纳米复合膜的水蒸气和氧气阻隔特性，纳米复合膜还减缓了草莓的重量损失和鸡肉表面的需氧细菌生长。

5.1.2.11 活性成分缓释技术研究

以"活性包装 and 控释"为主题或主题"活性包装 and 缓释"或主题"活性包装 and 释放"在万方数据库进行期刊论文、学术论文和会议论文型文献检索，检索到文献 113 篇，从 2013—2022 年的发文量来看，发文量呈现波浪形增长的趋势，2013 年发文量最少，仅有 3 篇，占比 2.65%；2021 年发文量最多，有 15 篇，占比 13.27%。除去议论性、一般介绍性相关文献，从近十年国内外相关研究文献分析看，相关研究主要集中在活性包装、保鲜、抗氧化、品质、乙烯吸收剂、释放等方面。"活性成分缓释技术"万方文献库年份发文量变化趋势图如图 5-16 所示。

缪洛玘以生物可降解材料聚乳酸（PLA）和聚羟基丁酸酯（PHB）作为食品包装的基材，在其中添加茴香精油（FEN）后制成生物基活性包装，并将其应用在牡蛎的保鲜上，并将 PLA-PHB 膜的性能与乙烯-乙烯醇共聚物（EVOH）膜进行了对比。发现，PLA-PHB 的整体物理性能与 EVOH 相似，除断裂伸长率和透氧率外。包装中添加的茴香精油在 65% 乙醇中的释放率最高且最快，最高浓度达 38.82μg/ml。尽管其在水中的释放量非常少，但 PLA-PHB-FEN 仍对大肠杆菌和金黄色葡萄球菌有将近 1 个单位的抑制量，说明茴香精油的抑菌能力非常强。当用于牡蛎保鲜时，无论是好氧菌计数还是厌氧菌计数，PLA-PHB-FEN 中牡蛎的菌落数量都较 PLA-PHB 和 EVOH 少 1logCFU/g。另外，根据菌落计数判断牡蛎腐败期时，PLA-PHB 和 EVOH 中牡蛎的 pH 值分别为 5.98 和 5.96（第 12d），PLA-PHB-FEN 中的值为 5.79（第 16d）。本次选择的牡蛎样品中主要氨基酸为谷氨酸、组氨酸、丙氨酸和精氨酸，占总氨基酸含量的 92.91%。在贮藏后期，PLA-PHB-FEN 中牡蛎的氨基酸总量少于另外两个包装，同样证明了在 PLA-PHB-FEN 中细菌活动少，茴香精油起到了一定的抑菌作用。因此我们认为，PLA-PHB-FEN 这一生物基活性材料可以用于食品包装和食品贮藏，对于牡蛎来说，可以延长 2 到 3d 的货架期。

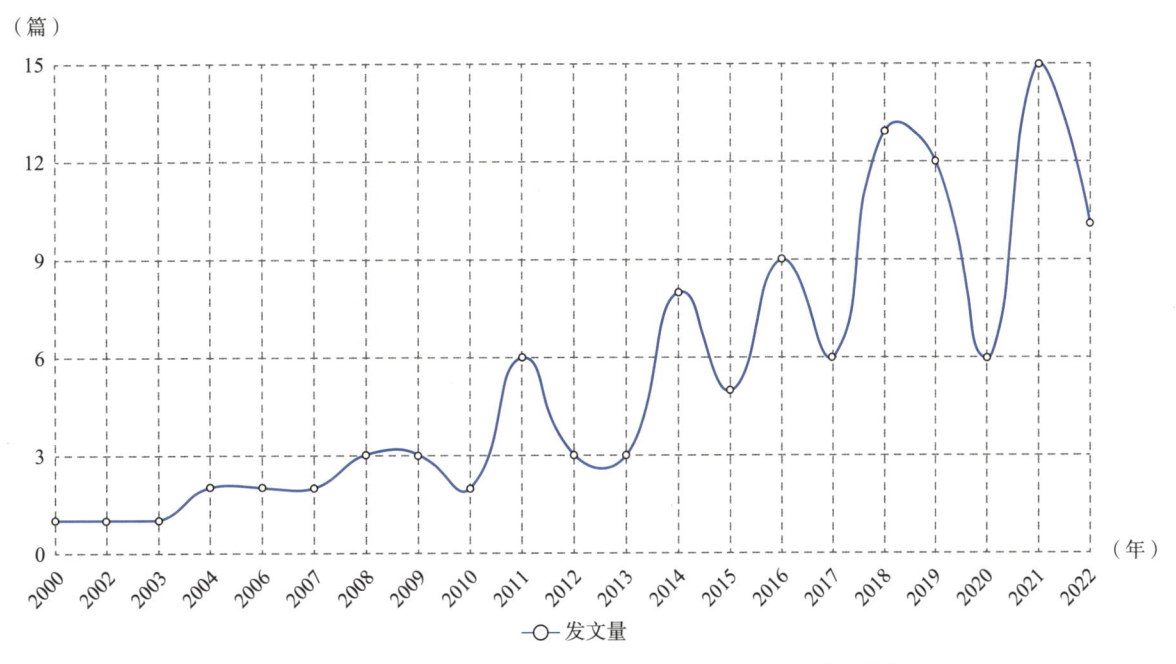

图 5-16 "活性成分缓释技术"万方文献库年份发文量变化趋势

弓雪峰研究制备了一种响应控释型抗氧抗菌活性配合体，并研究了可生物降解基材配方，最终制备成一种新型抗氧抗菌活性薄膜。以 PLA/PBAT/PPC 比例为 40/10/50 的共混膜为基材，分别引入不同浓度的 TP（茶多酚）、N-ZnO 和 T-ZnO 制备系列可降解活性膜，并研究了活性膜的结构和性能。结果表明：TP 和 T-ZnO 的引入均能减小膜基体分散相的尺寸，T-ZnO 对共混体系均一性提升更显著，且降低了熔融起始温度，加工性能得到改善。TP 和 T-ZnO 与基体分子链主要以氢键方法结合，能改善薄膜力学性能。ZT1 薄膜（1%T-ZnO 添加）综合改性效果最佳，拉伸强度和断裂伸长率分别提升 20.94% 和 233.51%。TP 和 T-ZnO 还能提升薄膜的阻隔性能,其中 3%TP 和 3%T-ZnO 对氧气阻隔性能提升最好,氧气透过系数分别下降 23.85% 和 18.46%,薄膜水蒸气透过系数也有不同程度下降。T2（2%TP 添加）和 ZT2（2%T-ZnO 添加）薄膜均有显著的 DPPH 自由基清除能力,ZT2 薄膜还具有延迟清除效果,且最终清除率优于 T2 薄膜。与活性配合体相比,活性膜对茶多酚的控释行为有所改变,释放前期的最大释放 pH 值条件向中性移动,pH=7.4 释放量最大,pH=5.5 释放量略低于前者,pH=4.4 条件下释放仍然受到抑制。而释放中后期,由于薄膜基体在碱性条件下的水解作用更强,pH=8.5 的弱碱性条件促使茶多酚的释放量超越 pH=7.4 条件下的释放量。所制备的活性薄膜对金黄色葡萄球菌抑制作用优于对大肠埃希氏菌的,总体而言,Z2 薄膜添加活性配合体的 ZT2 薄膜相比添加纯茶多酚的 T2 薄膜具有更好的抗菌效果。

李传友等人以"夏黑"葡萄为试材,采用 K 型二氧化硫缓释杀菌活性包装袋（K 袋）、K 袋加乙烯吸附剂处理 2 种保鲜包装方案,以裸放和普通低密度聚乙烯（LDPE）薄膜包装作为对照组,每隔 2 d 分别对包装袋内的顶空气体组成,葡萄的外观质量、水分损失、褐变程度、硬度、糖分、总酸和维生素 C 含量进行测试分析,对比研究了常温条件下 2 种方案处理对葡萄保鲜货架期的影响,为延长"夏黑"葡萄在常温（25±1）℃条件下的货架期提供参考。结果表明：二氧化硫缓释杀菌包装（K 袋）能够形成适合葡萄贮藏的自发气调氛围,并且能够抑制葡萄霉菌的滋生；在常温保存 8 d 后,裸放组和 LDPE 组的果梗褐变和烂果严重,而 K 袋、K 袋加乙烯吸附剂组包装的葡萄褐变程度分别为 1 级和 2 级,烂果率分别为 1.13％和 3.56％,葡萄的外观和口感均具有商品性,保鲜效果明显。

吉鹏研究了植物精油（百里香、肉桂、罗勒、茴香和迷迭香）熏蒸处理对马铃薯净菜的保鲜效果,进一步将百里香精油与包装材料相结合,制备适用于马铃薯净菜保鲜的缓释活性包装。5 种植物精油熏蒸对马铃薯净菜均具有一定的保鲜效果。一定时间内保持感官性状稳定,延缓可溶性固形物和维生素 C 的降低,对微生物的生长具有一定的抑制作用。尤其是百里香精油和肉桂精油的保鲜效果较好,其次是迷迭香精油。贮藏 6d 后,百里香精油和肉桂精油处理马铃薯净菜的感官评价分数,维生素 C 和菌落总数分别为 12.8mg/100g 和 12.5mg/100g,5.10CFU/g 和 5.13CFU/g；10mg/100g 和 8.5mg/100g,2.7 CFU/g 和 2.8 CFU/g。另外,考虑百里香精油气味与马铃薯更接近,所以更适合用于马铃薯净菜的保鲜。将百里香精油加入聚乙烯醇溶液中,涂覆于 PE 基膜上制得活性包装膜。随着百里香精油添加量的增加,薄膜的厚度、含水率和水溶性相应降低,疏水性增加，机械强度降低，颜色变深，不透明度增加。制得的活性包装膜具有良好的存放稳定性和湿敏释放性，适合高水分活度食品的包装应用。

Zhu 等人使用聚乳酸（PLA）和负载丁香精油（CEO）的介孔二氧化硅纳米颗粒（MSN）通过溶剂挥发制备了一种控释食品包装膜。白纽扣蘑菇用 PLA 和 CEO 加载的 MSN PLA 复合膜包装。结果表明，与用 PLA 膜包装的双孢蘑菇相比，制备的膜改善了双孢蘑菇的采后品质，表现为较低的重量损失（7.03%）、较高的总酚（2.29g/kg）和抗坏血酸（27.1mg/kg），改善了双孢蘑菇的抗氧化系统，这抑制了多酚氧化酶和过氧化物酶的活性，并控制了储存期间丁香精油的释放。

于文喜等人通过流延法制备含有不同浓度脱蒙土（MMT）的聚乙烯醇（PVA）/山梨酸钾活性包装膜，分析活性包装膜的色度、透明度、拉伸性能和含水量，同时研究山梨酸钾在活性膜内向脂肪性食品模拟物中的释放行为。结果通过添加 MMT 改善膜材的包装性能，MMT 的添加在显著提高 PVA 膜拉伸强度的同时还降低了 PVA 膜的断裂伸长率，加深了膜材的色度，降低了膜的透明度；PVA 膜的含水率随着 MMT 浓度的提高而降低。MMT 的添加可明显改变山梨酸钾向脂肪类模拟物的释放行为，当 MMT 的质量分数为 2% 时明显地降低了山梨酸钾的释放量。结论是通过调整膜内 MMT 的浓度可以改变活性膜的色度、拉伸强度、含水量及膜内山梨酸钾的释放行为；使用 Fickian 第二定律模拟山梨酸钾释放是可靠的，可为山梨酸钾抗菌包装材料的进一步开发利用提供参考。

李成等人以十六烷基三甲基溴化铵（CTAB）和聚（乙二醇）-block-聚（丙二醇）-block-聚（乙二醇）Mn～2900（P131345）作为双模板剂制备出纳米二氧化硅介孔分子筛 MCM-41（Mobil Composition of Matter No.41），并进一步以此为载体搭载天然抗氧化剂槲皮素，以低密度聚乙烯（LDPE）为基材制备了一种食品抗氧化活性包装膜。结果表明，所制备纳米二氧化硅介孔分子筛 MCM-41 的比表面积为 439.173m^2/g，孔体积为 0.665cm^3/g，孔径分布为 2.4、4.0nm。吸附槲皮素后，其 1,1-二苯基 -2-三硝基苯肼（DPPH）自由基在经过 24h 和 1200h 后平均清除率分别为 56.75% 和 66.01%。同时，槲皮素在食品模拟物中的扩散速率 D（cm^2/s）由 2.127×10^{-13} 降到 3.089×10^{-14}。表明以介孔分子筛为载体制备的食品抗氧化活性包装膜具备抗氧化的作用并具备缓释性。

周嘉佳等人以 1-甲基环丙烯（1-MCP）为保鲜剂，将其与不同比例的乙基纤维素（EC）和聚丙烯酸（PAA）混合匀浆后涂布至纸基上制成 1-MCP 可控缓释包装纸，研究其释放机制，并利用制作的 1-MCP 可控缓释包装纸处理在 2℃下贮藏的赛买提杏，研究 1-MCP 可控缓释包装纸对杏果实贮藏过程中呼吸强度、硬度、可滴定酸、可溶性固形物、果皮颜色、商品率的影响，以期得到一种能有效延长杏果实贮藏期的保鲜纸。结果表明，在 95% RH，2℃和 80% 聚丙烯酸的条件下，1-MCP 粉末的颗粒塌陷使气体缓慢释放，释放机制参数为 0.49，释放速率随着 PAA 含量的升高而增大。1-MCP 可控缓释包装纸能抑制杏果实呼吸强度高峰的到来，延缓硬度、可滴定酸和可溶性固形物含量的降低，并保持果皮颜色。说明 1-MCP 可控缓释包装纸能有效保持在低温环境下贮藏的杏果实品质，并为 1-MCP 可控缓释包装纸运用到其他果蔬的贮藏中提供一定参考。

5.1.2.12　温控活性包装技术方向

以"控温包装"为主题或主题"自冷"或主题"自发热"在万方数据库进行期刊论文、学术论文和会议论文型文献检索，检索到文献 46 篇，从 2013～2022 年的发文量来看，发文量呈现阶段式增长的趋势，1998—2002，2005—2007，2012—2014 年发文均为 1 篇，分别占比 2.1%，2017 年、2019 发文量最多，有 5 篇，分别占比 10.87%。除去议论性、一般介绍性相关文献，从近十年国内外相关研究文献分析看，相关研究主要集中在控温包装、氧化钒、纳米材料、蓄冷剂、保温箱、保鲜机理等方面。"温控活性包装"万方文献库年份发文量变化趋势如图 5-17 所示。

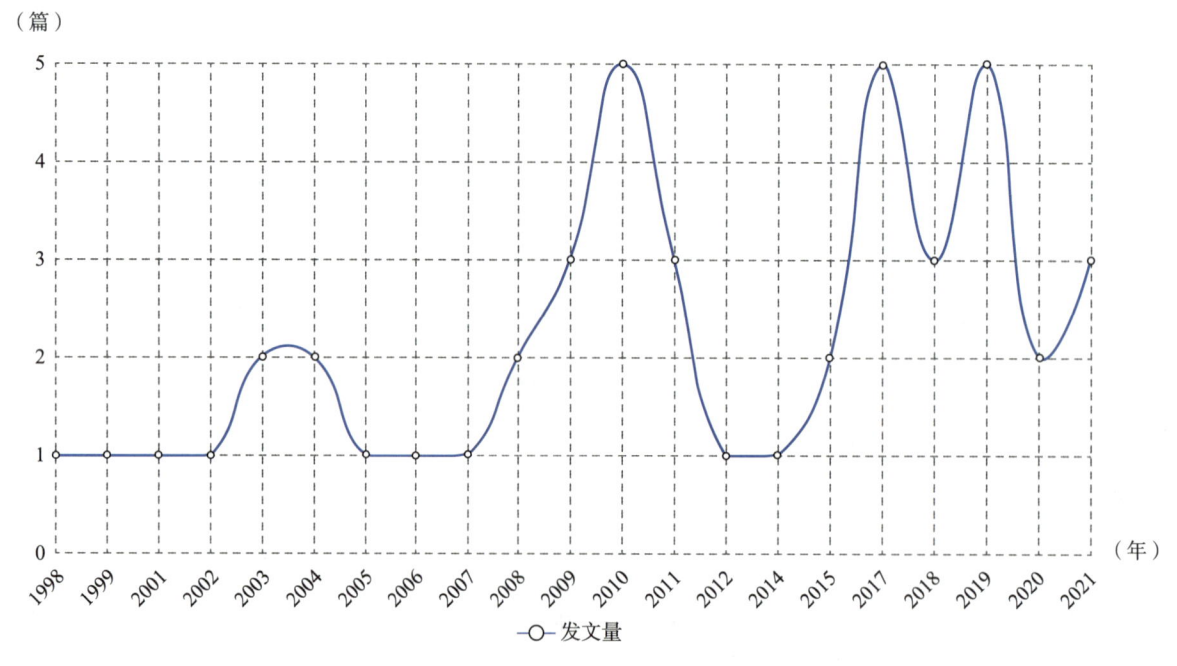

图 5-17　"温控活性包装"万方文献库年份发文量变化趋势

活性包装中用于温度控制的有非纺塑料、双层（保温）容器、氟烷、石灰/水、硝酸铵/水等。Yin等人将1，8-桉树脑包合于羟丙基-β-环糊精中，发现经包埋后，不仅1，8-桉树脑的热稳定性得到大大提高，同时还可通过控制环境温度和相对湿度来实现1，8-桉树脑的控制释放。

Zhang等人以水性丙烯酸树脂为主要成膜剂，以钨掺杂的二氧化钒微胶囊（PCMs/W-VO$_2$）为填料。通过添加消光剂、有机硅防水剂和其他助剂，制备了PCMs/W-VO$_2$智能温控水性涂料。PCMs/W-VO$_2$智能温控包装纸是通过在象牙板上涂覆水性涂层制成的。使用扫描电子显微镜（SEM）、傅里叶变换红外光谱仪（FTIR）、差式扫描量热仪（DSC）、X射线衍射仪（XRD）、能谱仪（EDS）等技术和设备分析了样品的形态、结构和相变性质。并测试了热绝缘温差、接触角（CA）和机械性能。结果表明，制备的包装纸的相变温度为45℃，红外光反射率提高了32%，隔热温差达到10.7℃，显示出优异的隔热温度控制性能。XRD和EDS分析表明，智能温控包装纸表面含有PCMs/W-VO$_2$微胶囊和有机硅防水剂。SEM图像显示微胶囊均匀分布在纸张表面。CA分析表明，接触角显著增加，表明纸张具有良好的疏水性。

5.2 相关研究机构、研发团队及成果概览

5.2.1 主要研究机构及相关研究成果

5.2.1.1 国家级研究机构

（1）北京市产品质量监督检验院

1）简介

北京市产品质量监督检验院（北京市质检院）成立于1987年，是北京市质量技术监督局依法设立的第三方公正检验机构，院内设有国家中文信息处理产品质量监督检验中心、国家应用软件产

品质量监督检验中心、国家家具及室内环境质量监督检验中心、国家汽车质量监督检验中心（北京）（筹）并加挂北京计算机软硬件测试服务中心。1999年通过了原中国实验室国家认可委员会的认可（CNAL）和国家质量技术监督局验收、北京市质量技术监督局计量认证（CMA）和质量认可（CAL），取得了国家实验室资格。2021年8月，国家市场监督管理总局批准筹建"国家食品相关产品及绿色包装质量检验检测中心（北京）"，2024年5月获批正式成立。该中心拥有用于食品生产经营的工具、设备等食品相关产品及绿色包装领域的970个标准、4949项参数的检验检测能力。"活性和智能材料及其安全性研究"是其主要研究方向之一。

2）研究成果

在标准方面，主持完成了GB/T 41897—2022《食品用干燥剂质量要求》；GB/T 41896—2022《食品用脱氧剂质量要求》；GB 4806.10—2016《食品安全国家标准 食品接触用涂料和涂层》；GB 4806.5—2016《食品安全国家标准 玻璃制品》；GB 34445—2017《热塑性塑料及其复合材料热封面热粘性能测定》；GB 4806.1—2016《食品安全国家标准 食品接触材料及制品通用安全要求》；GB 4806.7—2023《食品安全国家标准 食品接触用塑料制品》；GB 23350—2021《限制商品过度包装要求 食品和化妆品》及其修改单等。

在政策研究方面，主持完成了食品相关产品生产许可细则制修订工作及相关研究工作；国家市场监督管理总局食品相关产品政策理论研究工作，以及：①食品相关产品风险评价指标研究；②国内外食品相关产品安全监管法规比较与应用研究（2019年）；③2019年度食品相关产品国际合作平台建设；④食品相关产品安全风险预警及快速反应体系研究（2020年）；⑤食品袋类食品接触材料中增塑剂的风险预警；陶瓷餐具风险评估参数构建研究；食品相关产品监督抽查方案制定；食品相关产品风险监测方案制定。

在科研课题方面，主持完成国家市场监督管理总局技术保障专项《食品用活性和智能材料及制品安全评价技术研究》等。

在著作编著等方面，主编了《GB 9685—2016〈食品安全国家标准 食品接触材料及制品用添加剂使用标准〉实施指南》（中国标准出版社，2017）；《迁移试验标准实施指南》（中国标准出版社，2018）；《GB 23350—2021〈限制商品过度包装要求食品和化妆品〉解读》（中国标准出版社，2021）（出版中）；《食品接触材料安全性评估和中国评估参数构建》（中国标准出版社，2021）。

(2) 国家农产品保鲜工程技术研究中心（天津）

1）简介

国家农产品保鲜工程技术研究中心是经科学技术部批准，依托天津市农业科学院组建的专门从事农产品产后贮运保鲜研究的国家级工程中心，是农业农村部"农产品贮藏保鲜重点实验室"和"天津市农产品采后生理与贮藏保鲜重点实验室"的依托单位。

2）研究成果

①相关论文：《果实采后病害诱导抗性研究进展》《采收期对澳洲青苹苹果采后品质及虎皮病的影响》《果蔬冰温贮藏及其关键技术研究进展》等。

②相关专利：果蔬抑菌保鲜剂包被装置、一种迟缓爱德华氏菌检测试剂盒、一种简易闷罐式测试农产品呼吸专用保鲜箱、一种早金酥梨近冰点自发气调保鲜方法、一种软枣猕猴桃保鲜剂及其制备方法和应用等。

③相关产品：PE葡萄保鲜膜、PVC葡萄保鲜膜、绿达牌专用果实袋、葡萄梯形单穗保鲜袋、红地球葡萄专用保鲜剂。

(3) 中新国际联合研究院

1）简介

中新国际联合研究院（以下简称"研究院"）是由中国国家主席习近平和新加坡总理李显龙见证签署的两国间的重大科技合作项目。研究院是由中新广州知识城管理委员会、华南理工大学、新加坡南洋理工大学、中新广州知识城投资开发有限公司共同建设，依托中新广州知识城，是汇聚世界一流研发资源的重大国际科技合作平台。

2）研究成果

①科研平台：生物医用材料平台、人工智能平台、食品营养与安全平台、绿色建筑和智慧城市平台、新能源平台和污染控制与环境修复平台。

②相关专利：基于深度学习与射频感知的生命体征监测动作去除方法、一种基于目标球体的多激光雷达校准方法及系统、一种熔融盐法处理有机废盐和农林废弃物同时制备生物炭的方法、一种有机废盐热解提纯氯化钠同时制取掺杂碳的方法等。

（4）中华全国供销合作总社济南果品研究院

1）简介

中华全国供销合作总社济南果品研究院/中国果蔬贮藏加工技术研究中心是 1980 年经国家机构编制委员会批准成立的事业单位，是专业从事果蔬采后工程技术研究的国家级科研机构。主要开展果蔬贮藏保鲜、冷链物流、初加工、精深加工、综合利用、功能食品开发、质量检测、标准化及质量追溯等方面科学研究和成果转化。

2）科研成果

①相关论文：《生产过程中影响桃品质的因素及管理措施分析》等。

②相关专利：一种红曲酯化酶增香苹果醋及其制备方法、一种可自主配制蓄冷剂的多温区冷藏运输设备、一种有机硅橡胶气调保鲜膜的制备方法、果蔬保鲜处理装置、一种蔬菜副产物深加工用热风脱水干燥装置等。

（5）中国功能性塑料包装材料研究交流中心

1）简介

2017 年 11 月，经中国包装联合会塑料包装委员会授牌，在上海海洋大学食品学院包装研究所基础上建立了"中国功能性塑料包装材料研究交流中心"。中心立足于成为全国性塑料包装行业重要的新品研发与生产技术的交流平台，为塑料包装产业技术升级、节能减排、绿色及智能化制造提供技术服务，同时为我校包装工程专业应用型人才的培养提供有力支持。中心设有功能性包装、可食性/水溶性包装、食品包装安全、包装设计四个研究方向。主要研究方向：可食性膜。活性包装相关科研成果：功能性水产品/肉制品保鲜包装、功能性果蔬采后保鲜包装、可食性/水溶性包装新材料。

2）科研成果

①相关论文：*Study on the Volatile Organic Compounds and Its Correlation with Water Dynamics of Bigeye Tuna（Thunnus obesus） during Cold Storage*、《表面增强拉曼光谱在食源性致病性微生物检测中的应用研究》《基于间隔二肽组分和递归特征消除法的DNA结合蛋白的鉴定》等。

②相关研究项目：猪肉产品质量安全供给关键技术与设备创新、基于全程配合饲料和营养调控的高品质河蟹生态养殖技术研发与应用、海产品质量安全控制与风险评价体系的构建及应用等。

（6）中国科学院青岛生物能源与过程研究所

1）简介

中国科学院青岛生物能源与过程研究所是由中国科学院、山东省人民政府、青岛市人民政府于2006年7月启动筹建，2009年11月30日通过共建三方验收并纳入中国科学院"知识创新工程"管理序列的科研机构。主要研究方向为废弃聚乳酸再聚合化学循环策略。

2）科研成果

①相关论文：*Stereogradient Polycaprolactones Formed by Asymmetric Kinetic Resolution Polymerization of 6-methyl-epsilon-caprolactone*、*In Situ Ion-Conducting Protective Layer Strategy to Stable Lithium Metal Anode for All-Solid-State Sulfide-Based Lithium Metal Batteries*.

②相关专利：溶聚类交替丁腈橡胶及其制备方法和所得产品、一种具有气体间隙环境可控功能的纺丝喷头组件、基于单细胞拉曼技术的益生菌活菌测量方法及其试剂盒等。

③项目名称：生物高分子低维纳米复合与仿生设计、生物质多糖降解酶功能和催化机制研究、木材产量和材性的调控机制等。

（7）中国科学院大学温州研究院

1）简介

中国科学院大学温州研究院成立于2019年5月，前身为中国科学院温州生物材料与工程研究所（筹）（2011年由中国科学院、浙江省人民政府和温州市人民政府三方共建）。研究院以基础科研创新推动科技成果孵化转化，重点开展医用生物材料、智能医疗装备、生物医学物理、转化医学与精准医学等具有重大临床应用前景的研究，着力建设具有国际先进水平的"材、药、械、医"一体化的创新中心和科技成果转移转化中心。主要研究方向：生物质高分子材料、合成可降解高分子材料、高分子材料生物医学应用研究。

2）科研成果

① 相关论文：Neighboring Carboxylic Acid Boosts Peroxidase-Like Property of Metal-Phenolic Nano-Networks in Eradicating Streptococcus mutans Biofilms、GOx-encapsulated Iron-phenolic Networks Power Catalytic Cascade to Eradicate Bacterial Biofilms、Precisely Controlling the Surface Roughness of Silica Nanoparticles for Enhanced Functionalities and Applications.

②相关专利：数字聚合酶链式反应芯片和数字聚合酶链式反应装置，一种用于现场防疫检测的吹气筒，具有一氧化氮/光动力协同抗菌、抗炎作用的纳米复合体系及其制备方法与应用，一种静电纺丝凝胶纤维膜及其制备方法和应用等。

（8）中国科学院宁波材料技术与工程研究所

1）简介

为加快国家和区域创新体系建设，发挥中国科学院作为科技国家队的支撑引领作用，中国科学院、浙江省人民政府、宁波市人民政府三方领导高瞻远瞩，运筹帷幄，于2004年4月20日共同签署了共建中国科学院宁波材料技术与工程研究所（简称宁波材料所）协议书。由此，实现了浙江省内中国科学院系统研究所"零"的突破，拉开了宁波材料所建设的序幕。主要研究方向：海洋新材料与表面工程、高分子及其复合材料、先进纳米材料与器件、先进能源材料。

2）科研成果

①相关论文：Intrinsic Voltage Plateau of a Nb_2CTx MXene Cathode in an Aqueous Electrolyte induced by High-voltage Scanning、Strain-Mediated High Conductivity in Ultrathin Antiferromagnetic Metallic

Nitrides、Design of Fe-based Nanocrystalline Alloys with superior Magnetization and Manufacturability.

②相关专利：一种纤维素/氧化石墨烯复合膜、一种活性成分释放性能可调的复合涂层及其制备方法、一种碳荧光微球侧流层析高灵敏定量检测方法及应用、一种超亲水耐磨复合增透防雾涂层及其制备方法与应用等。

（9）中国科学院理化技术研究所

1）简介

中国科学院理化技术研究所组建于 1999 年 6 月，是以原中国科学院感光化学研究所、低温技术实验中心为主体，联合北京人工晶体研究发展中心和化学研究所的相关部分整合而成。全所现有职工 841 人，其中中国科学院院士 4 人、中国工程院院士 1 人、发展中国家科学院院士 1 人、研究员及正高级工程技术人员 105 人、副研究员及高级工程技术人员 174 人。设有物理学、化学、动力工程及工程热物理 3 个一级学科博士、硕士研究生培养点，化学工程与技术一级学科硕士研究生培养点，材料学二级学科博士、硕士研究生培养点，能源动力、电子信息、材料与化工 3 个专业学位硕士研究生培养点，化学、物理学、动力工程及工程热物理 3 个一级学科博士后流动站。现有在学博士和硕士研究生 750 余人。

2）科研成果

①相关论文：*BODIPY-based Fluorescent Probe for the Simultaneous Detection of Glutathione and Cysteine/ homocysteine at Different Excitation Wavelengths、Shape-Mediated Biological Effects Of Mesoporous Silica Nanoparticles、A Sensitive Biosensor for The Fluorescence Detection of the Acetylcholinesterase Reaction System based on Carbon Dots、Fluorescent Carbon Dots For Bioimaging and Biosensing Applications.*

②相关专利：一种隔热保温相变涂料及其制备方法、明胶基微纳米纤维膜材料及其制备方法和用途、一种复合相变储热材料、一种高热导率的热界面材料及其制备工艺、一种抗 CMAS 侵蚀的热障涂层材料及其制备工艺等。

③相关项目：维生素 D_3 生产新工艺、超分子体系中的光诱导电子转移、能量传递和化学转

换、深冷混合工质节流制冷技术及其应用。

（10）中国科学院深圳先进技术研究院

1）简介

根据中央建设创新型国家的总体战略目标和国家中长期科技发展规划纲要，结合中国科学院科技布局调整的要求，围绕深圳市实施创新型城市战略，2006年2月，中国科学院、深圳市人民政府及香港中文大学友好协商，在深圳市共同建立中国科学院深圳先进技术研究院（以下简称"深圳先进院"），实行理事会管理，探索体制机制创新。

2）科研成果

①相关论文：*Reduced Graphene Oxide as Ink Materials for the High Performance Flexible and Wearable Energy Storage Devices*、《基于氢键自修复的双网结构水凝胶的制备及性能研究》等。

②相关专利：质子交换膜及其制备方法、一种A-FABP蛋白抑制剂及其应用、一种导热凝胶及其制备方法、一种用于ABS基材的光固化超亲水涂料组合物及其涂层的制备方法等。

（11）中国科学院长春应用化学研究所

1）简介

中国科学院长春应用化学研究所始建于1948年12月，经过几代应化人的不懈努力，现已发展成为集基础研究、应用研究和高技术研究及产业化于一体，在国内外享有崇高声誉和影响的综合性化学研究所，成为我国化学界的重要力量和创新基地。主要研究方向：功能化聚乳酸的制备。

2）科研成果

①相关论文：*Nucleobases, Nucleosides, and Nucleotides: versatile Biomolecules for Generating Functional Nanomaterials*、*Manipulating Cell Fate: dynamic Control of Cell Behaviors on Functional Platforms*、*Deep-Level Defect Enhanced Photothermal Performance of Bismuth Sulfide-Gold*

Heterojunction Nanorods for Photothermal Therapy of Cancer Guided by Computed Tomography Imaging、*High-Performance pH-Switchable Supramolecular Thermosets via Cation-pi Interactions*、*Enzyme Mimicry for Combating Bacteria and Biofilms*。

②相关专利：一种活性氧响应的聚氨基酸键合糖胺聚糖水凝胶制备方法及应用，一种高阻隔热控膜及其制备方法，一种淀粉基疏水纸制备方法及应用，一种高透光防雾喷剂、涂层材料及制备方法，含有两性离子的聚芳醚砜嵌段共聚物、抗污染超滤膜及制备方法应用，一种完全生物降解薄膜及其制备方法等。

③相关项目：石墨烯材料的制备及其应用研究、生物分子识别的分析化学基础研究、生物分子识别与相互作用的分析化学基础研究、聚烯烃材料的化学与生物改性及其大规模应用、小分子探针的可控自组装及生物分析应用基础研究、新型生物功能材料的构筑及生物应用基础研究等。

（12）中国科学院兰州化学物理研究所

1）简介

中国科学院兰州化学物理研究所（简称兰州化物所）建成于 1958 年，由原中国科学院石油研究所（现中国科学院大连化学物理研究所）催化化学、分析化学、润滑材料三个研究室迁至兰州而成立，1962 年 6 月启用现名。兰州化物所主要开展资源与能源、新材料、生态与健康等领域的基础研究、应用研究和战略高技术研究工作。战略定位是"西部资源与能源化学和新材料高技术创新研究基地"。主要研究方向：生物基可降解聚酯单体制备。

2）科研成果

①相关论文：*The roles of $ZnFe_2O_4$ and a-Fe_2O_3 in the Biphasic Catalyst for the Oxidative Dehydrogenation of N-Butene*、*Novel and Cutting-Edge Applications for A Solvent-Responsive Superoleophobic-Superhydrophilic Surface：water-Infused Omniphobic Surface and Separating Organic Liquid Mixtures*、*Mos_2-Au/Au Multilayer Lubrication Film With Better Resistance to Space Environment*、*the Interaction of Two Anticorrosive Ionic Liquid Additives on the Friction Properties Of Water Lubricants*、*Synergy Between two Protic Ionic Liquids for Improving the Antiwear Property of Glycerol Aqueous Solution*。

②相关专利：氧化石墨烯/六方氮化硼三维复合泡沫和双网络结构环氧复合材料及其制备方法和应用、一种改性壳聚糖及其制备方法、一种生物润滑剂及其应用、一种具有抗氧化功效的肉苁蓉组合物、一种具有多尺度结构稳定超双疏防结冰涂层的制备方法等。

③相关项目：高性能节能抗磨纳米润滑油脂关键技术与产业化、低摩擦固体润滑碳薄膜关键技术及产业化应用、离子液体在色谱分离介质中的应用、食品药品安全性评价的吸附萃取新材料和色谱分析新技术等。

（13）西北化工研究院有限公司

1）简介

西北化工研究院有限公司（以下简称"西北院"）成立于1967年，是原化学工业部重点从事化学工业综合性研究和开发的科研单位之一。1999年由事业单位转制为科技型企业，进入中国蓝星集团。2004年经国务院批准完成属地化管理，隶属于陕西省科技厅管辖。2010年，为整合和发挥科技资源优势，实现能源化工行业产研结合，加快能源化工行业转型发展，经省政府研究决定整体并入陕西延长石油（集团）有限责任公司。2017年，根据国有工厂制企业公司制改革的相关规定，完成改制并更名为"西北化工研究院有限公司"。

2）科研成果

①相关专利：一种金属有机多孔吸附剂的粉末成型制备方法、一种可旋转的粉末催化剂还原装置、一种乙醇脱水制乙烯用分子筛催化剂及其制备方法和应用、一种用于烃类二氧化碳重整反应的系列催化剂及其制备方法和应用方法等。

②相关项目：SH-2型钴钼有机硫加氢转化催化剂、氨基乙酸无毒脱碳及改造（以硅代钒缓溶剂）、气相催化合成烷基吡嗪食用香料、ZXF-O$_2$型自动吸附仪等。

③相关产品：TO-1型脱氧剂、TO-2型脱氧剂、TO-3型脱氧剂、TO-2B型脱氧剂等。

(14) 中国科学院大连化学物理研究所

1）简介

中国科学院大连化学物理研究所（以下简称"大连化物所"）创建于 1949 年 3 月，当时定名为"大连大学科学研究所"，1961 年底更名为"中国科学院化学物理研究所"，1970 年正式定名为"中国科学院大连化学物理研究所"。大连化物所是一个基础研究与应用研究并重、应用研究和技术转化相结合，以任务带学科为主要特色的综合性研究所，其重点学科领域为：催化化学、工程化学、化学激光和分子反应动力学以及近代分析化学和生物技术。

2）科研成果

①相关论文：*Polymer-Free Electrospun Separator Film Comprising Silica Nanofibers and Alumina Nanoparticles for Li-Ion Full Cel*、*A Flame Photometric Detector With a Silicon Photodiode Assembly for Sulfur Detection*、*Glass-Like Electronic and Thermal Transport in Crystalline Cubic Germanium Selenide*、*Platinum in-situ Catalytic Oleylamine Combustion Removal Process for Carbon Supported Platinum Nanoparticles*.

②相关专利：一种片状交错结构丝光沸石分子筛的合成方法及分子筛、一种基于绝热量热仪的敏感参数测量及计算方法、一种多级孔分子筛及其制备方法、一种多级孔 MRE 分子筛的制备方法、一种空气杀菌消毒装置等。

③活性包装相关产品：HC-1 型高效新型脱氧剂及工业放大、高活性脱氧剂等。

（15）中国科学院上海有机化学研究所

1）简介

中国科学院上海有机化学研究所（简称上海有机所）是集基础研究、应用研究和高技术创新研究为一体的综合性化学研究机构，创建于 1950 年 5 月，是中国科学院首批成立的 15 个研究所之一，前身是建立于 1928 年 7 月的前中央研究院化学研究所。从开展抗生素和高分子化学的研究起步，经过 70 年几代人艰苦创业、奋力拼搏，在以有机化学研究为中心的基础研究、应用研究与高新技术开发、人才培养等方面均取得令人瞩目的成就。在我国"两弹一星"研制、"人工合成牛胰岛素、人工合成酵母丙氨酸转移核糖核酸"和"物理有机化学中的两个基本问题：自由基化学中取代基离域参数和有机分子簇集概念"等一批攀登科技高峰的重要成果中，上海有机所科研人员作出了重要贡献。

2）科研成果

①相关论文：《复杂二聚体天然产物全合成的研究进展》《可见光/高价碘体系下选择性的环丙胺 C（sp3）- C（sp3）键断裂/炔基化反应》等。

②相关专利：一种高分子量高溶解性的聚苯并咪唑类聚合物的制备方法，一种含氟代醇负载物的催化剂及其制备方法、应用等。

③相关项目：微生物源天然产物的生物合成和分子创新，基于氨基酸的有机催化剂设计、合成及其应用等。

④活性包装相关产品：抗菌剂 401 和 402 等。

（16）中国科学院光电技术研究所

1）简介

中国科学院光电技术研究所（简称光电所）始建于 1970 年。建所以来，围绕国家重大战略需求，聚焦世界科技前沿，开展光电领域基础性、前瞻性和颠覆性的创新研究，逐步成为国家科技战略体系中不可或缺的光电科技力量。累计申请专利 1700 余件，授权专利 1000 余件，发表论文 5700 余篇。活性包装相关科研成果包括长效无机抗菌剂等。

2）科研成果

①相关论文：*Rapid Synthesis of Alon Powders by Low Temperature Solid-state Reaction.*

②相关专利：表面等离子体生化传感检测装置、一种用于制备高性能光学薄膜的方法等。

（17）中国科学院化学研究所

1）简介

中国科学院化学研究所成立于 1956 年，是以基础研究为主，有重点地开展国家急需的、有重大战略目标的高新技术创新研究，并与高新技术应用和转化工作相协调发展的多学科、综合性研究所，是具有重要国际影响、高水平的化学研究机构。化学所的主要学科方向为高分子科学、物理化学、有机化学、分析化学、无机化学。化学所重视化学与生命、材料、环境、能源等领域的交叉，在分子与纳米科学前沿、有机高分子材料、化学生物学、能源与绿色化学领域取得新的突破，建设和完善面向国家重大战略需求的先进高分子材料基地。

2）科研成果

①相关论文：*Bis-Diketopyrrolopyrrole Moiety as a Promising Building Block to Enable Balanced Ambipolar Polymers for FlexibleTransistors.*

②相关专利：一种功能化纳米粒子及其制备方法与应用、防雾剂及其制备方法和应用、防雾制品等。

③相关项目：响应性功能分子的设计合成与性质研究。

④活性包装相关产品：一种抗菌组合物。

5.2.1.2 省部级研究机构、相关研究团队及研究成果

（1）浙江省农业科学院

1）简介

浙江省农业科学院是浙江省人民政府直属综合性公益农业科研机构，科学院创办于 1908 年，主要承担着浙江省农业应用基础研究、高新技术应用及开发研究和科技兴农服务。截至 2013 年 12 月，浙江省农业科学院有 16 个专业研究所，其中有省部共建实验室 1 个，农业农村部重点实验室 11 个，浙江省级科研机构 8 个，院级工程技术研究中心 9 个。

2）科研成果

①相关研究团队与成果。

郜海燕、陈杭君等人在农产品采后生物学、食品物流保鲜加工品质调控方面开展研究工作。在 Food Chemistry、Postharvest Biology and Technology、Journal of Food Processing and Preservation、Food Control、《食品与发酵工业》等期刊发表相关成果。

②相关专利。

一种醌基修饰生物碳基微生物菌剂及其制备和应用等。

（2）江苏省农业科学院

1）简介

江苏省农业科学院前身是创建于1931年的中央农业实验所，现直属江苏省人民政府领导，是江苏省唯一的、综合性的农业科研机构。主要任务是针对国家和江苏省农村经济与科技发展目标和方向，开展应用研究、开发研究及科技示范和科技服务工作，同时进行应用基础研究和农业宏观对策研究，为全省农业和农村经济发展提供成果保证和技术支撑。截至2012年9月，江苏省农业科学院有13个专业研究所、10个农区所；在职职工2300余人，其中院士1人，入选"新世纪百千万人才"国家人选3人。

2）科研成果

①相关研究团队与成果。

胡花丽、罗淑芬、王毓宁等人在农产品贮藏与冷链物流保鲜技术及装备研发等方面开展研究工作。在 Scientia Horticulturae、Postharvest Biology and Technology、Food Chemistry、International Journal of Food Science and Technology 等期刊发表相关成果。

②相关专利。

梨果复合保鲜方法、一种复配生物防腐保鲜剂及其使用方法、一种延长水产品保质期的生物保鲜方法、一种甘薯贮藏保鲜系统、一种杏鲍菇的保鲜方法、基于电子束辐照的盐水鸭保鲜方法、一种果蔬真空预冷杀菌保鲜装置、一种禽产品去味保鲜装置、一种复合生物涂膜剂及其用于蓝莓保鲜的方法、果品类的便携式气调保鲜盒、一种格氏乳球菌和生物防腐保鲜剂及其应用、一种汤煲类食品用保鲜剂及其应用方法、新型果蔬保鲜液、制备方法及其应用、一种基于低温等离子技术的叶菜清洗保鲜装置等。

（3）北京市农林科学院

1）简介

北京市农林科学院成立于1958年，是北京市政府直属事业单位，主要承担农林牧渔领域科学研究、成果转化、示范推广及相关技术服务、技术培训职责。设有15个专业研究所、中心，现有在职职工1245人，其中具有高级职称的专业技术人员616人，获得博士学位594人。拥有中国工程院院士、国家杰青、现代农业产业技术体系首席科学家、北京学者等一大批高端人才。

北京市农林科学院建有2个全国重点实验室、7个国家级工程中心（实验室）、13个农业农村部重点实验室、5个国家林业草原工程中心、18个市级重点实验室（工程中心）、4个农业农村部检测中心，4个国家级种质资源保存机构，拥有1个具有国际种子质量检测资质认证实验室（ISTA），1个具有独立招收资格的博士后科研工作站。先后与法国、加拿大、意大利、西班牙等30余国开展科技项目合作，建立国际联合实验室11个、国家级国际合作基地2个。

2）科研成果

①相关研究团队与成果。

北京市农林科学院左进华团队主要在果蔬采后保鲜与冷链物流等方面开展果蔬保鲜技术、活性包装材料开发等工作，在 *Trends in Food Science & Technology*、*Postharvest Biology and Technology*、*Food Packaging and Shelf Life*、*Food Chemistry* 等期刊发表相关成果。

北京市农林科学院高丽朴团队在蔬菜采后生理和贮藏、流通保鲜技术等方面开展了结球白菜采后生理及强制通风贮藏技术、贮藏大白菜综合技术开发研究、蔬菜采后处理工艺设计与实施、蔬菜果品差压预冷设备及配套技术等工作，在 *Postharvest Biology and Technology*、*Horticulture Research*、*Frontiers in Nutrition*、*Food Chemistry*、*Journal of Food Processing and Preservation* 等期刊发表相关成果。

北京市农林科学院蔬菜研究中心王清、史君彦、范林林等人在果蔬采后保鲜、包装材料等方面开展了气调保鲜技术、纳米包装膜、预冷方式的贮存效果等工作，在 *Postharvest Biology and Technology*、*Food Packaging and Shelf Life*、*Packaging Technology and Science*、*Horticulture Research*、《食品工业科技》《食品与发酵工业》《食品科学》《北方园艺》等期刊发表相关成果。

②相关专利。

一种果蔬复合保鲜方法及释放装置、一种青椒保鲜剂及其使用方法等。

（4）河北省农林科学院

1）简介

河北省农林科学院始建于1958年，是河北省唯一省级综合性农业科研机构。其职责是解决全省农业发展中的重大科技问题，担负着全省农业领域重大科研创新任务和公益性服务职能。现辖12个专业研究所，建有国家品种改良中心（分中心）7个，农业农村部重点实验室5个、科学观测站10个、园艺作物资源圃1个、微生物资源库1个、抗性鉴定站2个。另有2个院士工作站、1个博士后工作站和11个省级科研平台，编辑出版《华北农学报》《河北农业科学》等5种学术期刊。

河北省农林科学院现有在职职工866人，其中科技人员767人，具有高级职称科技人员568人；博士172人，硕士364人，硕博占比达69.9%。拥有国家百千万工程人选3人，国家突贡专家3人，中华农业英才1人，国务院特贴专家21人，省高端人才5人，省管优秀专家16人，省"巨人计划"领军人才3人，省科技创新团队3个。

2）科研成果

①相关研究团队与成果。

关军锋、及华、孙玉龙等人在果实品质生理与贮藏保鲜加工技术研究方面开展了国家梨产业技术体系采后商品化处理与加工等研究工作。在 *Journal of Integrative Agriculture*、*Microbiological Research*、*Science Horticulturae*、*Frontiers in Microbiological*、《食品与发酵工业》《中国农业科学》《食品科学》等期刊发表相关成果。

②相关项目。

香椿高产栽培与贮藏保鲜加工技术的研究开发等。

（5）广东省农业科学院

1）简介

广东省农业科学院是广东省人民政府直属事业单位，成立于1960年，前身是1930年由著名农学家丁颖教授创办的中山大学稻作试验场及1956年成立的华南农业科学研究所。全院占地面积5800余亩，其中科研示范基地面积4200亩。现有水稻、果树、蔬菜、作物、植物保护、农业质量标准与监测技术、设施农业、动物科学（水产）、蚕业与农产品加工、农业资源与环境、动物卫生、农业经济与信息、茶叶、环境园艺研究所和农业生物基因研究中心共15个科研机构，设有博士后科研工作站。"农业科学"和"植物学与动物学"2个学科ESI全球排名前1%。

广东省农业科学院现有在编职工1179人，高级职称专家653人、博士以上学历684人，国家特支计划科技创新领军人才4人、"百千万人才工程"国家级人选3人、全国杰出专业技术人才1人、国家神农英才计划人才9人、享受国务院政府特殊津贴在职专家19人，国家现代农业产业技术体系专家23人。

2）科研成果

①相关研究团队。

陈于陇团队在农产品采后品质劣变规律及调控机制、农产品采后绿色保鲜技术及新产品研发等方面开展了南方特色水果涂膜包装保鲜技术、果蔬气调包装贮藏技术、鲜切果蔬加工保鲜技术等研究工作，在 *Food Chemistry*、*Journal of Food Science*、*LWT-Food Science and Technology*、《食品与发酵工业》《食品科技》《中国食品学报》等期刊发表相关成果。

②相关论文。

Morphological, Chemical, and Biosynthetic Changes in Pericarp Waxes in Response to the Browning of Litchi Fruit During Storage、*Combined Application of Malic Acid and Lycopene Maintains Content of Phenols, Antioxidant Activity, and Membrane Integrity to Delay the Pericarp Browning of Litchi Fruit During Storage*.

③相关项目。

华南特色蔬菜采后品质调控及物流保鲜关键技术研发与应用等。

（6）南京全凯生物基材料研究院

1）简介

南京全凯生物基材料研究院由南京大学、南京市江北新区化工产业转型发展管理办公室和南京新工投资集团于2018年共同组建成立。研究院定位于汇聚一流人才，促进科技创新，推动生物基材料产业发展，服务地方经济发展。研究院现拥有研发面积2400平方米，已有研发人员中高级职称10人，其中，中国工程院院士2人、长江学者2人。研究院以创新的运作模式推动技术的产业化，面向国家"白色污染"治理与绿色发展的重大需求加快建设技术研发创新、成果转移孵化、产业公共服务、创新人才培养四大平台。活性包装相关科研成果：生物基降解材料产品应用研究、生物基降解材料的生态链。

2）科研成果

相关专利：一种生物基可堆肥降解耐热型薄膜复合材料及其制备方法等。

（7）湖南农产品加工研究所

1）简介

湖南省农产品加工研究所（湖南省食品测试分析中心）在原湖南省农业科学院农产品加工开发中心基础上组建而成，是湖南省唯一农产品—食品加工与质量安全专业科研与分析测试机构。建筑面积4000多平方米，固定资产3000多万元。

2）科研成果

相关专利：壳聚糖-阿魏酸共聚物活性膜及其制备方法和应用等。

5.2.2 相关研究团队及成果

江南大学丘晓琳团队等在食品包装技术与安全、包装系统与装备等方面开展了抗菌涂层技术、果蔬气调包装、控释抗菌膜等工作，在 Food Chemistry、Carbohydrate Polymers、Food Packaging and Shelf Life、《食品与发酵工业》《包装工程》等期刊发表多篇相关成果。

江南大学张慜团队在生鲜食品资源加工、生鲜食品加工和保鲜品质调控等方面开展了调味果蔬高效微波辅助冷冻干燥及贮藏过程机理研究、加压混合惰性气体处理对鲜切果蔬保鲜的影响及其机理研究、果蔬干燥减损关键技术与装备研发等工作，在 Journal of Agricultural And Food Chemistry、Food Chemistry、Food Hydrocolloids、Food and Bioprocess Technology 等期刊发表相关成果。

上海海洋大学谢晶团队主要在食品冷藏链设备与技术、食品保鲜、食品冷冻冷藏工艺、制冷工程等方面开展了农产品贮运保鲜技术与设备、活水产品冷链物流中的微生物控制技术及装备研发等工作。在 LWT-Food Science and Technology、Food Chemistry、Carbohydrate Polymers、Advanced Materials Research、《食品科学》《现代食品科技》等期刊发表相关成果。

上海海洋大学李立团队在食品加工与贮藏，食品保鲜机制、功能性及可降解包装，绿色包装与智能包装等方面开展了水蜜桃采后保鲜包装的研究、新型食品保鲜膜的研究、功能性可降解果蔬保鲜包装材料的开发与应用等工作，在 LWT- Food Science and Technology、Food Chemistry、Journal of Food Process Engineering、Journal of Nanomaterials 等期刊发表相关成果。

上海海洋大学杨福馨团队主要在包装工程理论及技术、功能性包装材料与包装技术理论及应用等方面开展了防霉抑菌薄膜、吸湿薄膜、抗氧化薄膜、降解薄膜、生物气调薄膜等新型包装材料的工作。在 Packaging Science and Technology、Journal of Food Process Engineering、《功能材料》《食品与机械》《食品科学》《包装工程》等重要学术期刊发表相关成果。

上海海洋大学陈晨伟团队主要在食品贮藏与保鲜、可降解包装材料、物流运输包装等方面开展了水产品陆海联动保鲜保活与冷链物流技术、食品新型包装材料及智能包装关键装备研发等工作。在 Food Control、LWT-Food Science and Technology、Food Packaging and Shelf Life、《食品科学》等期刊上发表相关成果。

上海交通大学邓云、钟宇等在绿色活性包装开发与应用、食品/农产品保鲜加工等方面开展了可食性包装膜开发利用-冷冻面团产品的涂膜技术开发、黑蒜/樱桃/三叶木通等的保鲜工作，在 Food Chemistry、Carbohydrate Polymers、Food Research International、Industrial Crops and Products、Food Control 等期刊发表相关成果。

武汉大学黎厚斌团队在智能包装、功能包装材料等方面开展了新型含氟端羟基聚合物结构设计与交联网络调控研究，阳离子球形聚电解质刷－纳米 SiO_2 助留助滤系统的界面作用模型、包装及信息化管理关键技术研究等工作，在 Journal of Industrial and Engineering Chemistry、Food Hydrocolloids、Progress in Organic Coatings、Materials Letters 等期刊发表相关成果。

武汉大学刘兴海团队在智能材料与结构方面开展了智能包装材料研发，涉及碳量子点、热致变色、光致变色、新鲜度指示器、时间温度指示器、包装泄漏指示器和智能结构等工作，用于食品药品品质检测、柔性新能源器件和烟用材料等领域。在智能传感与感知方面开展了小分子柔性传感器印制，涉及小分子传感器、温湿度传感器及其感知系统等工作，用于生鲜冷链、食品药品安全监测、智能应急管理、智慧医疗、智慧仓储和环境保护等领域。在绿色包装与材料方面开展了水性油墨（涂料）研发，涉及天然色素油墨、水分散连接料和特种涂料的配方研制等工作，用于烟草工业、3C 电子、汽车涂料和包装印刷等领域。在 Journal of the Science of Food and Agriculture、Food Hydrocolloids、Food Chemistry、Inorganic Chemistry Frontiers 等期刊发表相关成果。

大连民族大学胡文忠团队主要在农产品加工与贮藏工程、食品质量评价与安全检测等方面开展了果蔬采后生理生化、乙烯生物合成机理及调控、采后果蔬成熟机理及分子生物学等研究，在 Journal of the Science of Food and Agriculture、Journal of Food Quality、Journal of Food Science and Technology、Transactions of the ASAE 等期刊发表相关成果。

武汉轻工大学侯温甫团队在水产品加工、保鲜与贮藏，畜禽产品加工与质量控制，农产品加工与贮藏等方面开展了鱼制品加工过程中的品质控制技术、高品质生鲜鸭肉制品加工与品质控制关键技术研发、生鲜食品储运品质控制技术研究等工作，在 Food Chemistry、Food Hydrocolloids、LWT-Food Science and Technology、Journal of Food Science 等期刊发表相关成果。

武汉轻工大学常超团队在食品基质的安全控制技术、粮食真菌毒素毒性评价及其控制等方面开展了利用纳米材料的缓释和成膜性，研究新型的保鲜技术，开展 DON、ZEN 等常见真菌毒素的毒性评价、毒性机理、减毒技术的研究等工作，在 International Journal of Biological Macromolecules、Food Hydrocolloids、ACS Omega 等期刊发表相关成果。

昆明理工大学覃宇悦团队在云南优势果蔬保鲜技术开发等方面开展了纳米粒子在聚乳酸基食品包装材料及食品界面的迁移机制研究、聚乳酸抗菌缓释体系对云南野生牛肝菌采后致病菌基因调控机理研究等工作，在 International Journal of Biological Macromolecules、Scientia Horticulturae、Journal of Materials Research and Technology-JMR&T、International Journal of Food Science &

Technology 等期刊发表相关成果。

西南大学张敏团队主要在生鲜及易腐食品贮藏及快递物流保鲜技术、包装创新策划与设计等方面开展了针对生鲜果蔬及易腐食品在贮藏及电商快递物流过程中出现大量损耗及口感劣变的问题，研究在快递前贮藏和快递过程中的绿色安全保鲜保质技术、冷食调理肉制品冷链物流保鲜关键技术、鲜食甘薯贮运技术、油性食品包装材料渗油改善技术等工作，在《食品科学》《食品工业科技》《包装工程》《食品与发酵工业》等期刊发表相关成果。

北京印刷学院许文才团队在包装材料的制备及应用等方面开展了金属包装覆膜技术的研究与应用、高端包装印刷装备关键技术及系列产品开发、稀土发光材料的制备及其在印刷包装防伪中的应用等工作，在 *International Journal of Life Cycle Assessment*、*Chemistry Select*、*Food and Bioprocess Technology*、《中国塑料》《包装工程》等期刊发表相关成果。

北京印刷学院李东立团队在高分子材料改性、包装材料成型加工、水果保鲜包装设计等方面开展了中等透气性聚乙烯醇薄膜微观结构设计与性能研究、新型水果保鲜包装材料研发、水蜜桃保鲜包装设计等工作，在 *LTW-Food Science and Technology*、*Food and Bioprocess Technology*、*Scientia Horticulturae*、《食品科学》《包装工程》等期刊发表相关成果。

贵阳学院王瑞团队在农产品采后生理与贮运等方面开展了 1-MCP 结合臭氧处理对水晶葡萄采后贮藏品质的影响、生物保鲜纸处理对百香果采后贮藏品质的影响、纳他霉素处理对火龙果贮藏品质的影响等工作，在 *Food Science and Technology*、*Industrial Crops and Products*、《食品与发酵工业》《食品工业科技》《包装工程》等期刊发表相关成果。

浙江大学常州工业技术研究院成立于 2013 年 3 月 7 日，由浙江大学和常州高新区合作共建。研究院依托浙江大学，发挥常州高新区产业与区位优势，围绕人工智能、智能制造等领域，形成集科学研究、人才培养、创业孵化、技术转移、公共服务为一体的双创服务体系，打造具有强大造血功能的创新驱动引擎，建设宽领域、多层次的产业集群和创新创业生态，已获批省级科技企业孵化器、省重大创新载体、江苏省新型研发机构奖补、常州市党员创业先锋基地等资质荣誉。活性包装相关科研成果：纳米抗菌卫生材料。

5.3 活性包装相关专利技术

5.3.1 活性包装行业专利概况

通过万方数据库检索活性包装相关专利。基本情况是：截至 2022 年上半年，我国活性包装专利数量为 3762 项。其中，2000 年以前，我国活性包装研究处于萌芽阶段，发表专利数量很少，说明此时该领域并没有引起包装人士的关注，只有少数学者进行基础研究。近年来，活性包装专利申请量授权量逐渐增多，意味着有相对稳定的研究机构、企业和学者逐步开始重视活性包装领域的创新和成果物化。如表 5-1 所示为按国内活性包装产品生产企业发表专利量（项）降序排列的机构及各机构发表专利数量（项）及占总发表量（项）的百分比（超过 20 项的机构）。

表 5-1　活性包装相关生产企业发表专利列表（发表量 ≥ 20）

机构名称	专利量/项	占总发文量的百分比/%
杭州干将实业有限公司	44	1.28%
干霸干燥剂（深圳）有限公司	37	1.07%
南京新绿叶实业有限公司	35	1.03%
嘉兴星越包装材料有限公司	34	0.99%
江苏欧凯包装科技有限公司	33	0.96%
广东广益科技实业有限公司	29	0.84%
淮安市威特保鲜剂有限公司	25	0.73%
芜湖县天海耐火炉料有限公司	24	0.70%
江西昂仕新材料科技有限公司	24	0.70%
乳山市环宇化工有限公司	24	0.70%
昆山威胜干燥剂研发中心有限公司	22	0.64%
晋江拓普旺防霉材料有限公司	22	0.64%
7AC 技术公司	20	0.58%

从表 5-1 可以看出，国内活性包装研究领域发表专利数量超过 20 项的机构分别是杭州干将实业有限公司（干将新材料有限公司）（44 项），干霸干燥剂（深圳）有限公司（37 项），南京新绿叶实业有限公司（35 项），嘉兴星越包装材料有限公司（34 项），江苏欧凯包装科技有限公司（33 项），广东广益科技实业有限公司（29 项），淮安市威特保鲜剂有限公司（25 项），芜湖县天海耐

火炉料有限公司（24 项），江西昂仕新材料科技有限公司（24 项），乳山市环宇化工有限公司（24 项），昆山威胜干燥剂研发中心有限公司（22 项），晋江拓普旺防霉材料有限公司（22 项），7AC 技术公司（20 项）。分布情况如图 5-18 所示。

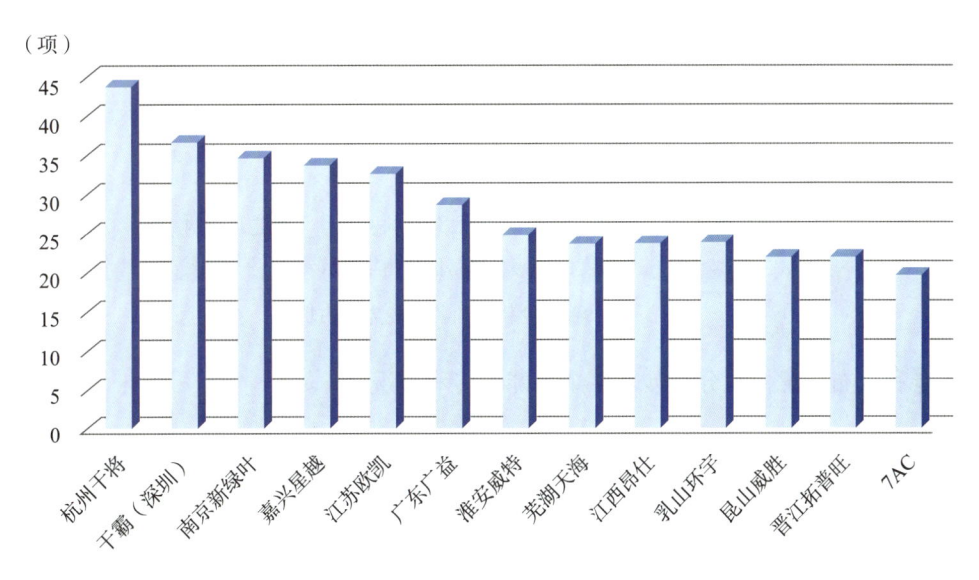

图 5-18 活性包装专利分布情况

5.3.2 活性包装行业专利技术分布情况

从活性包装涉及的技术领域看，全行业现有专利的主要分布情况如图 5-19 所示。按活性包装技术的 7 种主要功能分，活性包装技术全部专利中，涉及水分控制功能的占比 47%，氧气控制功能的占比 28%，温度控制功能的占比 11%，抗菌功能的占比 10%，智能检测与显示功能的占比 2%，二氧化碳控制与乙烯控制功能各占 1%。

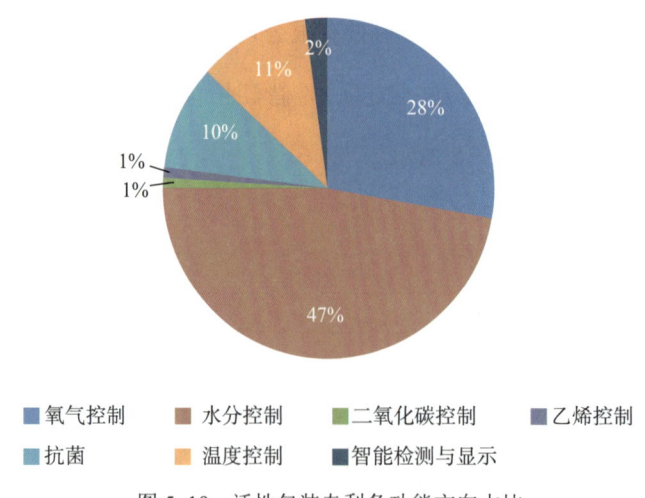

图 5-19 活性包装专利各功能方向占比

以下按专利分布情况依次分析涉及各个功能的专利概况。

5.3.2.1 水分控制功能

水分控制功能相关专利 1798 项，包括相关产品、工艺及加工机械设备，集中于聚氨酯、聚苯乙烯、聚环氧乙烷、涤纶树脂、聚烯烃、聚乙烯等材料，制备出的产品有膜、包装盒、纸、涂料、涂膜、干燥剂等，常用于菌菇等果蔬保鲜。

5.3.2.2 氧气控制／去除功能

氧气控制／去除功能相关专利 1078 项，包括相关产品、工艺及加工机械设备，集中于聚乙烯、聚氯乙烯、聚乳酸等材料，制备出的产品有薄膜、吸氧小袋、脱氧剂等，常用于果蔬保鲜。

5.3.2.3 温度控制功能

温度控制功能相关专利 399 项，自热包装常用于自热米饭、自热火锅等自热食品。通常，利用水和遇水发生放热反应的材料（如生石灰）来加热食材，包装一般满足便捷、防烫和环保的要求，包括包装盒体、包装托盘、独立食物盒和加热腔体等。自冷包装的制冷剂一般由两种以上的组分组成，分装于互相隔离的不同的腔室中，在使用时借助一定的手段将二者混合反应发生，从而达到制冷效果，主要用于快递产品的外包装。用到的基材有琼脂、聚乙烯、聚氯乙烯、明胶、海藻酸钠、生石灰，制备的产品有膜、水凝胶、热封膜、发热包、制冷剂，常用于酸奶保鲜、预制菜、酒类饮料。此外，还有具有加热功能的包装罐，用户可以在罐子本体外通过加热控制器对加热柱进行温度调控来对容置腔内的蜂蜜维持在一定的温度，防止蜂蜜结晶而造成食物的浪费，同时，在外罐体和内罐体中的隔热层能够起到隔热的效果，防止加热后的罐子本体烫伤用户的手。

5.3.2.4 抗菌/杀菌功能

抗菌/杀菌功能相关专利371项，包括相关产品及材料，集中于聚乙烯醇、玉米醇溶蛋白、聚乳酸、淀粉、纳米纤维素、聚乙烯吡咯烷酮、聚乙烯醇缩丁醛、聚乙烯、羧甲基壳聚糖、β-环糊精分子、明胶、普鲁兰多糖、改性聚丙烯、聚己内酯、海藻酸钠等材料，制备出的产品有膜、包装盒、涂膜、纸、塑料瓶等，常用于苹果、梨、肉糜、冷鲜肉、虾、桑葚等的保鲜。

5.3.2.5 智能检测与显示功能

智能检测与显示功能相关专利70项，常用的材料有壳聚糖、聚乙烯醇、明胶、纤维素、淀粉、果胶和聚乳酸等，制备的产品有指示膜、指示器、包装盒等。通过监测包装体系内的温度、二氧化碳、乙烯、挥发性盐基氮、胺类化合物等的变化来反映产品的品质变化。常用于果蔬、肉类、鱼类的新鲜度监测。

5.3.2.6 二氧化碳控制功能

二氧化碳控制功能相关专利42项，包括相关产品及材料，集中于壳聚糖、聚乙烯、聚氯乙烯、涤纶树脂、聚烯烃、聚乙烯、聚氨酯等材料，制备出的产品有包装袋、涂膜、指示标签、气体调节剂小袋等，常用于水果的保鲜。

5.3.2.7 乙烯控制功能

乙烯控制功能相关专利34项，主要包括相关产品及工艺，多为乙烯吸附剂/脱除剂，常用的材料有乙烯-醋酸乙烯酯的共聚物、低密度聚乙烯、聚烯烃、聚乙烯等，制备出的产品有薄膜、涂膜、气体调节剂小袋等。此外，还用氧化钙、沸石、纳米蒙脱石和活性炭等吸收体系中多余的乙烯，常用于果蔬的保鲜。

5.3.3 现有专利涉及的主要应用技术领域

根据调研，在现有活性包装专利中，涉及的应用技术领域主要有 3 个，分别是新型活性包装材料、新型活性包装膜及其制造方法和其他活性包装及相关专利。

5.3.3.1 新型活性包装材料

针对新型活性包装材料，湖南省农产品加工研究所制备了一种活性包装材料，主要由主料和胶黏剂混合后成型制得；按质量百分比计，主料由以下组分组成：柑橘皮渣 30%～60%、箬叶 5%～35%、毛竹 5%～30% 和甘草提取物 5%～25%；主料与胶黏剂的质量比为 1∶0.15～5。制备方法包括：按质量百分比将柑橘皮渣、箬叶、毛竹和甘草提取物混合，得到主料，将主料加水碎浆、精磨后，得到主料浆料；在主料浆料中加入胶黏剂，搅拌至溶解均匀，得到混合物；将所得混合物成型，得到活性包装材料。该活性包装材料具有抗菌性、抗氧化性、吸水性和保水性，且丢弃后材料易分解，能够用于冷鲜肉的存储。

中国农业大学提供一种基于姜精油与聚乳酸的可降解活性包装材料及其制备方法。其主要成分为姜精油及聚乳酸。其中，姜精油占聚乳酸质量的 0%～5%。这类材料制备步骤主要包括溶解、均质及真空干燥。本发明公开的包装材料通过加入具有抗氧化活性及抗菌活性的物质，赋予包装除物理隔离以外的功能，能够有效抑制食品中常见的革兰氏阳性菌和阴性菌，且形成的活性包装具有良好的力学性能，能在一定程度上防止食物因物理冲击力而造成的损伤。

浙江卫斯敦环境科技有限公司提供了一种抗菌活性包装材料的制备方法，包括以下步骤：将花瓣干粉碎过筛；浸提浓缩提取液 A；将正硅酸乙酯和乙醇的混合液搅拌滴入由去离子水和无水乙醇组成的混合液中搅拌；陈化，放入玻璃片，提起干燥烧结，粉碎；加提取液 A 搅拌，过滤后得产物 A；将糠醛渣过筛，浸入氢氧化钠溶液中搅拌，过滤烘干，粉碎；加山毛榉木粉和苯-乙醇溶液混合抽提；加乙醇水溶液搅拌；配制成水悬浊液，研磨均质得悬浊液 B；将产物 A、悬浊液 B、羧甲基纤维素溶液、聚乙烯醇溶液、樟树叶提取物、蒲公英多糖和丙三醇混合搅拌；脱泡，流延干燥即得。本方法所制备的包装材料具有很好的力学性能，抗氧化性佳，同时抗菌性佳，对氨气的灵敏度很高，稳定性也很好。

苏州甫众塑胶有限公司公开了一种抗菌型活性包装材料及其制备工艺，所述包装材料其由基材和抗菌剂构成，其中，所述抗菌剂由以下组分制备而成：柚皮苷、甘草酸单钾盐、金樱子棕、β-阿朴-8'-胡萝卜素醛、介孔炭、科罗索酸、复合精油；所述基材由淀粉、竹粉、蛭石粉、铝矾土、聚乳酸、聚乙二醇、改性椰子纤维、过硫酸铵-亚硫酸氢钠和乙醇制备而成。按本发明制备的包装材料抗菌性能广，并且其拉伸强度和断裂伸长率在一个较佳的水平，这说明本发明的抗菌剂与基材适应性较好。此外，该包装材料的原料来源绿色安全，且抗菌性持续时间可达30个月以上。

江苏欧凯包装科技有限公司提供了一种同时吸收氧气和二氧化碳的活性包装材料，属于活性包装材料领域，一种同时吸收氧气和二氧化碳的活性包装材料，包括氧吸附包、二氧化碳吸附包和弹性条，氧吸附包和二氧化碳吸附包通过弹性条固定连接，在使用之前通过自适应密封环一方面可以有效实现本活性包装材料的密封保护，有效保持其对氧气和二氧化碳的吸附能力，在使用时配合单侧透气板的设置，可以在不影响内外通透性的情况下有效避免其内部的脱氧剂和脱二氧化碳剂颗粒向外掉落的现象，可以实现对食品袋中的氧气和二氧化碳进行充分吸收，提高气体吸收种类，保鲜效果更好、适用范围更广，且体积小巧、使用方便，使用前密封效果好。

浙江横浦科技有限公司发明了一种新型的活性包装材料，属于活性包装领域，一种新型的活性包装材料，包括包装袋本体，包装袋本体包括依次连接的内表层、中间层和外表层，中间层包括保温膜和降噪膜，且保温膜和降噪膜连接，包装袋本体的上端中部固定连接有提手，提手的一侧设有注水管，注水管与包装袋本体固定连接，且包装袋本体的内部通过注水管与外界相连通，注水管上连接有密封帽，包装袋本体内远离注水管的一侧设有多个间隔一定距离的粘贴区，粘贴区上粘接有供氧包，供氧包包括不透膜、固体筛板和低温水溶性膜，简化包装程序，提高包装速度，且通过设置保温膜和降噪膜，提高包装袋内鱼类的舒适度，进而提高鱼类存活率，有利于长时间运输。

江苏欧凯包装科技有限公司提供了一种新型的氧指示活性包装材料，包括脱氧剂包装袋，脱氧剂包装袋包括脱氧剂包装纸，且脱氧剂包装袋由脱氧剂包装纸对折而成，且脱氧剂包装袋边缘贴合处利用黏结剂固定连接，脱氧剂包装袋的边缘贴合处通过压合工艺密封脱氧剂包装纸包括纤维纸层，纤维纸层的下端固定连接有内薄膜层，纤维纸层远离内薄膜层的一端固定连接有外薄膜层，纤维纸层与内薄膜层和外薄膜层之间均通过黏结剂固定连接，纤维纸层上开凿有两组观察视窗，纤维纸层与内薄膜层之间插接有两个氧气指示剂条，可以实现脱氧剂食品包装袋内脱氧剂原料不易出现泄漏现象，不易污染食品。

温州乐成塑业有限公司发明公开了一种新型活性抗菌食品包装材料及其制备方法，首先将精油通过物理吸附包封纳入氨基化的埃洛石纳米管,再将同时含有羧基和羟基的抗菌剂与乙烯基醚通过缩醛反应得到中间产物;然后将上述得到的埃洛石纳米管与中间产物混合之后加入玉米醇溶蛋白中,最后采用浇铸法成型干燥得到抗菌食品包装复合膜。本发明的新型活性抗菌食品包装材料采用了物理吸附和化学键合两种包埋方式,不仅能通过物理缓释精油达到驱蝇抑菌的效果,还能通过pH响应释放另一种抗菌剂以延长食品保鲜时间,实现了多种抗菌剂的结合,节省了抗菌剂的使用量。本发明的新型活性抗菌食品包装材料具有良好的生物相容性和生物降解性,安全无毒,绿色环保。

5.3.3.2 新型活性包装膜及其制造方法

江南大学同山东碧海包装材料有限公司发明了一种添加IRMOF-3/香芹酚的海藻酸钠基抗氧化抗菌生物活性复合膜及其制备方法。本发明所述生物活性复合膜是以海藻酸钠主要成膜材料,加入IRMOF-3/香芹酚、增塑剂,流延干燥后交联,制得复合膜;所述IRMOF-3/香芹酚是用IRMOF-3负载香芹酚形成的。本发明通过加入IRMOF-3/香芹酚,制备的海藻酸钠基复合膜具有优异的抗氧化抗菌活性,同时具有良好的拉伸性能、疏水性能和阻隔性能。

海宁柏逸新材料有限公司发明了一种新型抗菌冷冻食品包装膜,包括基层和防护膜。基层的上表面设有上粘接层,下表面设有下粘接层,其上粘接层的上表面与外抗菌层的下表面相粘接,下粘接层的下表面与内抗菌层的上表面相粘接,内抗菌层和外抗菌层均采用添加抗菌剂的塑料膜,防护膜粘接在外抗菌层的外侧面,采用内抗菌层配合外抗菌层可以对外部的细菌等进行隔绝,以防止细菌与食品接触造成发霉腐烂,同时防冻膜层可以防止膜体在遇见温度较低时出现脆裂的问题,并结合柔性膜层以提高膜体的弹性;其中还包括防冻膜层和柔性膜层。这种新型抗菌冷冻食品包装膜,抗菌效果好,使用寿命长,实用性强。

江南大学发明了一种基于纳米细菌纤维素的光敏抗菌抗氧化复合保鲜膜,自上而下依次包括光动力抗菌膜、纳米细菌纤维素基抗氧化抗褐变膜和纳米细菌纤维素基抗菌基底膜;其中,光动力抗菌膜是由纳米细菌纤维素、羧甲基壳聚糖、光敏剂和柠檬酸制成的,纳米细菌纤维素基抗氧化抗褐变膜是由纳米细菌纤维素、海藻酸钠、曲酸或其衍生物和抗坏血酸制成的,纳米细菌纤维素基抗菌基底膜是由纳米细菌纤维素、壳聚糖和增塑剂制成的。本发明还提供了所述复合保鲜膜的制备方法和应用。本发明的复合保鲜膜,具有良好的成膜性和机械性能,以及较低的水蒸气透过系数和良好的抑菌活性，可避免食品水分的大量流失，达到较好的保鲜效果。

四川大学发明了一种可降解双层多糖活性膜及其制备方法，将海藻酸钠、壳聚糖分别溶解于水和1%乙酸水溶液中，向海藻酸钠溶液和壳聚糖溶液中加入甘油和二氢杨梅素/羟丙基-β-环糊精包合物，搅拌均匀，静置脱气，分别得到海藻酸钠-二氢杨梅素/羟丙基-β-环糊精包合物成膜溶液Ⅰ和壳聚糖-二氢杨梅素/羟丙基-β-环糊精包合物成膜溶液Ⅱ。将成膜溶液Ⅰ和成膜溶液Ⅱ依次倒入成膜容器中，干燥后得到一种可降解双层多糖活性膜。采用本发明所选原料及工艺制得的可降解双层多糖活性膜不仅能有效解决传统包装材料无法降解的技术问题，同时原料来源广泛，制备工艺简单；所得复合膜表面光滑，均匀致密，具有良好的机械性能和抗菌活性，因此有着良好的应用前景。

北京科技大学发明了一种具有微生物智能自身抑制作用的保鲜膜及其制备方法。将多孔聚乳酸纳米纤维用聚乙烯亚胺改性，得到带正电的聚乙烯亚胺修饰的多孔聚乳酸纳米纤维，通过物理吸附方法负载肉桂精油，然后利用静电作用组装果胶涂层，得到果胶酶特定刺激响应释放肉桂精油的微生物自身抑制保鲜包装膜。本发明所提供的保鲜膜能够利用微生物尤其是真菌产生的果胶酶作为刺激响应因素，通过控制果胶酶分解"封堵"果胶涂层的速度达到控制释放抗菌肉桂精油的目的。

江南大学发明了一种pH响应型智能控释抗菌可降解包装膜及其制备方法与应用，由可生物降解基材制备的活性抗菌层和阻隔层组成，所述活性抗菌层内包含由pH响应控释型介孔纳米氧化锌搭载抗菌剂制备的智能抗菌复配体，所述阻隔层内包含改性分散的氧化石墨烯纳米片层材料，所述可生物降解基材原料含有热塑性生物降解塑料（PBAT）原料粒子、聚乳酸（PLA）原料粒子、乙酰基柠檬酸三丁酯（ATBC）、扩链剂（ADR-4368）。以pH响应型高比表面积载体搭载抗菌剂，通过对被包生鲜食物或微生物代谢所产生的内部动态酸性环境进行感应，响应性释放抗菌剂，从而达到抗菌剂释放量与食品保鲜需求相一致。可用于易腐和生鲜食品的保鲜。原料均是可生物降解高分子材料及对环境无害的低分子添加剂，对环境友好。

上海海洋大学提供了一种基于酯化改性的纳米复合活性包装保鲜膜及其制备方法和应用，该方法包括将有机酸和羧甲基纳米纤维素酯化反应，干燥的改性羧甲基纳米纤维素、干燥的聚己二酸/对苯二甲酸丁二醇酯和扩链剂混合、挤出造粒；将改性的羧甲基纳米纤维素/聚己二酸/对苯二甲酸丁二醇酯树脂的混合颗粒进行流延成膜，进行横向和纵向拉伸；采用酯化方法用有机酸对羧甲基纳米纤维素通过酯键相结合改性，改性后的羧甲基纳米纤维素具有抑菌抗氧化性，抑制食品中微生物生长和食品营养氧化损失；以聚己二酸/对苯二甲酸丁二醇酯可降解材料作为包装材料的基材，赋予了该薄膜抑菌抗氧性，这种新型环保、安全可靠的活性包装材料可应用于食品保藏领域。

上海交通大学发明了一种可食性壳聚糖/绿茶多酚活性包装涂膜材料，所述的可食性绿茶多酚活性包装涂膜材料至少包括以下组分及重量配比：壳聚糖 1～2 份，稀醋酸水溶液 95～100 份，甘油 0.5～1.2 份，吐温 20 为 0～0.1 份，绿茶多酚 0.5～2 份，水 95～98 份。该复合型壳聚糖活性包装膜在不同食品模拟物中都有很强的抗氧化能力，能保证膜中的抗氧化物质达到缓慢释放的目的，并且膜的力学性能、阻水性能好、在水中的溶解和膨胀程度小，在食品包装领域，尤其是预防食品产品氧化方面有着良好的发展前景。

上海海洋大学的发明提供了一种控释型可降解活性包装薄膜及其制备方法和应用，该薄膜的多层复合结构中内层为含有甘油的醋酸纤维素薄膜，中间层为由活性物质组成的淀粉/聚乙烯醇薄膜，外层为聚乳酸薄膜或聚己二酸/对苯二甲酸丁二酯薄膜，活性物质包括抗菌剂和抗氧化剂；本发明的内层薄膜中甘油与醋酸纤维素相互作用，在醋酸纤维素薄膜内部形成塑化区，在具有一定压强的水流作用下，可形成具有纳米孔隙的薄膜，孔隙率随着甘油含量的增加而增加，从而增加了薄膜的透过性，加速了中间层活性物质的释放；同时，醋酸纤维素薄膜中形成的孔隙大小和孔隙率随着水流压强的增大而增大，从而增加了薄膜的透过性，也加速了活性物质的释放。

蚌埠学院发明了冷鲜多浪羊肉用 pH 敏感智能活性包装薄膜制备，该冷鲜多浪羊肉 pH 敏感型智能活性包装薄膜以黑枸杞色素冻干粉、壳聚糖混合溶液、聚乙烯醇溶液与茶多酚粉末为原料，采用溶液经流延干燥制取。本发明通过采用黑枸杞色素，制备得到的 pH 敏感型智能活性包装薄膜，肉品包装后可以通过薄膜颜色变化即可判断包装内肉品的新鲜度，对肉品 pH 反应灵敏，其所用原料均为可降解材料，不仅可以满足食品包装所需的机械性能，通过内部添加茶多酚进一步增强羊肉抗氧化、异味吸附、色素保护与抑菌等能力，以达到延长保质期的目的。

广东无穷食品集团有限公司发明了一种羧甲基壳聚糖/细菌纤维素/纳米二氧化硅活性包装膜，所述活性包装膜是由羧甲基壳聚糖、细菌纤维素、纳米二氧化硅、交联剂及增塑剂制备而成的复合膜，所述活性包装膜中，羧甲基壳聚糖、细菌纤维素、纳米二氧化硅、增塑剂的质量比为 1～2∶3～6∶0.5～1∶0.2～0.5，所述交联剂的含量为羧甲基壳聚糖的 5wt%～10wt%。本发明的羧甲基壳聚糖/细菌纤维素/纳米二氧化硅活性包装膜，抗菌性、抗氧化性和机械性能均得到很好的提升，且韧性高，阻隔性能强，节约成本且安全环保。

东北农业大学提供了一种活性包装膜的制备方法，属于食品包装领域，该方法包括以下步骤：①碎大米的碱液浸泡过筛、离心、碱洗 2 次、水洗、离心、调 pH、离心、水洗和烘干后得到碎大米淀粉；②将鱼肉经均质、增溶、离心、沉淀，离心和烘干后得到鱼肉蛋白；③将碎大米淀粉、鱼蛋白和水混合之后调节 pH，经均质处理后加入丙三醇，水浴搅拌，降温后加入牛至精油，再次均质处理，将溶液放置于皮式培养皿中成膜，在空气循环烤箱中干燥降温即可得到活性包装膜；通过本发明制备的活性包装，膜具有低溶解度和水蒸气渗透能力，具有较好的抗拉强度、延展性和过氧化物酶抑制作用，对防止包装果蔬褐变有较好的应用前景。

中国海洋大学发明了一种活性包装膜，包括低密度聚乙烯、乙烯－乙酸乙烯共聚物、马来酸酐及肉桂精油等原料；其中，乙烯－乙酸乙烯共聚物的添加量为低密度聚乙烯的 8%～10%，马来酸酐的添加量为低密度聚乙烯的 2%～5%，肉桂精油的添加量为低密度聚乙烯的 0.5%～1.5%。此外，本发明还提出上述活性包装膜的制备方法。

华南理工大学同广州市恒远彩印有限公司的发明公开了一种活性包装膜及其制备方法。本发明的活性包装膜包括以下质量百分比的原料：淀粉，65%～74%；纳米纤维素，3%～5%；纳米粒子，3%～5%；增塑剂，20%～25%。纳米粒子包括以下质量百分比的原料：壳聚糖，60%～65%；三聚磷酸钠，20%～25%；单宁，15%～20%。这种活性包装膜的制备方法包括以下 3 个步骤：①通过离子凝胶法制备纳米粒子；②制备包装膜；③将包装膜浸渍纳米粒子分散液，即得活性包装膜。本发明的活性包装膜可以缓慢释放纳米粒子中包封的天然抗菌剂单宁，具有长效抗菌和抗氧化效果，且其强度大、透明度高、制备简单，适合进行大规模生产应用。

东北林业大学一种决明子胶/槲皮素高强度活性包装膜的制备方法，本发明涉及活性包装膜及其制备方法。本发明是要解决现有的添加槲皮素的活性包装膜力学性能差的技术问题。本方法：将决明子胶分散在乙醇中，再加入水搅拌，得到决明子胶溶液；将槲皮素乙醇溶液与决明子胶溶液混合，加热搅拌，再加入甘油，继续搅拌，得到成膜溶液；再将成膜溶液倒入成膜模具中成膜，干燥，得到决明子胶/槲皮素高强度性活性包装膜。该包装膜拉伸强度达到 33MPa～47.2MPa，具有良好的抗氧化性，可延长食品的货架期，用于食品包装领域。

湖南新五丰股份有限公司及湖南工业大学发明了一种冷鲜肉活性包装膜及其制备方法，该活性包装膜是以 PVA 和 PLA 为成膜材料，以缓释微胶囊为活性抑菌剂，通过天然抗菌剂从微胶囊中的缓慢释放以及在膜中的迁移，最后到达冷鲜肉表面达到抗菌保鲜效果。同时，由于 PVA 具有很好的气体阻隔性，能够保持良好的冷鲜肉包装气氛条件；同时，PLA有很好的水汽阻隔性，能有效地降低冷鲜肉在贮藏过程的水分损失。这种新颖的冷鲜肉活性包装膜为无色透明薄膜，表面光滑、均匀，无明显气泡；其力学性能亦能满足冷鲜肉包装的力学要求。

上海海洋大学设计了一种利用纤维素控释的活性包装薄膜的制备方法，以淀粉、聚乙烯醇为薄膜基材，肉桂醛作为活性物质，微纤化纤维素作为活性物质的缓释载体，结果表明，微纤化纤维素可以促进肉桂醛的溶解，增强薄膜的机械性能和疏水性，使得薄膜应用价值得到提高。将不同含量的微纤化纤维素与肉桂醛进行共混，结果表明，低浓度的微纤化纤维素对肉桂醛有缓释的作用，高浓度对肉桂醛的释放有促进作用，通过控制微纤化纤维素的添加量，从而控制肉桂醛的释放速率。本发明应用于食品包装，更有利于保护食品和延长食品货架期，解决了活性薄膜延长保鲜期限的效果，使其在整个流通使用过程中处于可控状态。

广州暨明科技有限公司的发明具体公开了一种天然抑菌防霉剂及高分子活性抑菌防霉缓释包装膜。所述的天然抑菌防霉剂，其包含芥末精油和大蒜素以及桉树叶提取物。所述的高分子活性抑菌防霉缓释包装膜的制备方法，其包含如下步骤：①将所述的天然抑菌防霉剂吸附在碳纳米管中制成碳纳米管复合微胶囊；②然后将碳纳米管复合微胶囊与纸浆制成复合活性抑菌防霉缓释纸；③将复合活性抑菌防霉缓释纸与高分子膜通过热压复合方法制成高分子活性抑菌防霉缓释包装膜。本发明所述的天然抑菌防霉剂具有优异的抑菌防霉作用；此外，将上述天然抑菌防霉剂采用本发明所述的方法制备得到活性抑菌防霉缓释包装膜，可以使得天然抑菌防霉剂持续释放，产生持续的抑菌防霉作用。

上海海洋大学公开了一种天然抑菌防霉剂及高分子活性抑菌防霉缓释包装膜。所述的天然抑菌防霉剂，其包含芥末精油和大蒜素及桉树叶提取物。所述的高分子活性抑菌防霉缓释包装膜的制备方法，其包含如下3个步骤：①将所述的天然抑菌防霉剂吸附在碳纳米管中制成碳纳米管复合微胶囊；②然后将碳纳米管复合微胶囊与纸浆制成复合活性抑菌防霉缓释纸；③将复合活性抑菌防霉缓释纸与高分子膜通过热压复合方法制成高分子活性抑菌防霉缓释包装膜。本发明所述的天然抑菌防霉剂具有优异的抑菌防霉作用；此外，将上述天然抑菌防霉剂采用本发明所述的方法制备得到活性抑菌防霉缓释包装膜，可以使得天然抑菌防霉剂持续释放，产生持续的抑菌防霉作用。

安徽双津实业有限公司公开了一种吸氧活性包装蒸煮薄膜，其具有三层复合结构，由外到内分别为外表层、中间层和热封层，其中外表层由嵌段共聚聚丙烯、聚烯烃弹性体、防黏剂制成，中间层由嵌段共聚聚丙烯、含铁吸氧母粒、合成硅石制成，热封层由无规共聚聚丙烯、含铁吸氧母粒、合成硅石制成。本发明制得的薄膜整体透明，不影响顾客对包装内容物的视觉感官，不仅具有很强的阻隔特性，又能有效地吸收包装中残存或渗透的氧气，降低了食品氧化变质的风险，保证了食品的色泽、口味和营养价值，延长了食品的保质期，有效降低了防腐剂的使用量，此外，本发明薄膜的耐热性能好，能够完全适应121℃条件下的蒸煮杀菌要求。

南京华沣精彩包装材料有限公司（原高淳县华丰塑料有限公司）发明了一种新型活性食品包装膜，属于高分子材料加工技术领域，包括膜体，所述膜体套设于内卷体上，其中，所述膜体包括耐腐蚀薄膜，所述耐腐蚀薄膜内侧壁的上下两侧分别熔接有防水膜和除菌膜，所述防水膜和除菌膜的另一侧分别熔接有淀粉基复合膜和吸附内膜，所述淀粉基复合膜与吸附内膜固接，且耐腐蚀薄膜的表面安装有囊膜，所述囊膜内放置有胶液。该活性食品包装膜能够任意决定需要的长度，避免了资源的浪费，同时不会出现额外的撕裂虚线，提高了包装膜的阻隔效果，且能够快捷变更图案，无须重新设置电镀模板，降低了成本的投入，同时可充分隔离细菌，提高了食品的安全性。

齐鲁工业大学发明了一种用于肉制品保鲜的复合活性包装膜的制备方法，将新鲜杧果皮制备成杧果皮粉，然后在丙酮水溶液中超声提取制得杧果皮提取物浓缩液，将具有生物活性的杧果皮提取物添加到可降解的聚乙烯醇－环糊精－淀粉复合材料中，制备生物基复合活性包装薄膜。本发明制备的包装膜用于肉制品保鲜，通过活性成分的迁移过程作用于肉制品表面的微生物，以延长产品的货架期，提高肉制品的食用安全性。

应关雄发明了一种智能活性包装复合薄膜，通过外层、中间层和内层复合而成，外层为透氧率≤20ml/atm/d/m²、厚度≥12μm的高阻隔薄膜层；中间层为活性药剂层；内层为透气率≥100ml/kPa·min·10cm²的透气聚合膜。本发明同时公开了其制备方法。本发明成功克服了现有活性吸氧薄膜吸氧能力偏低反应速度偏慢的缺点，单位吸氧量达到了45～120ml/g（铁基）和44～67ml/g（非铁基）的水平。还可形成吸氧（单吸）/或吸氧＆二氧化碳（双吸）/或吸氧＆二氧化碳、乙烯（多吸）或吸放剂等智能活性系列薄膜产品，可以取代现有除氧剂产品用于食品保鲜和金属防锈及一般物品防霉防氧化，可以制成各种智能包装袋或薄片型保鲜剂用于各种保鲜封存场合，用途广泛，开发前景非常广阔，经济效益社会效益不可估量。

5.3.3.3 其他活性包装及相关专利

国际统一企业集团有限公司开发了一种包含聚合物材料和天然抗氧剂的食品包装材料。所述天然抗氧剂可以从植物材料中提取、分离和/或由此衍生。本发明还提供了一种用于形成食品包装材料的方法，包括形成包含天然抗氧剂和聚合物树脂的混合物以及处理该混合物以形成食品包装材料。

烟台喜旺肉类食品有限公司开发了一种传统肉制品活性包装技术，首先称取0.08g/kg聚赖氨酸、0.11g/kg葡萄糖内酯加入99mL5%的乙酸溶液中，充分溶解后加入1g壳聚糖，在60℃水浴中加热搅拌30min，取出后冷却至室温，加入适量的甘油搅拌均匀后取出，用涂膜机涂覆于聚乙烯（PE）薄膜上，厚度为0.8mm，在60℃条件下干燥12h，制成包装膜，将制好的包装膜用于包装肉制品即可。经本发明的包装膜处理包装烧鸡能有效抑制微生物的生长，延缓产品的腐败变质，延长产品的货架期。

华南理工大学的发明涉及一种等离子体活性水真空包装红肉保鲜系统，该系统包括：溶液混合池、等离子体处理腔、雾化喷淋模块、红肉、传送带、水循环模块和真空包装模块；其中：溶液混合池与等离子体处理腔以管道相连接，等离子体处理腔与雾化喷淋模块以管道相连接，雾化喷淋模块与水循环模块以管道相连接，雾化喷淋模块对传送带上的红肉进行喷淋，真空包装模块对喷淋后的红肉进行真空包装。本发明还提供一种等离子体活性水真空包装红肉保鲜方法。本发明利用等离子体活化水具备杀菌抗菌和含有护色因子的综合特性，在维持红肉色泽稳定的同时增强了真空包装的抗菌能力，大大延长了红肉的货架期，是一种绿色经济的红肉保鲜方法。

青岛众祥环保科技有限公司的发明公开了一种用于活性炭包装的风选混合真空一体化包装设备，包括风管、砂石分离器、风机、旋风分离器、混合搅拌箱、袋滤器和真空泵；其风管包括两根，第一风管和第二风管；其风机亦包括第一风机和第二风机。砂石分离器的进料口通过第一风管与炭制品储料仓连接，第一风机设置在第一风管上；砂石分离器的出料口通过第二风管与旋风分离器的进料口连接，第二风机设置在第二风管上，旋风分离器的下料口通过输料管和混合搅拌箱的进料口连接，在混合搅拌箱上配置有搅拌器，混合搅拌箱的排料口连接排料管，真空泵设置在排料管上。该产品改善了工作环境，降低了劳动强度，排除了细颗粒活性炭在空气中的悬浮，大大减少了空气污染，提高了产品质量。

青岛信之然环保材料有限公司发明了一种定量活性炭小包装袋装置（如图5-20所示），包括机箱，机箱内腔设置有一储料罐，储料罐的底端连通有一下料管，机箱内壁的底部竖向可转动地设置有一支撑轴，支撑轴的顶端固定连接有一下料盘，下料盘上设置有多个沿圆周分布的输料孔，每个输料孔均可转动至与下料管的底端对应的位置，在机箱的侧壁上固定连接有一倾斜设置的接料斗，本发明涉及活性炭生产技术领域。该定量活性炭小包装袋装置，当输料孔转动至下料管下方时，活性炭颗粒从输料孔中流下，输料孔与下料管错开时，没有活性炭流下，从而实现对活性炭的定量，不需要人工进行称量操作，降低了人工劳动量，减轻了工作强度，并且避免了人工操作的不准确性，重量误差更小，合格率更高。

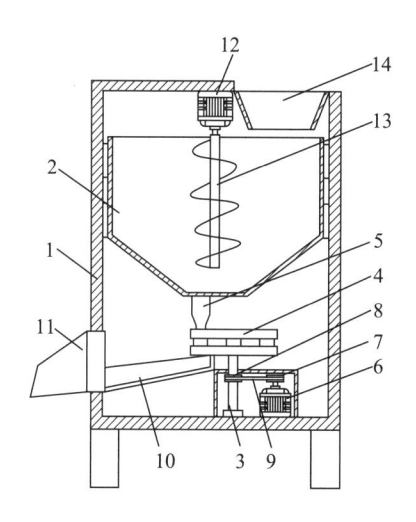

1. 机箱；2. 储料罐；3. 支撑轴；4. 下料盘；5. 下料管；6. 第一电机；7. 主动皮带轮；8. 从动皮带轮；9. 皮带；10. 接料斗；11. 出料斗；12. 第二电机；13. 螺旋轴；14. 进料斗

图5-20 一种定量活性炭小包装袋装置

青岛冠宝林活性炭有限公司的发明涉及一种活性炭包装袋粉碎给料装置（如图5-21所示），包括第一密封舱，所述第一密封舱的一端安装有第二密封舱，所述第一密封舱和所述第二密封舱的底部两端均安装有入料斗，所述第一密封舱远离所述第二密封舱的一端安装有吊运装置；通过使袋体往第一密封舱处往第二密封舱内部移动，然后把袋体剪破后，使袋体内部的物料掉落到第二密封舱内部下方进料斗处，再接通两个第二电机电源，通过两个第二电机可以分别带动两个齿轮盘相互啮合，进而对进料斗处的物料进行挤压粉碎，且粉碎后的物料会从输送斗处掉落到阻力推进装置，经阻力推进装置把物料输送到其他设备处，通过这样可以对物料进行粉碎，给工作人员带来便利。

CSP技术有限公司发明了一种起泡包装（如图5-22所示），其具有背衬，所述背衬具有第一侧和相对的第二侧。所述第一侧和所述第二侧中的每一个都是平坦的或平面的。所述起泡包装还可以包括覆盖物，所述覆盖物具有第一侧和相对的第二侧。所述覆盖物的所述第二侧的至少一部分粘附到所述背衬的所述第一侧，以形成用于容纳产品的密封包装。所述覆盖物可以包括至少一个泡罩。所述起泡包装还可以包括位于每个泡罩内的活性构件。每个活性构件可以是环的形式，具有延伸穿过其中的开口或形成在其上的凹部。

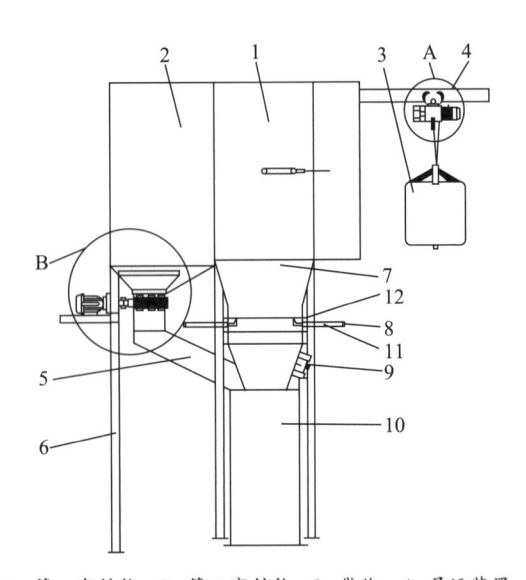

1. 第一密封舱；2. 第二密封舱；3. 袋体；4. 吊运装置；
5. 输送斗；6. 支撑架；7. 入料斗；8. 剪切装置；
9. 振动电机；10. 阻力推进装置；11. 电动推杆；12. 刀片

图 5-21　一种活性炭包装袋粉碎给料装置

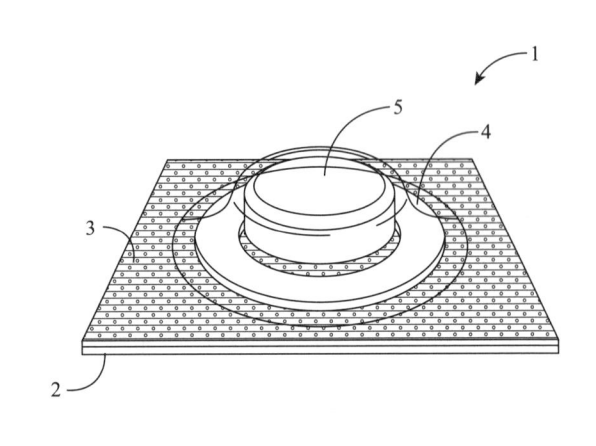

1. 起泡包装；2. 背衬；3. 组合覆盖物；
4. 活性构件；5. 产品

图 5-22　一种起泡包装

江南大学设计了一种基于力触发形式释放香味的包装瓶盖（如图 5-23 所示），内瓶盖旋拧在瓶口螺纹上，安装圈固定在内瓶盖的外端面，安装圈中柱形槽的槽壁上沿周向设有多个带有香味爆珠的储纳槽，柱形槽中定位柱自由安插在转子通孔中，转子的一侧设有的凸块安插在柱形槽内部槽底面的弧形槽中，转子的另一侧固定齿轮轴，行星齿轮套设在齿轮轴上，内啮合齿轮圈固定在安装圈上，转动外瓶盖时，可以通过固定块带动中心齿轮一同转动，进而带动行星齿轮和转子转动、凸块在弧形槽中转动、转子的四周边缘扫过储纳槽中的香味爆珠使得香味爆珠爆破而释放香味，外瓶盖上开设可供香味散发出去的通气口，可以根据需求定制不同香味。

天津科技大学公开了一种浓缩型活性包装贴的制备方法及其应用方法。该浓缩型活性包装贴采用三步法对植物精油进行乳化、包埋及复合包装以减缓其释放，即水包油微乳液 - 精油微胶囊 - 复合活性包装。自上而下由五层组成，PET 覆材层、活性成分涂布层、蓄湿透气层、涂布底层和粘贴胶层；该浓缩型活性包装贴缓释时间长，可以达到低剂量、长时效的作用效果；具有绿色、安全、成本低等优势；制备工艺简单，易于规模化生产。适用于果蔬或粮食等农产品的贮藏保鲜、物流运输领域，兼具抑菌和驱虫等功效。

杭州干将实业有限公司公开了一种三效非铁系脱氧剂制备用配料设备（如图 5-24 所示），包括在支撑台面，支撑台面顶部固定连接有配料机构，配料机构顶部固定连接有筛分盘，筛分盘表面固定连接有搅拌机构，配料机构包括定位杆，定位杆固定连接于支撑台面和筛分盘之间。该三效非铁系脱氧剂制备用配料设备，通过设置的配料机构，通过滑动板往返滑动的过程中，能够将搅拌后的原料均匀地分成几个等分，从而实现对原料的配料，提高了配料的效率，方便了使用者的使用，通过设置的搅拌机构，通过电机驱动转动杆转动的同时，驱动搅拌叶对原料进行搅拌，能够将原料进行充分的混合，同时提高了对原料的搅拌效率，通过设置的筛分盘，能够有效地对个别颗粒较大的原料进行筛分。

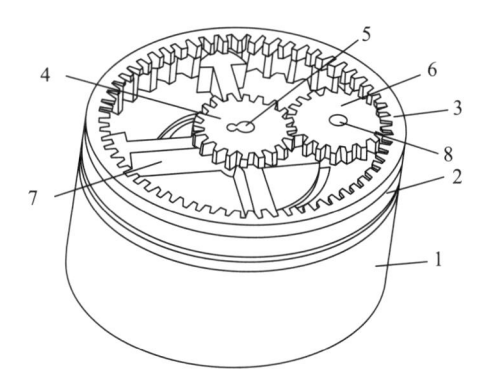

1. 内瓶盖；2. 安装圈；3. 内啮合齿轮圈；
4. 中心齿轮；5. 安插孔；6. 行星齿轮；
7. 转子；8. 齿轮轴

图 5-23　基于力触发形式释放香味的包装瓶盖

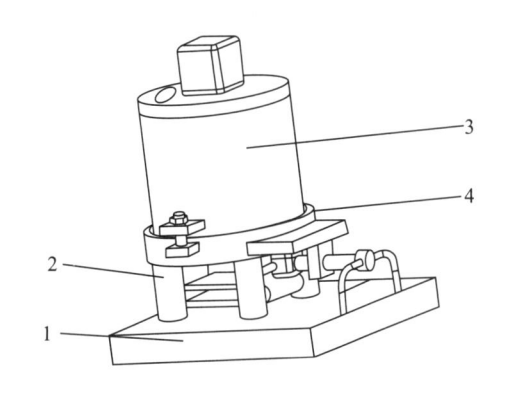

1. 支撑台面；2. 配料机构；3. 搅拌机构；4. 筛分盘

图 5-24　三效非铁系脱氧剂制备用配料设备

杭州干将实业有限公司公开了一种辣条专用保鲜剂的保存装置（如图 5-25 所示），包括工作台，所述工作台的底部具有支撑座，所述支撑座固定于所述工作台底部，所述工作台的一侧具有封闭仓，所述封闭仓固定于所述工作台的内侧，所述封闭仓的内部具有转杆，所述转杆活动地设置于所述封闭仓的内部，所述工作台的外侧有电机，所述电机固定于所述工作台的外表面，所述转杆固定于所述电机输出端，通过本申请所提供的一种辣条专用保鲜剂的保存装置，能够便于对保鲜剂进行保存，且相对于保鲜剂需要现场混合进行加工的方式，本申请所提供的存放装置具备能够保证在使用的过程中进行保鲜剂的混合，且能够确保保存时的安全性等优点。

干将新材料有限公司及杭州干将实业有限公司公开了一种用于加工高吸附性脱氧剂的装置（如图 5-26 所示），包括底板和使用装置，所述使用装置包括有底座、立柱、双头套圈、搅拌桶、支撑弧板，通过设置底座、立柱、双头套圈、搅拌桶、支撑弧板、连接杆、电机、第一转轴、搅拌轴、第二转轴、滑块、伸缩弹簧、搅拌杆、分杆，通过将物料放置在搅拌桶内，通过启动电机，电机带动第一转轴、搅拌轴、第二转轴同时进行转动，最终带动搅拌杆、分杆对物料进行搅拌，其中，在其搅拌轴上使用滑块、伸缩弹簧，当旋转的时候，难免会产生波动，在伸缩弹簧的弹性作用下，可以利用波动带动滑块上下晃动，从而提高搅拌效率，达到了便于使用的效果。

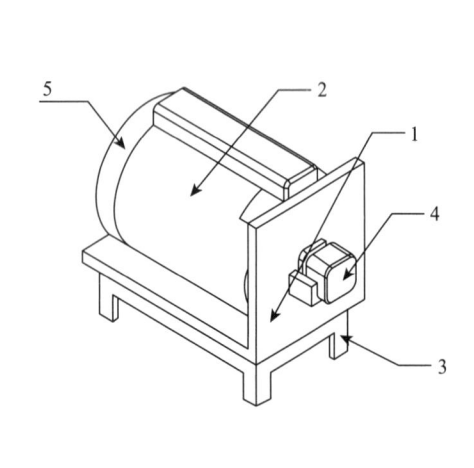

1. 工作台；2. 封闭仓；3. 支撑座；4. 电机；5. 出料口

图 5-25　一种辣条专用保鲜剂的保存装置

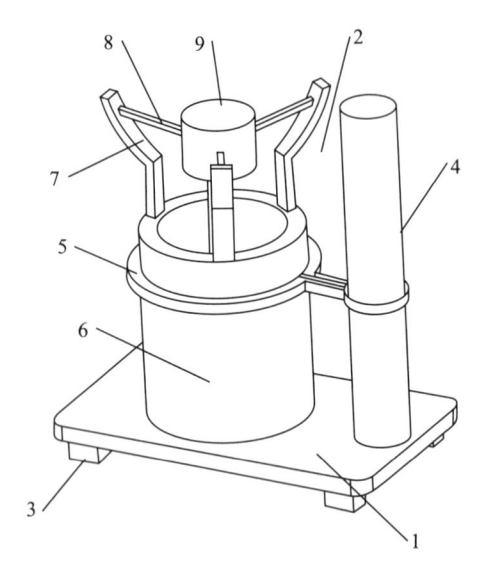

1. 底板；2. 使用装置；3. 底座；4. 立柱；
5. 双头套圈；6. 搅拌桶；7. 支撑弧板；
8. 连接杆；9. 电机

图 5-26　一种用于加工高吸附性脱氧剂的装置

杭州干将实业有限公司公开了一种抑菌卡技术，包括防护套，所述防护套的外壁开设有穿孔，所述防护套中活动卡设有和穿孔位置对应的抑菌卡体，所述防护套远离抑菌卡体的一侧设有展示组件，所述防护套远离抑菌卡体的一侧中部设有防断组件，所述防断组件远离防护套的一侧设有连接组件，所述连接组件远离防断组件的一侧固定卡设有夹子，本实用新型，通过设置展示组件并配合使用透明窗，方便使用者在使用抑菌卡时展示个人信息，进而提升了整个抑菌卡的功能性；通过设置防断组件，提高了连接槽的稳定性，可防止外套发生拉扯断裂导致防护套和抑菌卡体掉落，进而提升了整个抑菌卡的使用效果。

干将新材料有限公司及杭州干将实业有限公司公开了一种新型防潮香包，属于香包技术领域，包括香料包，所述香料包内设有第一内腔，所述香料包底端固定连接有底封条，所述香料包上端固定连接有上封条，所述上封条表面开设有两个第一条形槽，所述第一条形槽内可拆卸连接有挂扣组件，香料包内设置有第一内腔用于填充栀子花干花瓣和干燥囊，并通过底封条与上封条实现密封处理，从而能有效通过第一气孔进行香气的散发；通过链头与拉链配合，能方便打开香料包进行填充，另外设置材质为牛津布的防水布能有效进行防水；椭圆状的干燥囊内填充活性炭颗粒，并且外表面开设有多个第二气孔，能有效吸附周围的湿气，达到防潮的目的。

干将新材料有限公司及杭州干将实业有限公司公开了一种单侧透气的氧指示型脱氧剂，其包装袋内包裹有脱氧剂，包装袋上设有微孔，包装袋边缘热熔形成第一封边，包装袋一侧外壁固定涂覆有粘胶层，粘胶层上固定粘接氧指示组件。氧指示组件独立生产，且生产后避免接触外界水蒸气，从而避免受潮，然后脱氧剂包装在包装袋内，通过在包装袋一侧涂覆粘胶层，然后通过粘胶层粘接氧指示组件，从而将包装袋与氧指示组件间隔绝，避免热挥发产生的蒸汽使得氧指示组件受潮，提高氧指示精度。

广东广垦绿色农产品有限公司设计一种分割猪肉抗菌包装盒，包括：抗菌衬袋，抗菌衬袋为封装有包埋在天然聚合物中的植物挥发性抗菌成分（肉桂醛、丁香酚和香芹酚）的透气性衬袋，衬袋为圆形；包装盒，包装盒为PP+EVOH或PP材质，可以进行气调包装；圆形凹槽，圆形凹槽用于放置衬袋，防止衬袋脱落；网盖，网盖具有菱形网格且下侧黏附有双面胶，用于在凹槽内装入衬袋后，将网盖粘贴在凹槽上，用于防止衬垫滑动及带动猪肉移动，堵塞四周凹槽及网盖，妨碍凹槽中抗菌成分的挥发，影响抗菌效果，并影响猪肉感官品质。本发明通过抗菌衬袋与猪肉隔离，植物成分的抗菌性物质的释放对肉品的感官品质及安全质量影响小，能使鲜肉的保鲜期延长7d左右。

安徽民祯活性包装材料有限公司提供一种保鲜膜加工用的包装装置（如图5-27所示），包括第一固定板、第二固定板和保鲜膜，其中第一固定板位于第二固定板的一侧，第一固定板与第二固定板的结构相同；第一固定板和第二固定板的一侧均通过第一电动伸缩杆连接到张紧组件，第一固定板的另一侧设置有第一包装组件。本实用新型，通过设置三组包装组件可用来对缠绕辊进行固定，且包装组件中设置有连接组件，连接组件内又设置有可拆卸上弧形连接件，通过上弧形连接件可将缠绕辊固定在两个固定板之间，缠绕辊与连接组件采用可拆卸连接，大大解决了缠绕辊不易安装拆卸的问题，同时缠绕辊可同时固定多个，节省了更换缠绕辊浪费的时间。

桐城市鸿宇包装有限责任公司公开了一种可降解抑菌食品包装膜加速降解装置（如图5-28所示），涉及食品包装膜相关领域，解决了现有技术中降解装置降解效率较为低下的问题。所述装置外壳的内部设置有第一破碎辊，所述第一破碎辊的一侧设置有第二破碎辊，所述第二破碎辊与第一破碎辊的后端均设置有电机，且电机与第二破碎辊和第一破碎辊通过联轴器连接，所述第二破碎辊的下端设置有转动箱，所述转动箱上设置有电机转轴，所述电机转轴与转动箱固定连接，所述电机转轴的后端设置有电机，且电机与电机转轴通过联轴器连接，所述第一破碎辊与第二破碎辊上均设置有固定环，所述固定环上设置有破碎刃。

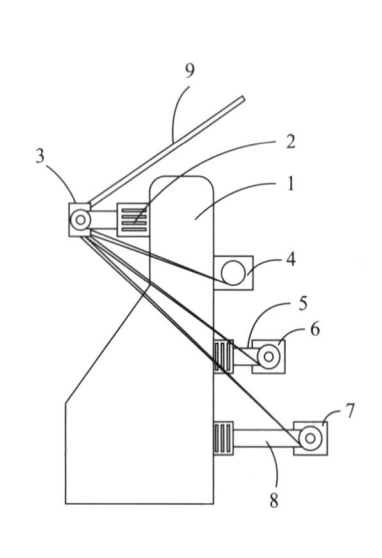

1. 第一固定板；2. 第一电动伸缩杆；3. 张紧组件；
4. 第一包装组件；5. 第二电动伸缩杆；
6. 第二包装组件；7. 第三包装组件；
8. 第三电动伸缩杆；9. 保鲜膜

图 5-27　一种保鲜膜加工用的包装装置

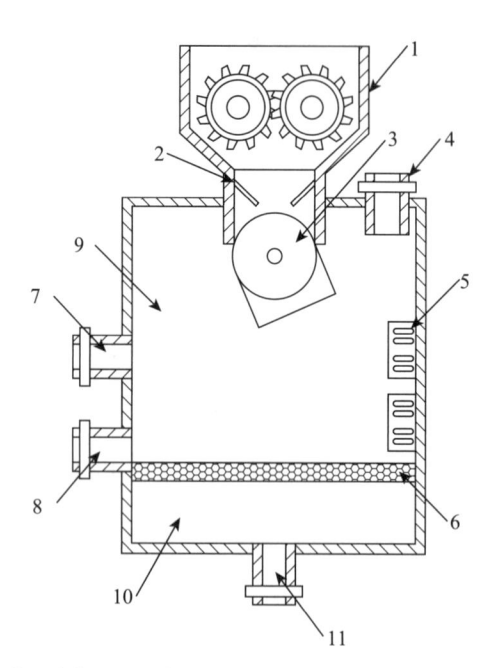

1. 装置外壳；2. 导料片；3. 转动箱；4. 排气管；5. 加热器；
6. 支撑板；7. 第一进土管；8. 第二进土管；9. 降解腔；
10. 积水腔；11. 排水管

图 5-28　可降解抑菌食品包装膜加速降解装置

韩山师范学院设计一种茶多糖基食品活性包装薄膜简易制备装置（图 5-29），所述茶多糖基食品活性包装薄膜简易制备装置包括：混合箱体，所述混合箱体顶部设置有多根注液管，所述注液管下方设置有控料机构；搅拌装置，设置于混合箱体内部，所述搅拌装置底部连接有联动机构；辅助混合装置，设置于搅拌装置一侧且与联动装置连接，用于对混合箱体内充入气体加快内部各成分混合。本发明提供的一种茶多糖基食品活性包装薄膜简易制备装置在对各成分进行搅拌过程中通过联动机构实现对混合箱体内部进行曝气，提高各成分的混合效果，通过控料机构可便于对添加量进行控制，使各反应物严格按照比例添加，提高膜液的制备效果。

从当前的研究趋势来看，活性包装不再是一种独立的包装体系，它往往与真空包装、气调包装、智能包装等包装技术结合起来，或者直接改变包装材料的属性，利用多种包装方式结合产生的协同作用获得更好的包装效果。这种协同作用减少了活性物质的使用，促进了食品安全。同时，由于天然活性物质的不断开发和应用，活性包装正向一个更加符合生态学意义、可持续的方向发展。

值得注意的是，在实际的应用过程中，活性物质的选择、剂量以及添加方式需要进行严谨的毒理学研究，防止因物质迁移而导致的食品质量安全问题。在未来活性包装的发展中，安全必然是一个重要的攻坚点。将这些科研成果完全应用到实际生产中还有很长的路要走，需要结合医学、营养、材料等多个学科进行交叉研究，最终建立一个科学、绿色、安全的完整体系。

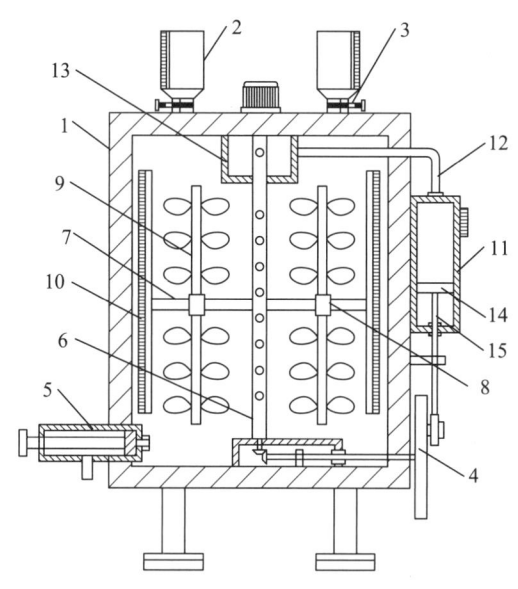

1. 混合箱体；2. 注液管；3. 控料机构；4. 联动机构；5. 取样槽；6. 旋转件；7. 支撑杆；8. 套筒；9. 搅拌杆；10. 刮板；11. 压缩腔；12. 通气管；13. 通气腔；14. 压缩活塞；15. 传动杆

图 5-29 茶多糖基食品活性包装薄膜简易制备装置

综上，由于活性包装本身的技术先进性和包装食品后所产生的高附加值，世界上许多食品科研机构和食品企业正不惜财力、物力研制开发更多的活性包装技术，并使之更快商业化，造福于人类。正如美国明尼苏达州大学的 Theodore Labuza 博士宣称："在不久的将来．活性包装的变化将不是一般性进展而是革命性的巨变。"活性包装作为智能型包装的一种，被看成包装工业的革命性变化和新世纪的希望。

从公开和授权专利的权属看，专利开发的主力一是高校群体，二是行业龙头企业。从当前的研究趋势来看，活性包装不再是一种独立的包装体系，它往往与真空包装、气调包装、智能包装等包装技术结合起来，或者直接改变包装材料的属性，利用多种包装方式结合产生的协同作用获得更好的包装效果。

5.4 活性包装行业科技发展小结

通过调研分析，可得如下结论。

（1）关于行业研究热点

活性包装行业领域相关研究人员最为关注的研究内容依次是活性材料、包装原材料、活性包装机理及应用、水分控制技术、抗菌机理、绿色与降解技术、二氧化碳控制技术、智能化技术、乙烯清除技术和活性物质缓释技术等。

（2）关于食品包装合规问题

由于活性包装隶属于食品包装领域，其安全性十分重要，相关研究的合规是一个重点。从调研数据中可以看出，部分研究者需要加强合规意识。

例如，纳米材料在活性包装中的各种应用是近年来业内研究的热点之一。由于纳米粒子尺寸微小，故在颜色、传导性、可溶性及化学活性等化学物理特性上与尺寸较大的相同物质极为不同，众多研究者都在探讨其在各个领域的作用。据香港特别行政区食物安全中心风险评估组介绍，现今，纳米技术在食物业主要用于制造食物接触材料，例如，在塑胶容器加入纳米银粒子，以抑制微生物生长和延长食物保质期。此外，还有直接应用于食物配料及食物添加剂的纳米囊化技术，可用来掩盖鱼油的不良气味和味道。由于纳米技术在食品行业迅速发展，近年来多个国家和国际食物安全当局纷纷评估这项技术的潜在食物安全问题。

例如，有许多论文研究了蒙脱土或氧化锌在活性包装领域的应用，但这两种材料都不在 GB 9685 所规定的食品接触材料及制品所允许的添加剂之列，因此存在一定的合规问题。

国家强制性标准《GB 9685—2016 食品安全国家标准 食品接触材料及制品用添加剂使用标准》规定了食品接触材料及制品用添加剂的使用原则、允许使用的添加剂品种、使用范围、最大使用量、特定迁移限量或最大残留量、特定迁移总量限量及其他限制性要求。标准中也包括了食品接触材料及制品加工过程中所使用的部分基础聚合物的单体或聚合反应的其他起始物，是研究活性包装尤其是活性包装膜等产品时必须参照的标准。

（3）关于相关研究机构与专业研究团队

国内活性包装行业领域现有国家级研究机构 17 个；省部级研究机构 7 个；相关研究团队近 20 个。团队数量及技术人员较多的高校分别是上海海洋大学、武汉大学、武汉轻工大学、江南大学和北京印刷学院。

（4）关于相关专利技术

截至 2022 年下半年，我国活性包装专利数量合计为 3762 项，而且专利申获年代多集中在近十年。其中，专利数量最多的企业依次是杭州干将实业有限公司、干霸干燥剂（深圳）有限公司、南京新绿叶实业有限公司、嘉兴星越包装材料有限公司、江苏欧凯包装科技有限公司、广东广益科技实业有限公司、淮安市威特保鲜剂有限公司、芜湖县天海耐火炉料有限公司、江西昂仕新材料科技有限公司、乳山市环宇化工有限公司、昆山威胜干燥剂研发中心有限公司、晋江拓普旺防霉材料有限公司和 7AC 技术公司。

从活性包装行业现有专利涉及的技术领域看，按活性包装技术的 7 种主要功能划分，专利数量依次是：涉及水分控制功能的，涉及氧气控制功能的，涉及温度控制功能的，涉及抗菌功能的，涉及智能检测与显示功能的，涉及二氧化碳控制与乙烯控制功能的。其中，最热的领域是最低热度领域的 47 倍，即，将近一半（47%）的专利是涉及水分控制功能领域的。

6 活性包装产业链与相关行业分析

在产业分析中，由相关联的上下游企业所组成的结构叫作产业链。上游产业（环节）和下游产业（环节）之间存在着大量的信息、物质、价值方面的交换关系，上游环节向下游环节输送产品或服务，下游环节向上游环节反馈信息及要求。产业链的本意是用于描述一个具有某种内在联系的企业群结构，它是一个相对宏观的概念。是产业层次的表达，是一个产业中上下游各种类型企业与企业之间的关系结构。本章概括分析活性包装行业领域的产业链构成、行业状态、发展趋势。

就国内活性包装产业现状而言，可列出产业链形态如图 6-1 所示。其中，上游主要包括包装用纸、金属、塑料、玻璃等包装原材料、活性原材料和包装机械设备等产业；下游主要应用于食品及饮料等领域。

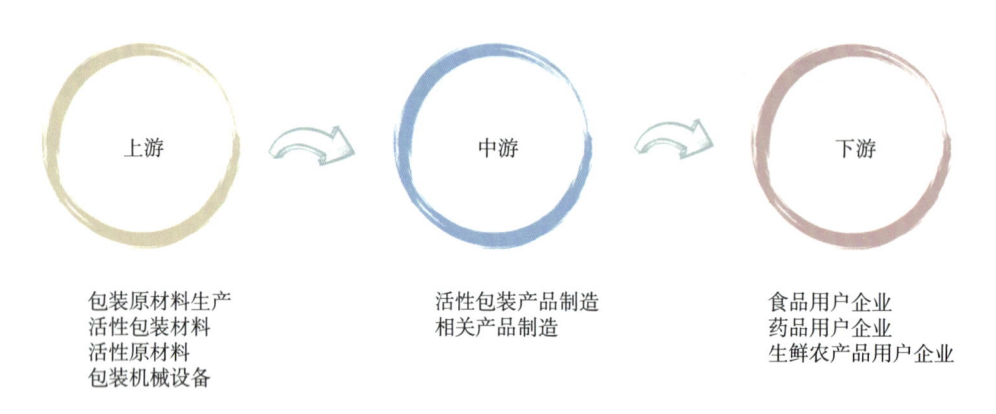

上游	中游	下游
包装原材料生产 活性包装材料 活性原材料 包装机械设备	活性包装产品制造 相关产品制造	食品用户企业 药品用户企业 生鲜农产品用户企业

图 6-1　活性包装行业产业链

6.1　活性包装上游行业分析

6.1.1　上游行业发展现状

活性包装产品的形态，大部分是袋装或条装形式。按产品结构分类，上游行业可分为内料（活性材料）供应商和包材供应商。例如，活性材料如干燥剂产品常用的硅胶、蒙脱石、氯化钙、硅藻土等，脱氧剂常用的铁粉、白炭黑、活性炭等；包装材料如杜邦纸、复合纸、淋膜纸等复合包材。

活性包装的内料（活性原料），因单一物料存在的市场普适性，且活性包装的市场份额相对传统行业占比小,所以暂无明显的议价权。例如,硅胶 70% 以上用于生产猫砂,氯化钙主要用于融雪剂,铁粉用于粉末冶金,白炭黑用于橡胶助剂,活性炭用于油脂脱色,以及杜邦纸用于防护服等。且内料受到各活性包装生产商配比、加工设备、客户群体不同的影响,会有一定性能需求上的差异。活性包装的外料(包装材料),则基本属于定制化,不同客户会选择专用版面;不同功效的活性包装产品,又会选择定制化的制作工艺、结构。

活性包装上游企业包括硅胶、生石灰、分子筛、铁粉、白炭黑、食盐、光触媒、活性炭和包材等活性原料企业。以山东鲁银新材料科技有限公司为例,其前身为山东莱芜粉末冶金厂,是目前亚洲产销规模最大、唯一拥有还原制粉、雾化制粉和合金特种粉末三条生产线的钢铁粉末生产基地,具有自营进出口权。其一次还原铁粉主要应用于汽车、摩托车零部件领域,而焊接、化工等非粉末冶金应用领域占比仅 10%。可见上游企业对活性包装生产企业依赖度较弱,活性包装行业仅属于上游产业的分支客户,且采购份额往往不高。

典型活性包装上游企业如表 6-1 所示。

表 6-1 典型活性包装上游企业

企业名称	主营业务	企业优势
中国石油天然气集团有限公司	油气业务、工程技术服务、石油工程建设、石油装备制造、金融服务、新能源开发等	中国境内最大的原油、天然气生产、供应商,业务涉及石油天然气勘探开发、炼油化工、管道运输、油气炼化产品销售、石油工程技术服务、石油机械加工制造、石油贸易等各个领域,在中国石油、天然气生产、加工和市场中占据主导地位,中国石油名列 2020 福布斯全球企业 2000 强榜第 32 位
玖龙纸业(控股)有限公司	包装用纸,主要生产卡纸、高强瓦楞原纸及涂布灰底白板纸	国内造纸龙头企业,全球较大的箱板原纸产品生产商,是世界闻名的废纸环保造纸的现代化包装纸造纸集团,入选"2022 中国民营企业 500 强"榜单,排名第 95 位
中建材轻工业自动化研究所有限公司	造纸包装行业检测设备	隶属国资委直属中央企业——中国建材集团有限公司(世界 500 强)。公司专业从事建材、新能源、电子基材、包装及轻纺等行业所需的专用装备、生产过程自动控制装置、检测仪器及机电一体化系统设备研制以及信息技术领域的软件开发和应用系统的集成与服务
山东鲁银新材料科技有限公司	铁粉	拥有还原制粉、水雾化制粉、水气联合雾化制粉、惰性气体雾化制粉生产线的大型现代化生产企业。拥有还原制粉、雾化制粉和合金特种粉末三条生产线,主要产品为一次粉

6.1.1.1 硅胶

国内硅胶生产企业主要集中在硅胶单体领域，其上游、下游生产分散，规模、质量水平与跨国公司存在一定差距。目前，中国硅胶生产企业主要有湖北回天新材料股份有限公司、东莞宜安科技股份有限公司等。

湖北回天新材料股份有限公司是专业从事胶黏剂和新材料研发、生产销售的高新技术企业，目前，主营业务产品涵盖高性能硅胶、聚氨酯胶、丙烯酸酯胶、厌氧胶、环氧树脂胶等工程胶黏剂及太阳能电池背膜，广泛应用在汽车制造及维修、通信电子、家电、LED、轨道交通、新能源、工程机械、软包装、高端建筑等众多领域。该公司是光伏硅胶行业龙头企业，2023年研发费用投入17972.27万元，占公司营业收入比例4.61%，主要围绕战略规划，聚焦光伏新能源、芯片封装、消费电子、锂电负极等主要业务领域持续研发投入。丁基胶、阻水胶、UV焊带、PUR热熔胶、环氧底部填充胶、UV胶、锂电负极胶等产品纷纷实现技术突破，在多个市场和客户实现供货和上量。2023年，开展重点研发项目46项，涉及动力电池结构胶、锂电池负极胶、5G通信高导热界面材料、消费电子环氧胶、汽车电子三防漆、光伏双组分密封胶、高性能透明背板、汽车整车焊装胶、包装水煮/蒸煮一体化用胶、医药包装用胶、桥梁防腐用胶等产品，研发项目达成率约80%，2023年，公司实现营业收入390151.92万元，同比增长5.05%；实现归属于上市公司股东的净利润29874.54万元，同比增长2.41%。

东莞宜安科技股份有限公司是一家专业从事集新材料研发、设计、生产、销售于一体的国家高新技术企业，国内领先的新材料公司。公司主营业务收入主要为汽车零部件、液态金属、笔记本电脑等消费电子结构件、硅胶、工业配件、高端LED幕墙及精密模具等产品的销售。2023年实现营业总收入17.07亿元，同比增长5.63%；归母净利润340.68万元，同比增长3.62%。其中，镁制品收入7.88亿元，同比增长15.78%，占营业收入的46.15%；铝制品收入5.72亿元，同比增长1.85%，占营业收入的33.53%；液态金属收入1.05亿元，同比增长25.58%，占营业收入的6.18%。

6.1.1.2 石灰石

从当前国内外石灰石需求情况看，全球每年需求量约为3.6亿吨左右，但其中80%为普通用途，绝大部分用于冶金、化工和建材行业；优质石灰因资源少，产量低，市场缺口较大。石灰在其他领域的使用也仍处于开发和增长阶段，比如在食品行业作为干燥剂等。

我国已成为世界第二大能源消耗国和最大的二氧化碳排放国，并且人们生活水平提高的正呈逐步上升趋势。2009 年 12 月，联合国气候变化大会草拟的《哥本哈根协议》（*Copenhagen Accord*）就发达国家实行强制减排和发展中国家采取自主减缓行动作出了初步安排；2014 年 11 月中美发布《中美气候变化联合声明》（*U.S.-China Joint Announcement on Climate Change Beijing*，*China*，*12 November 2014*），就控制温室气体排放达成一致意见（从 2013 年的中美气候变化联合声明开始，中美共计发布了六份以气候为主题的联合声明，以及 2021 年发布中美关于在 21 世纪 20 年代强化气候行动的格拉斯哥联合宣言）；2015 年 12 月巴黎气候大会达成新协议，包括我国在内的近 200 个缔约方承诺到 21 世纪中叶实现全球碳中和。由于石灰生产过程中涉及大量二氧化碳排放，所以石灰制造行业面临比较严峻的节能减排形势。但同时节能减排促使行业进行结构调整，有利于行业的技术进步。

石灰石行业面临的政策变动风险与挑战主要在行业政策方面和环保政策方面，具体内容如下。

行业政策方面。下游行业的市场需求持续旺盛是影响石灰行业运行的最主要的因素，目前，冶金行业仍是拉动我国石灰需求增长的主要原因，同时也是推动石灰产业结构调整的主要动力，建材和化工行业的发展也为石灰行业的需求增长提供了支撑。下游行业与宏观经济运行状况和经济周期息息相关，国家产业政策的变化将对企业的生产经营带来不确定性因素，有可能对企业生产经营造成不利影响。

环保政策方面。企业在进行石灰产品生产及深加工过程中会排放污染物，包括废气、粉尘、噪音等污染。虽然企业已严格按照国家环保要求进行生产线建设，并对生产过程中产生的粉尘等回收利用采取了相关的措施，但我国环保政策若发生调整，相关环保标准提高，将对企业的环保治理提出更高要求，尤其是在全球控制碳排放量的大环境下，排放标准会进一步严格，行业内企业可能面临支付更多成本和资本性支出的风险。

当前，我国石灰石行业生产企业概况是：全行业生产企业数量众多，自主创新能力不足，与发达国家相比，我国石灰行业基础研究薄弱，致使产品结构性矛盾突出。尤其在中低端等低附加值市场，同质化竞争激烈，降低了产业集中度水平。与此同时，受钢铁、化工、医药等行业产业结构调整影响，冶金石灰、轻质碳酸钙等中高端产品供不应求，部分高端产品依然对进口有所依赖，且进口价格居高不下，结构性矛盾较为突出。

四川金顶（集团）股份有限公司是国内石灰石行业龙头企业。2023 年，该公司实现营业总收入 3.28 亿元，同比下降 8.42%；归母净利润亏损 4123.70 万元，上年同期盈利 1296.71 万元；扣非净利润亏损 3654.00 万元，上年同期盈利 2128.17 万元；经营活动产生的现金流量净额为 902.86 万元，同比下降 81.12%。主营业务中，石灰石收入 1.70 亿元，同比下降 17.38%，占营业收入的 51.99%；网络货运收入 0.87 亿元，占营业收入的 26.53%；氧化钙收入 0.38 亿元，同比下降 69.98%，占营业收入的 11.74%。

6.1.1.3 分子筛

分子筛高端产品技术壁垒高，国产替代进程持续加快。分子筛具有"筛分分子"和"择形催化"的作用，主要用作吸附剂和催化剂，分子筛吸附剂需求量最大，分子筛催化剂附加值更高。分子筛具有优异的吸附、离子交换和催化性能，被广泛用作吸附材料、离子交换材料以及催化材料，其中：吸附材料主要用于工业与环境领域各种气体的分离、净化与干燥；离子交换材料主要应用于洗涤助剂、放射性废料与废液的处理；催化材料主要应用于石油炼制与加工、石油化工、煤化工与精细化工领域中大量工业催化过程。

分子筛吸附剂市场稳步增长，新兴领域打开需求空间。分子筛吸附剂主要用于空气分离、炼油、石化、制冷剂、天然气、中空玻璃等领域，市场需求随着国内经济发展而稳步增长。国际大型分子筛企业长期垄断了制氢制氧分子筛的核心技术，国内企业多种产品已经突破垄断，不断实现进口替代。

全球分子筛市场需求主要由炼油、石油化工、天然气和煤化工等行业推动，根据贝哲斯咨询发布的分子筛市场调研报告，全球分子筛市场规模在 2023 年达到 264.88 亿元人民币。此外，报告对全球分子筛市场的发展趋势进行了预测，预计到 2029 年，全球分子筛市场规模将达到 363.78 亿元，这说明，预计 2023—2029 年间分子筛市场的复合年增长率将达 5.06%。目前，全球分子筛市场主要集中在北美与欧盟发达地区，中国是分子筛用量最大，增速最快的地区。

当前，我国分子筛行业生产企业概况是：分子筛高端产品具有技术壁垒高、新产品开发周期长，下游行业进入门槛高等特点，国外企业长期占据全球分子筛高端产品市场。近年来，随着国内经济的蓬勃发展和下游应用领域市场需求的增长，为国内分子筛行业的发展带来了更大的机遇，国内分子筛企业不断实现技术突破，部分产品性能已达到国际标准，下游客户对于产品的认同度和使用意愿得到明显提升，国产分子筛产品的进口替代进程持续加快。

中触媒新材料股份有限公司（中触媒）是国内分子筛催化剂龙头企业，在移动源尾气脱销、能源化工及精细化工领域产业链完整，拥有多种工艺包产品的核心技术。2023年度实现营业收入54987.75万元，同比下降19.21%；实现归属于上市公司股东的净利润7691.20万元，同比下降49.34%；实现归属于上市公司股东的扣除非经常性损益的净利润5368.98万元，同比下降58.11%。公司深耕于战略性新兴产业，生产的多种分子筛及催化剂产品是促进我国节能减排水平、提升环境治理能力的战略性新兴材料。

洛阳建龙微纳新材料股份有限公司（建龙微纳）是国内分子筛吸附剂龙头企业，突破了国外企业制氢制氧核心技术，大幅扩产提升市场份额，同时向附加值更高、市场空间更大的分子筛催化剂领域延伸。该公司致力于医疗保健、清洁能源、工业气体、环境治理及能源化工等领域相关分子筛吸附剂和催化剂的研发、生产、销售及技术服务，是一家具有自主研发能力及持续创新能力的新材料供应商和方案解决服务商。2023年度营业收入97224.16万元，较上年同期增长13.87%；实现归属于母公司所有者的净利润15319.85万元，较上年同期下降22.57%；实现归属于母公司的扣除非经常性损益的净利润13733.33万元，较上年同期下降11.03%。该公司产品的性能指标均具有与国际大型分子筛企业竞争的能力，多种分子筛产品已在深冷空分制氧和变压吸附制氧领域突破垄断，实现了进口替代。

中节能万润股份有限公司（万润股份）是国内新材料行业领先企业，主要从事显示材料、沸石环保材料和大健康业务，其应用于移动源推销的沸石环保材料规模优势明显。公司是国家级企业技术中心和国家级高新技术企业。2023年公司实现营业收入43.05亿元，同比下降15.26%；实现归母净利润7.63亿元，同比上升5.78%。其中，功能性材料营业收入为33.66亿元，同比增长12.25%，毛利润14.78亿元，同比增长14.84%；医药材料营业收入为8.82亿元，同比增长-56.67%，毛利润为3.19亿元，同比增长-55.31%；其他业务收入分别实现营业收入0.58亿元，同比分别变动22.48%，毛利润为0.32亿元，同比增长82.20%。公司依托于在化学合成领域的科技创新与技术积累及延伸，先后涉足了液晶材料、有机发光二极管（Organic Light-Emitting Diode, OLED）材料、沸石系列环保材料等多个领域，并已在上述领域取得了业内领先地位。

6.1.1.4 还原铁粉

还原铁粉生产是以轧钢过程中产生的氧化铁皮或高纯铁精矿粉作原料，用固体炭（焦粉或低硫无烟煤）做还原剂，在隧道窑内经高温还原生成海绵铁，再经破碎、二次还原、粉饼破碎、筛分、合批等工序精制而成。

近几年我国还原铁粉产量持续增长，品种在扩大，质量在提高，市场发育很好。但是，由于铁鳞、精矿粉、电解铜、煤、电等原辅材料价格上涨，金属粉末制造业经营压力加大。还原铁粉厂家应加大技术改革力度，优化生产工艺，降低成本，扩大铁粉的应用领域，使我国金属粉末制造业保持稳定快速发展。

2019年国内还原铁粉产量为73.9万吨，同比上年增长15.72%。在国内厂商迅速增加产线投入和国家产业政策扶持下，预计未来国内还原铁粉产能将迅速提升，2020年全年产量在80万吨左右。据中国钢协粉末冶金协会统计数据显示，2019年国内外还原铁粉市场规模为103.9亿元，同比上年增长15.8%。2020年国内积极迅速应对疫情，很快地走出负增长，2020年国内还原铁粉市场规模达到113.5亿元。国内还原铁粉行业将迎来庞大的市场增长空间，预计到2025年行业市场规模将达到156.3亿元。

当前，我国还原铁粉行业生产企业概况是：还原铁粉行业处于起步阶段，与国外公司相比还有较大差距，国内高端产线较少。目前，国内还原铁粉生产企业主要有山东鲁银新材料科技有限公司、巩义市仁和冶金材料有限公司等。

山东鲁银新材料科技有限公司（原莱芜钢铁集团粉末冶金有限公司）是中国粉末冶金新材料行业龙头企业、世界领先的金属粉末生产企业，始建于1987年。该公司现已具备年产20万吨金属粉末生产能力，是目前亚洲规模最大、品种齐全、工艺先进、质量领先、装备精良且同时拥有还原制粉、水雾化制粉、水气联合雾化制粉、惰性气体雾化制粉、旋转电极雾化制粉生产线的大型现代化生产企业，具有自营进出口权。生产的中、高档铁粉一次粉产品是企业还原粉主攻市场，主要用户超过20家，月销量在3000吨以上，占国内同类产品市场的50%以上。该公司拥有超高的品质把控和产能保证能力，对国内脱氧剂、暖宝宝等行业良性发展起到了积极推动作用。2023年，该公司实现营业收入2.96亿元；归属于挂牌公司股东的净利润1.31亿元。目前，山东鲁银新材料科技有限公司已进一步加大对活性包装研发的投入，为活性包装行业发展提供更有力的支持。

无锡市赛瑞金属粉末制造有限公司于2010年成立，是一家专业从事金属粉末制造的企业。该公司生产的高质量金属粉末产品广泛应用于各种行业，如3D打印、粉末冶金、新能源汽车、吸波材料、铝合金添加剂、食品脱氧剂、暖贴、金属粉体、涂料等行业。2023年营销额达1.1亿元。该公司通过了 ISO 9001:2015 国际质量体系认证，设有智能仓储系统、自动配料系统、符合国际水准的环保除尘设施，拥有自主研发的原料提纯还原工艺，可有效降低能耗和排放，提高生产效率。为客户提供定制化的铁粉产品和解决方案，包括特殊规格、粒度、形状和成分等方面的定制服务。

6.1.1.5 白炭黑

近年来，国内白炭黑产销规模不断增加。调研数据显示，从产量来看，2020 年我国白炭黑行业产量为 213.5 万吨，同比增加 9.12%；但自 2021 年开始，受市场需求影响，产量略有下降，至 2023 年白炭黑产量约为 204.4 万吨；从市场规模来看，我国白炭黑市场规模从 2020 年 99.5 亿元增长至 2023 年 104.13 亿元，年复合增长率为 1.16%，其市场规模呈现出缓慢上涨趋势。从白炭黑进出口情况来看，中国白炭黑行业出口量大于进口量，进出口量总体呈现上涨态势，说明中国白炭黑不依赖于进口产品，国内技术成熟，在满足国内需求的同时，也能满足出口需求，2022 年中国白炭黑行业进口量为 9 万吨，出口量为 62.19 万吨。截至 2023 年 12 月，国内白炭黑市场均价是 5933.33 元/吨，2023 年白炭黑价格全年上涨了 3.19%，涨幅很小，约 200 元/吨左右。

当前，我国白炭黑行业生产企业概况是：产品仍集中在低端市场，未来行业还需加快转型升级步伐。受生产技术及成本等条件制约，沉淀法白炭黑是目前国内市场主流产品，目前，国内白炭黑企业整体水平与国外先进企业相比还有较大差距，赢创嘉联、索尔维罗地亚等国外企业在我国白炭黑市场仍占据一定份额，未来国内白炭黑行业还有较大发展空间，行业发展潜力巨大。

确成硅化学股份有限公司是高分散白炭黑龙头企业，公司成立于 2003 年，总部位于江苏无锡，是一家致力于全球化生产和运营的专业绿色新材料供应商，该公司产品涵盖二氧化硅及其上游原材料硅酸钠、硫酸及蒸汽、电力等。其已通过 ISO9001、ISO14001、OHSAS18001 和 ISO22000 等质量管理体系认证；二氧化硅产品通过欧盟欧洲饲料添加剂和预混合饲料质量体系（Feed Additives and Pre-MIxtures Quality System，FAMI-QS）认证，欧盟化学品注册、评估、授权和限制（Registration, Evaluation, Authorization and Restriction of Chemicals，Reach）认证，国际汽车工作组（IATF）针对汽车行业的质量管理体系要求（IATF 16949:2016）认证，美国食品药品监督管理局（FDA）等认证；公司及其子公司累计已取得 50 项发明专利和 129 项实用新型专利的授权，专利覆盖了二氧化硅的专业生产设备、生产制造技术与工艺；是中国二氧化硅产品行业标准（HG/T3061-2009）、轮胎分级标准（T/CRIA 11003-2016）、高分散二氧化硅国家标准起草单位，中国硅化物（无锡）产业基地，高新技术企业，江苏省无机硅化物工程技术研究中心，江苏省博士后创新实践基地，中国石油和化学工业联合会创新示范企业，2023年第二批"江苏精品"认证。2023年公司通过了工信部专精特新"小巨人"企业复审。2023年5月23日，公司获批设立博士后科研工作站。现拥有无锡、滁州、三明三个国内生产基地，一个海外生产基地泰国，合计已建成产能33万吨，在建产能7.5万吨，筹建产能2.5万吨，总产能位列世界第三位。国际知名轮胎公司和动物营养品公司是公司的主要客户。

6.1.1.6　工业盐

工业盐被称为"化学工业之母"，在盐酸、烧碱、纯碱、氯化铵、氯气等基本化学工业品的生产及饲料、皮革、陶瓷、玻璃、肥皂、染料、油脂、矿冶、医药等工业部门，以及水处理、制冰冷藏、公路除雪等方面均有广泛应用。作为基础化工产品，工业盐行业受宏观经济的周期性影响较大。随着经济形势的变化，目前，我国工业盐行业呈现盘整态势，需求增长放缓。

中国是盐化工生产大国，产量在全世界前列，每年生产的原盐总量可达一亿吨左右，这主要得益于中国丰富的原盐资源，我国的原盐资源具有种类多、分布范围广的特点，分布范围覆盖我国西北部、西南部、中部和东部沿海地区。我国的原盐消费去向显示，70%左右的原盐用于盐化工工业用盐，其余则用于食用及其他用途。而工业用盐主要用于制造纯碱和氯碱。2016年中国盐化工市场规模达到2837.52亿元，同比增长6.50%，2017年将达到3133.20亿元，同比增长10.42%。盐化工还将有很大的发展空间，2022年中国盐化工市场规模达到约4600亿元，比2017年增长约47%。

当前，我国工业盐制盐行业生产企业概况是：企业集中度低，整合步履艰难，众多分散的小企业工艺技术落后、产品质量低劣、管理水平低下、资源浪费严重。多、小、弱、散、乱的企业组织结构严重束缚了制盐企业整体素质的提升和核心竞争力的增强，与国外先进制盐国家和企业形成很大反差。

对于省级的盐业公司和中盐公司，由于多年的垄断已占据了非常丰富的渠道资源，近几年为了备战盐改，很多盐业公司已经提前布局上游的生产企业，为今后实现产销一体做好准备。所以实力强劲的盐业公司在产销一体后最有可能成为市场竞争的巨头。

中国盐业集团有限公司（原名中国盐业总公司）创立于1950年，现为国务院国资委监管的国有大型企业，是我国盐行业龙头企业、唯一中央企业和唯一全国性企业，是集盐资源勘探、工程设计、研发、生产、营销、盐穴资源综合利用为一体并向下游盐化工延伸发展的全国性盐业公司和国内重要化工企业。该集团中盐年产盐1500万吨，占全国产量18%；食盐产量280万吨，占全国产量30%。盐产销量世界第二，亚洲最大，其中食盐的产销量居世界第一，并初步形成了无机化工、农业化工、精细化工、日用化工等系列产业布局，金属钠、纯碱、保险粉、PVC树脂、烧碱、复合肥、有机氯等盐化工产品居行业前列。

6.1.1.7 光触媒

光触媒是新兴行业中的一种光催化剂，它可以催化空气中的微小物质发生化学反应，使其分解为小分子物质（二氧化碳和水）；而仅作为催化剂的光触媒，其自身结构和性能又不会产生任何变化，所以不仅环保，还可以长期高效使用，因此具有良好的应用开发前景。光触媒可以把各种有害、有毒、有强烈刺激性气味的分子分解以及无害无污染化处理，并且能够达到除害、除污染、消毒、防腐的作用。因在化学反应的过程中，光触媒只起到催化的作用，自身并不随反应发生变化，致使其使用周期长、寿命持久。因此，光触媒是一种经济、环保的材料，可以广泛地应用于空气净化等领域。

随着我国工业技术水平的快速发展，我们身边的大气环境已经受到了一定程度的影响；同时人们又对居住环境有了越来越高的追求。早在20世纪90年代这一矛盾就已经出现，因此市场上开始大量地出现各种消毒剂、除臭剂。光触媒也正是在这一时期进入环境净化领域，并且直至目前都有着十分可观的应用前景。

据贝哲思咨询的数据，全球光触媒市场规模在2022年达到82.92亿元，预计至2028年全球光触媒市场规模将会达到158.44亿元，年复合增长率（CAGR）为11.53%。这意味着今后几年里，光触媒行业的市场规模将显著增长。此外，从产品类型来看，光触媒行业可细分为二氧化钛、氧化锌和其他等，这些细分市场的表现也将影响整个行业的规模。

我国光触媒行业生产企业概况是：有数百家企业正在从事利用光触媒技术研发、生产、销售和使用的相关产品的业务。并且开发的产品涉及建材、环保、家电等各个行业。关于光触媒产品的研究、开发、生产、销售和服务一体化的高科技产业链已经在我国初步形成。2019—2025年的市场将一直保持稳步增长的态势。因此，不论是从我国近年来光触媒行业市场来看，还是从日本等国家和地区光触媒技术相对成熟的市场来看,从过去几年到未来几年光触媒行业市场在国际上都有逐步发展的趋势,具有良好的发展前景。

广州市奥因环保科技有限公司是一家成立于 2002 年,始终致力于室内空气污染治理领域产品及应用技术的开发与推广的科技创新型企业。公司拥有先进水平的纳米光催化材料自动化生产线,创新能力与生产能力均居前列,是中国光触媒十大品牌榜首,国家光触媒标准制定单位。奥因光触媒是一种纳米级二氧化钛活性材料,它涂布于基材表面,干燥后形成薄膜,在光线的作用下,产生强烈催化降解功能,能有效地降解空气中有毒有害气体,能有效杀灭多种细菌,抗菌率高达 99.99%,并能将细菌或真菌释放出的毒素分解及无害化处理,同时还具备除臭、抗污等功能。

6.1.1.8 活性炭

活性炭,是黑色粉末状或块状、颗粒状、蜂窝状的无定形碳,也有排列规整的晶体炭。活性炭由于具有较强的吸附性,广泛应用于生产和生活中。活性炭按制造使用的主要原材料分为 4 类:煤质活性炭、木质活性炭、合成材料活性炭和其他类活性炭。按制造使用主要原材料及对应的产品形状组合分类分为 16 种类型。目前,市面上主要的活性炭类别是煤质活性炭和木质活性炭。

近年来,随着我国活性炭技术的不断发展,活性炭行业产能快速增加。我国是活性炭的生产大国,活性炭产量约占世界活性炭总产量的 1/3,活性炭也是我国最主要的出口林产化产品之一。数据显示[1],2020 年,我国活性炭产量为 160 万吨,达到了近几年来的峰值。然而,2021 年的产量快速下滑至 140 万吨,相较于上一年度减少了约 12.5%。这一变化主要是受疫情导致的市场需求,以及原材料价格波动及行业调整等多种因素的影响。进入 2022 年,活性炭产量的下降趋势更为明显,年产量减少至 120 万吨,同比下降了约 14.3%。这表明,在这一时期内,行业面临着更加严峻的挑战。及至 2023 年,虽然具体数据显示产量仍有所减少,但降幅相对放缓,年产量为 115 万吨,同比下降 11.7%。这表明,在经历了连续的产量下滑后,行业正在逐步调整并适应市场的新常态。尽管面临诸多挑战,但活性炭作为重要的工业原料和环保材料,其市场需求仍具有一定的稳定性,因此产量的稳定对于保障相关产业的健康发展具有重要意义。

目前,国内活性炭行业的盈利主要受到价格因素影响,近几年我国活性炭平均价格整体呈现

---

1 数据来源:观研报告网。中国活性炭行业发展深度研究与投资前景预测报告(2024—2031 年)。

上涨态势，2023年初活性炭均价为10766元/吨，2023年末活性炭均价为11700元/吨，价格上涨8.67%。按此趋势预测，预计中国活性炭市场规模将从2023年100亿元增长至2028年136.05亿元。

未来，活性炭行业的发展将回归至供需双方的平衡，在供给方随着国家推动各种原材料活性炭产品生产，在需求侧国家支持空气环境治理，社会及企业推动水处理的发展，共同推动活性炭市场增长。

当前，我国活性炭行业生产企业概况是：由于活性炭原材料供给的经济半径较短，生产企业主要围绕原料丰富的地域选址设厂，因此产业布局相对比较集中，生产企业的区域特征明显。在木质活性炭方面，国内木质粉状活性炭生产企业主要位于福建、江西、浙江和江苏等有丰富森林资源的省份，其中福建、江西和浙江三省的产量占全国木质活性炭总产量的比重超过了85%；而在煤质活性炭方面，国内煤质活性炭生产企业主要位于山西省、宁夏回族自治区及华北地区等煤炭资源丰富的省份，其中山西省和宁夏回族自治区两地的产量占全国煤质活性炭产量的比重也高达80%以上。

我国虽然是世界活性炭第一生产和出口大国，但目前活性炭工业依然处在成长期，与国外活性炭产业相比还存在不小差距。目前，还存在生产过程有污染、产品质量不稳定、活性炭应用领域窄、高端产品部分依赖进口等问题。

从企业活性炭生产能力及营业收入水平综合来看，我国活性炭行业企业大致分为三个梯队。第一梯队的企业是福建元力活性炭股份有限公司，其竞争地位较高，企业的活性炭生产能力超过12万吨，业务收入超过12亿元；第二梯队是国内生产能力在4万吨以上或活性炭业务收入超过2亿元的企业，包括东莞市华清环保工程有限公司、宁夏华辉环保科技股份有限公司等；第三梯队有重庆霏洋环保科技股份有限公司、福建省芝星炭业股份有限公司、北方化学工业股份有限公司等，这些活性炭品牌在市场上具备一定知名度，年生产能力在2～5万吨或以下，营业收入水平在2亿元以下。综上，在国内代表性活性炭生产企业中，福建元力活性炭股份有限公司在活性炭生产能力上具备较强的行业竞争优势。

6.1.1.9 纸和塑料包装材料

活性包装使用的包装材料包括塑料薄膜，如聚酯/聚乙烯（PET/PE）、聚酯/聚丙烯（PET/PP）、尼克纸/聚乙烯（NK/PE）、尼克纸/透气聚乙烯（NK/TQPE）等，包装纸，如杜邦纸、绵纸、尼克纸等，和纸塑复合材料，如复合纸、淋膜纸、网纹纸等。

包装材料一般具有针对性的用途，如脱氧剂包装材料、干燥剂包装材料、聚四氟乙烯过滤材料（PTF）系列除湿包装材料、发热包装材料等，由于活性包装产品多用于食品包装，因此，其包装材料的研发、生产都有一定的门槛。以嘉兴星越包装材料有限公司为例，其自主研发的防油防水脱氧剂包装材料改变了早期国内厂家依靠日本进口包材的状况，实现了进口替代；开发的高性能强阻水PTF干燥剂包装材料打破了美国杜邦公司特卫强无纺布（Tyvek）的垄断；建设了10万级洁净厂房，通过了ISO9001、ISO14001等多项国际质量体系认证。

6.1.1.10 无纺布

活性包装使用的无纺布材料包括无纺布、无纺纸等，以无纺布为例进行简单介绍。

无纺布又称不纺布，即不用编织或纺织的布料。它不是传统意义上由纱线一根一根交织、编结而成的，而是将纤维通过物理的方法直接黏合在一起形成的布料。从制作工艺来讲，无纺布直接利用高聚物切片、短纤维或长丝将纤维通过气流或机械成网，然后经过水刺、针刺或热轧进行加固，最后经过整理形成的无编织的布料。

欧洲是最大的无纺布营业收入市场，2013年市场份额为32.08%，2018年为28.43%，减少了3.65%。2017年，中国以25.33%的市场份额跃居世界十大经济体第二。此外，亚太地区、中东和南美的无纺布市场预计将是增长速度最快的市场。

随着经济发展，人们的人均收入不断提高，活性包装下游需求越来越大，带动了无纺布产业的发展。据调研，2018年全球无纺布市场销售总额为41403.28百万美元，2023年，无纺布市场价值达到57569.91百万美元。2018—2023年，全球无纺布市场复合年增长率为7.08%。

在全球市场中，中国和印度将成为最大的市场，印度的无纺布市场虽不及中国，但需求潜力却大于中国，年均增长达8%~10%。随着中国和印度这两个国家的GDP持续增长，人们的购买力也逐渐增强。与印度不同的是，中国无纺行业前几年的发展势如破竹，总产量已位居世界第一，新兴领域如医用纺织品、阻燃、防护、特殊复合材料等无纺品也呈现新的发展态势。2023年，我国无纺布行业的市场规模约为 1500 亿元。无纺布作为一种环保、健康的产品，随着消费者对健康环保的无纤维产品需求的增加，中国无纺布行业展现了持续的发展潜力。

由于无纺布生产的技术不尽相同，其下游的应用领域也较多。我国无纺布的下游应用主要是医疗卫生、擦拭清洁材料、包装材料、过滤材料、生活用纸、汽车内饰等。其中，医疗卫生是无纺布的第一大应用领域，其占比达到 41%。中国无纺布工业起步较晚，但发展十分迅速，目前，行业掀起了发展高潮，尤其是浙江、江苏、广东、湖南等地。经过多年的摸索和发展，中国的部分无纺布企业和产品在国际上有较强的竞争力。

我国无纺布行业生产企业概况是：无纺布市场竞争激烈，市场参与者众多，其中安徽金春无纺布股份有限公司、稳健医疗用品股份有限公司、欣龙控股（集团）股份有限公司、杭州诺邦无纺股份有限公司、广东必得福医卫科技股份有限公司、大连瑞光非织造布集团有限公司、华昊无纺布有限公司、天鼎丰控股有限公司、浙江金三发集团有限公司、恒天嘉华非织造有限公司、晋江市兴泰无纺制品有限公司、上海华峰超纤材料股份有限公司等企业在生产能力和规模上在国内名列前茅。

从无纺布企业来看，我国无纺布行业竞争格局高度分散，企业大多技术相对薄弱，鏖战于低端同质化竞争。截至 2022 年底，全国无纺布相关企业主要分布在山东、广东、安徽、江苏等地。从企业区域集中度来看，CR3 为 43%，CR5 为 62%，CR10 达到 88%，无纺布行业的企业分布相较集中。

安徽金春无纺布股份有限公司是一家综合性强、产品多元化的新材料制造企业。该公司生产的无纺布产品性能优越，用途广泛。2020—2023 年，该公司无纺布产能呈现逐年上升态势，从 2020 年的 6 万吨产能规模增长至 2021 年的 7.2 万吨；2022 年年产值达 8.07 亿元，产能规模位列无纺布上市公司首位。2023 年该公司实现营业总收入 9.00 亿元，同比增长 11.50%；归母净利润 3027.31 万元，同比扭亏；扣非净利润 340.31 万元，同比扭亏达 216.6%。在其 2023 年主营业务中，非织造布收入 8.08 亿元，同比增长 9.05%，占营业收入的 89.75%；ES 纤维收入 0.65 亿元，同比增长 194.21%，占营业收入的 7.20%；非织造布材料制品收入 0.03 亿元，占营业收入的 0.28%。

6.1.2 上游行业发展前景分析

按活性原料种类分析，活性包装上游行业的发展前景是：

①我国硅胶行业已经比较成熟，连锁效应开始显现，许多硅橡胶产品被广泛应用于人们的日常

生产和生活中，说明中国硅胶工业的未来发展前景很好。就目前来说，我国硅胶行业市场集中度较分散，未来市场集中度将进一步提升。中国的硅胶产能全球第一，基本集中在山东省。

②目前，我国石灰石产品主要用于冶金、化工和建材行业，在活性包装领域的使用处于开发和增长阶段。但由于石灰生产过程中涉及二氧化碳的排放，所以石灰制造行业面临比较严峻的节能减排形势，但同时节能减排促使行业进行结构调整，有利于行业的技术进步。

③我国分子筛行业，分子筛高端产品技术壁垒高，国产替代进程持续加快。一方面，分子筛吸附剂市场稳步增长，新兴领域打开需求空间，国际大型分子筛企业长期垄断了制氢制氧分子筛的核心技术，国内企业多种产品已经突破垄断，不断实现进口替代；另一方面，分子筛催化剂市场需求空间大，未来发展前景更广阔，随着国家第六阶段机动车污染物排放标准的落实，我国移动源尾气脱硝分子筛市场需求将大幅增长，能源化工及精细化工领域需求旺盛，分子筛催化剂未来成长空间大。

④当前，中国还原铁粉行业处于起步阶段，与国外公司相比还有较大差距，国内高端产线较少。近几年我国还原铁粉产量持续增长，品种在扩大，质量在提高，市场发育很好。在国内厂商迅速增加产线投入和国家产业政策扶持下，预计我国金属粉末制造业将保持稳定快速发展，未来国内还原铁粉产能将迅速提升。

⑤近年来，我国白炭黑产量不断增加，市场规模不断扩大，行业发展前景较好。但目前国内白炭黑产品主要集中在低端市场，高端产品仍依赖进口。未来国内白炭黑企业还需不断提高生产技术水平、加大产品创新力度，进而加快国内白炭黑产品向高性能、绿色化方向的转型升级步伐，未来国内白炭黑行业还有较大成长空间，行业发展潜力巨大。

⑥盐化工产业未来发展将延长现有产业链，向高附加值精细化工产品方向寻求突破。同时在供给侧改革、节能减排、国际化经营的推动下，未来，盐化工还将有很大的发展空间。龙头企业或将脱颖而出，对于省级的盐业公司和中盐公司，它们由于多年的垄断已占据了非常丰富的渠道资源，近几年为了备战盐改，很多盐业公司已经提前布局上游的生产企业，为今后实现产销一体做好准备。所以实力强劲的盐业公司在产销一体后最有可能成为市场竞争的巨头。

⑦当前，光触媒的应用可谓十分广泛，包括杀菌消毒、净化空气、灯具照明及工业等在内的各个领域。但是，这一产品目前仍然存在很大一部分问题，即光触媒技术仍需要进一步优化，解决成本高、使用范围窄、尺寸难以达到纳米级等棘手又迫切的难题。不论是从我国近年来光触媒行业市

场来看,还是从日本等外国光触媒技术相对成熟的国家市场来看,从过去几年到未来几年光触媒行业市场在国际上都有相对平稳的逐步增长的趋势,具有良好的发展前景。

⑧在活性炭下游市场需求方面,随着我国人民生活水平的提高和环保意识的增强,以及国家对大气污染物排放标准的不断提高,活性炭的应用领域不断拓展、不断深化,食品、医药、水处理、空气净化等领域对活性炭的需求将保持较快增长态势。发达国家对活性炭的需求近几年一直保持稳定增长。总体看来,内需和出口维持同步增长,未来市场空间广阔。

⑨无纺布材料产品市场需求主要集中于民用、医用消费性领域,需求较为刚性,行业没有明显的周期性、季节性特征。短期之内,我国无纺布行业将处于供不应求状态。随着新技术的不断涌现,无纺布的功能不断得到完善,无纺布的未来发展来自向诸如新型工业、汽车等其他领域的不断渗透;同时,淘汰落后、旧的装备,生产功能化、差别化、多元化的世界一流的非织造布产品,并向生产深度进军,将产品进行深加工,形成产品多元化,适应市场的需求。

6.2 活性包装下游行业分析

6.2.1 下游行业发展现状

下游行业主要是食品、药品、工业产品、日用品等企业。传统产品,如月饼、蛋糕、炒货、海苔、火腿肠等,已形成规模化的应用经验和包装惯例。而很多新兴的食品,如冻干蔬菜、冻干水果和预制菜等,也逐步尝试使用活性包装产品来辅助进行保鲜贮存。

下游企业存在明显的两极分化。大型企业注重产品质量、稳定性、可靠性,愿意与活性包装企业共同成长;小型企业则更多关注成本优势、利润点,对活性包装的认知度低,供应商黏性低。

下游企业中的大型企业普遍具备一定的创新开发能力,往往会与供应商共同合作开发新产品;中小型企业往往不会投入较高的研发成本,喜欢跟风,直接照搬模仿大企业的包装方案。

活性包装典型下游企业情况如表 6-2 所示。

表 6-2 活性包装典型下游企业情况

序号	企业名称	所属行业	经营范围
1	雀巢普瑞纳宠物有限公司	食品	开发、制造、包装、销售宠物食品（生物、蛋白饲料），以及宠物用品及其他相关或同类产品，从事上述产品及同类商品的进出口、批发和零售业务，并为上述业务提供相关的咨询服务
2	三只松鼠股份有限公司	食品	食品生产；食品经营；日用百货、办公用品、塑料和金属制品、工艺礼品、电子产品、服装鞋帽批发、零售；出版物零售；带有三只松鼠标志的纪念品及工艺品零售；自有品牌、动漫形象产品销售及经营；以承接服务外包方式从事软件开发；仓储服务（不含危险品和违禁品）、场地出租、信息技术服务、废旧物资（除危化品）销售，食用农产品销售
3	中粮海优（北京）有限公司	药品	预包装食品销售（含冷藏冷冻食品）；特殊食品销售（保健食品、婴幼儿配方乳粉、其他婴幼儿配方食品）；普通货运、货物专用运输（冷藏保鲜）；花卉零售；复印、传真服务；摄影扩印服务；货物进出口；经济贸易咨询；批发、零售食用农产品、新鲜水果、新鲜蔬菜、五金交电、化工产品（不含危险化学品及一类易制毒化学品）、洁具、日用品、针纺织品、工艺品、办公用品、机械设备、电子产品、文化用品、照相器材、计算机、软件及辅助设备、化妆品及卫生用品、体育用品、服装、家具、家用电器、金银珠宝首饰、避孕器具（避孕药除外）、饲料（粮食除外）、建筑材料、钟表眼镜、玩具、汽车和摩托车配件、仪器仪表、鲜花、Ⅰ类和Ⅱ类医疗器械产品、装饰材料、陶瓷制品、橡胶制品、塑料制品、健康及个人护理用品、手表、通信设备、通信器材、广播电视设备、日用品、家用园艺产品、健身器材、户外用品、鞋帽、箱包、厨房用品、收藏品、化肥、农用薄膜、涂料、游戏产品、汽车用品、胶片产品、数码产品、儿童用品、灯具、文化用品、计算机硬件及外围设备等
4	桂龙药业（安徽）有限公司	药品	药品生产；药品批发；药品互联网信息服务；食品生产；茶叶制品生产；食品经营；食品互联网销售；保健食品生产；保健食品销售
5	杭州胡庆余堂药业有限公司	药品	制造、加工：片剂，丸剂（糊丸、蜜丸、水蜜丸、水丸、浓缩丸、微丸），颗粒剂、硬胶囊剂、曲剂、口服液、糖浆剂、保健食品、制药机械、散剂等
6	养生堂药业有限公司	药品	药品生产；药品零售；保健食品生产；保健食品销售；食品生产；食品经营；食品用塑料包装容器工具制品生产；水产养殖；货物进出口等
7	浙江康恩贝制药股份有限公司	药品	药品生产；药品批发；药品零售；药品进出口；食品生产；食品销售；化妆品生产；卫生用品和一次性使用医疗用品生产等
8	华为技术有限公司	电子产品	程控交换机、传输设备、数据通信设备、宽带多媒体设备、电源、无线通信设备、微电子产品、软件等

6.2.1.1 食品行业

全球生产并用于消费的食品存在严重的浪费现象，这促进了活性包装行业的发展。活性包装的目的在于延长产品的保质期，并已经在食品行业（特别是坚果糕点类产品）、制药行业、工业品及日用品等行业中得到广泛应用。例如，一些活性包装产品可通过乙烯吸收剂和湿度调节器保持食品新鲜。有的活性包装还可以通过抗菌剂的释放，抑制产品中的细菌生长。

2023年，我国坚果市场呈现持续的增长态势，市场规模达到2856亿元，同比增长20.4%。这一增长得益于消费者对健康食品的需求增加，以及坚果作为一种健康食品的普及。随着消费者对食品健康安全意识的提高，坚果供应链也在不断升级，以满足消费者对质量、口味、营养和功能等方面的需求。此外，坚果消费正在从营养品形态向日常膳食消费品转变，混合坚果和功能性坚果产品受到青睐，如"每日坚果"系列和满足特定人群需求的蛋白坚果棒、代餐坚果等。

在市场竞争方面，混合坚果行业呈现三足鼎立的竞争格局，由洽洽食品、三只松鼠和沃隆食品主导。这些企业通过不断创新和优化产品，吸引了大量消费者，占据了市场的主要份额。随着市场竞争的加剧，一些小品牌可能逐渐退出市场，而专注于价格战、生产质量管控不严、品牌影响力较小、渠道体系建设不完善的企业也将面临淘汰。预计未来市场集中度将进一步提升，有利于头部企业的发展。

从产品种类来看，坚果礼盒类产品市场占有率高，尤其是在春节期间，坚果礼盒类产品占据了最小存货单位（Stock Keeping Unit，SKU）TOP10中80%以上的比重。三只松鼠在坚果礼盒类型产品中具有非常强的领先地位，显示出品牌在市场上的强大影响力。此外，非坚果零食在坚果礼盒中的占比也有所增加，显示出消费者对多样化产品的需求。

根据中国食品工业协会发布的《2023年食品工业经济运行报告》，2023年中国干鲜瓜果及坚果出口额为404亿元，同比增加14.1%；进口额为1238.7亿元，同比增加8.8%。对于白果、苦杏仁及松子等在国内有比较优势但是国际市场规模较小的坚果种类，由于贸易进入的壁垒较高，中国仅需要维持相对垄断地位即可，与此同时，中国坚果产业的市场普遍集中于城镇区域，在乡村区域的发展仍十分缓慢，鉴于竞争者较少，投资回报率会有所提升，在未来几年内，中国坚果产业将会在乡村市场中不断发展，并带来超出预期的市场空间。健康化、品牌化及创新化将成为未来中国坚果产业技术发展的重要趋势，其中，健康化是指在人均可支配收入增加与城镇化进程加快的背景下，越来越多的消费者将目光转移到食品的健康属性及营养成分，而坚果的选择也仍倾向于品质及功能，从而为中国坚果的品类发展创造了机遇，未来低糖、低脂肪、低热量等健康坚果食品发展趋势将更加明显。品牌化是指消费者对生活品质的要求越来越高，对品牌的认可度会有较大的依赖，将促使中国坚果产业从无序、分散的市场状态逐步集中于向服务、品质所驱动的市场方向发展。创新化是指作为快消行业的坚果行业，其市场更易于接受创新类产品，消费者群体将会更加趋于年轻、时尚化，促使中国坚果产业随市场而动，不断提高产品的推广及换代速度。

在经济持续增长，工业化和城市化进程不断加快的态势下，我国食品加工业初步形成门类比较齐全，技术不断进步，产品日益丰富，行业总收入达到 15.9 万亿元，同比增长 7.8%。但由于我国食品加工行业企业数量过多，整体水平较低，多为中小型企业。2023 年，我国食品产业经济效益增长速度放缓。4 万家规模以上食品企业实现利润总额 6168 亿元，比 2022 年增长 2.3%，增速较上年放缓了 7.3 个百分点，高出全部工业 4.6 个百分点。利润总额占全部工业比重的 8.0%。其中，农副食品加工业利润降幅 11.0%，食品制造业利润增长 4.2%，酒、饮料和精制茶制造业增长 8.5%。规模以上食品工业企业实现营业收入 9 万亿元，同比增长 2.5%，增速较上年放缓 3.1 个百分点，高出全部工业 1.4 个百分点。

随着人们生活水平的提高，我国食品加工行业市场规模多年来保持 7% 以上稳健增长，其中粮食加工市场份额占比约 0.81%、饮料加工市场份额占比约 1.05%、植物油加工市场份额占比约 0.92%。随着收入快速增长，居民消费能力显著提升，消费升级趋势日益显著，消费者对营养健康的产品需求增加，更愿意为品质安全、营养科学的食品买单。坚果消费相对一般零食单价较高，一、二线城市中产阶级成为坚果消费的主力军，坚果销售渠道铺开也仍以一、二线城市为主。目前，坚果类食品已经位列整个休闲食品规模第二，正释放万亿级市场，而每日坚果品类又是其中快速增长的黑马。目前，市场上各种每日坚果品牌繁多，但存在着产品同质化严重的问题。从配料来看，各品牌每日坚果均主要含有核桃仁、腰果仁、蓝莓干、榛子仁等，而坚果的质量差异又不是很大。这使得行业竞争更为激烈。

以下以两个典型企业为例进行分析。

（1）三只松鼠股份有限公司

三只松鼠股份有限公司（简称"三只松鼠"）依托品牌、产品及服务优势，确定以"分销"为主的线下渠道发展模式。2016—2020 年，公司连续五年中国坚果销量第一并在行业内领先。但受疫情影响，三只松鼠 2022 年营业收入为 72.93 亿元，较上年同期的 97.7 亿元下降 25.35%。

2022 年起，三只松鼠借助我国休闲食品供应链相对完善的基础设施和快速发展的电子商务，对供给和需求完成一轮新的连接，通过交易端模式创新快速实现规模的提升。2023 年，已在芜湖、天津、成都、肇庆、武汉等 5 大中心城市通过自有或租赁方式拥有 6 个配送中心，含 toC 及 toB 业务。公司的物流运营模式为：仓储业务以自营为主，干线运输和配送业务以外包为主。同时，公司联合上游多家供应商打造工厂直发模式。2023 年 11 月，入选"TopBrand 2023 中国品牌 500 强"榜单，位列第 481 名。

（2）洽洽食品股份有限公司

洽洽食品股份有限公司（简称"洽洽食品"）建立了"坚果+"发展战略，其优势在于线下渠道网络及上游供应链布局。2020—2023 年，洽洽坚果产品收入 CAGR 超 30%。其中，洽洽食品葵花子营业收入占比为 67.77%，坚果类占比 19.37%；按地区分，公司产品南方区域占比 35.11%，东部区域占比 22.62%。2023 年年报显示，洽洽食品营业收入 68.05 亿元，同比增长 -1.13%，归母净利润 7.09 亿元，同比增长 -16.25%，这是洽洽食品连续五年增长以后的首次下滑。2023 年 5 月，洽洽食品对外表示其海外市场增长空间巨大，未来其占比将提升到 20% 至 30%。

6.2.1.2 药品行业

数据表明，2018 至 2023 年，我国药品支出保持 3% 至 6% 的年复合增长率，2023 年达到 1700 亿美元左右。药品支出增长的贡献主力是来自跨国公司原研品牌药。原研品牌药平均每年以 13.1% 的速度增长。

未来五年，随着我国加快国家医保药品目录调整频率，将加速推进更多的原研新药纳入医保，导致更高水平的药品支出。例如，2023 年联邦制药国际控股有限公司营业收入就高达 137.4 亿元人民币，同比增长 21.2%；归母净利润为 27 亿元人民币，同比增长 70.9%，每股股息 0.52 元，同比增长 108%。

各细分药品领域主要产品的经营状况，以具有一定代表性的仁和药业股份有限公司为例。在仁和药业 2023 年 50.32 亿元营业收入中，医药行业营业收入占比为 97.91%，其他业务占比为 2.09%。其主营业务集中在药品和大健康类产品，其中药品业务又主要以非处方药 OTC 类产品为主，约占药品全部收入的 80%。健康相关产品的营业收入占比为 24.74%，而药品业务的营业收入占比为 72.84%。这些数据反映了仁和药业在医药制造业的细分领域中，以药品和大健康类产品为主要收入来源的企业运营情况。

2022 年，我国常用中药材品种产能 518.52 万吨，市场规模超过 2586 亿元。中药行业市场规模较大，且目前正处于成长期。

(1) 中药饮片监察力度提高，饮片质量改善

2020 年 3 月，国家药品监督管理局发布《中药饮片专项整治工作方案》，要求全国各地药监部门对中药饮片进行抽检，随着中药饮片的大规模、全覆盖检查展开，以及违法处罚力度升级和追溯体系的完善，对中药行业全链条都提出了更高的要求，2021—2023 年中药饮片质量得到根本改善，总体呈增长趋势，市场规模将进一步扩大。

(2) 中药配方颗粒规范化，市场稳定发展

中药配方颗粒能发挥传统中药汤药可以个体化诊疗、因人施治的优势，又能兼顾现代中药携带方便、使用简单快捷的特点，近年来，其市场正在不断扩大，种类也在日益增多。2020 年 12 月 28 日，《中药配方颗粒生产通用规范》正式实施，为中药配方颗粒生产企业提供了具有可操作性的团体标准，在提高行业生产能力的同时，也将会大大提高监管机构的监管效率，弥补国内中药配方颗粒生产和监管领域的空白。自 2022 年以来，相关政策逐渐规范，配方颗粒药品市场提升空间巨大，国家政策、技术创新与设备升级等因素共同助力我国配方颗粒市场稳定发展。

(3) 国家促进民间中医"转正"

民间中医是中医从业人员中特殊而又不可或缺的群体。且民间中医往往是通过师承、家传等方式培养，现有医师资格考试难以评价其真实水平。2020 年国务院正式废止了《中华人民共和国中医药条例》，开辟了通过实践技能及效果考核即可获得中医医师资格的新途径，让民间中医易于"转正"。自 2021 年以来，民间中医开中医诊所将更加便捷，有效地提升了基层中医药服务能力、壮大了基层中医药服务队伍、促进了中医药行业的有序发展。

6.2.1.3 工业品、日用品行业

活性包装在工业品、日用品行业的应用产品主要是干燥剂、吸附剂、除味剂等，用于摄影器材包装、家具用品包装等。典型企业如杭州海康威视数字技术股份有限公司（海康威视）和浙江大华技术股份有限公司（大华股份）。其中，海康威视专注于物联感知、人工智能和大数据领域的技术创新，提供软硬融合、云边融合、物信融合、数智融合的智能物联系列化软硬件产品。大华股份是专业的监控产品供应商和解决方案服务商，面向全球提供领先的视频存储、前端、显示控制和智能交通等系列化产品，并提供热成像测温和黑体测温设备。高精密光学仪器对水分、有害气体等非常敏感，因此对活性包装产品有特殊的需求。

海康威视2023年营业收入893.40亿元，同比增长7.42%，归属上市股东净利润141.08亿元，同比增长9.89%。

大华股份2023年实现营业总收入322.18亿元，同比增长5.41%；归母净利润73.62亿元，同比增长216.73%。

（1）产业链

上游为原材料供应商，主要包括镜头、视频编解码芯片、图像传感器芯片、视频算法等。芯片价格决定了安防摄像头的产品成本。国内安防芯片市场主要参与者有深圳市海思半导体有限公司、上海富瀚微电子股份有限公司、北京君正集成电路股份有限公司、瑞芯微电子股份有限公司、国科微电子股份有限公司等企业。中游是安防产品软硬件厂商、工程商（集成商）、运营服务商等，代表公司有深圳市锐明技术股份有限公司、杭州海康威视数字技术股份有限公司、杭州鸿泉物联网技术股份有限公司、华为技术有限公司等。下游安防设备覆盖各个行业，50%以上为政府端（公安、交通），40%为商业端（文教卫、金融、能源、楼宇等）。

（2）收入构成

在主业产品及服务方面，海康威视包括公共服务事业群（PBG）、企事业事业群（EBG）、中小企业事业群（SMBG）、海外主业在内的4个业务板块。其中，建造工程和创新业务也是海康威视的重要组成部分。2023年，建造工程营业收入为20.07亿元，占比2.25%，同比下滑9.7%。相比之下，创新业务总收入达到185.53亿元，占公司整体收入的20.77%，同比增长23.11%，分地区来

看，海康威视的营业收入仍以境内为主，境内业务营业收入为603.72亿元，占比67.58%，同比增长6.12%。境外业务营业收入为289.68亿元，占比32.42%，同比增长10.25%。

大华股份以AIoT和物联数智平台为技术战略支撑，各业务领域持续优化升级。2023年，智慧物联产品及解决方案营业收入达到266.45亿元，同比增长5.79%。软件业务营业收入增长显著，达到17.97亿元，同比增长21.59%。创新业务营业收入49.07亿元，同比增长19.20%。2023年研发支出高达39.67亿元，同比增长2.17%，占营业收入的12.31%。分地区看，大华股份的营销服务体系布局持续完善，海外业务稳健增长。2023年境内收入占比52.43%，境外收入占比47.57%。国内营销网络覆盖广泛，国外分支机构增至69个，产品已覆盖180多个国家与地区，全球服务合作伙伴超过1000家。

（3）增长趋势

2023年海康威视、大华股份两家业绩增速均有所下滑，一方面，受2020年卫生事件持续影响，各地财政支出压力增大，财政预算向卫生事件方面倾斜，教育、安防、科研等相关的财政支出缩减明显。较多政府主导投资类项目的建设进度出现停滞，部分"平安城市"项目采购被延后，从而引发整个行业链的资金紧张，拖累行业增长速度。另一方面，随着雪亮工程（以县、乡、村为安全视频监控重点）进入尾声，固定视频监控产品渗透率达到较高水平，传统业务（前后端视频监控产品）增长趋缓。

2023年，受益经济增长修复、宏观环境好转，两家业绩出现明显增长，下半年增长有所放缓。其中To G（政府）业务主要来自财政支出，To SMBG（中小企业）经济敏感度较高。

（4）近期财务数据

海康威视——2023年全面营业收入893.40亿元，同比增长7.42%，归属上市股东净利润141.08亿元，同比增长9.89%。其中，境内主业营业收入468.10亿元，占总营业收入52.40%；境外主业营业收入239.77亿元，占总营业收入26.84%，创新业务营业收入185.53亿元，占总营业收入20.77%。此外，经营性活动现金流量达到166.23亿元，同比上涨63.55%。在营业收入构成方面，海康威视主业产品及服务、主业建造工程在2023财年营业收入小计707.87亿元，占营业收入比重的79.23%；机器人、智能家居、热成像、汽车电子、存储及其他创新业务共计营业收入

185.53 亿元，占总营业收入比重的 20.77%。在研发领域，该公司近五年内累计投入研发 413.22 亿元。其中，2023 年公司研发费用 113.93 亿元，同比增长 16.08%；研发人员达到 2.85 万人，占总人数 48.65%。

大华股份——2023 年全年营业收入 322.18 亿元，同比增长 5.41%；归属于上市公司股东的净利润 73.62 亿元，同比增长 216.73%；实现扣非后归母净利润 29.62 亿元，同比增长 87.39%；实现基本每股收益 2.31 元，同比增长 192.41%；安防摄像头出货量：2016 至 2021 年，我国安防摄像头出货量从 2.5 亿颗增长至 4.7 亿颗，年均复合增速为 13.46%。2023 年，该公司研发投入金额 39.67 亿元，研发投入占比 12.31%，资本化研发投入占比 0.00%。

6.2.2 下游行业发展前景分析

（1）食品行业

随着人民生活水平的提高，我国食品加工行业市场规模多年来保持 7% 以上稳健增长，其中粮食加工市场份额占比约 0.81%、饮料加工市场份额占比约 1.05%、植物油加工市场份额占比约 0.92%，以下是食品加工行业概括及现状分析。近几年，我国在政策上逐渐重视食品工业的发展，特别是在"十三五"以来加大了对食品工业科技研发的政策支持和资金支持力度，使得我国食品工业的发展表现出平稳、快速的发展态势。

随着收入快速增长，居民消费能力显著提升，消费升级趋势日益显著，消费者对营养健康的产品需求增加，更愿意为品质安全、营养科学的食品买单。坚果消费相对一般零食单价较高，一、二线城市中产阶级成为坚果消费的主力军，坚果销售渠道铺开也仍以一、二线城市为主。目前，坚果类食品已经位列整个休闲食品规模第二，正释放万亿市场，而每日坚果品类又是其中快速增长的黑马。目前，市场上各种每日坚果品牌繁多，但从配料来看，各品牌每日坚果均主要含有核桃仁、腰果仁、蓝莓干、榛子仁等，而坚果的质量差异又不是很大，都存在产品同质化严重的问题。

（2）医药行业

政策利好行业发展。医药卫生体制改革要求逐步建立覆盖城乡居民的公共卫生服务体系、医疗服务体系、医疗保障体系和药品供应保障体系，形成"四位一体"的基本医疗卫生制度，为群众提供安全、有效、方便、价廉的医疗卫生服务，这将进一步扩大医药消费需求和提高用药水平。随着国家卫生体制改革的深入，制约医药行业创新型企业发展的政策瓶颈被逐渐解除，国家采取多项措施，颁布多项政策，鼓励并推动我国医药行业的健康发展。

居民收入增加促进行业发展。人均可支配收入的增加提高了居民对医疗的支付能力。根据国家统计局数据，2021年全国居民人均可支配收入35128元，比上年名义增长9.1%，两年平均名义增长6.9%；扣除价格因素实际增长8.1%，两年平均增长5.1%。随着国民经济收入的增长、全民健康意识的加强，医药行业将迎来一个快速发展的良机。

人口老龄化程度提高，拉动慢性病药物市场需求增长。老年人群体糖尿病等慢性疾病发病率较高，伴随老龄化人口的增加，对糖尿病等慢性病治疗药物的需求将会持续增加。公开数据显示，自2000年进入老龄化社会以来，中国的人口老龄化程度不断加深，表现为老年人口比例的快速上升和绝对数量的快速增长。2022年，我国60岁及以上的老年人口达到2.8亿人，占全国总人口的19.8%；65岁及以上的老年人口为2.1亿人，占全国总人口的14.9%，已经进入中度老龄化社会。人口老龄化进程的加快，将促进卫生总费用增加，拉动慢性病药物需求增长，从而促进医药行业的发展。

（3）工业品、日用品行业

仍以安防行业两巨头——海康威视和大华股份为例，从未来发展趋势和发展规模方面加以说明。

①未来发展趋势。4个因素将促进安防类产品的快速发展。

因素一，智能化转型加速随着光电信息技术、微电子技术、微计算机技术与视频图像处理技术等的发展，传统安防系统正逐步走向智能化。海康威视和大华股份作为行业龙头，已经明确智能化发展方向，并持续加大在AI、大数据、云计算等领域的研发投入，推动产品和解决方案的智能化升级。为此，海康威视推出了观澜大模型等AI技术，加速行业数字化转型；大华股份也在智能安防领域不断推出创新产品和解决方案。

因素二，市场需求持续增长随着智慧城市、平安城市等项目的推进，以及社会对于安全防范需求的不断提升，智能安防市场需求将持续增长。这为海康威视和大华股份等企业提供了广阔的发展空间。同时，随着物联网、5G等技术的普及和应用，智能安防将与更多行业领域深度融合，拓展更多的应用场景和市场需求。

因素三，国际化战略深化面对全球市场的竞争和机遇，海康威视和大华股份等企业将继续深化国际化战略，加强在全球市场的布局和拓展。通过设立海外研发中心、生产基地和营销网络等方式，提升品牌影响力和市场份额。

因素四，技术创新与产业升级。技术创新是推动企业持续发展的关键。海康威视和大华股份将继续加大在技术研发方面的投入力度，推动产品和解决方案的不断创新升级。同时，通过产业升级和结构调整等方式提升企业的核心竞争力和盈利能力。

②发展规模情况。体现在以下 3 个方面。

第一，市场规模持续增长。根据前瞻网等机构的数据预测，我国智能安防行业市场规模将持续增长。随着技术的不断进步和应用场景的不断拓展，智能安防市场规模有望在未来几年内实现快速增长。海康威视和大华股份作为行业领军企业将受益于市场规模的扩大和增长趋势的推动实现业务规模的持续扩大和市场份额的不断提升。

第二，企业营业收入和利润稳步增长。从海康威视的 2023 年的财务数据来看，公司实现营业收入和净利润的稳步增长。这表明公司在市场竞争中具有较强的竞争力和盈利能力。随着未来市场规模的扩大和技术的不断创新升级，公司的营业收入和利润有望实现持续增长。大华股份作为行业内的另一家领军企业，其营业收入和利润情况也呈现出稳步增长的趋势。未来随着市场需求的不断增长和技术的不断创新升级大华股份的营业收入和利润也有望实现持续增长。

第三，市场份额稳步提升。在市场竞争中，海康威视和大华股份凭借技术实力、品牌影响力和市场份额等方面的优势不断巩固和扩大自身的市场地位。未来，随着市场规模的扩大和技术的不断创新升级，两家公司在市场中的份额有望稳步提升。

综上，尽管我国安防市场起步比较晚，但是在政府的主导下，行业发展迅速。目前，安防行业的监控摄像占据了主要的市场份额，并且智能安防市场渗透率也在快速提升。

6.3 相关行业关系分析

在活性包装产业链中，相关上下游行业厂商与本行业厂商属于共赢的联盟伙伴，上下游相关行业对企业的发展有着深远的影响。现状是：

（1）包括政府、职能机构等，对活性包装领域的了解存在局限性，基本以公司规模、经济指标为考核依据。对其社会贡献价值的理解不足。

（2）上下游厂商是互惠共生的关系，需求产生了相互之间的联系，随着联系的紧密度加强，带来了各自的转变，向着更加一致的认知方向发展，最终形成周期性平衡的共生关系。上游企业的精细化、定制化程度达到一定水平后，为满足和稳定市场需求，本行业企业可能会采取联盟甚至收购的方式，进一步扩大市场优势。而下游及相关行业，涉及跨领域的技术积累、运作成本等，暂未对本企业产生影响。

（3）本行业的上游企业包括铁粉制造商，包装材料制造商等；下游企业包括烘焙糕点厂、膨化食品企业、坚果瓜子企业等。本行业的稳定发展与上游企业的持续稳定密切相关。国家食品监管部门对于食品的管控越来越严格，对于食品添加剂，特别是防腐剂这块管控更加严格。食品企业从内控慢慢重视外控，对于食品脱氧剂或者干燥剂的需求日益增加，应用市场潜力较大。本行业规模在后续发展中，需求量与规模只会越来越大。上游企业会与本行业产生联盟的商业行为，与下游企业会与本行业产生促进的商业行为。

从活性包装行业的产业链来看，上下游产业间的联系相对较少，难以形成多厂协同、多方沟通、产能互换、联合创新的良性体系，导致整体行业议价能力低、利润率低，从而也导致了自主研发新型技术和设备的意愿较低，整个行业的竞争力不强。

7 活性包装行业厂商行为分析

7.1 活性包装行业的营销行为

7.1.1 活性包装行业的市场营销

（1）市场营销的概念

对于市场营销这一概念的界定，不同学者有着不一样的理解，美国市场营销协会认为：为了将企业创造出来的产品和价值通过某种渠道传递给客户，并以此进行客户关系管理，最终让企业及其利益关系人受益的一种组织功能和流程；现代营销学之父——美国学者菲利普·科特勒认为，营销应该侧重价值取向，是创造并与他人交换产品和价值以满足需求的一种社会和管理过程。由此可以看出，市场营销的定义大同小异，基本表述相差不大，影响其定义的关键点在于价值取向的择定。

通常，市场营销有两层含义。其一，当它指代的是具体营销活动时，做动词理解，一般也称市场营销活动；当它指代的是研究市场营销理论与实践的学科时，做名词理解，也称市场营销学。本报告将市场营销界定为：个人或企业将其自身所创造的产品或价值通过与他人进行交换来获取自身所需之物，从而实现双赢或多赢的活动过程。

（2）市场营销理论的发展

市场营销理论从 20 世纪初期发展到现在共经历了 4 个阶段：起步阶段、实际应用阶段、革新发展阶段、成熟阶段。

在市场营销理论的起步阶段，相关学者仅仅研究了营销学中的广告促销、营业网点，其研究领域比较狭窄。虽然其是工业发展的阶段性产物，但在当时开设市场营销课程的学校并不多，也没有完全得到各界人士的认可。

市场营销理论的实际应用阶段处于第二次世界大战期间，在这个时期，美国的多数企业开始将营销学的相关理论应用到销售过程中，这些理论的应用对企业的销售业绩起到了很大的效果，因此营销学开始在国内外市场风靡一时。1931 年，美国成立了"美国市场营销协会"，主要用来培训企业的营销人员，拓宽他们的知识视野，这一举措引起了社会各界人士的关注，开始有众多企业的中高层领导来听课。由于市场营销理论的实用性较强，为企业带来的促销效果很明显，因此开始受到人们广泛的重视。

市场营销理论的革新发展阶段处于 20 世纪末期，在这个时期，欧美经济开始进入大萧条状态，市场上流通的产品开始大大增多，各大制造企业的生产能力开始增强，但是由于经济发展的制约，居民的消费水平却没有明显改进，这就使得市场上流通的产品处于供大于求的状态，即买方市场开始形成。在这样特殊的社会背景下，先前被足够重视的市场营销策略开始起不到较好的作用。就在这个关节点，美国著名营销学者 R.考克斯对市场营销学的概念进行了重新界定，对传统的市场营销理论进行了革新，他认为，对于制造企业而言，其生产过程只能算是企业运营活动的起点，并不是被误认为的终点，这一概念的提出，重点强调了企业在生产产品之前，应该进行市场调查，了解消费者的购买需求，从而才能确保所生产的产品能够更好地迎合市场的需求，确保产品不会被过度积压，为企业的长久发展提供保障。

从 20 世纪末期至今，系统叙述市场营销理论的学科——市场营销学一直处于成熟阶段，在该阶段，营销学理论不仅有了较为完整的理论体系，而且还与其他理论产生了关联，能够被应用到其他领域，使得市场营销学的面貌焕然一新。

（3）营销策略的相关理论

① 4P 营销理论。

在 20 世纪 60 年代，4P 营销理论首次被美国著名营销学家杰罗姆·麦卡锡提出，在其著作《基础营销》（Basic Marketing）一书中将企业的营销要素概括为 4 个方面：产品（Product）、价格（Price）、渠道（Place）、促销（Promotion），由于这四个词的英文首字母都出现 P，因此被称为"4P"策略（4Ps）。随后，其支持者菲利普·科特勒在其著作《营销管理：分析、规划与控制》（Marketing Management: Analysis, Planning, Execution, and Control）中进一步提出了 4Ps 的营销方法组合，并对每种策略的主要内容进行归纳。针对产品策略而言，主要包括对产品品种、规格、包装、质量、品牌等各种可控因素的组合，结合目标市场消费者的需求和嗜好提供各种有形或无形产品，来实现企业的营销目标；针对定价策略而言，主要包括基本价格、折扣价格、付款期限、定价技巧的各种可控因素的组合，运用灵活的定价方式来实现营销目标；针对渠道策略而言，主要包括中间商、代理商、仓库设置、运输成本、流转环节等可控因素的过程；针对促销策略而言，主要包括公关、广告、营业推广等可控因素的组合，利用各种媒体来促进消费者的购买行为，采取各种销售方式来实现营销目标。20世纪80年代中期，菲利普·科特勒根据国际经济发展情况的变化，在4P理论的基础上增加了两种要素——政治权力和公共关系，从而出现了所谓的6P理论。

由前述营销理论知识可以看出，一个企业面临的营销困境不仅取决于外部营销环境带来的各种压力，而且还来自企业内部的不良管理问题和不符合实际的营销组合情况，一般而言，后者比前者对企业的营销工作阻力更大。从4P策略来看，其主要包括产品Product（产品）、Price（价格）、Place（渠道）和Promotion（促销）4个方面，销售渠道才属于销售工作，促销主要是以广告为主的宣传工作，而市场营销则是这4个方面的综合体，需要共同运作，环环相扣。除此以外，要做好产品的营销工作，还需要企业内部的人力资源系统等基础结构。目前，在众多企业的营销部门，常常把4P的一部分混同于4P的综合，这是对营销认识的一个误区。

② 4C营销理论。

20世纪90年代，随着行业内各企业间竞争逐步加剧，产品间差异越来越小以及消费者的维权意识提高，使得以企业为中心的传统营销策略无法满足企业发展的需求，理论界的学者及市场中的企业意识到，产品及服务的需求者，即消费者才是企业营销活动的目标对象，应该根据消费者的需求变化来从事营销活动。1990年，美国学者罗伯特·劳朋特提出了与传统营销策略相对应的4C策略，该策略主要是以消费者的需求为主线，重新提出了市场营销组合的4个要素——顾客需求（Consumer's Needs）、成本（Cost）、沟通（Communication）、便利性（Convenience）四要素，这一营销策略使得企业能够在迅速变化的市场需求中谋求长远持续的发展。

从4C营销理论出发，对顾客需求而言，企业必须对顾客的需求进行跟踪调查，了解其需求和嗜好，从而提供相应的产品和服务；对成本而言，这里的成本不仅包括产品的生产成本、自身的价格，还包括顾客的购买成本（时间、体力、经历、购买风险等），且产品自身的定价应该低于顾客的心理价格，这样才能激发顾客的购买欲望；对便利而言，与传统的渠道策略类似，企业在制定分销策略时，应重点考虑顾客购买的便利性，这种特性是体现客户价值必不可少的一部分；对沟通而言，企业应该着重于与顾客建立双向沟通，在维护共同利益的情况下建立与顾客之间的良好关系，及时了解顾客对产品的反应和不满。由此看来，该理论主要是以满足消费者为目标，制定符合客户预期的产品价格，充分考虑其购买的便利性，并及时与消费者进行双效沟通，提升其忠诚度。

③品牌定位战略理论。

品牌定位战略主要是企业结合自身情况和市场需求，运用特劳特定位理论和定位思想体系，为企业品牌的定位及产品服务的推进制定长期的发展规划，并不断调整企业运营体系的过程。品牌的定位主要是长期形成一个独特的品牌形象，加深消费者对该品牌的认识和了解，最终使得消费者能够将该品牌与其他品牌区别开来，成为该品牌的忠诚客户。因此，从以上阐述中我们可以看出，品牌的定位主要是在为企业营造良好的社会形象，给予企业一个长久的生命力，并为今后企业提供的产品和服务打下坚实的基础。可是，品牌定位战略到底有哪些重要意义呢？从其定义中可以看出，品牌的定位可以体现品牌的独特性和差异性，这是其核心价值；建立与消费者长久的良好关系，提升客户的忠诚度；为企业后续的产品研发和营销计划提供方向。

在品牌定位战略的制定中通常使用三种方法，第一，3C 分析法，即通过对企业自身（Corporation）、顾客（Customer）和竞争对手（Competitor）进行分析，了解企业所处的环境；第二，SWOT 分析法，即对优势（Strengths）、劣势（Weaknesses）、外部的机会（Opportunities）和威胁（Threats）进行综合分析，考虑企业的内外部环境，了解企业自身的优劣势及所面临的机遇和威胁；第三，品牌定位图分析法，主要是对同行业竞争对手品牌定位进行比较，找出市场上的空隙，帮助企业快速进入新市场，从而确定品牌定位。因此品牌定位战略不仅能够时刻了解消费者的需求变化，还可以从一定程度上优化企业资源配置，培养企业核心竞争力。因此品牌定位战略理论，无论对于学术研究，还是企业营销计划制定，都具有重要意义和实践价值。

④STP 营销理论。

STP 营销理论，又称目标市场营销理论，其中 S 为 Segmenting Market，代表市场，指的是不同的消费群体对同一种营销策略会做出不同的反应。反过来说，假设某类消费者对同一种营销策略有着相同的反应，则说明这是同一类消费群体，可将其定义为具有相同性质的市场。但通常情况下，公司不可能为所有市场的全体消费者服务，同时企业还必须同无处不在的竞争对手进行竞争。因此，企业需要选择它能为之提供最优产品和服务的市场。T 为 Targeting Market，代表目标市场的选择，指的是企业必须在各类市场中进行选择，对其进行评估，挑选出本企业最佳的市场。对目标市场进行选择，则需要对企业所处的社会宏观环境、行业市场环境、企业内部环境，以及企业所拥有的资源进行综合分析。而 P 为 Positioning Market，代表产品定位，指的是企业应该根据已择定的市场当中的目标客户群体的需求特点，对产品进行定位，以期产品能够满足客户需求并在目标客户心目中建立起品牌形象的过程。该战略理论的提出被视为现代市场营销思想的一个重大突破。

（4）营销环境常用分析方法

市场营销环境复杂多变，企业难以对其进行有效控制。因此，企业必须运用特定的分析工具，对影响营销环境的关键因素进行仔细、持续的监控，才能正确把握营销环境的变化，及时制定行之有效的营销策略。在企业战略的分析工具方面，常用的营销环境分析工具有宏观环境PEST分析法、迈克尔·波特的竞争五力模型以及对以上两种方法综合运用的SWOT分析法等。

①宏观环境PEST分析法。

PEST分析法是指对企业所处的外部环境进行分析，了解企业所处的社会政治经济文化大背景。宏观环境是指能够影响所有行业和企业的各种各样的宏观力量的总和，这些外部力量可能为企业的发展带来机遇，也可能对企业发展带来威胁和挑战。由于自身的特点和经营的需要，不同的行业和企业分析的宏观经济的具体内容会有不同，但一般包括政治（Political）、经济（Economic）、社会（Social）、科技（Technological）这四大类对企业影响最深的关键外部环境因素。

②PESTEL模型。

PESTEL分析模型又称大环境分析，是分析宏观环境的有效工具，不仅能够分析外部环境，而且能够识别一切对组织有冲击作用的力量。它是调查组织外部影响因素的方法，其每一个字母代表一个因素，可以分为6大因素：

政治因素（Political）：是指对组织经营活动具有实际与潜在影响的政治力量和有关的政策、法律及法规等因素。

经济因素（Economic）：是指组织外部的经济结构、产业布局、资源状况、经济发展水平及未来的经济走势等。

社会因素（Social）：是指组织所在社会中成员的历史发展、文化传统、价值观念、教育水平及风俗习惯等因素。

技术因素（Technological）：技术要素不仅仅包括那些引起革命性变化的发明，还包括与企业生产有关的新技术、新工艺、新材料的出现和发展趋势及应用前景。

环境因素（Environmental）：一个组织的活动、产品或服务中能与环境发生相互作用的要素。

法律因素（Legal）：组织外部的法律法规、司法状况和公民法律意识所组成的综合系统。

PESTEL 是在 PEST 分析基础上加上环境因素（Environmental）和法律因素（Legal）形成的。在分析一个企业集团所处的背景的时候，通常是通过这 6 个因素来分析企业集团所面临的状况。

③迈克尔·波特的五力竞争模型。

哈佛大学迈克尔·波特于 20 世纪 80 年代初提出了五力竞争模型。他认为，企业为了在激烈的市场竞争中获得赢利，必须对企业所处的竞争环境进行分析，以了解企业所处行业的整体情况和企业自身所处的位置。五种力量是指供应商的讨价还价能力、买家的讨价还价能力、潜在竞争者进入的能力、替代品的替代能力、行业内现存竞争者的竞争能力。这五种力量基本涵盖了行业中的各方关系，具有普遍性。

④SWOT 分析法。

SWOT 分析方法是由哈佛大学安德鲁斯教授（1971）在《公司战略概念》一书中提出来的，是一种企业战略分析方法。即对企业自身内在条件进行挖掘，找出企业本身拥有的较好优势及不利于发展的劣势，找出企业的核心竞争力之所在，同时，对企业所处的宏观环境和行业竞争环境进行分析，了解企业所面临的发展机会和面临的挑战，最后，综合这四种因素加以综合评估，以帮助企业在战略和战术上进行趋利避害，准确抓住机遇，实现跨越式发展。

（5）行业营销策略的创新

①"4V"营销组合。

通过调研发现，很多活性包装企业营销模式的理论研究和实践忽视了包装与文化艺术的有机结合，也很少将包装朝多功能方向发展列为重点研究课题，而是过多地强调如何使包装外表做得更好看。受经济意识和环境保护意识落后的影响，我国广大民众对包装认识和理解总是落后于发达国家。一些企业片面地理解和追求包装，出现了粗糙包装和过分包装等浪费或欺骗的不良包装现象。我国许多国产之所以不敌国外，很重要的一个原因就是产品包装相比之下显得呆板、陈旧、缺乏竞争力。消费者在选择商品时，存在"第一印象"的问题，而产品的包装就是实物商品与消费者接触的第一层面。包装设计呆板、陈旧、缺乏竞争力，产品很难被消费者接受，最终导致产品缺乏竞争力。

形成"4V"营销组合，即差异化（Variation）、功能化（Versatility）、附加价值（Value）、共鸣（Vibration）营销组合理论。只有树立正确的包装营销观念，将包装与"4P"营销策略有效整合，才不会使包装策略发生大的偏差。

a. 再用包装策略

再用包装可分为复用包装和多用途包装。复用包装可以回收再利用；多用途包装是包装内的产品被消费者使用后，其包装物可以移作他用。

b. 突出产品优点的包装策略

该策略主要是通过包装物来突出产品的用途、性质、质量，给顾客一种便利、省时之感。给顾客带来附加和利用价值，因此深受消费者的青睐。

便利性包装。顾客购物有求方便的心理。使产品采用便于携带和存放、便于开启和重新密封等包装。

实用包装。是指根据消费者的使用习惯而设计，内装物供一次使用和特殊使用。

透明包装和开窗包装。透明包装分为全透明包装和部分透明包装，是通过透明的包装材料，全部或部分展示内装产品的实物色泽形态，能够使购买者直接看到产品的形象、颜色和质量，既能美化产品，又便于顾客识别选购。

错觉包装。它是利用人们对外界事物的观察错觉，进行产品包装。

c. 类似包装策略

企业生产的各类产品，在包装外观上采用相同的图案、近似的色彩、同一特征，使顾客认识到这是同一企业的产品。在产品中突出厂牌、商标有助于减轻购买者对产品质量的怀疑心理。特别是有一定知名度的企业，这样做对产品和企业的宣传一举两得。这种包装策略既有利于推销、提高企业的声望，又能节省包装的设计制作费用，还有利于消除和减少消费者对新产品的不信任感，为迅速打开销路创造条件。

d. 差异包装策略及附带包装策略

企业根据不同的消费者层生产不同等级、不同档次的产品。包装是整体产品的外形，必须同产品的内在质量与价值相适应，对高档优质产品采用优质包装，一般产品采用普通包装，才能恰如其分地烘托产品的内在质量，有效地树立企业的形象和促进销售。

②全新体验式营销模式。

体验式营销模式是指在产品的销售过程中，让消费者参与其中，亲身体验产品的功能性，在不同产品的对比下，体现销售产品的优点，从而进行一系列产品购买的行为，在这个过程中，需要将全方位体验和对消费者的尊重凝聚在产品层面，让消费者感受到被尊重、被理解、被体贴。在针对该模式的设计过程中，第一，以消费者体验为导向，研发、生产、销售消费者满意的产品，这样所面向消费者的产品将有很高的"体验"含量，可以为企业带来可观的经济效益；第二，检验消费情景，通过店面、娱乐、人员等途径来创造一种综合效应，从而增加消费者的体验效果，提升消费者对产品的满意度和品牌忠诚度；第三，体验需要制定一个主题，不仅从其理性的角度去开展营销活动，而且也将消费者的情感因素考虑在内。

③塑造绿色营销理念。

随着经济的快速发展，环境污染及破坏越来越严重，因此，国际上开始提出绿色生产、保护环境等口号，并采取可行的实施方案。目前，保护环境是全人类首先要解决的主要问题，越来越多的企业家开始意识到，企业有必要在绿色营销环境下进行企业的生产经营活动，这不仅有助于企业自身的利益，也是为消费者和环境保护所作出的贡献，只有站在负责任的角度，企业的发展才能够长远。我国加入世界贸易组织以后，食品的进出口一直受到绿色环保门槛的影响，在进出口检疫项目中常会出现问题，如农药与重金属残留、食品添加剂合规等。因此，为迎合市场需求，拓展国际市场，企业应当着力发展绿色食品、塑造绿色营销理念。

④品牌联合包装策略。

普通企业由于企业声望小，产品知名度不高，特别是在新产品问世和产品滞销时，难以拓展市场，可以与名牌、信誉好、实力雄厚的大企业联合经营，在产品包装上重点突出联合企业的名称。

⑤与媒体联系的包装策略。

作为当今社会的一员，设计者无时不在与社会沟通，广告是沟通产品与消费者的重要媒介。是企业与消费者面对面的对话，广告无处不有、无时不在，充分利用广告艺术是促进销售的重要方式。

农夫山泉品牌就是广告带动了整体发展。2003年，其又推出以"农夫果园"为品牌的混合果汁饮料，"喝前摇一摇"的广告打开了果汁饮料的新领域。

⑥抓住互联网时代的新机遇。

随着智能手机、微信用户的迅猛增长，我国的传统食品行业面临着消费者消费习惯的重大变革期，二维码成为一个理想的接入端口。我国政府提出了"互联网+"和工业 4.0 的国家战略，智能技术的进步和消费市场的变革，让活性包装行业有了一个飞跃式发展的机会，即向食品企业的创新合作伙伴方向发展。

7.1.2 行业价格价值规则

（1）行业定价规则

活性包装行业的定价规则满足一般定价规则，即按以下流程：确定营销价格目标—估算市场销售潜量—分析竞争对手反应—预计市场占有率—考虑企业经营活动的有关计划—选择定价方法。

①确定营销价格目标：首先根据企业经营目标，确定相应的定价目标。

②估算市场销售潜量：市场销售量大小的估算关系到新产品投放市场和老商品拓宽市场的成败，其方法如下：了解市场预期价格，预测价格；商品价格高于或低于预期价格，都会影响商品的销售。因此，企业在进行市场销售潜量估算时，首先要了解市场上是否已存在预期价格。最后，估算不同价格下的销售量，计算各种销售价格的均衡点及何种价格最为有利。

③分析竞争对手反应：现实的和潜在的竞争对手对于商品价格的影响极大，特别是那些容易经营、利润可观的产品，潜在的竞争威胁最大。

④预计市场占有率：市场占有率反映企业在市场上所处的地位，市场占有率不同，则营销价格策略和方法也不同。因此，企业在定价之前，应准确测定现有市场占有率，预计、推测产品上市后的市场占有程度。

⑤考虑企业经营活动的有关计划：企业在定价之前要综合、全面地考察企业整个的市场营销计划，如产品开发计划、商品推销计划及分配渠道的选择。

⑥选择定价方法：经过以上诸程序的分析、研究，企业最后选择具体的定价方法来确定商品的价格。

（2）定价方法

行业定价方法可分以下 6 种。

①成本加成定价法（Markup Pricing）：在产品的成本上加一个标准的加成，是最基本的定价

方法。

②目标利润定价法（Target-Return Pricing）：企业试图确定这样一个价格，它能带来它正在追求的利润。

③认知价值定价法（Perceived-Value Pricing）：日益增多的公司把它们的价格建立在产品的认知价值的基础上。他们明白，作为定价的关键，不是卖方的成本，而是买方对价值的认知。

④价值定价法（Value Pricing）：即用相对低的价格出售高质量产品，价值定价法认为价格应该代表了向消费者供应高价值的产品。

⑤通行价格定价法（Going-Rate Pricing）：在通行价格定价法中，企业的价格主要基于竞争者的价格，很少注意自己的成本或需求。企业的价格可能与它主要竞争者的价格相同，也可能高于竞争者或低于竞争者。

⑥密封投标定价法（Sealed-Bid Pricing）：竞争的定价法也支配一些对工程进行投标的企业。企业定价的基点与其说是依赖对企业成本或需求的密切联系，不如说是取决于预期的竞争者将制定怎样的价格。某企业想要赢得某个合同，这就需要它制定比其他企业较低的价格。同时，公司不能将价格定得低于成本，以致恶化它的地位。

在活性包装行业中，随产品不同，上述几种定价方式常随机使用。使用频率较高的方法依次是第①、第②和第⑤种。

（3）影响定价的因素

影响定价的因素包括内部因素及外部因素，内部因素包括企业的营销目标、企业的营销组合、产品成本；外部因素包括市场结构、市场需求的价格弹性、竞争者的产品和价格、国家政策法规、其他外部环境因素等。

（4）定价的基本策略

价格是企业竞争的主要手段之一。企业除了根据不同的定价目标，选择不同的定价方法，还要根据复杂的市场情况，采用灵活多变的方式确定产品的价格。

①新产品定价。

有专利保护的新产品的定价可采用撇脂定价法和渗透定价法。

撇脂定价法：新产品上市之初，将价格定得较高，在短期内获取厚利，尽快收回投资。就像从牛奶中撇取所含的奶油一样，取其精华，称之为"撇脂定价"法。这种方法适合需求弹性较小的市场，其优点：a.新产品上市，顾客对其无理性认识，利用较高价格可以提高身价，适应顾客求新心理，有助于开拓市场；b.主动性大，产品进入成熟期后，价格可分阶段逐步下降，有利于吸引新的购买者；c.价格高，限制需求量过于迅速增加，使其与生产能力相适应。缺点是：获利大，不利于扩大市场，并很快招来竞争者，会迫使价格下降，好景不长。

渗透定价法：在新产品投放市场时，价格定得尽可能低一些，其目的是获得最高销售量和最大市场占有率。当新产品没有显著特色，竞争激烈，需求弹性较大时宜采用渗透定价法。其优点是：a.产品能迅速为市场所接受，打开销路，增加产量，使成本随生产发展而下降；b.低价薄利，使竞争者望而却步、减缓竞争，获得一定的市场优势。对于企业来说，采取撇脂定价还是渗透定价，需要综合考虑市场需求、竞争、供给、市场潜力、价格弹性、产品特性、企业发展战略等因素。

②心理定价。

心理定价是根据消费者的消费心理定价，可分为以下3种。

尾数或整数定价法：许多商品的价格，宁可定为0.98元或0.99元，而不定为1元，是适应消费者购买心理的一种取舍，尾数定价使消费者产生一种"价廉"的错觉，比定为1元反应积极，促进销售。相反，有的商品不定价为9.8元，而定为10元，同样使消费者产生一种错觉，迎合消费者"便宜无好货，好货不便宜"的心理。

声望性定价法：此种定价法有两个目的：一是提高产品的形象，以价格说明其名贵名优；二是满足购买者的求名欲望，适应购买者的消费心理。

习惯性定价法：某种商品，由于同类产品多，在市场上形成了一种习惯价格，个别生产者难于改变。降价易引起消费者对品质的怀疑，涨价则可能受到消费者的抵制。

③折扣定价。

大多数企业通常酌情调整其基本价格，以鼓励顾客及早付清货款、大量购买或增加淡季购买。这种价格调整叫作价格折扣和折让，包括以下几种。

现金折扣：是对及时付清账款的购买者的一种价格折扣。例如，"2/10净30"，表示付款期是30天，如果在成交后10天内付款，给予2%的现金折扣。许多行业习惯采用此法以加速资金周转，减少收账费用和坏账。

数量折扣：是企业给那些大量购买某种产品的顾客的一种折扣，以鼓励顾客购买更多的货物。大量购买能使企业降低生产、销售等环节的成本费用。例如，顾客购买某种商品 100 单位以下，每单位 10 元；购买 100 单位以上，每单位 9 元。

职能折扣：也叫贸易折扣。是制造商给予中间商的一种额外折扣，使中间商可以获得低于目录价格的价格。

季节折扣：是企业鼓励顾客淡季购买的一种减让，使企业的生产和销售一年四季能保持相对稳定。

推广津贴：为扩大产品销路，生产企业向中间商提供促销津贴。如零售商为企业产品刊登广告或设立橱窗，生产企业除负担部分广告费外，还在产品价格上给予一定优惠。

④差别定价。

企业可以根据不同顾客、不同时间和场所来调整产品价格，实行差别定价，即对同一产品或劳务定出两种或多种价格，但这种差别并不反映成本的变化。主要有以下几种形式：

对不同顾客群定不同的价格，不同的花色品种、式样定不同的价格，不同的部位定不同的价格，不同时间定不同的价格。实行歧视定价的前提条件是：市场必须是可细分的且各个细分市场的需求强度是不同的；商品不可能转手倒卖；高价市场上不可能有竞争者削价竞销；不违法；不引起顾客反感。

⑤活性包装行业定价具体表现形式。

在活性包装行业的网上营销模式中，定价规则则呈现出具体的表现形式，某些公司只生产订购产品，某些公司有数量的要求，更多的公司还对交易流程及售后保障做了说明。如一贝包装，其可量身定制各类包装制品，但只生产定制型产品，无通版以及现货；公司免费提供样品，但需要客户支付邮寄费用，邮寄费用成交之后可退；报价部门根据客户提供的袋子尺寸、材料厚度、产品数量、印刷颜色等来报价格；公司可免费提供设计，但成交前需要先支付设计费，成交后设计费在货款里扣除，不成交不返还设计费；预付 30% 订金 + 所有铜版费用，生产完成后支付 70% 货款，待货款结清后出货；正常情况下，制版时间为 5—7 天，印刷－复合－制袋 10—12 天。如遇加急情况，需要另行通知并且文件、货款等要及时到位。又如东莞市君越包装制品有限公司，其网上订单的数量要求复合袋起订量印刷膜用料在 6000m 以上，卷膜定量在 200kg 以上，并且产品网上报价一般为出厂价，不含税和物流费用（公司可开具增值税发票，外加 7% 的开票费）。产品的支付方式一般包括支付宝、网上银行、信用卡、账期支付、信任付等，卖家亦缴纳保证金为买家提供交易保障，若卖家发生违约或不诚信行为，或者买家对货品不满意，买家可先与卖家协商退货或退款。若无法协商一致，则买家可以通过阿里巴巴平台获得先行赔付。图7-1所示为阿里巴巴供应商的售后保障流程。

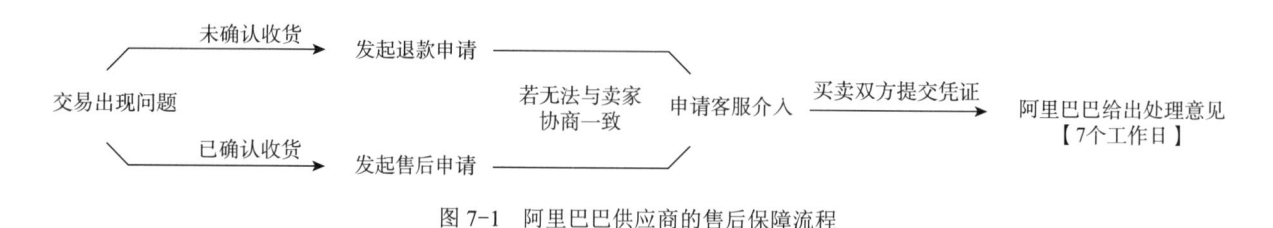

图7-1　阿里巴巴供应商的售后保障流程

（5）本行业营销策略及其创新

从调研情况看，活性包装企业，包括一般包装企业，均可从以下4点入手不断创新营销策略。

产品策略。产品是市场营销的核心，企业要注意产品开发的主要功能，要求产品有独特的卖点，把产品的功能诉求放在第一位，其次赋予产品附加价值。在产品的核心功能趋同的情况下，谁能更快、更多、更好地满足消费者的复杂利益整合的需要，谁就能拥有消费者，占有市场，取得竞争优势。

价格策略。企业要根据不同的市场定位，制定不同的价格策略，产品的定价依据是企业的品牌战略，要体现品牌的含金量。

渠道策略。营销渠道策略是整个营销系统的重要组成部分，是规划中的重中之重。它对降低企业成本和提高企业竞争力具有重要意义。随着市场发展进入新阶段，企业的营销渠道不断发生新的变革，"互联网+"时代可以通过云计算、大数据等技术，基于海量数据分析，作为营销策略制定的依据，实现决策的细致化和精准化。

促销策略。即，企业还须通过销售行为的改变来刺激消费者，以短期的行为促成消费的增长，吸引其他品牌的消费者或导致提前消费来促进销售的增长。

总之，"互联网+"时代的到来，给企业营销工作带来了更多的挑战，想要在激烈的市场竞争中存活，企业就必须关注营销策略的创新，并积极推进营销创新工作的落实，致力于打造多元化的营销渠道，不断丰富营销内容，确保用户获得高质量的服务体验，以此扩大营销效果，塑造企业市场口碑。

7.1.3 典型企业的广告/促销方式

活性包装产品通常是作为食品药品行业的配套产品而使用,通常采用的广告/促销方式是:

(1)官网、宣传短片。

(2)企业画册。

(3)企业公众号。

本行业的典型分销方式是采用直销方式,少量偏远地区或大区选择销售代理方式。

7.2 活性包装行业的生产行为

生产者行为是指生产者在如何运用自己可支配的各种生产要素以实现利润最大化目的的方面所做的各种抉择或决策。经济学中的生产是创造具有效用的商品或劳务的过程,也就是把生产要素或资源变为商品或劳务的过程。生产过程的产出既可以是最终产品,也可以是中间产品;产出既可以是一种产品,也可以是一种服务。

作为经济循环枢纽的企业生产结构对生态环境演变起着十分重要的作用,良性的企业生产行为,不仅有利于生态环境的自身净化,而且提高了整个社会的再生产能力和消费质量;而恶性的企业生产行为,就会加大生态资源的过度耗竭,加剧生态环境的污染程度,这就必然会破坏人类的消费生活与社会生产的基础条件。从这个意义上说,强调生态环境与企业生产行为的协调发展是可持续发展链上的一个战略性步骤,也是整个社会生产结构合理化运行的关键。

2016年12月19日,工业和信息化部和商务部以工信部联消费(2016)397号文件发布了《关于加快我国包装产业转型发展的指导意见》,明确指出要强化绿色发展理念。落实国家循环发展引领计划和能源、资源消耗等总量与强度双控行动,完善计量、监测、统计等节能减排的基本手段,从原材料来源、生产、废弃物回收处理等全生命周期的资源消耗、能耗、排放等方面开展对包装品的环保综合评估。2016年12月20日,中国包装联合会发布了《中国包装工业发展规划(2016—2020年)》,明确要全面落实绿色发展理念。充分发挥包装企业在推广适度包装、倡导理性消费中的桥梁、纽带和引导作用,促进设计、生产及使用者在包装生命全周期主动落实绿色发展理念。深入实施反过度包装行动，引导包装用户和包装企业围绕减量、回收、循环等绿色包装的核心要素，积极采用用材节约、易于回收、科学合理的适度包装解决方案。在政府制度和市场环境变化的情况下，包装企业顺势而为对生产行为进行了相应调整。企业大力研发环保技术，争取推动废弃物品的回收利用，实现成本下降和收益提升；企业也逐步将循环复用作为包装发展的新方向，以满足公众需求顺应政策变化。

企业的生产行为是指企业为了实现利润最大化目标，按照投入产出相抵收益最大的原则，对发生在生产过程中的生产要素投入和产品产出进行决策的行为。

如图 7-2、图 7-3 所示是两个典型生产流程的例子。

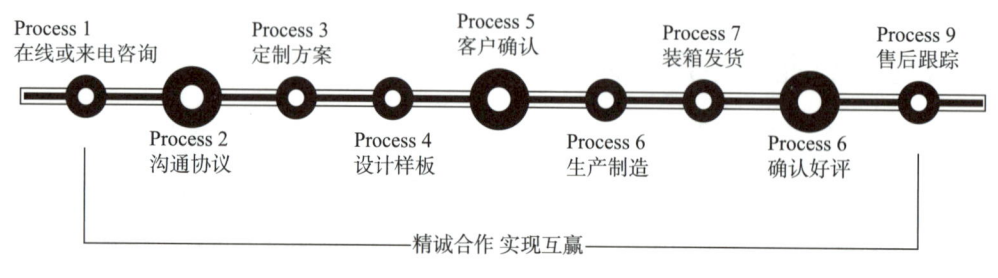

图 7-2 定制生产流程

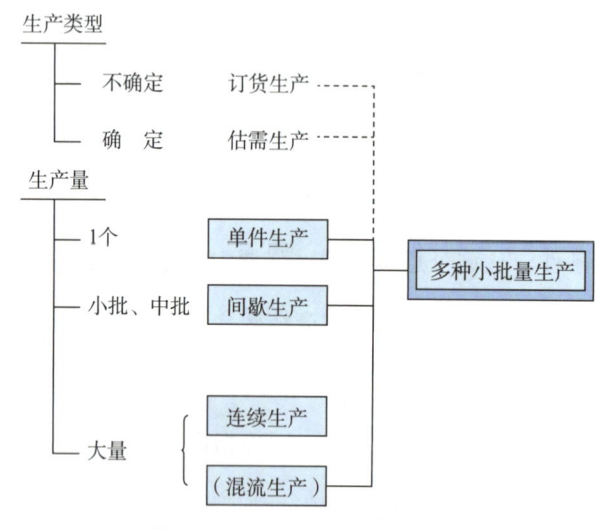

图 7-3 多品种小批量生产流程

7.3 活性包装行业的扩张行为

企业扩张是指企业在成长过程中规模由小到大、竞争能力由弱到强、经营管理制度和企业组织结构由低级到高级的动态发展过程。

企业扩张总体来讲可分为两种情形：一种是内部产品扩张，另一种是外部资本扩张。前者又分为一体化和多样化两种，而后者主要是指企业兼并。"靠设立或购进一些在理论上可以独立运转的经营单位而来，换句话说，就是把以前由几个经营单位进行的活动及其相互交易内部化"，这就是我们常说的一体化。一体化可以向两个方向发展，一是纵向一体化，二是横向一体化。纵向一体化是指处于生产过程中的产、供、销不同环节的经济单位合并于一个企业之内。横向一体化即把许多小型的、不同产品生产企业合并成一个大企业，把生产加以集中管理，其目的是"通过控制每个经营单位的价格和产量来维持利润"。企业为了更多地占领市场和开拓新市场，或避免单一领域的经营风险，从而进入新的经营领域，这就是多样化。多样化包含两种形式：相关多样化和不同相关多样化。前者是指企业新进入的经营领域与现在从事的经营领域在生产技术、市场销售渠道、资源综合利用等方面存在着相关性；后者是指企业新进入的领域与原有的产品、市场毫无相关之处，所需的生产技术、经营方法及销售渠道必须重新获得。广义的兼并包括购买，是指企业通过各种兼并行为占有另一企业的资产或产权，从而控制被兼并企业以增强企业部分优势，实现快速扩张的发展方式。

企业扩张的本质是以企业的本质为前提和基础的，从企业生产来看，企业和资本是天然联系在一起的。企业的本质是在与资本的联系中体现出来的，企业的本质又反映了资本的本质。进一步讲，资本是企业存在的前提和基础，没有资本就没有企业；企业是资本存在的形式和载体，没有资本，企业也就成了无源之水。从某种意义上讲，企业因资本的已经建立而存在，而资本则以企业作为其增值的手段和途径，从这种意义上讲，企业扩张本质也就是企业资本的扩张。如果说企业扩张最直接的表现是企业规模的扩大的话，那么资本扩张最直接的表现则是资本规模扩大，即资本增值。企业扩张最终表现为企业资本的集中，即个别资本合并成统一的大资本，或分散的小资本不断地被大资本吞并。

每一个行业在发展过程中，都会经历从初期规模扩张的野蛮生长，到成熟期纵深发展的良性循环，良性循环需要产业自身的内驱力，而这本身就需要由龙头企业牵引形成关联产业的集聚，再通过强化上下游企业间的业务融合，形成真正的共生共赢、资源共享的新模式。

7.3.1 上游企业的扩张

以下以几类主要上游产品为例进行说明。

（1）一次还原铁粉企业——山东鲁银新材料科技有限公司

山东鲁银新材料科技有限公司成立于1987年，前身为莱芜钢铁集团粉末冶金有限公司，专业从事粉末冶金制粉技术工艺及铁基粉末的设计、研发、制造、销售及技术服务，具有30多年粉末冶金专业技术及生产制造技术积淀。该公司的扩产历史：

1987—1996年间，扎根起步，筑基成长。企业在不断摸索中前进，通过生产装备的自主研发建设，实现了优质合金钢用海绵铁和FHY100.25铁粉的规模化生产，1996年公司已具备年产海绵铁12000吨，还原铁粉8000吨的生产能力，成为当时国内规模较大的还原铁粉生产厂家。

1997—2007年间，企业规模崛起，赶超跨越。公司驶入发展快车道。分别承担并实施了两个国家高技术研究发展计划（863计划），投资建成了国内第一条拥有自主知识产权的水雾化钢铁粉末生产线，新上了7条还原电炉，实现了高附加值产品的规模化生产，成为国内唯一同时具有还原制粉和雾化制粉两种生产工艺的生产厂家。2007年公司已具备年产60000吨金属粉末生产能力，奠定了公司在国内外粉末冶金行业的重要地位。

2008—2024年，企业持续提档升级，做强做大。公司深化创新驱动，申报国家科技支撑计划项目，参与两项国家863计划项目课题，并新建了"年产10万吨高性能合金特种粉末材料"项目，现已具备年产20万吨金属粉末生产能力，成为目前亚洲规模最大、唯一拥有还原制粉、雾化制粉和合金特种粉末三条生产线的金属粉末生产基地。

2021年，获评"国家级专精特新重点'小巨人'企业"和"国家级制造业单项冠军示范企业"称号。

2023年，入选国务院"科改企业"名单，获评"山东省瞪羚企业""山东省省级技术创新示范企业"称号。

企业经营范围：工程和技术研究和试验发展；新材料技术推广服务；增材制造；锻件及粉末冶金制

品制造；3D打印服务；电子专用材料研发；金属结构制造；模具制造；电子专用材料制造；新型金属功能材料销售；3D打印基础材料销售；软磁复合材料销售；货物进出口，技术进出口；太阳能发电技术服务；金属矿石销售；金属材料销售；煤炭及制品销售；机械电气设备制造；汽车零部件及配件制造；技术服务、技术开发、技术咨询、技术交流、技术转让、技术推广；有色金属合金制造；通用零部件制造；机械零件、零部件加工；金属制品销售；磁性材料生产等。

（2）白炭黑企业——永安市丰源化工有限公司

永安市丰源化工有限公司成立于2002年，位于福建省三明市，是一家以化学原料和化学制品制造业为主的企业。企业注册资本2100万元。

天眼查大数据分析，永安市丰源化工有限公司共对外投资了1家企业。此外，该企业为中小企业，共有员工100～499人，注册资本为2100万元。

企业经营范围：白炭黑、泡花碱制造、销售；化工产品（危险品除外）、建筑材料、五金交电、普通机械及配件销售；货物进出口。

（3）硅胶企业——乳山市东方硅胶有限公司

乳山市东方硅胶有限公司位于山东省威海市，成立于2010年，是一家以化学原料和化学制品制造业为主的企业。企业注册资本500万元人民币。天眼查大数据分析，乳山市东方硅胶有限公司共对外投资了1家企业。

企业规模：小微企业，人员规模50～99人。

2011年9月28日进行注册资本变更：由200万元变更为500万元。

2018年8月16日进行经营范围变更：增加了光伏发电项目的开发、建设、推广、运营、维护经营管理，售电服务。

经营范围：硅胶生产、销售；液体泡花碱的销售；仓储服务；物流服务；光伏发电项目的开发、建设、推广、运营、维护经营管理，售电服务；备案范围内的货物及技术的进出口业务。

（4）分子筛生产企业——福建南平三元循环技术有限公司

福建南平三元循环技术有限公司位于福建省南平市，成立于2016年，元力股份成员企业，是一家以科技推广和应用服务业为主的企业。企业注册资本20000万元人民币，并于2021年完成了并购，交易金额1.07亿元人民币。天眼查大数据分析，福建南平三元循环技术有限公司共对外投资了4家企业。

企业规模：小微企业，人员规模100～499人。

2017年4月17日注册资本（金）变更：由1200万元人民币变更到10000万元人民币。

2017年进行经营范围变更：增加硅胶、硅溶胶、硅酸钠、分子筛的生产、销售。

2019年经营范围变更：取消硅酸钠的生产、销售。

2021年9月28日企业类型变更：有限责任公司（自然人投资或控股）变更为有限责任公司（自然人投资或控股的法人独资）。

2021年9月12日进行融资并购：交易金额：1.07亿元人民币 投资方：元力股份。

2022年11月22日注册资本变更：由10000万元变更到20000万元。

经营范围：硫酸盐、磷酸盐、其他无机盐电解循环设备研制、生产、销售及电解产品的生产、销售（不含法律规定的许可项目）；热能综合梯级利用设备研发、生产、销售；生物质热能加工设备的研发、生产及销售；电力、热力、热水的生产和销售；电解、热能循环利用、生物质热能领域内的技术服务、技术咨询、技术研发、技术转让及相关工程的投资、建设及运营；法律法规允许的商品和技术的进出口及代理业务；硅胶、硅溶胶、分子筛的生产、销售等。

（5）包装材料生产企业——嘉兴星越包装材料有限公司

嘉兴星越包装材料有限公司于2013年成立，主营脱氧剂、干燥剂、自发热相关类及柔性印刷软包装材料等产品，拥有15条软包装材料生产线，配套印刷机（柔印、凹印）、打孔机、复合机（干式复合机、无溶剂复合机）、检品机、分切机、制袋机及自动化打包生产线等。年产能超过3.2万吨。2023年销售额突破8.4亿元，比2022年增长35%。

2017年购置土地新建10万级洁净厂房，建筑面积增至16500平方米，生产线扩增至9条，主要生产脱氧剂包材、干燥剂包材、PTF系列包材等，年产能达到1.2万吨。

2019年获得国家高新技术企业认证。

2020年二期投产，购置土地建设新厂房，建筑面积增至23000平方米，主要生产发热系列包材、软包装材料等，新增5条制袋产线，年产预计达3000吨。

2021年，成立星越包装活性及智能材料高新技术研究开发中心；投资超1亿元在曹桥两创中心建设星皓包装。

2022年，投资1.2亿元新建年产12000吨新型包装材料技改项目。

可以看出，活性包装原材料行业的扩张模式是以扩大投资、增加产能为主。

7.3.2　活性包装生产行业的扩张

活性包装生产行业的扩张通常有三种方法：

（1）通过设立异地或本地分公司的方法。

（2）通过设立异地或本地全资子公司的方式。

（3）通过扩大投资、增加产能的方式。

其中，江苏欧凯包装科技有限公司不断设立分厂的模式，即代表了一种扩张模式。事实上，不少活性包装企业都采取了这种扩张模式。以杭州干将实业有限公司（干将新材料有限公司）为例，其扩张方式如下：

2001年 杭州绿源精细化工有限公司（杭州干将前身）成立。

2012年 杭州干将实业有限公司成立。

2016年 嘉兴艾索科包装科技有限公司成立。

2020年 位于嘉兴的干将新材料有限公司成立。

2022年 杭州干将实业有限公司启动上市培育。

2022年 位于嘉兴平湖的干将新材料智能制造工厂全面投产。

2024年1月5日，干将未来科技产业（北京）有限公司成立。

7.3.3　下游企业的扩张

（1）三只松鼠股份有限公司

三只松鼠股份有限公司（曾用名：安徽三只松鼠电子商务有限公司，简称"三只松鼠"）位于安徽省芜湖市，成立于2012年，是一家以从事食品制造业为主的企业。企业注册资本40100万元人民币，并于 2019 年完成 IPO 上市，交易金额 6.02 亿元人民币。天眼查大数据分析，三只松鼠股份有限公司共对外投资了 23 家企业。

2012 年 7 月第一次增资，变更为中外合资经营企业。

2013 年 1 月第二次增资。

2013 年 9 月第三次增资及第一次股权转让。

2014 年 4 月第四次增资。

2015 年 8 月第二次股权转让。

2015 年 9 月第五次增资。

2016 年 12 月第六次增资。

2017 年 3 月第七次增资。

过去，三只松鼠等网红零食品牌主要依靠"代工＋品牌"运营模式，并借助互联网电商红利迅速崛起。然而，随着企业规模的扩大，代工模式带来的食品安全、供应把控、管理运营等风险问题逐渐暴露出来，企业声誉受损，发展受阻。

2022 年，三只松鼠发布了《关于全面推进战略转型升级、迈向高质量发展的重要公告》，明确了未来十年的战略新方向。

2023 年，三只松鼠继续落实转型升级，明确实施"高端性价比"战略，其中加速推进示范工厂的建设是重点。通过这一举措，三只松鼠将能够直接监控产品品质，并全面拓展产业链。

此外，三只松鼠预测行业发展趋势，将升级打造自有品牌零食专业店，积极拉近与线下消费者的距离。在新的战略中，三只松鼠注重高性价比的零食品类覆盖，旨在让消费者在社区便捷买到企业提供的各类优质零食，而这一举措或将成为三只松鼠未来实现营业收入增长的新亮点。

（2）浙江大华技术股份有限公司

浙江大华技术股份有限公司（简称"大华股份"）位于浙江省杭州市，成立于 2001 年。大华股份，是一家以软件和信息技术服务业为主的企业。企业注册资本 332626.457 万元人民币，并于 2022 年完成了定向增发。天眼查大数据分析，浙江大华技术股份有限公司共对外投资了 77 家企业，参与招投标项目 4804 次；企业还拥有行政许可 371 个。

大华股份的前身是原杭州大华信息技术有限公司，2002 年 6 月整体变更设立股份有限公司，

2008年5月20日在深圳证券交易所上市，注册资本6680万元，并于2008年5月23日完成工商变更登记。公司所属行业为安防视频监控行业。

截至2016年12月31日，公司累计发行股本总数289941.1405万股，注册资本为289941.1405万元。

截至2018年6月30日，公司累计发行股本总数289875.6130万股，注册资本为289875.6130万元。

截至2018年12月31日，公司累计发行股本总数299762.1930万股，注册资本为299762.1930万元。

截至2019年6月30日，公司累计发行股本总数299757.7730万股，注册资本为299757.7730万元。

公司营业收入从2008年的6.32亿元增长到2012年的35.31亿元，复合年增长率超过50%。净利润从1.04亿元增长到6.96亿元，复合年增长率超过60%。

2008—2012年，公司主要经营摄像系统，那时产品的技术发展方向就是高清。但随着市场对于视频监控需求的多样化，开始要求具有人脸检测、音频检测、智能行为识别等功能。传统的模拟高清产品也有低码流、低照度、低功耗、防抖动、透雾等更高的要求。一方面是智能化的新要求，另一方面是高清化的更高要求。新要求催生新的业务场景，更高要求催生对于旧有市场产品的升级换代。这是公司业务持续增长的推动力之一。

2013年，公司向四名特定对象广发基金、南方基金、上投摩根基金、浙商证券非公开发行股票29886607股，募集了10亿元人民币投入智能监控项目和智能建筑项目，将公司智能监控系列产品的总产能提到414100台（套）/年，智能建筑安全防范系统产品的总产能提到788920台（套）/年。

2013年大华股份营业收入和净利润双双增长，营业收入52.85亿元，第一次超过50亿元；净利润11.30亿元，超过10亿元。

2014年、2015年是公司在新生业务领域不断进行深耕的年份：

2014年12月1日发布公告，计划投资20亿元在富阳经济技术开发区投资建设"智慧（物联网）产业园"，主要是提供音视频智能传感、分析处理、存储等系列设备制造。

2015年，公司营业收入100.77亿元，首破100亿元大关。公司开始涉足机器视觉、民用市场、智能汽车电子领域，开始围绕视频监控主业，对未来新业务、新服务、新商业模式进行探索。

2015 年底，公司与控股股东傅利泉、董事朱江明及 4 名非关联人共同出资人民币 10000 万元注册成立浙江零跑科技有限公司，其中公司出资 3300 万元，占注册资本的 33%。

2016 年营业收入 133.29 亿元，净利润 18.25 亿元。

2017 年，营业收入 188.44 亿元，增长 30.33%。

2018 年，营业收入增长 25.58% 到 236.65 亿元，首次突破 200 亿元。同年，规划建立西部智慧基地暨西部研发中心，布局人工智能、大数据、云计算等核心技术人才，以满足大华不断发展的业务需求。同时，建立欧洲供应中心，加大对欧洲市场的投入。

2019 年，营业收入增长开始放缓。2019 年 10 月，公司被美国商务部列入"实体清单"。当年营业收入 261.49 亿元，增长 10.50%。

2021 年，公司营业收入 328.35 亿元，首次突破 300 亿元大关。创新业务增长 61.70%。

2023 年 3 月 30 日，中国移动战略入股大华股份并获得 2.93 亿股股份，成为公司第二大股东，占比 8.81%。

（3）中粮集团有限公司

中粮集团有限公司 [曾用名：中国粮油食品（集团）有限公司，简称"中粮"或"中粮集团"] 位于北京市，成立于 1983 年。中粮集团是与新中国同龄的中央直属大型国有企业，中国农粮行业领军者，全球布局、全产业链的国际化大粮商。中粮集团以农粮为核心主业，聚焦粮、油、糖、棉、肉、乳等品类，同时涉及食品、金融、地产领域。企业注册资本 1191992.9 万元人民币。天眼查大数据分析，中粮集团共对外投资了 57 家企业，参与招投标项目 607 次；知识产权方面有商标信息 1813 条，专利信息 608 条，著作权信息 8 条；此外企业还拥有行政许可 46 个。

从业务板块来看，中粮核心主业粮油糖棉等农产品板块收入贡献超 50%；酒店地产、食品饮料、金融等非核心主业是中粮净利润的重要来源，旗下品牌长城葡萄酒、中国茶叶、酒鬼酒、蒙牛乳品、香雪、大悦城等影响力日益扩大。与此同时，中粮集团海外资产和业务覆盖了 140 多个国家和地区，成为世界级一体化农业供应链企业。

经过多年的扩张与整合，中粮打造了以核心产品为主线的"18+1"个专业化公司（平台），形成了横跨多领域多产业的粮油帝国，并用"全产业链"这根"竹签"，将整个中粮像"糖葫芦"一样"串"起来，使这"18+1"个专业化公司形成以种植收割、检测收购、仓储保管、加工生产、物流运输、营销销售为主线的运营模式，在加强了板块的协同性的同时，也实现了对全产业链链条下的种植、加工、贸易、营销全链条的掌握，获得了关键的话语权、定价权和销售主导权。

依托全产业链布局，中粮集团连续多年取得亮眼的成绩，已然成长为"粮油巨人"。截至2023年底，该集团资产总额7307亿元，2023年度整体营业总收入6921亿元，利润总额212亿元，总体净利率大幅提升。其中，海外营业收入超过2000亿元，占总体营业收入的50%以上。自1994年来，中粮集团连续28年入围《财富》世界500强，在其发布的2023年"世界500强"排行榜中，中粮集团排名第87位，较去年跃升4位，这是中粮集团连续29年上榜以来的最高排名，在入选榜单的全球粮食企业中位居首位，也是中国大食品行业为数不多的上榜企业。

在全产业链发展的同时，中粮也以科技创新、国际化与企业混改为统领的现代化转型作为重要的战略发展方向。

在科技创新方面，中粮专设中粮营养健康研究院、中粮生物科技、中粮工科等科研主体，形成了以中粮营养健康研究院为核心的科研创新队伍。其中，中粮营养健康研究院是国内率先以企业为主体的、针对中国人的营养需求和代谢机制进行系统性研究的研发中心，以全方位支撑集团产业发展为中心，采用开放创新和自主研发两种模式，下设11个专业化研发平台（其中拟筹建3个），涵盖粮油食品、生物技术、动物饲料、营养代谢及消费者研究等9个领域的研究。

在国际化布局方面，中粮旗下设立了海外统一采购、调配、投资和发展平台——中粮国际，以全球化的治理结构和国际化的管控体系实现对海外企业的有效管理，构建起全球粮食贸易网络，通过控制农业服务、仓储物流、出口终端等关键环节，有效提升了国际竞争力与话语权。目前，中粮海外资产和业务已经覆盖了140多个国家和地区，近年来的海外营业收入均占总体营业收入的50%以上。

在企业混改方面，自2014年以来，中粮便积极响应国家政策，对旗下业务进行全面梳理，聚焦主业，积极通过混合所有制引进战略投资者，也为品牌建设奠定了资本基础。目前，中粮17家专业化公司中，已有12家通过不同形式引入外部资本完成混合所有制改革或实现股权多元化，通过混合所有制改革引入超过300亿元外部资本。如今，中粮的整体实力、经营业收入入、品牌影响力都有了较好的发展，旗下子公司及核心品牌也在多元资本的加持下有了更加充分的发展空间。

作为投资控股企业，中粮集团旗下拥有15家上市公司，其中包括中国食品（00506.HK）、中粮包装（00906.HK）、蒙牛乳业（02319.HK）、大悦城地产（00207.HK）、中粮家佳康（01610.HK）、福田实业（00420.HK）、现代牧业（01117.HK）、中国圣牧（01432.HK）八家香港上市公司，以及中粮糖业（600737.SH）、妙可蓝多（600882.SH）、中粮科技（000930.SZ）、大悦城控股（000031.SZ）、酒鬼酒（000799.SZ）、中粮资本（002423.SZ）、中粮科工（301058.SZ）等七家内地公司，业务涉及食品、金融、地产等领域。

2023年6月15日，世界品牌实验室（World Brand Lab）在北京发布2023年《中国500最具价值品牌》排行榜，中粮位列第23位。经主办方评估，中粮品牌价值2385.92亿元，较2022年提升10.2%。

（4）仁和药业股份有限公司

仁和药业股份有限公司（曾用名：九江化纤股份有限公司，简称"仁和药业"）位于江西省宜春市，成立于1996年。仁和药业是一家从事医药制造业为主的企业。企业注册资本139993.8234万元人民币，并于2020年完成了定向增发。天眼查大数据分析，仁和药业股份有限公司共对外投资了30家企业，参与招投标项目2257次；知识产权方面有商标信息88条，专利信息3条；此外企业还拥有行政许可3个。2022年8月，以43.88亿元入选《2022中国品牌500强》，位列第479位；2023年11月18日，入选《TopBrand 2023中国品牌500强》榜单，位列第441位。

仁和药业前身系九江化纤股份有限公司，是1996年由九江化学纤维总厂独家发起，以募集方式设立的上市公司，于1996年12月10日在深圳证券交易所正式挂牌上市。其后公司实施重大资产重组，剥离原有的化纤类相关资产，同时注入仁和集团发展有限公司所属医药类等资产，通过多次配股、转增、定向增发等形式，截至2016年6月30日，本公司累计发行股本总数1238340076股，公司注册资本为1238340076元。

截至2017年12月31日，公司累计发行股本总数1238340076股，注册资本为1238340076.00元。

截至2018年6月30日，公司累计发行股本总数1238340076股，注册资本为1238340076.00元。

公司主营业务包括口服固体制剂、口服液体制剂、大容量注射剂、小容量注射剂、外用洗剂、搽剂、栓剂、软膏剂等剂型药品及健康相关产品的生产与销售。此外，仁和药业还涉足大健康业务板块，产品种类涉及保健食品、饮料；功效性化妆品；日化相关产品等。兼营业务包括中药材种植；药材种苗培植；纸箱生产、销售；计算机软件开发；设计、制作、发布、代理国内各类广告；

建筑材料、机械设备、五金交电及电子产品、化工产品、金属材料、文体办公用品、百货的批发、零售；技术指导与咨询等。

仁和药业拥有中西药品、保健品等上千个产品批文，已有胶囊剂、软胶囊剂、滴丸剂、滴眼剂、颗粒剂、针剂、片剂、洗剂、橡胶膏剂等 30 多个药品剂型和 8 个保健食品剂型获得国家 GMP 认证证书，是江西省乃至全国 GMP 认证剂型最多的企业之一。

重大扩张历史：

2006 年仁和集团发展有限公司以每股 0.224 元受让九江化学纤维总厂所持有的公司 13439.52 万股，占总股本的 67.16%，成为公司第一大股东。并对公司实施重大资产重组，注入相关医药资产。仁和集团旗下拥有江西药都仁和制药有限公司、江西闪亮制药有限公司、江西康美医药保健品有限公司等 36 家子公司，员工 5000 余人。

2007 年 1 月，公司完成购买仁和集团持有的江西铜鼓仁和制药、吉安三力制药和江西仁和药业三家公司 100% 的股权，价值合计 2 亿元。"铜鼓仁和"、"吉安三力"两家已有 10 个药品剂型通过国家 GMP 认证检查，并获得 GMP 证书。这两家公司生产的感冒药"仁和可立克""优卡丹"，皮肤用药"达舒克"通过仁和集团三年重磅打造，精心培植，已成为国内市场上的知名产品。

2010 年 12 月，全资收购江西闪亮制药有限公司。闪亮制药注册资本 4000 万元，"闪亮"牌萘敏维滴眼液、复方门冬维甘滴眼液等是公司的知名品牌产品。

2016 年 9 月 7 日，公司拟以人民币 7960 万元出售转让药都国医投资控股有限公司 100% 股权（含其旗下五家子公司所持股份）。

2019 年 3 月 4 日，拟投资 2100 万元作为有限合伙人参与南京招银现代产业贰号股权投资基金（有限合伙）。

2021 年 7 月，仁和药业以自有资金 71949.60 万元人民币的价格收购深圳市三浦天然化妆品有限公司、江西聚和电子商务有限公司、江西聚优美电子商务有限公司、江西美之妙电子商务有限公司、江西合和实业有限公司、江西仁和大健康科技有限公司、江西金衡康生物科技有限公司共 7 家公司各 80% 股份。

2023 年 8 月 24 日，仁和药业宣布，将战略性参股成都瑞沐生物医药科技有限公司。

（5）洽洽食品股份有限公司

洽洽食品股份有限公司（曾用名：安徽洽洽食品有限公司，简称"洽洽食品"），成立于 2001 年，位于安徽省合肥市。洽洽食品是一家以食品制造业为主的企业。企业注册资本 50700 万元人民币，并于 2018 年完成了定向增发。天眼查大数据分析，洽洽食品股份有限公司共对外投资了 34 家企业，参与招投标项目 156 次；知识产权方面有商标信息 1772 条，专利信息 366 条，著作权信息 21 条；此外企业还拥有行政许可 21 个。

公司经营范围包括坚果炒货类食品生产和销售；农副产品的生产和收购；油炸食品生产和销售；膨化食品生产和销售；焙烤类食品生产与销售；酱腌菜类的生产与销售；饼干类食品的生产与销售；食品添加剂的生产和销售；方便食品的生产和销售；果干、蜜饯、肉干肉脯、原枣、巧克力、蔬菜干等产品的分装；肉制品类、蜜饯类、海藻类、糖果类、果冻类、水果制品、预包装食品批发（涉及许可证的凭许可证经营）；自有房屋的租赁；自营和代理各类商品和技术的进出口业务。

公司主要生产坚果炒货类、焙烤类休闲食品，经过近十多年的发展，产品线日趋丰富，成功推广"洽洽香瓜子""洽洽喀吱脆""洽洽小而香""洽洽怪 U 味"撞果仁等产品，深受消费者的喜爱，品牌知名度和美誉度不断提升，是中国坚果休闲食品行业的领军品牌，产品远销国内外 30 多个国家和地区。

公司具有明显的行业领先优势。公司的生产基地形成了全国布局，并在海外形成了积极探索。公司在合肥、哈尔滨、包头、重庆、长沙等地设立生产基地，销地建厂和综合厂策略相结合，形成了覆盖华东地区、华南地区、华北地区、西南地区、西北地区和东北地区市场的生产基地。实现就近供应，有效减少了运输成本，产能布局不断优化。为确保食品安全，公司在业内率先建立了以 ISO9001 和 HACCP 质量保证体系为基础的质量管理体系和食品安全管理体系。参与制定国内炒货行业第一个地方标准—《炒货食品卫生要求》（DB 34/330 — 2003）、主持行业标准发布《熟制豆类》（SB/T 10948 — 2012）、负责编制《坚果炒货工艺师职业标准》、申报一项立项行业标准《坚果与籽类贮存与运输》、修改 GB 2760《食品安全国家标准食品添加剂使用标准》征求意见稿，并发起行业内企业共同修改建议等。"洽洽"商标被认定为"中国驰名商标"，洽洽品牌位居"全国坚果炒货食品十大著名品牌"之首，在中国品牌研究院公布的中国 100 最具价值品牌排行榜上名列第 88 位，品牌价值 18.22 亿元。2023 年，公司全年营业收入约为 68.06 亿元，利润总额约为 9.93 亿元，归属于上市公司股东净利润约 8.1 亿元。

企业发展历史：

第一阶段（1999—2006年）：创业及品牌建设阶段。

1999年创始人陈先保推出水煮自制瓜子——传统红袋。产品推出后，公司通过电视广告投放等方式向广大消费者宣传，培养了一批忠实客户。2001年，安徽洽洽食品有限公司成立。2006年，洽洽品牌进入"中国100个最具价值驰名商标"。

第二阶段（2008—2014年）：多元发展阶段。

2008年，推出豆类零食商品"怪味U"，获得青少年喜爱。2010年，薯片类新品"喀吱脆"上市。2013年，推出果冻类新品"啵乐冻"。同年，收购江苏洽康食品60%的股权，进军调味品行业。

第三阶段（2015—2018年）：战略调整阶段。

2015年，创始人陈先保先生重新任职总经理，剥离果冻业务，推出口味多样的"蓝袋"瓜子。2017年，推出"小黄袋"每日坚果产品，销量持续提升，为公司打开增长第二曲线。

第四阶段（2018—）：全球布局阶段。

2018年，公司首次提出"迈向全球领先坚果企业"的口号，并对瓜子产品从原材料、包装等方面进行产品升级。

2019年，泰国工厂顺利投产，完成全球化战略布局第一步。

2020年，两款新品"益生菌每日坚果""坚果燕麦片"上市，丰富坚果板块产品矩阵。

2021年公司积极调整战略，营业收入增速有所上涨，2021年营业收入为59.85亿元，同比增长13.15%。

2022年，公司营业收入约68.82亿元，同比增长14.98%，扣非净利润8.53亿元，同比增长6.83%。

2023年，公司营业收入约68.06亿元，利润总额约为9.93亿元，归属于上市公司股东净利润约8.1亿元。

公司业务扩展大事记：

2014年底公司进行事业部改革，将原有组织构架划分成四个食品事业部和一个销售事业部，食品事业部按产品线分为国葵、炒货、坚果和烘焙事业部，并将原来的产品总量绩效评估模式变为新的分品类、分事业部、按产品线绩效评估的模式，这样的模式提高了工作效率，促使公司自下而上发展。

2015 年，公司在事业部引入 BU 机制（经营单元），每个 BU 都是单独的团队，负责各自领域的产品，如原味香瓜子 BU、山核桃味香瓜子 BU 等。同时 BU 的负责人将会带领团队制定每年目标，公司通过 BU 上一年度的绩效进行考核激励，这一机制有效提升了组织效率。

2021 年对组织架构进一步调整，将产品事业部调整为品类中心，销售团队分为瓜子销售铁军和坚果销售铁军，分别独立对接下游经销商，有助于公司结构扁平化，更快速准确掌握坚果品类销售情况，决策更加高效。

2022 年，公司改变思路，将瓜子、坚果销售铁军合并，帮助经销商提升渠道沟通效率，实现更好更快增长。

可以看出，与活性包装用户行业相比，活性包装企业的规模要小得多，其扩张模式基本没有合并、并购等形式，而主要是设立异地或本地分公司、设立异地或本地全资子公司和扩大投资、增加产能的方式等。

8 活性包装行业发展战略与典型案例

8.1 行业发展瓶颈

三十多年来,活性包装这一新兴行业在我国已取得了长足的进步,产业规模持续扩大,产业技术水平不断提升,在总量上已超过世界上主要的经济体。但行业发展过程中还存在一些突出矛盾和问题,已构成制约行业快速发展的瓶颈,这些问题主要包括以下五个方面:

(1) 产业发展缺乏国家或行业层面的政策引领,活性产品与材料的相关标准缺乏独立性。
(2) 活性包装相关基础理论研究与行业实践有所脱节。
(3) 企业规模小、数量多,行业品牌严重匮乏。
(4) 缺乏强势方向引领的产业链和产业集群。
(5) 专业研究团队和专门人才匮乏。

8.2 行业主要发展方向

(1) 向"绿色低碳"理念方向发展

中国包装行业历来贯彻绿色发展理念,把发展绿色包装作为一个重要的战略方向。包装行业正在推进绿色工厂、绿色产品、绿色供应链产业示范,与相关部门合作,在包装产业链的各个环节推广清洁生产技术,加强生产过程中污染物的控制和综合治理。《中国包装行业市场前瞻与投资战略规划分析报告》指出,预计到2025年,国家政策层面将会更加注重绿色活性包装,可降解的绿色包装材料应用比例将进一步提高,我国的活性包装将会迎来大面积绿色环保的局面,在保护食品新鲜的同时也会进一步改善包装的合理性。

(2) 向包装智能化方向发展

当前,人工智能、大数据等新一轮科技革命和产业变革催生了一大批新产业、新业态、新模式。包装行业要推动包装设备智能化改造和高端化发展,依托大数据、人工智能、工业互联网平台等新一代信息网络技术,建设智能车间、智能工厂。

智能制造是现代工业的发展方向,也是目前包装工业的发展短板。包装行业要提高数字化赋能水平,加快智能包装设备的创新研发,着力开发互动性、个性化、趣味性、沉浸式、智能化的包装产品。加快研发具有商品真伪识别、过程追溯管理、品牌数字化营销等多种功能的智能包装产品。

(3) 向产学研用深度融合方向发展

产学研深度融合有助于产业链的强链补链。产学研结合是技术创新上、中、下游的无缝对接与耦合,科研、教育具有丰富优质的智力资源和科研平台,完全具备对产业链有针对性进行强链补链的攻坚能力。生产企业掌握着大量的生产性资源,对市场行情和产业链有更深刻的认识,在市场的驱动下,有强链补链、扩大市场份额的强烈意愿。产学研的深度融合,将实现产学研之间的无缝对接,有助于产业链的强链补链。

(4) 向行业相关标准完善方向发展

活性包装行业的标准化是活性包装行业持续健康发展的关键。实施标准化规范,一方面,可以规范员工行为,提高服务质量,有利于培育服务主体形成品牌,促进产业转型升级。另一方面,包装作为朝阳产业,目前活跃的包装企业大多规模较小,需要随着市场的进一步成熟逐步建立规则。通过标准化和标准化建设,建立行业高效管理、有序运行等发展运营理念,引导行业各方按照一定的标准和规范,实现行业上下游的有序对接和协调发展。新产业、新产品的不断推出,以及消费者消费习惯的改变也带来了诸多机遇,为产业的深入发展引入了源动力。随着各项政策和标准的出台,行业的良性、规范发展得到了保障。

(5) 向企业规模化专业化方向发展

目前,活性包装行业大多数企业为注重生产的中小型企业,仅具备生产能力,不具备研发创新能力。行业内企业能给客户提供传统的防潮及保鲜产品,但大部分无法参与下游制造业供应链系统的产品研发、设计、物流等各个环节;无法为下游提供全方位的防潮、保鲜解决方案。因此,活性包装行业的一大发展方向是提升行业企业的研发能力,提高专业化程度,为下游客户提供全方位解决方案,实现全面服务的高附加值。

活性包装行业发展很快,企业众多,具有小规模分散生产的特点。但我们判断,随着疫情的冲击及技术和设备的不断升级，大部分小企业将面临淘汰，行业集中度将逐步提升。届时，行业将会出现一批规模化的企业。

（6）向多个产业的应用领域发展

活性包装最早一般用于有生命的产品包装，又称"维持生命包装"。它的包装特点是保持产品的寿命，而不是简单地保护其色、香、味。这是一个动态包装。传统的活性包装材料主要是气体吸收剂和释放剂，但随着活性包装的发展，其范围已不限于此。活性包装技术可以通过包装材料与包装内部气体和食品的相互作用，有效地延长商品的保质期或提高食品的安全性和感官特性，保持食品的质量。活性包装作为一种新型的包装技术，极大地促进了食品工业的发展，并显示出良好的应用前景。

随着人们生活水平的提高，产品物流供应链的延长，以及消费者对食品品质和安全的日益重视，对包装提出了更高的要求，这为活性包装的应用提供了广阔的市场空间。近几年国内外市场对活性包装的需求不断增加，食品是活性包装最大的应用市场。

一些活性包装技术在日本、北美、欧洲、澳大利亚已使用多年，尤以日本使用活性包装技术最多。气体清除包装的增长速度引人注目，这主要得益于气体清除剂应用的快速增长，以及除氧剂在食品、饮料和医药包装中的广泛应用。生物药品市场是活性包装的未来发展方向，成本高、成分复杂的生物药品对包装的要求很高，这将推动活性包装在生物药品市场的应用。此外，由于药品物流链的增长及湿度敏感性药品种类的增加，潮气控制包装的需求也将进一步增长。

活性包装的发展趋势应为：不仅朝着多元化发展，也向着更环保、更健康的方向迈进。尽量避免活性物质直接接触食品，防止二者之间深层次的复杂相互影响；尽量使用天然活性物质，更安全健康；另外，趋向使用生物降解/合成的包装材料，虽然生产成本较高，但其总成本尚未很高，且保藏效果较好，更具有生态环保意义。并且，如何降低成本，如何规模化、标准化生产也是未来活性包装技术的发展方向之一。

从当前的行业和研究趋势来看，活性包装不再是一种独立的包装体系，它往往与真空包装、气调包装、智能包装等包装技术结合起来，或者直接改变包装材料的属性，利用多种包装方式结合产生的协同作用获得更好的包装效果。这种协同作用减少了活性物质的使用，促进了食品安全。同时，由于天然活性物质的不断开发和应用，活性包装正向一个更加符合生态学意义的、可持续的方向发展。值得注意的是，在实际的应用过程中，活性物质的选择、剂量及添加方式需要进行严谨的毒理学研究，防止因物质迁移而导致的食品质量安全问题。在未来活性包装的发展中，安全必然是一个重要的攻坚点。将这些科研成果完全应用到实际生产中还有很长的路要走，需要结合医学、营养、材料等多个学科进行交叉研究，最终建立一个科学、绿色、安全的完整体系。

由于活性包装本身的技术先进性和包装食品后所产生的高附加值，世界上许多食品科研机构和食品企业正不惜财力、物力研制开发更多的活性包装技术，并使之更快商业化，造福人类。正如美国明尼苏达州大学的 Theodore Labuza 博士宣称："在不久的将来．活性包装的变化将不是一般性进展而是革命性的巨变。"活性包装作为智能型包装的一种，被看成是包装工业的革命性变化和新世纪的希望。

8.3 行业发展规模和质量

8.3.1 活性包装原辅材料行业情况

8.3.1.1 白炭黑

我国是全球最大的白炭黑生产和消费国之一。近年来，随着国内橡胶、涂料、塑料、食品、医药等行业的不断发展，对白炭黑的需求不断增加，这推动了我国白炭黑市场的快速增长。除了传统的橡胶、涂料、塑料等领域，中国白炭黑行业正逐步涉足新兴应用领域。特别是在化妆品、医药和食品行业，白炭黑作为增稠剂、防晒剂、药物辅料等得到了广泛应用，这为行业带来了新的增长机会。

数据显示，2022 年中国白炭黑行业市场规模约为 96.78 亿元，其中沉淀法白炭黑占比 78.30%，气相法占比 21.70%。2022 年中国白炭黑产量约为 204.4 万吨，需求量约为 166.4 万吨。从白炭黑进出口情况来看，中国白炭黑行业出口量大于进口量，进出口量总体呈现上涨态势，说明中国白炭黑不依赖进口产品，国内技术成熟，在满足国内需求的同时，也能满足出口需求，数据显示，2022 年中国白炭黑行业进口量为 9 万吨，出口量为 62.19 万吨。

中国白炭黑市场是一个竞争激烈的市场，涵盖了多家制造商，从大型国际公司到本土企业。在白炭黑行业中，品牌的知名度和信誉是制造商竞争的关键因素之一。一些大型跨国公司凭借其全球影响力和强大的研发能力，建立了稳定的品牌形象。本土企业则通过提高产品质量、降低成本、优化供应链等方式，不断提升竞争力。目前，行业中重点企业为确成股份、兴隆新材料、赢创嘉联等。

8.3.1.2 分子筛

分子筛具有"筛分分子"和"择形催化"的作用，主要用作吸附剂和催化剂，分子筛吸附剂需求量很大，分子筛催化剂附加值更高。2020年全球分子筛市场规模约64亿美元，预计2028年将达到84.9亿美元，年均复合增长率为3.8%。分子筛高端产品具有技术壁垒高、新产品开发周期长、下游行业进入门槛高等特点，国外企业长期占据全球分子筛高端产品市场。近年来，国内分子筛龙头企业不断实现技术突破，进口替代进程加快。随着国内环保政策趋严，以及钢铁冶金、石油化工、煤化工、电力等产业发展，国内分子筛市场需求将持续增长。

8.3.1.3 光触媒

光触媒应用领域及市场前景十分广阔，不仅可以用于空气净化，还可用于汽车及交通设施、陶瓷、建筑材料、餐饮用具、医疗器械、家用电器、环境保护、可降解塑料、水净化处理、日用品等领域。调研可知，我国光触媒行业市场规模在逐渐扩大，但总体上仍落后于日本等光触媒技术发展成熟的国家。

8.3.1.4 硅胶

根据公开数据，2022年中国硅胶市场规模近1000亿元。按我国硅胶行业竞争梯队进行分析，业务收入大于30亿元的企业有合盛硅业股份有限公司、浙江新安化工集团股份有限公司和山东东岳有机硅材料股份有限公司等，其处于行业竞争第一梯队；10～30亿元区间内包括成都硅宝科技股份有限公司、湖北回天新材料股份有限公司、江西晨光新材料股份有限公司、江西宏柏新材料股份有限公司等，位于第二梯队；小于10亿元企业包括浙江宏达新材料发展有限公司、扬州晨化新材料股份有限公司等，位于第三梯队。

国内硅胶生产企业主要集中在硅胶单体领域，上游、下游生产分散，规模、质量水平与跨国公司存在一定差距。按硅胶相关业务营业收入金额来看，2022年，合盛硅业以130.26亿元的业务收入位列第一，东岳硅材业务收入45.98亿元，位列第二；新安股份位列第三，其余企业营业收入不足30亿元。

目前，中国硅胶行业市场集中度较分散，未来市场集中度将进一步提升。根据2022年各公司业务收入情况来看，合盛硅业、东岳硅材、新安股份市场规模占比分别为13.2%、4.7%、3.7%，位居前三。其次，硅宝科技和回天新材市场份额占比超过1.5%。

8.3.1.5 活性炭原料

近年来，随着我国活性炭技术的不断发展，活性炭行业产能快速增加。我国是活性炭的生产大国，活性炭产量约占世界活性炭总产量的1/3，活性炭也是我国最主要的出口林产化产品之一。

据Global Info Research数据，2023年，我国活性炭的市场规模约为100亿元。近几年来，由于疫情影响及下游需求有所下滑，中国活性炭产量呈现下降趋势，2023年我国活性炭产量约为115万吨，同比下降11.7%。如图8-1所示。

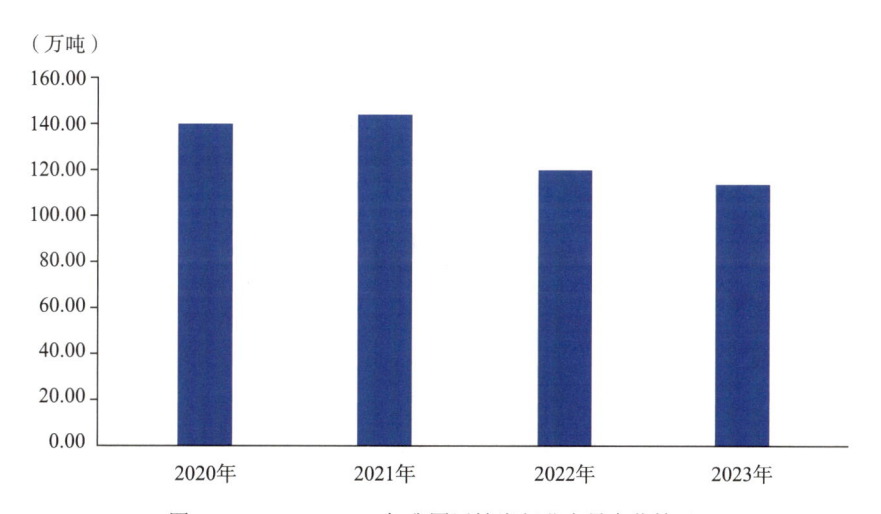

图8-1　2020—2023年我国活性炭行业产量变化情况

结合2023年活性炭产品价格情况，利用各年活性炭平均价格测算得出，2023年中国活性炭市场规模约为100亿元，较上一年有所增长。整体来看，2020—2023年的市场呈现下降趋势，主要原因是，活性炭这类型低利润水平及整体规模偏小的市场受新冠疫情影响更为严重。如图8-2所示。

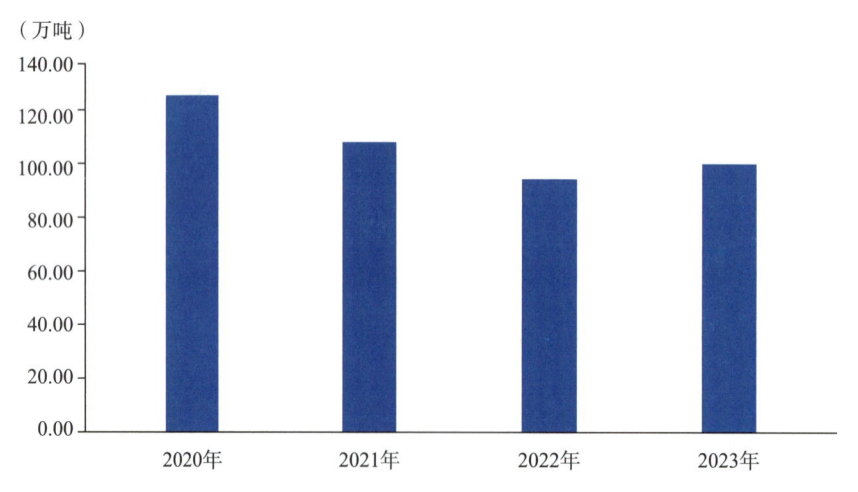

图 8-2　2020—2023 年我国活性炭行业市场规模变化情况

8.3.1.6　铁粉原料

铁粉行业是我国的重要基础产业之一，具有广阔的市场前景和潜力。据统计数据显示，近年来，我国铁粉行业市场规模不断扩大，年均增长率超过10%。2023年，我国铁粉行业的年产值已超过100亿元人民币。未来将迎来更加庞大的市场增长空间，预计到2025年，行业市场规模将达到156.3亿元。2021—2025年我国还原铁粉市场规模预测如图8-3所示。

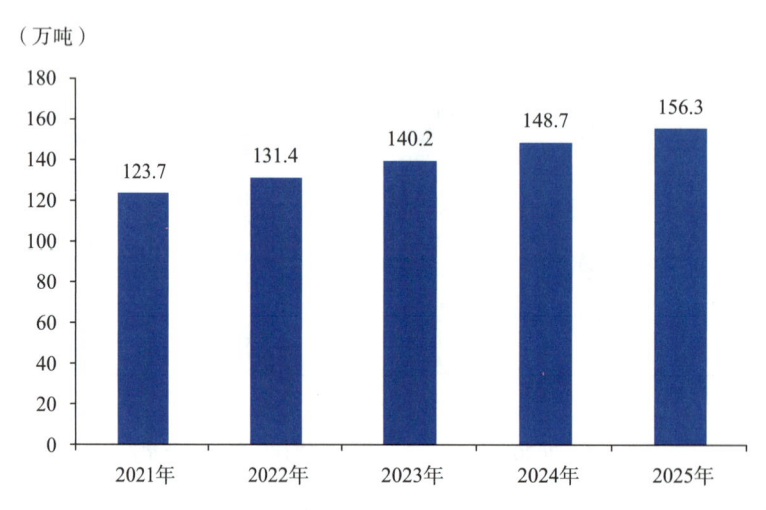

图 8-3　2021—2025 年我国还原铁粉市场规模预测
数据来源：中研普华产业研究院。

随着经济的不断发展，还原铁粉应用领域的不断拓展，国内厂商迅速增加产线投入竞争。未来国内还原铁粉产能将迅速提升，预计2025年全年产量将达到254.3万吨。2021—2025年我国还原铁粉产量预测如图8-4所示。

图 8-4　2021—2025 年我国还原铁粉产量预测

数据来源：中研普华产业研究院。

近十年来，国内钢铁粉末市场平均复合增长率约为 8%，预计今后 3～5 年仍会以 8%～10% 的速度增长。

8.3.1.7　包装材料

活性包装所使用包装材料通常为塑料、纸、纸塑复合材料和无纺布等；广义上说，近年来异军突起的活性包装材料已从包装活性物质、构成活性包装产品拓展到通过技术手段实现包装产品（袋、容器等）具有活性的相关功能。因此，从技术上讲，虽说一般同类企业均可以生产活性包装材料，但由于不同活性包装产品具有不同的要求，同时，活性包装企业越来越重视产品的作用效果。因此，生产实践中，活性包装材料企业分为两类：生产传统包装材料的企业和生产具有活性功能的包装材料的企业。调研表明，该两类企业数量有限，规模一般也不很大。

具有活性功能的包装材料研究与应用是近年来的一个热点。

调研结果表明，国内活性包装上游原材料主要生产企业 75 家。其中，最为集中的是华东地区（41 家），其次是华南地区（16 家）、华中地区（10 家），其他地区均只有寥寥数家。值得注意的是，在山东省就有活性包装上游/原材料生产企业 20 家。

国内活性包装上游原材料主要生产企业中，规模较大的有东莞宜安科技股份有限公司（主营各类合金材料、稀土合金材料等，共有员工 1000 多人）、山东鲁银新材料科技有限公司（主产还原铁粉等，共有600多员工）、洛阳建龙微纳新材料股份有限公司（主营吸附类、催化类材料生产，共有员工600余人）、中触媒新材料股份有限公司（主营分子筛、化工催化剂、新型催化材料等，共有员工500余人）、嘉兴星越包装材料有限公司（主产包装材料，共有员工350人左右）、永安市丰源化工有限公司（主营白炭黑、泡花碱等，共有员工350人左右）等。

8.3.2 活性包装材料与产品生产企业

据不完全统计，目前，全国活性包装（防潮及保鲜类）企业以100万注册资金以下的小微企业居多。呈整体规模较小、产业规模化程度低、生产设备不够先进的特点。

目前，国内活性包装行业产能过剩，市场竞争激烈，企业与企业间近身肉搏，价格战打到了极限，在原材料大幅上涨的环境下，行业利润被进一步压缩。调研表明，国内活性包装材料与产品主要企业共有110多家。其中，最为集中的是华东地区（40家），其次是华南地区（31家），其他依次是华中地区（14家）、华北地区（8家），西南、东北和西北地区均在6家以下。

国内活性包装材料与产品主要生产企业中，规模较大的有郑州林海活性炭有限公司（主营净水活性炭、净气活性炭、食品级活性炭、医药脱色活性炭等，共有员工1000余人）、杭州干将实业有限公司（干将新材料有限公司）（主营干燥剂、脱氧剂、除臭除味剂、防潮剂等，共有员工350多人）、深圳市春旺新材料股份有限公司（主营干燥剂、脱氧剂、除臭除味剂、防潮剂等，共有员工300多人）、东莞市欣荣天丽科技实业有限公司（主营食品添加剂、脱氧保鲜剂、外控型食品保鲜剂等，共有员工300多人）、江苏欧凯包装科技有限公司（主营干燥剂、脱氧剂、除臭除味剂、防潮剂等，共有员工300多人）等。

8.3.3 活性包装机械设备供应商

活性包装产品的生产工艺多是袋包形式、条包形式等，一般用于食品、日化等产品的类似设备均可用于本行业的产品包装。但由于活性包装产品具有剂量小、数量大、生产稳定性要求高、自动化要求高等特点，所以，长期以来，本行业也逐步形成了相对稳定的包装设备供应商群体。

据调研，常用的活性包装生产设备有十多家。其中，规模较大的包括上海松川远亿机械设备有限公司（主营包装机械和食品机械，共有员工 400 人左右）、浙江名瑞智能包装科技有限公司（主营全自动给袋式包装机、全自动给袋式真空包装机等，共有员工 400 余人）、天津市三桥包装机械有限责任公司（主营包装专用机械及配件制造等，共有员工 250 余人）等，其余企业均为小微企业，员工人数均小于 50 人。

8.3.4 活性包装用户企业

8.3.4.1 食品企业

（1）生鲜类

由于疫情的影响，人们的生鲜消费的方式发生了改变，生鲜电商市场快速发展。中商产业研究院数据显示，近年来，中国生鲜电商行业交易规模整体保持稳定增长，2021 年生鲜电商交易规模达 4658.1 亿元，同比增长 27.92%。随着生鲜电商行业逐渐成熟，以及人们网购生鲜的习惯逐渐养成，未来生鲜电商行业规模将继续增长，其中，2022 年生鲜电商交易规模已超过 5400 亿元。如图 8-5 所示。

图 8-5 2017—2022 年中国生鲜电商行业交易规模趋势

（2）坚果类

根据中国食品工业协会援引 Frost&Sullivan 数据，中国休闲食品市场规模已突破万亿元，近 5 年年复合增长率接近 12%，保持长期稳定增长的趋势。2020 年新冠感染对休闲食品行业短期内有所冲击，但也促进了休闲食品行业在直播电商、社区团购等新兴渠道的发展，此外，疫情期间休闲食品的消费场景及消费习惯均得到培养，为休闲食品消费增长提供了保障，2020年休闲食品市场规模接近1.3万亿元。2021年行业规模增速有所反弹，突破1.4万亿元。2023年我国休闲食品行业市场规模为11247亿元，预计到2027年将达到12378亿元。

根据中国食品工业协会数据，在中国休闲食品市场中，销量占比前五品类是：烘焙糕点、糖果巧克力蜜饯、坚果炒货、休闲卤制品和膨化食品。销量前五的品类中，糖巧以及膨化食品市场被几大外资企业瓜分，集中度较高，且行业整体规模增速较慢。相比之下，烘焙糕点、坚果炒货、休闲卤制品行业增速较快，集中度低，机会相对较多。

坚果企业在保持年均15%左右增速同时，也在发生三大趋势性演变，从有核到无核，从单品到复合，从粗加工到深加工。每日坚果契合坚果消费发展趋势，更加受到消费者的喜爱，增长速度要高于坚果企业整体增速。如图8-6所示。

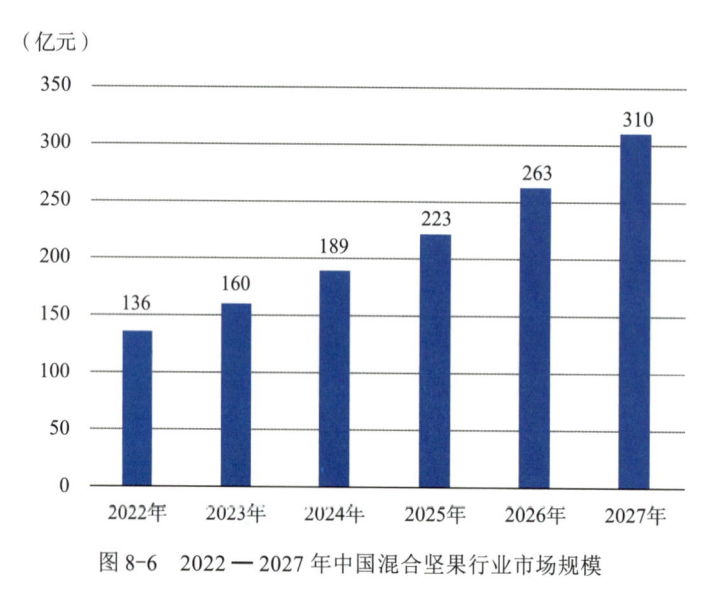

图8-6　2022—2027年中国混合坚果行业市场规模

以三只松鼠为例。其最新的2023年财报显示，三只松鼠对于研发的重视程度持续提升，它在报告期内的研发费用投入达2500万元，这个规模在中国休闲食品上市公司中排名前列。此外，在专利及知识产权的创造、运用和保护上，目前，三只松鼠已形成相对完善的知识产权保护体系。"三只松鼠"商标被国家知识产权局予以驰名商标保护，公司专利授权量也位居中国休闲食品上市公司前列。2023年，三只松鼠的每日坚果、坚果礼包、夏威夷果等数十款产品位列抖音、天猫品类榜单TOP1。同时，自2023年3月以来，该公司在"高端性价比"牵引下，加速零食全品类产品上新，累计上线超1000款SKU，其中多款新品位列抖音对应类目TOP1。同时，积极布局自主制造工厂，每日坚果、夏威夷果、碧根果等工厂已实现运营投产。公司依托整体规模和正在构建的制造优势，具备从销售到生产向原料渗透的全产业链整合能力。小鹿蓝蓝品牌及相关产品先后荣获2024年嗨创奖超级新品奖（益生元跳跳麦丽素）、2023年ISEE全球美味奖、第七届樱桃大赏年度消费新势力奖、2023安徽省好网货大赛亚军、2023年最快增长奖、年度最佳新锐品牌奖、母婴亲子行业超级新秀奖等多项荣誉。

（3）粮谷类

受中国饮食文化带来的消费需求拉动以及种植传统等综合因素影响，我国粮食生产以谷物为主，包括稻谷和玉米（作为广义的粮食，还包括薯类和豆类，它们一般占粮食总产量的10%以下）。国家统计局数据显示，2023年，我国谷物产量为64143万吨，占粮食总产量的92.24%。其中，2023年全国稻谷总产量约40656.8万吨，玉米总产量约28884.2万吨，玉米占谷物总产量的45.03%。

具体到主要谷物品种及玉米等品种来看。在我国，谷物主要包括稻谷、小麦、玉米、大麦、高粱、荞麦和燕麦等，其中，播种面积和产量均以"中国第一大粮食作物"玉米最高，作为"中国第一大口粮作物"的稻谷居其次，作为"中国第二大口粮作物"的小麦位列第三。以2023年数据为例，玉米播种面积和产量在全国谷物中比重分别高达44.25%、45.03%；稻谷播种面积和产量在全国谷物中比重分别为28.97%、32.21%；小麦播种面积和产量在全国谷物中比重分别为23.64%、21.29%。其中国产稻谷产量基本维持在2.1亿吨左右，玉米产量则在2.4～2.7亿吨之间小幅震荡。

到2023年，全国谷物总产量均有所提升，其中稻谷产量比上年增长-0.067%，玉米则增长4.5%。2014—2023年我国稻谷及玉米产量变化情况如图8-7所示。

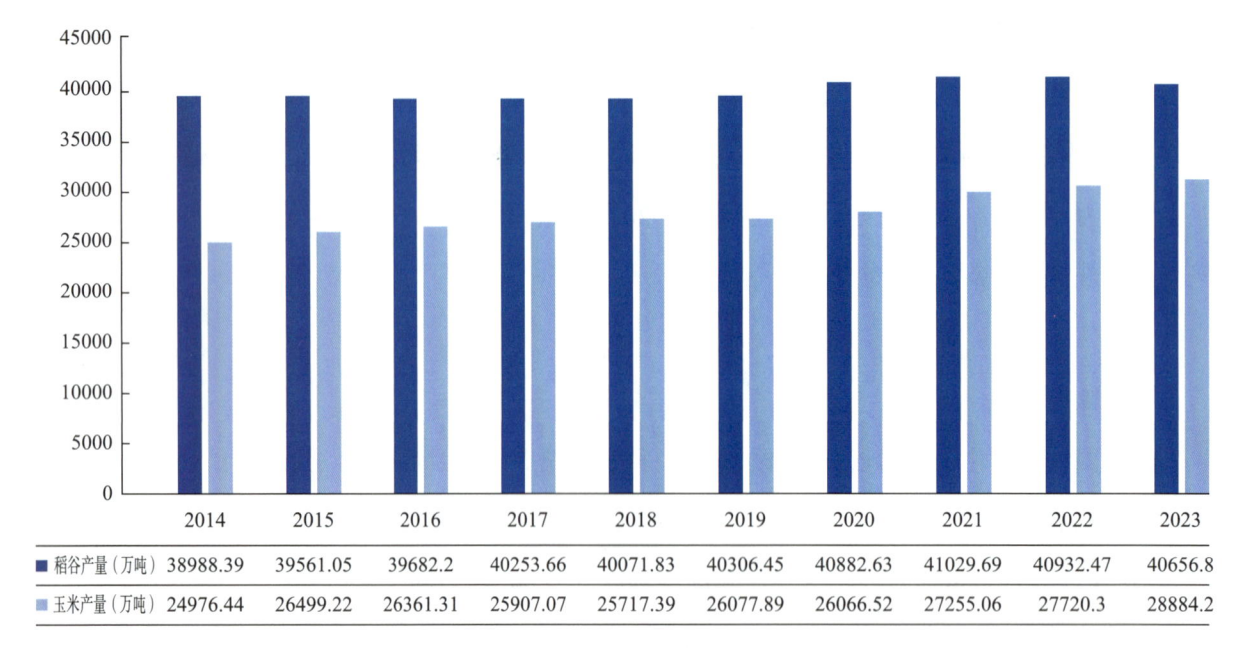

年份	2014	2015	2016	2017	2018	2019	2020	2021	2022	2023
稻谷产量（万吨）	38988.39	39561.05	39682.2	40253.66	40071.83	40306.45	40882.63	41029.69	40932.47	40656.8
玉米产量（万吨）	24976.44	26499.22	26361.31	25907.07	25717.39	26077.89	26066.52	27255.06	27720.3	28884.2

图 8-7　2014—2023 年我国稻谷及玉米产量变化情况

以中粮集团（中粮集团有限公司）为例。中粮集团近 5 年来营业收入、利润总额 126 亿元，利润率同步稳定增长。其 2019 年营业收入 4984 亿元，利润率 2.52%；2020 年营业收入 5303 亿元，利润总额 206 亿元，利润率 3.88%；2021 年营业收入 6649 亿元，利润总额 238 亿元，利润率 3.58%；2022 年营业收入 7414 亿元，利润总额 229 亿元，利润率 3.09%；2023 年营业收入 6921 亿元，利润总额 212 亿元，利润率 3.06%。

中粮集团是与新中国同龄的中央直属大型国有企业，是中国农粮行业的翘楚。上述数据表明，过去 5 年中，中粮集团业绩表现颇佳，平均净利率约为 3%，总体盈利状况保持稳定。

数据显示，目前，中粮集团已经成为全球资产第一的国际大粮商，搭建起集收储、加工、物流、贸易、分销于一体的全球产业链，年进口粮食量约占中国进口量的一半。在如今世界粮食市场话语权和定价权基本被四大粮商垄断的情况下，是因为有中粮集团这种巨型国企的奋力保护，我国的粮食才得以保障。

8.3.4.2　药品企业

在"十三五"收官和"十四五"开局时期，全国各省市均十分重视生物医药行业发展，纷纷将生物医药纳入"十四五"专项规划，进一步引导企业突破核心技术，依托重大科技专项、制造业高质量发展专项等加强关键核心技术和产品攻关，加强技术领域国际合作，有力有效解决"卡脖子"问题，为构建现代化经济体系、实现经济高质量发展提供有力支撑。中商产业研究院预测，2025年我国生物药市场规模将达 8310 亿元。

我国医药企业发展整体趋势由快速增长到趋于稳定。根据国家统计局数据，2023 年规模以上医药工业增加值约 1.3 万亿元，按照不变价格计算同比下降 5.2%；规模以上医药工业企业实现营业收入 29552.5 亿元，同比下降 4%；实现利润 4127.2 亿元，同比下降 16.2%；三项指标增速多年来首次均为负增长，且分别低于全国工业整体增速 9.8、5.1 和 13.9 个百分点。

典型制药企业仁和药业股份有限公司主营业务是生产、销售中西药及健康相关产品，包括胶囊剂、颗粒剂、片剂、栓剂、软膏剂、搽剂等药品及健康相关产品。公司主要产品：仁和可立克、优卡丹、达舒克等。通过"仁和"品牌不断提升上市公司新的形象，将上市公司塑造成可持续发展的综合性医药企业。公司已建立较完善的公司治理结构与内部控制体系，为提高业务运营水平、提高精细化管理水平奠定了良好的基础。

8.3.4.3 其他企业

全球及中国消费电子产业市场规模稳步增长。在技术不断创新等因素推动下，全球消费电子产品创新层出不穷，渗透率不断提升，消费电子行业快速发展，并形成了庞大的产业规模。根据 Statista 的数据，2017 年，全球消费电子行业市场规模已达 61325 亿元。随着全球消费电子行业市场规模稳步增长，至 2021 年已达 72359 亿元、2022 年增长至 75415 亿元。市场规模较大，市场前景十分广阔。

中国电子元件行业协会发布的《中国电子元器件行业"十四五"发展规划（2021—2025）》指出，到 2025 年，中国电阻电位器、电容器、电子陶瓷器件、磁性材料元件、电子变压器、电感器件等大类电子元器件分支行业销售总额将达到 24628 亿元，2020—2025 年均增长 5.5%。这将进一步巩固我国作为全球电子元器件生产大国的地位，充分满足信息技术市场规模需求。

从上述我国食品、药品、消费电子和电子元器件产业的发展形势分析，活性包装主要用户企业正处于健康快速发展的时期，这必将大大促进活性包装行业的进一步发展。

8.4 行业发展的主要技术内容

（1）活性包装材料方向

这是行业最为关注的一个技术领域。相关研究主要集中在软包装材料及其品质、保鲜膜材料、壳聚糖应用、纳米材料与复合膜等方面。

（2）活性包装原材料方向

总的来看，行业中针对硅胶、二氧化硅、活性炭、氯化钙及分子筛的原理及应用的研究较多，而针对其他原材料的研究比较少。

（3）活性包装技术与机理方向

主要研究内容集中在活性包装技术、食品包装技术、抗氧化机理及应用、壳聚糖材料及其应用和产品保鲜技术等方面。

（4）水分控制技术方向

主要研究内容为吸湿材料研究、材料制备与性能研究、包装纸研究、调湿原理与材料等。

（5）抗菌包装技术方向

该领域相关研究内容集中在抗菌技术、材料的抗菌活性、抗菌包装与食品包装、壳聚糖应用技术以及果蔬保鲜等方面。

8.5 行业发展典型案例

8.5.1 活性包装上游典型企业

列举如下典型企业的发展案例供读者了解行业发展过程。

(1) 山东鲁银新材料科技有限公司

山东鲁银新材料科技有限公司（鲁银新材）前身为莱芜钢铁集团粉末冶金有限公司，始建于 1987 年，经过 30 多年的建设和发展，现拥有高压缩性水雾化铁粉的工业化生产成套技术，超高压雾化、气雾化、等离子旋转电极雾化等关键粉末制备技术和无偏析混粉等粉末冶金生产技术，核心产品为还原系列铁粉、水雾化系列铁粉及高性能合金特种粉末材料。

鲁银新材公司是国家高技术研究发展计划（863 计划）成果产业化基地，国家新材料产业化基地骨干企业，国家火炬计划重点高新技术企业，国家制造业单项冠军示范企业，国家专精特新小巨人企业，中国粉末冶金产业技术创新战略联盟副理事长单位，中国钢结构协会粉末冶金分会副理事长单位，中国专利山东明星企业，山东省瞪羚企业，山东省首批科技小巨人企业，山东省技术创新示范企业，山东省全员创新企业，山东省制造业高端品牌培育企业，山东省新材料领军企业 50 强，山东省智能工厂。

鲁银新材公司始终高度注重技术创新和生产装备水平的提升，与山东产业研究院合作成立了粉末冶金研究院，并拥有国家级博士后科研工作站和山东省粉末冶金工程技术研究中心、山东省粉末冶金重点实验室、山东省粉末冶金材料工程实验室、山东省企业技术中心 4 个省级研发平台。先后承担了国家"863"项目 5 项、国家科技支撑计划 1 项、国家火炬计划 3 项、山东省重点研发计划 3 项。现拥有有效国家专利技术 62 项，其中发明专利 18 项；荣获国家科技进步奖二等奖 1 项、山东省科技进步一等奖 2 项。以公司为主起草制定了四项国家标准，并由国家标准化管理委员会发布实施，具有金属粉末生产技术的自主知识产权。

作为国内粉末冶金行业的领军企业，鲁银新材公司本着"打造国际领先的金属粉末服务商"的发展战略，在继续为传统粉末冶金零部件制造企业提供产品和服务的同时，致力于高端金属粉末制造技术的研究和全新应用领域的开拓。通过与科研机构和高校开展产学研合作模式，公司自主创新研发能力显著增强，成功突破了超高压水雾化、惰性气体雾化等关键技术，开发了注射成形用粉、3D 打印用粉等多种高端产品，为国内制造业水平提升提供了重要的基础原材料支撑，也有力地推动了粉末冶金行业前进的步伐。

(2) 山东辛化硅胶有限公司

山东辛化硅胶有限公司是一家致力于集无机硅化物设计、制造、研发于一体的综合性公司，成立于 2005 年 2 月，前身为 1993 年成立的滕州市辛绪泡花碱厂。

企业为"中国特种硅胶孵化基地""枣庄产学研合作示范单位"，2016 年 12 月，企业被山东省科技厅授予"高新技术企业证书"。公司拥有山东省"省级企业技术中心"，主要产品有 A 型硅胶、B 型硅胶、C 型硅胶、工业用变压吸附硅胶、居家宝、硅酸钠等多个系列，广泛应用于工业合成氨、变压吸附、农业肥料、电子仪表设备、生物制药提纯、家居装修净化等领域。

公司在产品生产过程中，不断开展自主创新活动，注重科技创新，不断探索新产品、研究新工艺。几年来，公司先后和天津化工研究设计院、南京工业大学等高校和科研院所建立业务协作关系。2012 年，公司自主设计研发了"环保型无钴蓝色硅胶、高效吸附大孔容 B 型硅胶"产品。针对国内外客户对产品的特殊需求，公司还研制开发了无钴橙色硅胶、香味硅胶、居家宝硅胶等新产品。同时，公司不断加强企业技术中心的建设，加大对科技创新的投入力度。

在市场经营活动中，公司注重"品牌"建设，发挥品牌作用，积极开拓国际市场。仅 2012 年，公司就先后参加德国纽伦堡宠物用品展、美国精细化工展等，通过展会拓展了国际市场，扩大了公司的知名度，增加了公司的产品销量，有力地开拓了国内外市场。同时，充分利用"辛化"品牌，立足国内、国外两个市场，积极进行国内外宣传，对国内变压吸附硅胶市场和硅胶干燥剂市场实行重点客户定制措施，依据客户的现实需求，实行差异化订单生产，极大提高了客户的满意度。目前，产品销往韩国、日本、澳大利亚、美国、德国、西班牙等 40 多个国家和地区。

企业发展历程如下。

1993 年 9 月，滕州市辛绪泡花碱厂成立，开始生产硅酸钠，服务于本埠企业；

2000 年，成立滕州市辛绪化工原料有限责任公司；

2003 年，成立滕州市辛绪化工原料有限责任公司枣庄分公司；

2004 年，成立滕州市宏泰化工有限公司，迅速在国内树立价格及质量标杆；

2005 年，成立山东辛化硅胶有限公司，硅胶产品进军国际市场；

2008 年，成立枣庄市级企业技术中心，硅胶研发能力大幅提升；

2009 年，企业通过 SGS 公司 ISO9001 国际质量体系认证和 ISO14001 国际环境管理体系认证；

2011 年，公司硅胶技术研发中心被认定为山东省省级企业技术中心；

2013 年，企业通过 REACH 认证及 BRC 认证；

2015年，辛化公司顺利通过BSCI审核，成为同行业中为数不多的拥有该认证资质的企业；

2016年，山东辛化硅胶有限公司欧洲商务中心成立；

2018年，山东辛化硅胶有限公司被认定为山东省"隐形冠军"企业；

2019年，辛化公司入选山东省瞪羚企业、山东省新材料领军企业50强；

主营产品：硅酸钠系列、白炭黑、工业硅胶系列、民用硅胶系列、植物猫砂等。

8.5.2 活性包装产品典型企业

以干将新材料有限公司、深圳市春旺新材料股份有限公司为例加以介绍。

（1）干将新材料有限公司

干将新材料有限公司（杭州干将实业有限公司的全资子公司，简称"干将公司"）位于浙江省嘉兴市平湖市曹桥街道勤安路288号，杭州干将实业有限公司位于浙江省杭州市余杭区中泰街道环园北路12号。

干将公司的核心技术与产品包括兼具氧气脱除及湿度调节功能的活性包装技术；吸湿后不产热、不膨胀的氧化钙改性技术；抑菌、除味功效的天然植物提取技术；微生物定向培养发酵液技术等；主要产品有脱氧剂、干燥剂、除臭剂、蒸汽眼罩、暖贴、消臭喷雾、食品添加剂、生物发酵制品等。

杭州干将新材料有限公司成立于2001年。

2001年，干将公司前身杭州绿源精细化工成立。

2012年，杭州干将实业有限公司成立，搬迁至新厂房，扩增4个车间，增加脱氧剂、家用除湿、除味系列等产品品项；

2013年，设立欧洲分公司，开启国外贸易通道；

2014年，建设完工符合GMP标准的生产车间，通过美国FDA注册、英国零售商协会BRC认证、中国食药局CFDA注册，提升产品安全的同时，正式进入药品用包装材料及辅料领域；

2016年，设立嘉兴艾索科包装科技，在平湖市装修厂房投产，引入日本高速设备；

2018年，获评国家高新技术企业；

2020年，干将新材料有限公司在平湖注册成立；

2021年，获世界包装组织"世界之星"大奖；2022年启动上市培育，干将新材料智能工厂全面投产启用；

2023年，设立艾索科生物科技及蓝选供应链，增加食品添加剂、生物发酵制品、电商MCN平台等板块业务。

现企业拥有3个生产基地，350名员工，年销售额2.3亿元，年产200多亿片活性包装产品。计划在3年内继续扩建2个智能制造车间，以满足市场需求。

干将公司计划继续深耕自有的核心技术，保持先进性；率先建设符合客户及国家政策要求的现代化流水线工厂，引入智能化管理模块，为行业打造模范标杆，引领行业可持续发展，最终成为一家享誉国内外的公众型企业。

（2）深圳市春旺新材料股份有限公司

深圳市春旺新材料股份有限公司（简称"深圳春旺"）位于深圳市龙岗区宝龙街道同德社区浪背村第六工业区14号A栋。

深圳春旺的技术核心是复合干燥剂。其复合干燥剂包括碳氧干燥剂、除臭干燥剂、车灯干燥剂、Sorb-Plus系列、Sorb-Max系列等。其中Sorb-Plus系列最高吸湿率可达400%以上，在整个吸附剂行业内遥遥领先。碳氧干燥剂、车灯干燥剂解决复合干燥剂普遍存在的高温下易液化、易放湿返渗的问题，与众多通信行业、汽车行业的优秀企业达成长期的合作关系。生产炒货脱氧剂、防油型脱氧剂，吸收二氧化碳和氧气的双效脱氧剂、吸收水汽和氧气的防潮脱氧剂、罐装产品专用的恒压脱氧剂、超效脱氧剂。其中自主研发的防潮脱氧剂与恒压脱氧剂的应用效果得到多数北方客户认可。

此外深圳春旺还拥有芳香系列、空气净化系列、食品药品干燥剂系列、家居除湿系列、清洁系列、工业干燥剂系列等众多产品体系。

深圳市春旺新材料股份有限公司的前身为春旺防潮珠厂，成立于1998年。

2004年4月，春旺实业有限公司成立。

2005年，公司通过ISO9001质量管理体系、ISO14001环境管理体系的认证。

2012年，成功研发家居系列产品和空气净化系列产品。

2015年1月9日，春旺成功上市，股票代码831880，同年6月被评为"国家高新技术企业"。

2018年，收购东莞市万江万宝日用制品厂，成立东莞市春旺环保科技有限公司。

2022年，荣获"深圳市专精特新企业"；同年10月，全资子公司安徽春旺新材料有限公司正式投产。

深圳春旺计划推进研产销一体化运行机制，形成以客户需求为导向，以市场营销为龙头，以技术研发为支撑，以生产运作为基础，以产品效益最大化为共同目标，各部门有效配合、对市场作出快速反应和整体联动的工作模式。

8.5.3 活性包装下游典型企业

以规模较大的浙江大华技术股份有限公司（简称"大华股份"）为例。

2024年1—6月，大华股份营业总收入148.67亿元，同比增长1.59%，营业总支出132.63亿元，同比增长4.93%，其中，营业支出87.31亿元，销售费用22.68亿元，管理费用5.11亿元，财务费用-2.5亿元，营业利润18.26亿元，同比下滑18.43%。公司现拥有20000多名员工，其中研发人员占比超50%。公司每年以10%左右的销售收入投入研发，不断致力于技术创新，建立了先进技术研究院、大数据研究院、中央研究院、网络安全研究院和智慧城市研究院。

大华股份的营销和服务网络覆盖全球，在亚洲、北美洲、南美洲、欧洲、非洲、大洋洲建立了58个境外分支机构，在国内设立了200多个办事处，为客户提供快速、优质的服务。公司产品和解决方案覆盖全球180个国家和地区，广泛应用于交通、制造、教育金融、环保等多个领域，并参与了中国国际进口博览会、G20杭州峰会、里约奥运会、厦门金砖国家峰会、老挝东盟峰会、上海世博会、广州亚运会、港珠澳大桥等重大工程项目。大华股份作为国家高新技术企业，2008年5月成功在A股上市（股票代码：002236），公司拥有国家级博士后科研工作站、是国家认定企业技术中心、国家创新型试点企业，现拥有4项国家火炬计划项目、5项国家高技术产业化重大专项、3项国家核高基项目。公司申请专利超4500项，其中申请国际专利360多项，2008—2020年连续13年被列入国家软件企业百强；连续13年荣获中国安防十大品牌；连续14年入选a&s"全球安防50强"，2020年排名全球第二位；在Omdia 2021发布的报告中，全球智能视频监控市场占有率排名第二位，是中国智慧城市建设推荐品牌和中国安防最具影响力的品牌之一。

8.5.4 活性包装设备典型企业

下面简要介绍上海松川远亿机械设备有限公司和湖南西胜智能装备有限公司。

（1）上海松川远亿机械设备有限公司

上海松川远亿机械设备有限公司（简称"松川机械"），成立于2003年，位于上海市，是一家从事专用设备制造业为主的企业。企业注册资本500万美元，超过了96%的上海市同行，实缴资本500万美元。通过天眼查大数据分析，上海松川远亿机械设备有限公司共对外投资了9家企业，参与招投标项目72次；知识产权方面有商标信息20条，专利信息370条，著作权信息5条；此外企业还拥有行政许可14个。

公司规模：100～499人。

经营范围：设计、生产包装机械、食品机械，销售公司自产产品，并提供相关售后服务等。

该司分支机构包括上海松川远亿机械设备有限公司天津分公司、上海松川远亿机械设备有限公司郑州分公司等。

松川机械集自动化产品研发与制造、企业自动化方案设计与服务、工厂全智能覆盖与延伸于一体，多元集约化运营管理，由上海松川远亿机械设备有限公司、佛山市松川机械设备有限公司、成都松川雷博机械设备有限公司等共同组成，全国设有二十多家标准化直营服务网点，在东南亚、欧洲、美洲地区均设立了代理机构，真正做到"全案全能，全心全力"。二十多年来，松川机械作为国内自动化食品生产、包装机械领域的拓荒者与创新者，秉持"笃专精进，有容致远"的事业信念和"一切以客户需求为导向"的市场观，崇尚工匠精神，依托专业深厚的底蕴，创先人本的设计、卓越优良的品质、高效尽善的服务，为客户创造更高价值。

松川机械产品包括枕式包装机、立式包装机、三维裹包包装机、给袋包装机、自动装箱封箱机、自动物料分配、整理、包装系统；速冻食品机械；烘焙食品机械在内的八大系列，涉及生活用纸、休闲食品、烘焙、盐化、速冻、乳品、制药、日用化工等多个行业。

（2）湖南西胜智能装备有限公司

湖南西胜智能装备有限公司成立于 2020 年，位于湖南省株洲市，是一家以仪器仪表制造业为主的企业。企业注册资本 1000 万元人民币，超过了 90% 的湖南省同行。湖南西胜智能装备有限公司拥有商标信息 3 条，专利信息 14 条；拥有行政许可 2 个。

该公司经营范围包括智能设备的研发、制造及销售；软件开发、销售；工业自动控制系统装置、机械零配件的制造、销售及维修；通信设备、家用电器、五金产品、照明灯具、机械设备、纺织品及针织品、办公用品、日用百货、计算机及零部件、电线、电缆、机电设备、模具、塑料制品、钢材、建筑材料的销售；自营和代理各类商品及技术的进出口等。

综上所述，与其他行业不同，活性包装行业规模小，体量也小，是包装行业中的一个小众细分行业，其发展存在一定瓶颈问题。但从整体来看，由于该行业的包装属性，其发展方向也须满足相应的方向要求，如"绿色低碳"、智能化、产学研用深度融合、完善相关标准和规模化专业化方向。只有这样，行业发展瓶颈才能突破，行业规模才能进一步扩大，行业影响力也才能进一步提高。

9 结语

9.1 行业概况与发展形势

9.1.1 我国活性包装行业发展特点及现状

随着国民经济的快速发展，人们生活水平的快速提升，活性包装的总体需求旺盛，市场广阔。特别是随着我国果蔬、肉制品、鲜活动物与水产品、药品、坚果、烘焙食品和粮谷产品等 8 个民生行业的迅速发展，以及特殊消费场景、机械电子产品应用需求的快速增长，促进了我国活性包装行业的兴起，刺激了活性包装市场需求的增长。行业发展的主要特点如下。

（1）市场容量大、发展速度快。从活性包装行业发展的驱动因素来看，我国国民经济发展持续保持高速增长、城乡居民可支配收入明显增加，既带动了相关行业的快速发展，也带动了消费结构逐步升级，这些都为我国活性包装行业持续、高速增长奠定了坚实的基础。

（2）区域发展不平衡、市场化程度高。由于区域间经济发展和产业结构的不均衡，导致活性包装行业华东、华南地区与中西部地区有明显的差异，形成了活性包装行业典型的发展格局——广东（深圳）、山东、江苏、浙江、上海、四川、福建、安徽等省市企业保持市场领先优势，具有较强的竞争力。据 2023 年底调研统计，各省市活性包装及相关企业（不含用户企业）集中度前五名分别是广东（130 家）、山东（48 家）、江苏（46 家）、浙江（38 家）和上海（36 家），新疆、河北、贵州、宁夏、青海、重庆、西藏等省区均只统计到 1 家相关企业，区域、省份差异十分突出。

（3）活性包装企业以民营企业和内资为主。由于本行业具有技术与资金门槛偏高、产业细分领域众多、行业产业链整合度不高的特点，加之随着部分国有企业的逐步改制和改造，活性包装行业中民营经济成分已占绝对比重，达到企业总数的 95% 以上（在活性材料与产品生产企业中，民营企业几乎占到 100%）。从市场份额来看，行业整体状况为内资绝对主导。

（4）全行业企业实力相差悬殊。在调研统计范围内，产值、规模较大（平均产值 1.5 亿元以上、员工人数 300 人以上）的企业数量仅占不到 10%，产值却占 50% 以上。这些数据，显示出行业内企业出现较大不均衡现象。

（5）行业分散、缺乏内在与外在联系。国内活性包装企业通常按产业链——原辅材料→活性产品→相关设备→用户端，有着明显的界限。调研结果表明，一方面，全行业进行全产业链整合的企业或企业集团几乎没有，活性包装原材料与产品生产企业与用户企业之间也缺乏必要和有机联系。另一方面，整个行业尚没有统一的行业组织，无论产品或技术标准、行业行为规范，还是产能与成本售价调控，都难以形成发展合力，难以形成行业影响力。因此，从规范活性包装企业的经营行为，构建活性包装行业健康发展业态，形成业内公认的技术、品质与管理制度出发，都对行业集中度、行业组织管理提出了更高要求。

（6）开发研究与产业发展脱节严重。从调研结果看，国内高校和研究机构从事活性包装技术研究的机构、高校众多，研究方向十分庞杂，研究深度也较大。但因种种原因，行业中实际应用和转化的成果相对偏少。

9.1.2 我国活性包装行业的总体发展趋势

活性包装行业虽然有较好的发展机遇，产品市场总体上比较兴旺，但本行业受政策、下游产业发展的影响较大，把握好外部环境发展形势和行业发展基本趋势，对供求双方和市场主客体乃至决策管理部门都是至关重要的。今后我国活性包装行业大体有如下几个大的发展趋势。

（1）行业保持平稳发展

从活性包装行业发展的驱动因素来看，我国城市化进程不断加快、城乡居民可支配收入的增加带来的消费结构逐步升级，果蔬、肉制品、鲜活动物与水产品、药品、坚果、烘焙食品和粮谷产品等民生行业迅速发展，特殊消费场景、机械电子产品应用需求的快速增长等因素奠定了我国活性包装行业持续、稳定增长的坚实基础。根据活性包装行业特点和活性技术应用领域的特点，除传统食品药品包装以外，活性包装还在家电、家具、服装、箱包、设备设施、军械包装等领域应用，而这些领域也都是发展速度很快的行业领域，因此，虽然过去十多年中我国活性包装行业保持了20%以上的复合增长率，但上述因素的存在将促使活性包装行业继续保持高速增长。调研数据表明，2022年我国活性包装行业完成产值50亿元，2023年达58.2亿元。

（2）行业结构将趋于合理

根据国际活性包装行业的发展途径来看，活性包装产品的设计专业化、生产集约化、活性产品功能对象专门化不可避免，在这一产业升级过程中，无疑要淘汰一批落后的小微企业，同时也会出现一批竞争力强、优势明显的优质企业或企业集群。

经过30多年的发展，活性包装行业市场已经趋向成熟，市场结构也日趋完整。据调研统计，2022—2023年国内共有活性包装企业近417家（不含活性包装用户/下游企业），在这些活性包装企业中，活性包装原材料企业占37.9%；活性包装生产企业占43.9%，活性包装相关设备企业占18.2%。除传统的活性包装原辅材料、活性包装产品和活性包装相关设备等产业链要素外，针对生鲜农产品储运保鲜、粮食保鲜、水产保鲜等专门化的应用场景开发产品和整体解决方案的一类企业也在逐年增多。这表明，活性包装行业的产业链正在丰富和完善，行业结构也日趋合理。

（3）活性包装行业将随着相关产业的发展而快速发展

可以预见，活性包装行业将成为包装行业一个新的细分产业。根据调研，近年来，活性包装产业的经济、社会效益已日益凸显。统计到的用户/下游企业中，果蔬保鲜占14.6%，肉制品、鲜活动物与水产品占14.6%，粮谷干果类占18.3%，药品占26.8%，烘焙食品等占13.4%；电子与日用品占39%。可以看出，食品药品行业活性包装用户与非食药产业用户占比约为6∶4。这些民生行业及家电、家具、服装、箱包、设备设施、军械包装等非食药产业，都是我国国民经济至关重要的组成部分，这些产业的不断发展，将对活性包装产业提出更高的要求，对活性包装产业的规模化发展提出新的要求；活性包装行业的发展前景十分广阔。

9.2 活性包装各专业领域的发展态势

9.2.1 针对不同防护对象的活性防护机理研究

目前，针对不同对象产品的防护机理研究日益广泛。包括研究氧化银、果胶、α-生育酚、PLA、茶多酚-壳聚糖、迷迭香、多球壳菌素、那他霉素、纳米微孔二氧化硅、精油等材料和技术，对鲜核桃仁、鲜切苹果、糙米、鲜切鱼片、梅杏仁、虾仁、蘑菇、猪肉饼等产品的保鲜防护作用机理，人们进行了大量的研究，取得了一些实验室成果。

例如，对于肉制品的保鲜包装，其主要作用是防止肉制品污染、延缓腐败、减少质量损失、维持肉色及较好的风味。因此，需要从防止微生物生长和繁殖、抑制肉制品氧化和提高肉色稳定性等方面进行深入研究。上述机理研究则奠定了这种应用研究的基础。

9.2.2 针对活性包装材料及其应用技术的研究

近年来，在活性包装材料及其应用研究领域，涉及 PVA 基活性包装材料、多糖可食保鲜膜、柑橘皮-细菌纤维素复合膜、肉桂油-茶多酚基活性保鲜膜、多孔淀粉保鲜膜、花青素智能保鲜膜、精油纳米颗粒、生物基活性包装材料、释放型抗氧化包装膜、纤维素基活性包装材料、鱼鳞抗菌肽、醇溶蛋白-明胶可食膜等材料及其活性调控技术研究等。

其中，淀粉/PVA 活性包装薄膜是一种具有抗菌、抗氧化等功能的可生物降解包装材料，在食品包装领域具有很好的市场前景，是目前国际活性包装材料的研究热点之一，尤其是在薄膜改性、功能特性及食品保鲜等方面。

9.2.3 针对不同产品的保鲜保质技术及其应用研究

如针对青皮核桃、果蔬产品、水产品、马铃薯、蛋品、发酵乳制品、苹果、蘑菇、银鲳鱼、冷鲜肉、鲜切果蔬、鲜奶酪、双孢菇等产品的保鲜保质技术研究，研究了不同温度下不同包装材料、不同保鲜剂的不同保鲜技术对其保鲜保质效果的影响。

9.2.4 抗菌包装材料及抗菌剂的研究

在塑料中添加抗菌剂是目前抗菌塑料的主要制备方法。在塑料中使用的抗菌剂包括无机抗菌剂、有机抗菌剂、天然产物抗菌剂等 3 大类。食品包装用抗菌塑料，其使用目的是防止微生物引起的食品腐败。由于食品安全性的缘故，食品包装用抗菌塑料比其他抗菌塑料制品的安全性要求更为严格。这是因为，第一，食品包装所使用的抗菌剂的安全性等级要达到可接触食品或食品添加剂的要求。没有获得食品安全性认证和注册的抗菌剂不能在抗菌包装中使用；第二，食品包装的抗菌效果要体现出对食品的防腐和延长货架期的实际效果。而一般意义上的抗菌塑料只需要对自身起到保护作用，抑制微生物在塑料制品上的生长繁殖。为了满足食品包装用的抗菌塑料的安全性和使用效果的特殊性能要求，必须选择合格的抗菌剂，并设计新的材料加工和使用方法。

由于受抗菌剂种类和阻止微生物在食品中生长的双重限定，用于食品包装的抗菌塑料的制备技术与其他用途的抗菌塑料的生产技术存在很大区别。这是因为，目前可安全使用在食品包装上的抗菌剂大多为小分子抗菌剂或天然抗菌剂，化学合成抗菌剂很少。因此，按照常规技术，如采用熔融共混加工生产抗菌塑料，即试图将绝大多数抗菌剂熔合在塑料中是不现实的。因为小分子抗菌剂或天然抗菌剂的挥发温度低、热稳定性差、不能经历塑料熔体加工过程。除了耐高温的食品包装用含银锌无机抗菌剂，银、铜金属抗菌剂，其他的抗菌材料包括释放型和冲刷型抗菌塑料包装（如二氧化硫、异硫氰酸烷基酯等）、抗菌涂层包装（细菌素与聚酰胺溶液混合制成涂层、乳酸链球菌素与甲基纤维素/羟丙基甲基纤维素混合物制成涂层等）、直接加入型抗菌剂的塑料包装薄膜（山梨酸钾、银沸石、三氯生等）、表面固定抗菌剂的塑料薄膜（细菌素、溶菌酶等）、表面改性的抗菌塑料薄膜（通过化学反应生成抗菌功能基团）等。

9.2.5 活性包装与智能包装技术的融合

智能包装指通过智能器件检测包装食品的环境条件，提供在流通和储存期间包装食品品质的信息。将机械、生物、电子、化学传感器及网络技术等科技融入包装材料中，可以使普通的包装实现许多"特殊功能"。常用的食品智能包装形式主要包括时间-温度型、气体指示型和新鲜度指示型3种。其发展方向包括：

（1）开发新的智能包装元器件。如功能油墨印刷技术、新型传感材料、硅光电技术、生物传感技术等。

（2）智能包装元器件与包装系统、活性包装系统的集成。如TTI与包装材料的相容性、有源无源RFID的应用等。

（3）智能包装数据化管理。可以通过传感器和互联网技术实现对包装过程的数据化管理。例如，可以监测包装过程中的温度、湿度、推动等参数，并将数据实时上传到云平台，通过数据分析和挖掘，实现对包装过程的优化和改进等。

9.3 行业主要问题

三十多年来，活性包装这一新兴行业在我国已取得了长足进步，产业规模持续扩大，产业技术水平不断提升，在总量上已超过世界上主要的经济体。但总体来看，我国活性包装行业与世界先进水平相比、与国民经济发展的需要相比，仍有较大差距；行业发展过程中还存在一些突出矛盾和问题，已成为制约行业快速发展的瓶颈，主要体现在以下几个方面。

（1）产业发展缺乏国家或行业层面的政策引领，导致各专业领域产品类型雷同，产品同质化现象较为严重

从目前国内各地区各省活性包装行业发展情况和骨干企业走访可以看出，我国活性包装产业布局的顶层设计不足，产业发展缺乏国家或行业层面的政策引领，没有立足于地区发展条件和优势进行合理定位和差异化分工，存在较为严重的产业趋同现象。一些专业领域已开始出现产业链上下游不通畅、部分产品存在恶性竞争风险。此外，跟风式投入依然没有得到有效控制，易造成重复建设和产能过剩，影响产业发展的可持续性。

国家和行业政策支持有限，保障力度不足，相关政策及保障机制难以适应活性包装行业发展的要求。受制于此，面向广泛应用领域的活性产品与材料的相关标准缺乏独立性，已影响到产业的健康快速发展。

（2）活性包装的基础理论研究与行业实践存在脱节现象

由于活性包装在国内的发展起步较晚，相关基础理论研究、技术体系建设尚未成熟，给其生产应用带来了一定的问题；尽管许多高校、不同专业的大量科技人员都在针对活性包装各个技术领域开展了研究工作，但正如第6章所述，相关研究多停留在实验室、停留在论文层面。理论研究与行业需求的结合还需要进一步加强；同时，相关研究的合规问题不容忽视。

(3) 产业层次不高、产业结构单一、行业品牌建设落后

调研结果表明，我国活性包装行业主要产业领域普遍存在企业规模偏小、产业层次偏低的问题，除在原材料领域、用户领域拥有规模较大或上市的企业外，活性包装产品与相关设备生产企业仅有个别企业在新三板上市。从活性包装产品看，除大量脱氧剂、干燥剂生产企业外，活性包装其他技术领域的产品和生产企业都相对较少；涉及大品类产品的活性保护整体方案供应商则更是凤毛麟角。在这种产业结构情形下，企业经营压力较大、企业规模效益难以快速提升，全行业品牌建设与推广工作严重滞后于同类其他行业。甚至部分企业选择利润导向，而不是以品牌为导向，越发导致品牌形象建设滞后。

(4) 主导行业及专业领域不明确，缺乏强势方向引领的产业链和产业集群

活性包装行业涉及的主要行业包括原辅材料生产企业、活性包装材料及产品生产企业、用户企业、活性包装装备及其生产企业和相关科研教育机构等。由于活性包装的产品特征和行业特点所限，其原辅材料行业和诸多用户行业的体量和规模都远大于活性包装产品生产企业，导致其在整个产业链中的地位和影响都相对有限，加之活性包装行业本身的空间分布不够集中、各企业往往各自为政、自成体系，无法将有限的产业资源整合起来，难以形成由强势方向引领的产业链和产业集群，活性包装行业自身的话语权较弱。

(5) 专业人才匮乏、原始创新能力不足

在一般包装院校和研究机构，少有针对性的面向活性包装行业的专门教学与研究团队，因而，造成本行业专业人才匮乏，行业创新能力不足，尤其是对行业共性技术研发与支撑能力不强，面向大品类产品的整体方案开发及高端产品自给率不高。随着行业的不断发展，企业经营规模的不断扩大，人才培养已成为一项必须解决的问题，高素质的人才已经成为企业的关键资源之一。

9.4 加快活性包装行业发展的对策与建议

为加快活性包装行业的健康快速发展，突破行业发展瓶颈，形成活性包装行业的规模效益和品

牌影响力，需要提高活性包装新材料的基础理论支撑能力，持续推进活性包装技术与产品融入全球高端食品药品制造供应链，要进一步提高关键核心技术、高端整体解决方案的自给率，打造有品牌影响力和凝聚力的行业旗舰和领军企业，助推相关行业的健康发展。为此，提出如下建议。

9.4.1 加强顶层设计，完善产业政策

要加强顶层设计，完善产业政策。本轮调研尽管涉及企业数量有限，但行业全貌已可窥见一斑。建议有关部门成立活性包装行业的管理与服务组织，加快完善有利于推动活性包装行业进步的政策和法规体系；制定活性包装产业发展的指导目录和投资指南，立足于地区发展条件和优势进行合理定位和差异化分工；针对活性包装涉及的具体行业特点，建立和完善相关的技术标准体系；完善本行业的产业链、创新链和资金链。

9.4.2 建立创新联盟，推动协同创新

要建立产学研用创新联盟，推动行业协同创新。核心是以目标为导向，构建面向行业发展关键共性问题的产学研用创新联盟，创新协作新模式。其关键是要瞄准目标，适应需求，构建发挥优势、分工协作、深度融合的产学研用协作平台。

产业创新需求是构建产学研协作的主要目的，产业创新需求就是促进科技成果转化、推动产业技术升级，从而防止理论研究与行业需求的脱节。此外，还必须注意，通过创新机制，防止产学研流于形式，实现产学研合作的深度融合和信息化智能化；强化产学研协作新模式的政策支持，充分发挥政府在产学研协作中的引导和服务作用；必须引导和激励企业发挥主导作用、激励企业加强创新投入，营造有利于科技型企业成长的良好环境。

9.4.3 依托行业力量，实施品牌战略

中国包装联合会是唯一代表全国包装行业的国家级协会。尽管目前尚没有专门的活性包装行业组织，但通过专门的行业活动、学术论坛、技术沙龙等完全可以集聚行业力量，形成发展合力。要

推进骨干企业通过参加行业品牌评比、产业基地建设、研发中心构建等活动打造企业品牌。并通过强化品牌营销、发展品牌联合推广和提升品牌价值来实施企业品牌战略，培育品牌形象，提高品牌认知度，使品牌成为企业的核心竞争力。

9.4.4 发挥市场作用，完善行业结构

要发挥市场的资源配置作用，完善以企业为主体的行业发展体系。在注重政府、行业对活性包装行业发展战略引导作用的基础上，加快营造活性包装相关企业自主经营、公平竞争的市场环境，以企业为投资主体和成果应用主体，充分发挥市场配置资源的基础性作用，提高资源配置效率和公平性，推动优势企业强强联合、跨地区兼并重组、境外并购和投资合作，提高产业集中度，培育具有国际竞争力的企业集团。特别是在中高端产品和大品类产品的活性包装整体解决方案方面，以需求带动发展，促进企业上档次、上规模，推动供给侧结构性改革，扩大与国际食品药品及相关企业的全方位合作，推动我国活性包装产业快速融入全球高端制造供应链。

9.4.5 加强人才培养，建设专家团队

应支持全行业实施创新人才发展战略，加强创新能力建设，不断加大活性包装领域创新型人才的培养力度，吸收国外高水平的技术和管理人才，建立适合创新人才发展的激励和竞争机制。同时，鼓励活性包装企业积极开展国际合作与交流，引进国外先进技术和管理经验，不断提升我国活性包装企业管理水平。充分发挥行业协会、科研单位和大学的作用，共同建立活性包装技术领域专家系统（专家团队），建立和培养高校教学研究力量，加强活性包装基础理论研究、生产和应用端的直接沟通和交流。专家系统定期对国内外活性包装技术研发和应用情况进行调研和评估，发挥智库作用，就活性包装行业的发展和基础性、关键性、共性的问题提供咨询意见。

附录一、我国活性包装行业大事记

1987年，山东鲁银新材料科技有限公司前身山东莱芜粉末冶金厂成立；

1991年5月，浙江省技术物理应用研究所丁连忠首次通过翻译文章将"食品的活性包装技术"概念及其应用引入国内；

1993年，滕州市辛绪泡花碱厂成立，开始生产硅酸钠，服务于本埠企业；

1995年1月，渝州大学生物系冯有胜在《渝州大学学报》发表《活性铁保鲜剂对米花糖保鲜效果的研究》一文，这是迄今最早的国内研究论文之一；

1998年，安丘市维立净化材料科技开发有限公司创建；

1998年，上海樱琦干燥剂有限公司成立；

1999年5月，国家标准《防潮包装》发布实施；

2000年，东莞市欣荣天丽科技实业有限公司前身"东莞市天丽食品添加剂实业有限公司"成立；

2001年，杭州干将实业有限公司前身，杭州绿源精细化工成立；

2001年10月，原卫生部《关于消毒剂及抗菌卫生用品原料使用有关问题的批复》发布实施；

2002年，南通欧凯包装科技有限公司成立，干燥剂投入生产；

2002年12月，国家标准《液体食品保鲜包装用纸基复合材料（屋顶包）》发布实施；

2003年，南通欧凯包装科技有限公司脱氧剂投入生产；

2004年，深圳市春旺新材料股份有限公司前身春旺实业有限公司成立；

2004年，佛山市顺德区特普高实业有限公司成立；

2004年4月，国家食品药品监督管理总局颁布《关于加强药品组合包装管理的通知》；

2004年6月，国家食品药品监督管理总局《直接接触药品的包装材料和容器管理办法》发布实施；

2004年7月，国家食品药品监督管理总局颁布《直接接触药品的包装材料和容器管理办法》；

2004年7月，国家食品药品监督管理总局颁布《直接接触药品的包装材料、容器生产质量管理规范（试行）》；

2005年，山东辛化硅胶有限公司成立，硅胶产品进军国际市场；

2005年，南通欧凯包装科技有限公司南通工厂质量体系审核通过；

2005年，淮安市威特保鲜剂有限公司成立；

2006年，南通欧凯包装科技有限公司酒精保鲜剂投入生产；

2008年5月，国家标准《防潮包装》发布实施；

2008年7月，行业标准《包装用矿物干燥剂》发布实施；

2008年12月，国家标准《液体食品保鲜包装用纸基复合材料》发布实施；

2009年，扬州九美保鲜技术有限公司前身扬州同展保鲜技术有限公司成立；

2009年，南通欧凯包装科技有限公司河南分厂开业；

2010年，晋江拓普旺防霉材料有限公司成立；

2011年12月，国务院办公厅发布《关于加强鲜活农产品流通体系建设的意见》；

2012年，杭州干将实业有限公司成立；

2012年，东莞市欣荣天丽科技实业有限公司成立；

2012年，南通欧凯包装科技有限公司海安新工厂开业；

2013年，嘉兴星越包装材料有限公司成立；

2013年10月，国家卫生健康委员会发布《利用新材料、新工艺技术和新杀菌原理生产消毒剂和消毒器械的判定依据》；

2014年，南通欧凯包装科技有限公司包装机、投包机投入生产；

2015年，扬州九美保鲜技术有限公司成立；

2016年，南通欧凯包装科技有限公司铁系脱氧剂投入生产，ERP管理系统投入使用；

2017年，淮安市威特保鲜剂有限公司投资成立威特彩印包装有限公司和威特日用品有限公司；

2018年，成都包乐包科技有限公司成立；

2018年，食品用脱氧剂》《食品用酒精保鲜剂》两项团体标准发布；

2019年，北京鉴真保鲜科技有限公司成立；

2019年，南通欧凯包装科技有限公司通过国家高新技术企业，海安二期工厂智能化车间投入使用；

2019年，嘉兴星越包装材料新工厂投产；

2019年4月，行业标准《干燥剂包装袋用纸》发布实施；

2020年，"莱芜钢铁集团粉末冶金有限公司"更名为"山东鲁银新材料科技有限公司"；

2020年，南通欧凯包装科技有限公司高速机车间启动；

2020年，湖南西胜智能装备有限公司成立；

2020年，北京鉴真保鲜科技有限公司获中关村国际前沿科技创新大赛农业科技领域TOP10；获中国经济年度峰会2020中国企业社会责任奖；获中国经济年度峰会2020中国（农业）十大先锋品牌；（第四届）博鳌企业论坛中国包装行业影响力品牌；获（第四届）博鳌企业论坛中国农产品保鲜产业最具投资价值企业；获中国科技创新企业TOP100；

2021年7月，行业标准《包装用干燥剂》发布实施；

2021年，威特集团公司成立；

2021年，北京鉴真保鲜科技有限公司"3·15国际消费者权益日"期间荣膺"全国匠心品牌（产品）"；中国科学家论坛2020—2021高品质发展科技创新先进单位、科技创新优秀发明成果；第六届清华校友三创大赛人居环境与乡村振兴全球总决赛天使组十强；

2021年 南通欧凯包装科技有限公司内控项目投入生产，胶状酒精保鲜剂投入生产；

2022年，《食品用脱氧剂质量要求》《食品用干燥剂质量要求》两项国家标准发布；

2022年，嘉兴星越包装材料分公司建设完成；

2023年5月，国家标准《食品用脱氧剂质量要求》《食品用干燥剂质量要求》发布实施；

2023年6月，中关村京典药品检验检测技术联盟食药包装专业委员会成立；

2024年1月，《食品用脱氧剂安全评价技术规范》《食品用干燥剂安全评价技术规范》两项团体标准完成征求意见稿。

附录二、我国活性包装行业主要企事业单位概况

附录三、我国活性包装行业基本数据

附表 3-1　主要活性包装上游/原材料企业基本信息表

附表 3-2　主要活性包装产品制造企业基本信息表

附表 3-3　主要活性包装下游/用户企业基本信息表

附表 3-4　主要活性包装技术相关企业基本信息表

附表 3-5　典型活性包装企业经济技术指标一览表

附表 3-6　典型活性包装上下游企业产业链概况表

附录二和附录三详细内容请通过二维码扫码查询。

参考文献

[1] 陈晨伟，谢晶，贺璇璇，等．含 α-生育酚的 PE/PVA 活性包装膜对鲜切苹果品质的影响 [J]．包装工程，2015，36（21）：17-21．

[2] 周玲，何贵萍，阎梦萦，等．PE/Ag2O 纳米包装袋对苹果切块品质的影响 [J]．食品科技，2010（6）：56-59．

[3] MANEERAT C, HAYATA Y. Antifungal Activity of TiO2 Photocatalysis Against Penicillium Expan Sum in Vitro and in Fruit Tests[J]. International Journal of Food Microbiology, 2006, 107（2）:99-103.

[4] 郭韵恬．PE 基纳米包装材料的研制及其性能研究 [D]．大连：大连工业大学，2015．

[5] GUO Yun-tian. Study on Preparation and Performance of PE-based Nano Packaging Material[D]. Dalian: Dalian Polytechnic University, 2015.

[6] CHIU P E, LAI L S. Antimicrobial Activities Of Tapioca Starch/Decolorized Hsian-Tsao Leaf Gum Coatings Containing Green Tea Extracts in Fruit-Based Salads, Romaine Hearts and Pork Slices[J]. International Journal of Food Microbiology, 2010（139）:23-30.

[7] 隋思瑶，王毓宁，马佳佳，等．活性包装技术在果蔬保鲜上的应用研究进展 [J]．包装工程，2017，38（9）：1-6．

[8] 肖乃玉，卢曼萍，陈少君，等．阿魏酸-胶原蛋白抗菌膜在腊肠保鲜中的应用 [J]．食品与发酵工业，2014（4）：210-215．

[9] XIAO Nai-yu, LU Man-ping, CHEN Shao-jun, et al. Application of Ferulic Acid-Collagen Antibacterial Film in Freshness of Sausage[J]. Food and Fermentation Industry, 2014（4）:210-215.

[10] 唐智鹏，陈晨伟，谢晶．抗菌活性包装膜及其控释技术的研究进展[J]．包装工程，2018，39（5）：99-104．

[11] RIBEIRO-SANTOS R, DE MELO N R, ANDRADE M, et al. Whey Protein Active Films Incorporated with a Blend of Essential Oils: Characterization and Effectiveness[J]. Packaging Technology and Science, 2018, 31（1）:27-40.

[12] SUMAN S P, MANCINI R A, RAMANATHAN R, et al. Effect of Lactate Enhancement, Modified Atmosphere Packaging, and Muscle Source on the Internal Cooked Colour of Beef Steaks[J]. Meat Science, 2009, 81（4）:664-670.

[13] 陈文文，朱立贤，罗欣，等．基于生物可降解材料的活性包装在熟肉制品中的应用进展 [J]．肉类研究，2020，34（3）：75-81．

[14] BATTISTI R, FRONZA N, et al. Gelatin-coated Paper with Antimicrobial and Antioxidant Effect for Beef Packaging[J]. Food Packaging and Shelf Life, 2017, 11: 115-124.

[15] MUPPALLA S R, KANATT S R, CHAWLA S P, et al. Garboxymethyl Cellulose-polyvinyl Alcohol Films with

Clove Oil for Active Packaging of Ground Chicken Meat[J]. Food Packaging and Shelf Life, 2014, 2:51-58.

[16] YANG H J, LEE J H, WON M, et al. Antioxidant Activities Of Distiller Dried Grains with Solubles as Protein Films Containing Tea Extracts and Their Application in the Packaging of Pork Meat [J]. Food Chemistry, 2016（196）:174-179.

[17] 陈茹，李洪军，王俊鹏，等．抗氧化活性包装膜的制备及其在肉类食品中的应用研究进展[J]. 食品与发酵工业，2021，47（11）:287-294.

[18] 缪洛．生物基活性包装的特征研究及其在生鲜牡蛎保鲜中的应用[D]. 上海：上海海洋大学，2018.

[19] 徐凤娟，朱子淇，李振兴，等．迷迭香活性包装对虾仁冷藏过程中脂质氧化与质构的影响[J]. 食品安全质量检测学报，2016，7（9）:3678-3682.

[20] 唐海兵．活性PLA/PHA包装薄膜对冷藏保鲜河豚鱼片品质及风味的影响研究[D]. 上海：上海海洋大学，2020.

[21] Ma Y, Li L, Wang Y. Development of PLA - PHB - based Biodegradable Active Packaging and its Application to Salmon[J]. Packaging Technology and Science, 2018, 31（11）:739-746.

[22] 孟令馨，徐淑艳，谢元仲．纳米纤维素及纤维素衍生物在包装材料领域的应用[J]. 森林工程，2015，31（5）:134-138.

[23] 袁文波，张群华，刘媛，等．静电纺丝制备生物基食品活性包装纤维膜及其应用[J]. 包装工程，2021，42（05）:13-22.

[24] 张岭．高温流化糙米储藏稳定性及储藏包装方式的研究[D]. 江苏：江南大学，2019.

[25] 姜尚洁，黄俊彦．现代食品包装新技术：活性包装[J]. 包装工程，2015，36（21）:150-154.

[26] 微波．简述活性包装的分类及应用（一）[J]. 上海包装，2019（02）:26-29.

[27] 陈晨伟，段恒，杨福馨，等．释放型食品抗氧化活性包装膜研究进展[J]. 包装工程，2014，35（13）:36-42.

[28] 魏风军，陈芳飞．活性包装技术国外研发热点与前沿概览[J]. 今日印刷，2020（01）:52-55.

[29] 宗琳，陈晨伟，陈智杰，等．淀粉/聚乙烯醇活性包装薄膜及其在食品包装应用中的研究进展[J]. 中国塑料，2020，34（08）:101-112.

[30] Yang F M, Li H M, Li F, et al. Effect of Nano - packing On Preservation Quality of Fresh Strawberry（Fragaria ananassa Duch. cv Fengxiang）During Storage at 4 C[J]. Journal of Food Science, 2010, 75（3）:C236-C240.

[31] Rux G, Mahajan P V, Geyer M, et al. Application of Humidity-regulating Tray for Packaging of Mushrooms[J]. Postharvest Biology and Technology, 2015, 108:102-110.

[32] Singh P, Langowski H C, Wani A A, et al. Recent Advances in Extending the Shelf Life of Fresh Agaricus Mushrooms: a Review[J]. Journal of the Science of Food and Agriculture, 2010, 90（9）:1393-1402.

[33] ABE K, WATADA A E. Ethylene Absorbent to Maintain Quality of Lightly Processed Fruits and Vegetables[J]. Journal of Food Science, 1991, 56(6):1589-1592.

[34] Montero Yasmim, de Souza Alana Gabrieli, de Oliveira Éder Ramin, et al. Nanocellulose Functionalized With Cinnamon Essential Oil: A Potential Application in Active Biodegradable Packaging for Strawberry[J]. Sustainable Materials and Technologies, 2021(prepublish).

[35] Jessica I. Lozano-Navarro, Nancy P. Díaz-Zavala, Carlos Velasco-Santos, et al. Chitosan-starch Films with Natural Extracts: Physical, Chemical, Morphological and Thermal Properties[J]. Materials, 2018, 11(1).

[36] Cláudia Leites Luchese, Tania Garrido, Jordana Corralo Spada, et al. Development and Characterization of Cassava Starch Films Incorporated with Blueberry Pomace[J]. International Journal of Biological Macromolecules, 2018, 106.

[37] Tainara de Moraes Crizel, Tania Maria Haas Costa, Alessandro de Oliveira Rios, et al. Valorization of Food-Grade Industrial Waste in the Obtaining Active Biodegradable Films for Packaging[J]. Industrial Crops & Products, 2016, 87.

[38] Mexis S F, Kontominas M G. Effect of Oxygen Absorber, Nitrogen Flushing, Packaging Material Oxygen Transmission Rate and Storage Conditions on Quality Retention of Raw Whole Unpeeled Almond Kernels (Prunus Dulcis)[J]. LWT-Food Science and Technology, 2010, 43(1):1-11.

[39] Jensen P N, Gitte S R, Per B, et al. Investigation of Packaging Systems for Shelled Walnuts Based on Oxygen Absorbers[J]. Journal of Agricultural and Food Chemistryistry, 2003, 51(17):4941-4947.

[40] Mahajan P V, RODRIGUES F A S. Development of a Moisture Absorber for Packaging of Fresh Mushrooms (Agaricus bisporous)[J]. Postharvest Biology and Technology, 2008, 48(3):408-414.

[41] 周嘉佳, 吴艳明, 张文乐, 等.1-MCP可控缓释包装纸对杏果实贮藏品质的影响[J]. 食品工业科技, 2022, 43(2):248-254.

[42] 白艺朋, 郭晓娜, 周惠明. 包装材料结合活性包装对荞麦半干面常温货架期及品质的影响[J]. 中国粮油学报, 2017, 32(12):31-37.

[43] Latou E, Mexis S F, Badeka A V, et al. Shelf Life Extension of Sliced wheat Bread Using Either an Ethanol Emitter or an Ethanol Emitter Combined with an Oxygen Absorber as Alternatives to Chemical Preservatives[J]. Journal of Cereal Science, 2010, 52(3):457-465.

[44] Fang Z, Zhao Y, Warner R D, et al. Active and Intelligent Packaging in Meat Industry[J]. Trends Food Sci Tech, 2017(61):60-71.

[45] Solovyov S E. Oxygen Scavengers[M]. New York:John Wiley & Sons, Inc., 2014.

[46] Shin Y, Shin J, Lee Y. Effects of Oxygen Scavenging Package on the Quality Changes of Processed Meatball Product[J]. Food Science & Biotechnology, 2009, 18(1):73-78.

[47] Hong L, Mu, Haiyan, et al. A Nanosised Oxygen Scavenger: Preparation and Antioxidant Application to Roasted Sunflower Seeds and Walnut[J]. Food Chemistry, 2013, 136(1):245-250.

[48] Labuza T P, Hyman C R. Moisture Migration and Control in Multi-Domain Foods[J]. Trends in Food Science & Technology, 2000, 9(2):47-55.

[49] Kerry J, Butler P. Smart Packaging Technologies for Fast Moving Consumer Goods (kerry/smart packaging technologies for fast moving consumer goods) [M]//Smart packaging technologies for fish and seafood products. New York:John Wiley & Sons, Ltd, 2008.

[50] Mbuge D O, Negrini R, Nyakundi L O, et al. Application of Superabsorbent Polymers (Sap) as Desiccants to Dry Maize and Reduce Aflatoxin Contamination[J]. Journal of Food Science & Technology, 2016, 53(8):1-9.

[51] Appendini P, Hotchkiss J H. Review of Antimicrobial Food Packaging[J]. Innovative Food Science & Emerging Technologies, 2002, 3(2):113-126.

[52] Shah M S A S, Nag M, Kalagara T, et al. Silver on PEG-PU-TiO2 Polymer Nanocomposite Films: an Excellent System for Antibacterial Applications[J]. Chemistry of Materials, 2008, 20(7):2455-2460.

[53] 陈晨,胡文忠,姜爱丽,等. 鲜切果蔬天然抗菌剂的研究进展[J]. 食品工业科技, 2013, 34(10):362-365.

[54] Lee Sun D. Carbon Dioxide Absorbers for Food Packaging Applications[J]. Trends Food Sci Tech, 2016(57):146-155.

[55] 吴光斌,吴永沛. 食品活性包装的现状及研究进展[J]. 集美大学学报(自然科学版), 2004, 9(2):131-137.

[56] Watkins C B. The Use of 1-methylcyclopropene (1-MCP) on Fruits and Vegetables[J]. Biotechnol Adv, 2006, 24(4):389-409.

[57] Tas C E, Hendessi S, Baysal M, et al. Halloysite Nanotubes/Polyethylene Nanocomposites for Active Food Packaging Materials with Ethylene Scavenging and Gas Barrier Properties[J]. Food Bioprocess Tech, 2017, 10(4):789-798.

[58] Scariot V, Paradiso R, Rogers H, et al. Ethylene Control in Cut Flowers: Classical and Innovative Approaches[J]. Postharvest Biol Tec, 2014, 97:83-92.

[59] Hoseinnejad M., Jafari S M, Katouzian I. Inorganic and Metal Nanoparticles and Their Antimicrobial Activity in Food Packaging Applications[J]. Crit Rev Microbiol, 2018, 44(2):161-181.

[60] Li Xin, Tu Zongcai, Sha Xiaomei, et al. Effect of Coating on Flavor Metabolism of Fish Under Different Storage Temperatures[J]. Food Chemistry: X, 2022(13):100256.

[61] Fang Donglu, Yu Kelin, Deng Zilong, et al. Storage Quality and Flavor Evaluation of Volvariella Volvacea Packaged with Nanocomposite-Based Packaging Material During Commercial Storage Condition[J]. Food

Packaging and Shelf Life，2019，22:100412.

[62] 吴富奇. 新型聚乙烯醇/木薯淀粉复合活性食品包装膜的制备与性能[D]. 南宁：广西民族大学，2021.

[63] Hao Yin, Chenxiao Wang, Jin Yue, et al. Optimization and Characterization of 1，8-Cineole/Hydroxypropyl-β-cyclodextrin Inclusion Complex and Study of its Release Kinetics[J]. Food Hydrocolloids，2021（110）:106-159.

[64] 杨蕙君，蔡少勇，刘兴海，等. 二氧化钒热致变色薄膜的制造策略与先进应用[J]. 包装学报，2020，12（5）:11-20.

[65] ZHANG X, LONG Z. Preparation and Properties of Tungsten-Doped Vo2 Microcapsule Intelligent Temperature-control Packaging Paper[J]. Progress in Organic Coatings，2019（131）:219-226.

[66] 陈楚君. 智能化包装技术在食品包装设计中的应用[D]. 株洲：湖南工业大学，2019.

[67] Vanderroost M, Ragaert P, Devlieghere F, et al. Intelligent Food Packaging: the Next Generation[J]. Trends in Food Science & Technology，2014，39（1）:47-62.

[68] Sgarbossa F, Russo I. A proactive Model in Sustainable Food Supply Chain: Insight from a Case Study[J]. International Journal of Production Economics，2017（183）:596-606.

[69] Wang Z, Fu Z, Chen W, et al. A RFID-based Traceability System for Cattle Breeding in China[C]. International Conference on Computer Application and System Modeling. IEEE，2010:V2-567-V2-571.

[70] Ma C, Li Y, Yu L. Research on Pork Quality Traceability System Based on RFID[C]. Fourth International Conference on Information and Computing. 2011:34-37.

[71] 王志伟. 智能包装技术及应用[J]. 包装学报，2018，10（1）:27-33.

[72] 陈慧芝. 基于智能包装标签的典型生鲜配菜新鲜度无损检测的研究[D]. 无锡：江南大学，2019.

[73] Devi R, Yadav S, Nehra R, et al. Electrochemical Biosensor Based on Gold Coated Iron Nanoparticles/Chitosan Composite Bound Xanthine Oxidase for Detection of Xanthine in Fish Meat[J]. Journal of Food Engineering，2013，115（2）:207-214.

[74] Ghaani M, Cozzolino C A, Castelli G, et al. An Overview of the Intelligent Packaging Technologies in the Food Sector[J]. Trends in Food Science & Technology，2016（51）:1-11.

[75] 贾兆阳. 具有阻隔紫外线功能透明塑料材料在食品包装上的应用研究[J]. 包装工程，2006（6）:31-39.

[76] Calvo M E, Smirnov J R C, Míguez H. Novel Approaches to Flexible Visible Transparent Hybrid Films for Ultraviolet Protection[J]. Journal of Polymer Science Part B Polymer Physics，2012，50（14）:945-956.

[77] Sakai K I, Takahashi S, Kobayashi A, et al. Excited State Intramolecular Proton Transfer (Esipt) in Six-Coordinated Zinc (Ii) -quinoxaline Complexes with Ligand Hydrogen Bonds: Their Fluorescent Properties Sensitive to Axial Positions[J]. Dalton Trans，2010，39（8）:1989-1995.

[78] LEE S Y, LEE S J, CHOI D S, et al. Current topics in Active and Intelligent Food Packaging for Preservation

of Fresh Foods[J]. Journal of the Science of Food and Agriculture, 2015, 95 (14):2799-2810.

[79] 陈智杰, 陈晨伟, 谢晶. 活性包装薄膜的功能特性表征及对食品保鲜作用的研究进展 [J]. 食品工业科技, 2020, 41 (3):339-344.

[80] ESQUIVEL-CHÁVEZ F, COLÍN-CHÁVEZ C, VIRGEN-ORTIZ J J, et al. Control of Mango Decay Using Antifungal Sachets Containing of Thyme Oil/Modified Starch/Agave Fructans Microcapsules[J]. Future Foods, 2021 (3):100008.

[81] Zhu Bifen, Liu Yudi, Qin Yuyue, et al. Release of Clove Essential Oil Loaded By Mesoporous Nano-Silica in Polylactic Acid-Based Food Packaging on Postharvest Preservation of White Button Mushroom[J]. International Journal of Food Science & Technology, 2021, 57 (1):457-465.

[82] LIN M, FANG S, ZHAO X, et al. Natamycin-loaded Zein Nanoparticles Stabilized By Carboxymethyl Chitosan: Evaluation of Colloidal/Chemical Performance and Application in Postharvest Treatments[J]. Food Hydrocolloids, 2020 (106):105871.

[83] Jiang Yongli, Yin Hao, Zhou Xuefu, et al. Antimicrobial, Antioxidant and Physical Properties of Chitosan Film Containing Akebia Trifoliata (Thunb.) Koidz. Peel Extract/Montmorillonite and its Application[J]. Food Chemistry, 2021 (361):130111.

[84] 吴正国. 壳聚糖基固定化纳米银复合抗菌材料的绿色构建及应用 [D]. 广州: 华南理工大学, 2019.

[85] DIAS C, RIBEIRO T, RODRIGUES A C, et al. Improving the Ripening Process after 1-MCP Application: Implications and Strategies[J]. Trends in Food Science & Technology, 2021 (113):382-396.

[86] 周嘉佳, 吴艳明, 张文乐, 等. 1-MCP 可控缓释包装纸对杏果实贮藏品质的影响 [J]. 食品工业科技, 2021:1-11.

[87] ÁLVAREZ-HERNÁNDEZ M H, ARTÉS-HERNÁNDEZ F, ÁVALOS-BELMONTES F, et al. Current Scenario of Adsorbent Materials Used in Ethylene Scavenging Systems to Extend Fruit and Vegetable Postharvest Life[J]. Food and Bioprocess Technology, 2018, 11 (3):511-525.

[88] EBRAHIMI A, ZABIHZADEH KHAJAVI M, MORTAZAVIAN A M, et al. Preparation of Novel Nano-Based Films Impregnated by Potassium Permanganate as Ethylene Scavengers: an Optimization Study[J]. Polymer Testing, 2021 (93):106934.

[89] RUX G, MAHAJAN P V, LINKE M, et al. Humidity-regulating Trays: Moisture Absorption Kinetics and Applications for Fresh Produce Packaging[J]. Food and Bioprocess Technology, 2016, 9 (4):709-716.

[90] GAIKWAD K K, SINGH S, AJJI A. Moisture Absorbers for Food Packaging Applications[J]. Environmental Chemistry Letters, 2019, 17 (2):609-628.

[91] MURMU S B, MISHRA H N. Selection of the Best Active Modified Atmosphere Packaging with Ethylene and Moisture Scavengers to Maintain Quality of Guava During Low-temperature Storage[J]. Food Chemistry,

2018，253:55-62.

[92] 郑秋丽，王清，高丽朴，等 . 蔬菜保鲜包装技术的研究进展 [J]. 食品科学，2018，39（3）:317-323.

[93] FOLTYNOWICZ Z，BARDENSHTEIN A，SÄNGERLAUB S，et al. Nanoscale, Zero Valent Iron Particles for Application as Oxygen Scavenger in Food Packaging[J]. Food Packaging and Shelf Life，2017，11:74-83.

[94] LEE J，CHANG Y，LEE E，et al. Ascorbic Acid-Based Oxygen Scavenger in Active Food Packaging System for Raw Meatloaf[J]. Journal of Food Science，2018，83（3）:682-688.

[95] AHN B J，GAIKWAD K K，LEE Y S. Characterization and Properties of Ldpe Film with Gallic-acid-based Oxygen Scavenging System Useful as a Functional Packaging Material[J]. Journal of Applied Polymer Science，2016，133（43）:44138.

[96] JANJARASSKUL T，SUPPAKUL P. Active and Intelligent Packaging: the Indication of Quality and Safety[J]. Critical Reviews in Food Science and Nutrition，2018，58（5）:808-831.

[97] ZHANG W L，LI X G，JIANG W B. Development of Antioxidant Chitosan Film with Banana Peels Extract and Its Application as Coating in Maintaining the Storage Quality of Apple[J]. International Journal of Biological Macromolecules，2020（154）:1205-1214.

[98] JANJARASSKUL T，SUPPAKUL P. Active and Intelligent Packaging: the Indication of Quality and Safety[J]. Critical Reviews in Food Science and Nutrition，2018，58（5）:808-831.

[99] CONTINI C，ÁLVAREZ R，O'SULLIVAN M，et al. Effect of an Active Packaging with Citrus Extract on Lipid Oxidation and Sensory Quality of Cooked Turkey Meat[J]. Meat Science，2014，96（3）:1171-1176.

[100] GRAY J I，GOMAA E A，BUCKLEY D J. Oxidative Quality and Shelf Life of Meats[J]. Meat Science，1996（43）:111-123.

[101] YANG H J，LEE J H，WON M，et al. Antioxidant Activities of Distiller Dried Grains with Solubles as Protein Films Containing Tea Extracts and Their Application in the Packaging of Pork Meat[J]. Food Chemistry，2016（196）:174-179.

[102] SIRIPATRAWAN U，NOIPHA S. Active Film From Chitosan Incorporating Green Tea Extract for Shelf Life Extension of Pork Sausages[J]. Food Hydrocolloids，2012，27（1）:102-108.

[103] 张一敏，朱立贤，张万刚，等 . 生鲜牛肉中的腐败微生物概述 [J]. 食品科学，2018，39（13）:289-296.

[104] SILVA F，DOMINGUES F C，NERÍN C. Control Microbial Growth on Fresh Chicken Meat Using Pinosylvin Inclusion Complexes Based Packaging Absorbent Pads[J]. LWT-Food Science and Technology，2018（89）:148-154.

[105] Barbosa-Pereira L，Cruz JM，Sendón R，et al. Development of Antioxidant Active Films Containing To Copherols to Extend the Shelf Life of Fish [J]. Food Control，2013，31（1）:236-243.

[106] Dobrucka R，Cierpiszewski R. Active and Intelligent Packaging Food-Research and Development-A Review

[J]. Polish J Food Nutr Sci, 2014, 64（1）:7-15.

[107] Hansen AÅ, Moen B, Rødbotten M, et al. Effect of Vacuum or Modified Atmosphere Packaging（Map）in Combination with A Co_2 Emitter on Quality Parameters of Cod Loins（Gadus morhua）[J]. Food Pack Shelf Life, 2016（9）:29-37.

[108] Shin J, Harte B, Selke S, et al. Use of a Controlled Chlorine Dioxide（Clo_2）Release System In Combination with Modified Atmosphere Packaging（MAP）to Control the Growth of Pathogens [J]. J Food Qual, 2011, 34（3）:220-228.

[109] Gómez-Estaca J, Montero P, Giménez B, et al. Effect of Functional Edible Films and High Pressure Processing on Microbial and Oxidative Spoilage in Cold-Smoked Sardine（Sardina pilchardus）[J]. Food Chem, 2007, 105（2）:511-520.

[110] 陈冬梅. 关于鸡蛋食用价值的探讨 [J]. 中国酿造, 2013, 32（6）:12-15.

[111] 徐同成, 祝清俊, 官琦, 等. 鸡蛋保鲜技术的研究进展 [J]. 农产品加工（学刊）, 2009（7）:40-43.

[112] 陈吟坤, 冯丽娜, 刘锦红, 等. 蛋品保藏技术研究进展 [J]. 食品安全导刊, 2019（24）:172-173.

[113] 钟宇, 庄晨俊, 江永利, 等. 聚乙烯醇、壳聚糖、乳清蛋白复合与双层膜的制备及其在鸡蛋涂膜保鲜中的应用研究 [C]. 中国食品科学技术学会第十二届年会暨第八届中美食品业高层论坛论文摘要集, 2015:382-383.

[114] 杨秀娟, 邓斌, 赵金燕, 等. 二氧化氯在鸡蛋保鲜中的应用研究 [J]. 安徽农学通报, 2015, 21（17）:116-117.

[115] 国家药典委员会. 中华人民共和国药典 [M]. 北京: 中国医药科技出版社, 2010:213.

[116] 金宏, 纪炜, 蔡弘. 药品包装用材料和容器的质量要求 [J]. 中国药品标准, 2002, 3（3）:61-62.

[117] 梁吉雷, 吴萌萌, 宋玉鹤, 等. 浅议我国药品包装材料现状及发展趋势 [J]. 山东化工, 2017, 46（6）:65-67.

[118] 王景清. 采用新技术发展医用高阻隔包装材料 [J]. 机电信息, 2004（21）:27-29.

[119] 林其水. 纳米包装纸在包装印刷领域中的应用 [J]. 机电信息, 2005（14）:51-53.

[120] 徐瑞芬, 许秀艳, 付国柱. 纳米二氧化钛在抗菌塑料中的应用性能研究 [J]. 塑料, 2002, 31（3）:26-29.

[121] 程定超, 杨洁, 赵艳丽. 纳米银抗菌材料在医疗器具与生活用品中的应用 [J]. 医疗卫生与装备, 2004（11）:27-30.

[122] 曾凤彩, 张媛媛. 智能化技术在药品包装设计中的应用与分析 [J]. 设计, 2015, 2（210）:108-110.

[123] 陈燕. 一氧化氮熏蒸对干果贮期病害抑制及毒素清除作用的研究 [D]. 乌鲁木齐: 新疆大学, 2020.

[124] 韩强, 郜海燕, 陈杭君, 等. ClO_2 处理和包装方法对鲜核桃仁贮藏品质的影响 [J]. 中国食品学报, 2017, 17（5）:130-137.

[125] 李慧芸, 李蒙蒙, 余琼, 等. 纳他霉素结合壳聚糖保鲜对鲜食核桃霉变及采后生理的影响 [J]. 农产品加

工，2019（1）:23-26.

[126] 陈柏，颉敏华，吴小华，等.4种包装材料对低温贮藏期间去青皮核桃感官品质的影响[J].甘肃农业科技，2018（12）:19-23.

[127] 朱翠玲.枸杞的营养保健功效及其烘焙食品的开发[J].现代食品，2018（19）:66-68.

[128] 张越，李秋爽，梁建芬.面包防腐技术研究进展[J].食品科技，2021，46（4）:127-132.

[129] 覃平.纳他霉素在焙烤食品中抑菌防腐的研究[D].成都：西华大学，2015.

[130] Andréa Cristiane Krause Bierhalz, Mariana Altenhofen da Silva, Theo Guenter Kieckbusch. Natamycin Release from Alginate/Pectin Films for Food Packaging Applications[J]. Journal of Food Engineering, 2012, 110（1）:18-25.

[131] Yangılar F, O uzhan Yıldız P. Casein/Natamycin Edible Films Efficiency for Controlling Mould Growth and on Microbiological, Chemical and Sensory Properties During the Ripening of Kashar Cheese[J]. Journal of the Science of Food & Agriculture, 2016, 96（7）:2328-2336.

[132] 张新，贾文婷，陈国刚.壳聚糖与纳他霉素复合处理对梅杏贮藏品质的影响研究[J].园艺与种苗，2016（8）:1-5.

[133] 刘校男，唐文婷，刘瑞琦，等.高阻断性那他霉素玉米醇溶蛋白可食用膜的制备及对苹果的保鲜效果[J].中国食品添加剂，2017（9）:188-193.

[134] Lantano C, Alfieri I, Cavazza A, et al. Natamycin Based Sol-Gel Antimicrobial Coatings on Polylactic Acid Films for Food Packaging[J]. Food Chemistry, 2014: 342-347.

[135] 汪慧.纳他霉素乳液和抗菌膜的制备及其应用的研究[D].武汉：武汉轻工大学，2020.

[136] 韦剑思，林莹，韦剑欢，等.发酵乳制品及其保鲜技术的研究进展[J].轻工科技，2021，37（10）:12-15.

[137] 范珺.二氧化碳抑菌技术在乳制品保鲜中的应用[J].食品安全导刊，2017（11）:52-54.

[138] 李亚娜，贺庆辉.纳米ZnO_HDPE膜对奶酪的抗菌保鲜性[J].食品科学，2011，32（4）:237-240.

[139] 孙婷婷.壳聚糖衍生物保鲜膜对冷藏期间新鲜奶酪品质变化的影响[C].中国食品科学技术学会第十七届年会摘要集，2013.

[140] 贾芳，杨再禹.利用活性涂层和改良气体包装延长鲜奶酪的保质期[C].首届中国奶业大会论文集：包装与设备，2011.

[141] 刘沛毅，刘振民.新型凝胶卤水对延长新鲜马苏里拉奶酪保质期工艺优化[J].乳业科学与技术，2016，39（4）:13-17.

[142] 伍军.农产品的科学包装技术[J].中国包装工业，2014（03）:50-53.

[143] 邵佳佳.多球壳菌素对禾谷镰孢菌及其产毒的抑制作用与应用研究[D].无锡：江南大学，2021.

[144] 钱奕含.米威化饼干抗氧化保质包装研究[D].无锡：江南大学，2020.

[145] 熊立贵，曾福全.六自由度工业机械手的开发与研究[J].煤矿机械，2016（2）:99-101.

[146] 熊立贵，张莉琼，蔡昭华．基于超薄锥形卷筒冷饮食品包装成型加工装备研究[J]．机械管理开发，2022，37（1）：6-10．

[147] 农业工程技术（农产品加工）编辑部．国内调味品包装的主要形式及问题[J]．农业工程技术（农产品加工），2007（06）：33．

[148] 李明，杨梅琳．从硬甲到软甲：调味品包装转型正当时[J]．中国食品工业，2007（4）：50-51．

[149] 高翔．多糖可食用包装膜的制备与应用研究[D]．青岛：中国海洋大学，2013．

[150] 王林，贾英民，陈志周，等．调味品包装设计研究[J]．包装工程，2006，27（3）：231-233．

[151] 杨婷婷．可食膜方便面汤料包辐照灭菌与储藏性能的研究[D]．无锡：江南大学，2009．

[152] 付昊成，胡子涵，李泓宇，等．一种基于力触发形式释放香味的包装瓶盖：CN215023026U[P]．2021-12-07．

[153] 孙大文，陈雅淇，成军虎，等．一种等离子体活性水真空包装红肉保鲜系统及方法：CN110897077A[P]．2020-03-24．

[154] 谭小芳．嘉士伯啤酒的个性化营销[J]．现代企业文化（上旬），2011（10）：58-59．

[155] 曹振铭，梁国钰，王欣平．唯品会网络营销策略研究[J]．商场现代化，2022（08）：60-62．

[156] 武铮铮，李永．新经济背景下企业市场营销战略新思路探讨[J]．山西农经，2021（05）：140-141．

[157] 吕姝慧．新发展格局背景下绿色营销创新策略研究[J]．科技创新与生产力，2022（01）：4-6．

[158] 阎洪军．经济新常态下中国绿色发展道路的思考探索[J]．中国集体经济，2021（08）：21-22．

[159] 刘伟．浅谈新时期企业营销管理策略及实施[J]．老字号品牌营销，2022（13）：54-56．

[160] 温宇翔．浅谈新时期的供电企业营销管理策略[J]．科技创新与应用，2014（4）：139．

[161] 申思．“互联网＋”背景下企业营销创新策略分析[J]．中国市场，2022（08）：137-138．

[162] 夏明．可持续发展理论下的企业生产行为[J]．决策探索，2000（01）：24-25．

[163] 李岩．循环经济下企业生产行为方式转化的动力相关性研究[J]．环境保护，2009（08）：24-26．

[164] 钱德勒．看得见的手：美国企业的管理革命[M]．北京：商务印书馆，1997．

[165] 科斯、阿尔钦、诺斯．财产权利与制度变迁[M]．上海：上海人民出版社，1995．

[166] 李黎明，李彬．企业扩张理论综述[J]．中外企业家，2009（22）：14-15．

[167] 张书驰，王然．循环经济视角下沧州绿色包装的发展与对策研究[J]．现代营销（经营版），2020（04）：108-109．

[168] 李康．绿色包装的趋势分析与对策[J]．包装世界，2006（06）：13-16．